Individuell-adaptive Lernunterstützung im Kindergarten

Waxmann Verlag GmbH
Steinfurter Straße 555, 48159 Münster
info@waxmann.com

# Empirische Studien zur Didaktik der Mathematik

herausgegeben von

Aiso Heinze
und Marcus Schütte

Band 29

**Wissenschaftlicher Beirat**

Tommy Dreyfus (Tel Aviv University, Israel)
Uwe Gellert (Freie Universität Berlin)
Gabriele Kaiser (Universität Hamburg)
Christine Knipping (Universität Bremen)
Konrad Krainer (Universität Klagenfurt, Österreich)
Götz Krummheuer (Universität Frankfurt)
Kristina Reiss (Technische Universität München)
Kurt Reusser (Universität Zürich, Schweiz)
Heinz Steinbring (Universität Duisburg-Essen)

**Editorial**

Der Mathematikunterricht steht vor großen Herausforderungen: Neuere empirische Untersuchungen legen (erneut) Defizite und Unzulänglichkeiten offen, deren Analyse und Behebung einer umfassenden empirischen Erforschung bedürfen. Der Erfolg derartiger Bemühungen hängt in umfassender Weise davon ab, inwieweit hierbei auch mathematikdidaktische Theoriebildung stattfindet. In der Reihe „Empirische Studien zur Didaktik der Mathematik" werden dazu empirische Forschungsarbeiten veröffentlicht, die sich durch hohe Standards und internationale Anschlussfähigkeit auszeichnen. Das Spektrum umfasst sowohl grundlagentheoretische Arbeiten, in denen empirisch begründete, theoretische Ansätze zum besseren Verstehen mathematischer Unterrichtsprozesse vorgestellt werden, als auch eher implementative Studien, in denen innovative Ideen zur Gestaltung mathematischer Lehr-Lern-Prozesse erforscht und deren theoretischen Grundlagen dargelegt werden. Alle Manuskripte müssen vor Aufnahme in die Reihe ein Begutachtungsverfahren positiv durchlaufen. Diese konsequente Begutachtung sichert den hohen Qualitätsstandard der Reihe.

Andrea Wullschleger

# Individuell-adaptive Lernunterstützung im Kindergarten

Eine Videoanalyse zur spielintegrierten Förderung von
Mengen-Zahlen-Kompetenzen

Waxmann 2017
Münster · New York

Die vorliegende Arbeit wurde von der Philosophischen Fakultät der Universität Zürich im Frühjahrssemester 2016 auf Antrag der Promotionskommission Prof. Dr. Kurt Reusser (hauptverantwortliche Betreuungsperson) und Prof. Dr. Christine Pauli als Dissertation angenommen.

Die Finanzierung des Dissertationsprojekts wurde durch die Aebli-Näf-Stiftung gefördert.

Das Projekt wurde durch die Internationale Bodensee-Hochschule IBH unterstützt und aus Mitteln des Interreg-IV Programms „Alpenrhein-Bodensee-Hochrhein" gefördert.

**Bibliografische Informationen der Deutschen Nationalbibliothek**
Die Deutsche Nationalbibliothek verzeichnet diese Publikation in der Deutschen Nationalbibliografie; detaillierte bibliografische Daten sind im Internet über http://dnb.dnb.de abrufbar.

**Empirische Studien zur Didaktik der Mathematik, Band 29**

ISSN 1868-1441
Print-ISBN 978-3-8309-3546-9
E-Book-ISBN 978-3-8309-8546-4

© Waxmann Verlag GmbH, 2017

www.waxmann.com
info@waxmann.com

Umschlaggestaltung: Christian Averbeck, Münster
Titelbild: © Andrea Wullschleger

Gedruckt auf alterungsbeständigem Papier,
säurefrei gemäß ISO 9706

Printed in Germany

Alle Rechte vorbehalten. Nachdruck, auch auszugsweise, verboten.
Kein Teil dieses Werkes darf ohne schriftliche Genehmigung des Verlages in irgendeiner Form reproduziert oder unter Verwendung elektronischer Systeme verarbeitet, vervielfältigt oder verbreitet werden.

# Danksagung

Ich bedanke mich herzlich bei Prof. Dr. Kurt Reusser, Prof. Dr. Christine Pauli, Dr. Rita Stebler sowie Dr. Urs Grob für die wertvolle inhaltliche und methodische Unterstützung bei der Umsetzung des vorliegenden Forschungsvorhabens. Ihre kompetenten und konstruktiven Rückmeldungen haben wesentlich zum Gelingen dieser Arbeit beigetragen. Ein weiterer Dank gebührt Dr. Katriina Vasarik Staub für den anregenden wissenschaftlichen Austausch.

Die Dissertation entstand im Rahmen des Projekts „Spielintegrierte mathematische Frühförderung" (spimaf). Ein besonderer Dank geht deshalb auch an das Projektteam sowie an alle teilnehmenden Kindergartenlehrpersonen und Kinder.

Für die technische Unterstützung danke ich Fabio Pasqualini und Lukas Kuster von der Medienwerkstatt der Pädagogischen Hochschule St. Gallen. Des Weiteren möchte ich Patricia Bachmann für ihre engagierte Mitarbeit beim Rating der Daten und René Schoop für seinen großen Einsatz beim Videografieren der Spieleinheiten danken. Ein großes Dankeschön geht ebenso an Jonna Truniger für das sorgfältige Lektorat.

Die Finanzierung des Dissertationsprojekts wurde durch die Internationale Bodensee-Hochschule (IBH) sowie die Aebli-Näf-Stiftung sichergestellt. Beiden Institutionen möchte ich daher meinen aufrichtigen Dank aussprechen.

Neben der wissenschaftlichen, technischen und finanziellen Unterstützung habe ich auch in meinem privaten Umfeld stets enorm große Unterstützung erfahren. Dafür bedanke ich mich von Herzen bei meinem Partner, meiner Familie sowie meinen Freundinnen und Freunden.

# Zusammenfassung

Bereits Kindergartenkinder verfügen über beachtliches mathematisches Wissen und Können. Allerdings sind die interindividuellen Unterschiede diesbezüglich sehr groß. Mengen-Zahlen-Kompetenzen, die bis zum Eintritt in die Primarschule erworben werden, sind wichtige Prädiktoren für die späteren schulischen Mathematikleistungen. Eine gezielte Mathematikförderung bereits im Kindergarten ist deshalb von Bedeutung und erwiesenermaßen auch wirksam.

Mit Blick auf die individuellen Bedürfnisse in den heterogenen Lerngruppen im Kindergarten und unter Berücksichtigung des Entwicklungsalters der Kinder stellt spielintegriertes Lernen einen besonders geeigneten Weg zur frühen mathematischen Förderung dar. Entsprechend wurde im Projekt „Spielintegrierte mathematische Frühförderung" (spimaf) ein spielintegriertes Förderkonzept entwickelt, in dessen Rahmen Kinder eine authentische Spielsituation erleben und sich gleichzeitig intensiv mit Mengen-Zahlen-Kompetenzen auseinandersetzen. Das Bereitstellen von gutem Material allein garantiert allerdings noch nicht, dass sich die intendierten Wirkungen auch tatsächlich einstellen. Um die mit der spielintegrierten Förderung angestrebten Mengen-Zahlen-Kompetenzen kontinuierlich aufbauen zu können, braucht es auch den Austausch mit der Kindergartenlehrperson. Wird das Lernen der Kinder während des Spielens von der Kindergartenlehrperson individuell-adaptiv unterstützt, können produktive mathematische Lerngelegenheiten in der Zone der nächsten Entwicklung des Kindes gestaltet werden, welche die Entwicklung mathematischer Kompetenzen anzuregen vermögen.

Vor diesem Hintergrund wurde in der vorliegenden Studie, die im Rahmen des spimaf-Projekts entstanden ist, im Kern das Ziel verfolgt, diese individuell-adaptive Lernunterstützung durch Kindergartenlehrpersonen bei der spielintegrierten Förderung von Mengen-Zahlen-Kompetenzen differenziert zu untersuchen. Als konzeptuelle Basis wurde unter Rückgriff auf Theorie und Empirie zunächst ein Modell individuell-adaptiver Lernunterstützung während mathematischer Regelspielsituationen entwickelt. Dieses Modell beschreibt in schematischer Weise den möglichen Ablauf eines vollständigen Unterstützungsprozesses von der Planung vor der Spieleinheit über die Diagnose und die adaptive Förderung während der Spieleinheit bis hin zur selbstständigen Anwendung der zu erwerbenden mathematischen Kompetenz durch das Kind. Ausgehend von diesem Modell wurde die Frage, wie Kindergartenlehrpersonen Kinder beim Aufbau von Mengen-Zahlen-Kompetenzen in Regelspielsituationen konkret unterstützen, empirisch untersucht. Zu diesem Zweck wurde in 28 Kindergärten aus drei deutschsprachigen Regionen (Kanton St. Gallen, Schweiz; Weingarten, Deutschland; Bundesland Vorarlberg, Österreich), in denen die spielorientierte Förderung des spimaf-Projekts zum Einsatz kam, eine Videostudie durchgeführt. Gefilmt wurden Spieleinheiten, die sich mit zwölf verschiedenen Regelspielen befassten und von den Kindergartenlehrpersonen begleitet wurden.

Zur Auswertung der erhobenen Daten wurden insgesamt 356 Spieleinheiten in vier Schritten analysiert: Um die Kindergartenlehrperson-Kind-Kontakte (KL-K-Kontakte) mit mathematischem Bezug ermitteln zu können, wurden die Videodaten zuerst mittels einer Codierung strukturiert. Auf dieser Grundlage konnte das Unterstützungshandeln der Kindergartenlehrpersonen mittels eines eigens entwickelten Ratinginstruments, welches auf dem zuvor konzipierten theoretischen Modell der individuell-adaptiven Lernunterstützung beruhte, eingeschätzt werden. Die Ergebnisse dieser Einschätzungen wurden daraufhin – unter anderem unter Einsatz von Clusteranalysen, Faktorenanalysen und multidimensionaler Skalierung – statistisch ausgewertet. Auf diesen Befunden aufbauend wurde das Handeln derjenigen Kindergartenlehrpersonen, die ein hoch ausgeprägtes Unterstützungsverhalten aufgewiesen hatten, im Rahmen einer qualitativen Vertiefung schließlich detaillierter analysiert.

Die Ergebnisse der Studie zeigen, dass Kindergartenlehrpersonen in einem mathematischen Spielsetting mit den Kindern zwar grundsätzlich häufig und lange mathematikbezogen interagieren, die Dauer der Kontakte mit Mathematikbezug unter den Kindergartenlehrpersonen jedoch variiert. Hinsichtlich der Gestaltung dieser mathematischen KL-K-Kontakte konnte zudem eine Kluft zwischen dem Diagnostizieren des momentanen Lernstands der Kinder und der darauf aufbauenden adaptiven Unterstützung festgestellt werden. Eine differenzierte Diagnose der mathematischen Kompetenzen der Kinder in den Spielsituationen ging somit nicht notwendigerweise mit einer daraufffolgenden adaptiven Förderung einher. Eine Clusteranalyse vermochte jedoch aufzuzeigen, dass sich diese Kluft nicht bei allen Kindergartenlehrpersonen gleichermaßen manifestierte. So zeichnete sich insbesondere eine Gruppe von Kindergartenlehrpersonen durch ein sehr hoch ausgeprägtes Unterstützungsverhalten aus. Dessen Charakterisierung machte deutlich, dass die betreffenden Kindergartenlehrpersonen es verstehen, eine differenzierte Diagnose passgenau und unter Rückgriff auf mathematik- und allgemeindidaktisches Wissen in mathematische Förderhandlungen zu überführen. Gleichwohl erwies sich das in der Theorie als für den Lernprozess von Kindern besonders wichtig erachtete allmähliche Zurücknehmen mit gleichzeitiger Übertragung der Lernverantwortung auf das Kind auch in dieser Gruppe – wie bei allen anderen Kindergartenlehrpersonen – als tief ausgeprägt.

Neben dem Unterstützungshandeln der Kindergartenlehrpersonen standen auch die verschiedenen Regelspiele selbst im Zentrum des Forschungsinteresses. Wie die Auswertung der entsprechenden Codierungen und des Ratings ergab, unterscheiden sich die untersuchten Regelspiele nicht nur hinsichtlich der Häufigkeit und der Dauer der mathematischen KL-K-Kontakte, sondern auch in Bezug auf die Ausprägungen der Lernunterstützung. Dies bedeutet, dass die Regelspiele von den Kindergartenlehrpersonen in unterschiedlicher Weise mathematisch unterstützt wurden und sich somit nicht alle Regelspiele gleichermaßen als Rahmen für die individuell-adaptive Lernunterstützung eignen.

In Anbetracht der Ergebnisse der vorliegenden Studie kann die in der Literatur wiederholt hervorgehobene Bedeutung der von den Kindergartenlehrpersonen angebotenen individuell-adaptiven Lernunterstützung empirisch weiter untermauert werden. Ihre Qualität hängt besonders von einem qualitativ guten Lerngegenstand ab, von dem ausgehend die Lernunterstützung auf einer differenzierten Diagnose aufbauend, zielgerichtet und passgenau umgesetzt werden kann.

# Abstract

Children differ quite considerably in their mathematical competences when they enter kindergarten. It is of major importance to address such differences, because prior knowledge of mathematics has proved to be a crucial factor in children's performance in primary school math. One option for a suitable intervention for children of this age lies in play, which is why games aimed at fostering quantity-number competences were developed and tested in the joint-international project spimaf („Play-based Early Intervention in Mathematics"). From a social-constructivist point of view, games cannot on their own foster children in their competence development. It is the individualised learning support lent by the teacher that plays a key role, especially in kindergarten. Against this background, this project investigated the individualised mathematics learning support provided by the kindergarten teacher during children's play. At the heart of the study was the research question of how kindergarten teachers support children's quantity-number competence acquisition in play-based learning settings.

The research is based on video data. In twenty-eight kindergarten classes in St Gall in Switzerland, Weingarten in Germany, and Vorarlberg in Austria play sequences ($N = 356$) were videotaped. Afterwards, four sequenced steps were taken to analyse the video data. Firstly, the entire database was basically coded. The coding procedure located and coded teacher-child interactions in accordance with the type of interaction content, so as to identify mathematics-related teacher-child-interactions. Secondly, the teacher-child-interactions with mathematical content were analysed further by means of a rating, in which the individualised learning support was assessed using a self-developed rating instrument. Thirdly, the rating was statistically analysed. Fourthly, a qualitative in-depth content analysis was conducted on the behaviour of five kindergarten teachers who had lent high-quality learning support.

The results reveal that although kindergarten teachers are able to make a sound diagnosis during children's play, they often fail to tailor the learning support in the subsequent interaction in an optimal way to the children's needs and capabilities. Moreover, the results show that kindergarten teachers hardly ever use their diagnostic knowledge to plan the game session. A cluster analysis showed that the kindergarten teachers differ in their support behaviour, which led to the characterisation of four distinct groups. One of them comprised five kindergarten teachers who had provided high-quality learning support, especially as regards their diagnostic and adaptive actions. The qualitative analysis of this kind of support behaviour eventually yielded eleven categories of features that characterise highly diagnostic and highly adaptive learning support.

All things considered, the study points to the paramount importance of individualised learning support in kindergarten. Furthermore, its findings indicate that it is not the quantity of support that is constitutive of its quality, but rather its target-oriented and individually tailored realisation.

# Inhalt

**1 Einleitung** ... 15
   1.1 Ausgangslage und Zielsetzungen ... 15
   1.2 Aufbau der Arbeit ... 17
   1.3 Begriffliche Klärungen ... 18

**I Fachliche Grundlagen** ... 21

**2 Die Bedeutung fachlicher Förderung im Kindergarten** ... 23
   2.1 Fachliche Förderung im Kindergarten – Bildungsgeschichtlicher Kontext . 23
      2.1.1 Fachliche Förderung in den ersten Kleinkinderschulen ... 23
      2.1.2 Fachliche Förderung in reformpädagogischen Konzepten ... 25
      2.1.3 Fachliche Förderung in den 1960er- und 1970er-Jahren ... 26
      2.1.4 Fachliche Förderung seit den 1990er-Jahren ... 27
   2.2 Fachliche Förderung im Kindergarten – Entwicklungs- und lernpsychologischer Kontext ... 30
      2.2.1 Heterogenität in der Schuleingangsphase ... 30
      2.2.2 Die Bedeutung des Vorwissens ... 32
      2.2.3 Frühe mathematische Kenntnisse als Prädiktoren späterer Mathematikleistungen ... 32
      2.2.4 Wirksamkeit mathematischer Förderung im Kindergarten ... 35
   2.3 Resümee zur Bedeutung fachlicher Förderung im Kindergarten ... 37

**3 Mathematische Kompetenzen im Vorschulalter** ... 39
   3.1 Kompetenz – ein schwierig zu definierender Begriff ... 39
   3.2 Die Entwicklung von Mengen-Zahlen-Kompetenzen ... 41
      3.2.1 „Ist das gleich viel?" – Der Zahlbegriff bei Jean Piaget ... 42
      3.2.2 Ab wann verfügen Kinder über mathematische Kompetenzen? ... 45
      3.2.3 Ist Zählen resp. Operieren relevant für die Zahlbegriffsentwicklung? 46
      3.2.4 Die Entwicklung der Zählkompetenz ... 46
      3.2.5 Strategien des Addierens und Subtrahierens ... 49
      3.2.6 Umfassende Entwicklungsmodelle ... 50
   3.3 Mengen-Zahlen-Kompetenzen im Kindergarten ... 53
      3.3.1 Modelle zur Beschreibung von Kompetenzen ... 53
      3.3.2 Ein Kompetenzmodell für Mengen-Zahlen-Kompetenzen im Kindergarten ... 54
      3.3.3 Weiterentwicklung des Kompetenzmodells ... 59
   3.4 Resümee zu den mathematischen Kompetenzen im Vorschulalter ... 61

## II  Lernpsychologische Grundlagen ..... 63

### 4  Lernen und Spielen im Kindergarten ..... 65
4.1  Lernverständnis ..... 65
    4.1.1  Lernvoraussetzungen von Kindergartenkindern ..... 66
    4.1.2  Sozialkonstruktivistisches Lernverständnis ..... 67
4.2  Spielverständnis ..... 70
4.3  Die Verbindung von Lernen und Spielen ..... 73
    4.3.1  Historischer Überblick ..... 73
    4.3.2  Aktuelle Sichtweise auf das Verhältnis von Lernen und Spielen ..... 75
4.4  Die kompetente Kindergartenlehrperson ..... 79
    4.4.1  Die pädagogische Rolle der Kindergartenlehrperson ..... 79
    4.4.2  Professionelle Kompetenzen der Kindergartenlehrperson ..... 81
4.5  Resümee zum Lernen und Spielen im Kindergarten ..... 84

## III  Didaktische Grundlagen ..... 87

### 5  Mathematische Förderkonzepte im Kindergarten ..... 89
5.1  Aktuelle Förderkonzepte im Kindergarten ..... 89
    5.1.1  „Mengen, zählen, Zahlen" – Ein entwicklungspsychologisches Förderkonzept ..... 89
    5.1.2  „Das Zahlenbuch zur Frühförderung" – Ein mathematisch begründetes Förderkonzept ..... 90
    5.1.3  „Komm mit ins Zahlenland" – Ein wissenschaftsübergreifendes Förderkonzept ..... 91
    5.1.4  Kritische Beleuchtung der drei Förderkonzepte ..... 93
5.2  Spielintegrierte mathematische Frühförderung ..... 94
    5.2.1  Was versteht man unter einer spielintegrierten mathematischen Frühförderung? ..... 94
    5.2.2  Das Projekt SpiF ..... 99
    5.2.3  Das Projekt spimaf ..... 100
    5.2.4  Analyse der Regelspiele ..... 101
5.3  Spielbegleitung im Kindergarten ..... 112
5.4  Resümee zu mathematischen Förderkonzepten im Kindergarten ..... 114

### 6  Individuell-adaptive Lernunterstützung ..... 116
6.1  Grundlagen individuell-adaptiver Lernunterstützung ..... 117
    6.1.1  Prozessbegleitend Diagnostizieren ..... 117
    6.1.2  Individuell-adaptiv Unterstützen ..... 119
    6.1.3  Dem Kind ein Gerüst bauen – Scaffolding ..... 121
    6.1.4  Unterstützungsstrategien ..... 125
6.2  Empirische Befunde zur individuell-adaptiven Lernunterstützung ..... 131
    6.2.1  Interaktionen im Kindergartenalltag ..... 131
    6.2.2  Mathematischer Bereich ..... 133
    6.2.3  Naturwissenschaftlicher Bereich ..... 135

      6.2.4   Sprachlicher Bereich . . . . . . . . . . . . . . . . . . . . . . . . . 136
      6.2.5   Fazit zur aktuellen Befundlage . . . . . . . . . . . . . . . . . . 136
  6.3   Resümee zur individuell-adaptiven Lernunterstützung . . . . . . . . . . . 137

## IV  Synthese . . . . . . . . . . . . . . . . . . . . . . . . . . . . . . . . . . . . 139

### 7  Synthese: Modellierung der individuell-adaptiven Lernunterstützung . . . 141
  7.1   Modell individuell-adaptiver Lernunterstützung in mathematischen Regelspielsituationen . . . . . . . . . . . . . . . . . . . . . . . . . . . . . . . . . . 141
  7.2   Das Unterstützungsmodell in der konkreten Spielsituation . . . . . . . . 143

### 8  Fragestellungen . . . . . . . . . . . . . . . . . . . . . . . . . . . . . . . . . 147
  8.1   Vorkommen und Art von Kindergartenlehrperson-Kind-Kontakten . . . . . . . . . . . . . . . . . . . . . . . . . . . . . . . . . . . . . 148
  8.2   Einschätzung der individuell-adaptiven Lernunterstützung . . . . . . . 149
  8.3   Merkmale hoch ausgeprägten Unterstützungsverhaltens . . . . . . . . . 150

## V  Die Studie . . . . . . . . . . . . . . . . . . . . . . . . . . . . . . . . . . . 151

### 9  Methodisches Vorgehen . . . . . . . . . . . . . . . . . . . . . . . . . . . . 153
  9.1   Videogestützte Analyse von Lehr- und Lernprozessen . . . . . . . . . . 153
      9.1.1   Vorteile videogestützter Forschung . . . . . . . . . . . . . . . 153
      9.1.2   Herausforderungen videogestützter Forschung . . . . . . . . 154
  9.2   Datenerhebung . . . . . . . . . . . . . . . . . . . . . . . . . . . . . . . . . 155
      9.2.1   Feldzugang und Stichprobe . . . . . . . . . . . . . . . . . . . . 155
      9.2.2   Übersicht über die Datenerhebung . . . . . . . . . . . . . . . 156
      9.2.3   Videodaten . . . . . . . . . . . . . . . . . . . . . . . . . . . . . . 158
      9.2.4   Interviewdaten . . . . . . . . . . . . . . . . . . . . . . . . . . . 162
      9.2.5   Befragungsdaten . . . . . . . . . . . . . . . . . . . . . . . . . . 163
  9.3   Datenaufbereitung . . . . . . . . . . . . . . . . . . . . . . . . . . . . . . . 163
  9.4   Datenauswertung . . . . . . . . . . . . . . . . . . . . . . . . . . . . . . . 165
      9.4.1   Grundlagen videogestützter Auswertungen . . . . . . . . . . 165
      9.4.2   Analyseschritt 1: Codierung . . . . . . . . . . . . . . . . . . . 169
      9.4.3   Analyseschritt 2: Rating . . . . . . . . . . . . . . . . . . . . . 174
      9.4.4   Analyseschritt 3: Statistische Auswertungen . . . . . . . . . 186
      9.4.5   Analyseschritt 4: Qualitative Vertiefung . . . . . . . . . . . 189

### 10  Ergebnisse . . . . . . . . . . . . . . . . . . . . . . . . . . . . . . . . . . . . 191
  10.1  Ergebnisse zum Unterstützungshandeln der Kindergartenlehrpersonen . . 191
      10.1.1  Ergebnisse der Auswertung der Codierung . . . . . . . . . . 191
      10.1.2  Ergebnisse der Auswertung des Ratings . . . . . . . . . . . 196
      10.1.3  Ergebnisse der Zusammenhangsanalysen . . . . . . . . . . . 210
      10.1.4  Ergebnisse der qualitativen Vertiefung . . . . . . . . . . . . 210

10.2 Ergebnisse zum Unterstützungsverhalten bei den Regelspielen . . . . . . 215
    10.2.1 Ergebnisse der Auswertung der Codierung . . . . . . . . . . . . 215
    10.2.2 Ergebnisse der Auswertung des Ratings . . . . . . . . . . . . . . 218

# VI   Zusammenfassung und Diskussion . . . . . . . . . . . . . . . . . . 231

## 11 Zusammenfassung und Diskussion zentraler Befunde der Studie . . . . . . 233
    11.1 Wie Kindergartenlehrpersonen Kinder in ihrem Lernen unterstützen . . . 234
        11.1.1 Das Unterstützungsverhalten der Kindergartenlehrpersonen . . . 234
        11.1.2 Das Unterstützungsverhalten bei den Regelspielen . . . . . . . . 240
    11.2 Implikationen für die Aus- und Weiterbildung von
        Kindergartenlehrpersonen . . . . . . . . . . . . . . . . . . . . . . . . . 242

## 12 Diskussion des methodischen Vorgehens . . . . . . . . . . . . . . . . . . . 244
    12.1 Diskussion des Vorgehens bei der Datenerhebung . . . . . . . . . . . . 244
    12.2 Diskussion des Vorgehens bei der Datenauswertung . . . . . . . . . . . 245
    12.3 Übertragbarkeit des methodischen Vorgehens auf andere Themen und
        Fachbereiche . . . . . . . . . . . . . . . . . . . . . . . . . . . . . . . 247
    12.4 Grenzen der vorliegenden Studie . . . . . . . . . . . . . . . . . . . . . 247
    12.5 Weiterführende Forschungsfragen . . . . . . . . . . . . . . . . . . . . 248

**Literatur** . . . . . . . . . . . . . . . . . . . . . . . . . . . . . . . . . . . . . . **252**

**Abbildungsverzeichnis** . . . . . . . . . . . . . . . . . . . . . . . . . . . . . . **277**

**Tabellenverzeichnis** . . . . . . . . . . . . . . . . . . . . . . . . . . . . . . . . **279**

# 1 Einleitung

## 1.1 Ausgangslage und Zielsetzungen

Die Förderung fachlicher Kompetenzen von Kindern im Vorschulalter hat in jüngerer Zeit international zunehmend an Bedeutung gewonnen. Dies ist insbesondere auf die lern- und entwicklungspsychologische Forschung zurückzuführen, die gezeigt hat, dass Kinder in der Weltwahrnehmung bereits früher weiter fortgeschritten sind, als dies die klassische Entwicklungspsychologie zuvor angenommen hatte. Dies führte zu einem Wandel in der Sichtweise auf die geistige Entwicklung des Kindes: Kinder werden nicht mehr als gleichsam unbeschriebene Blätter wahrgenommen, die in einer eigenen Fantasiewelt leben und noch keinen Zugang zur „realen" Welt haben. Vielmehr besitzen sie schon lange vor der Schulzeit entwicklungsfähige fachliche Präkonzepte, an die angeknüpft werden kann. Ihre geistige Entwicklung muss somit nicht einfach „abgewartet" werden, sondern kann gezielt angeregt werden.

Dieses veränderte Bild der geistigen Entwicklung von Kindern wurde auch von der Bildungspolitik aufgenommen und beeinflusst deren Bestrebungen. So wurde der Blick im Zuge von internationalen Leistungsvergleichsstudien verstärkt auf die Lernergebnisse, insbesondere in den Fachbereichen Schulsprache, Fremdsprachen, Mathematik und Naturwissenschaften, gelenkt. In Basisstandards und Lehrplänen wird entsprechend festgehalten, welche Kompetenzen Schülerinnen und Schüler bis zu bestimmten Zeitpunkten ihrer Schulkarriere erreichen sollten. Mit dieser Entwicklung einer geht, dass auch für Vorschulinstitutionen verbindliche Orientierungs-, Bildungs- oder Lehrpläne erstellt werden, welche neben einem entwicklungsorientierten auch einen klaren fachlichen Fokus aufweisen. Der Kindergarten gilt infolgedessen nicht mehr als eher passiver Schonraum, der auf fachliche Förderung verzichtet, sondern er hat eine aktive Rolle in der Unterstützung der geistigen Entwicklung der Kinder einzunehmen.

In der vorliegenden Arbeit wird der Fokus auf den Fachbereich Mathematik gelegt. Aktuelle Befunde der fachdidaktischen, entwicklungspsychologischen und lernpsychologischen Forschung zeigen nicht nur auf, dass Kindergartenkinder bereits über beachtliche mathematische Kenntnisse verfügen, sondern sie machen auch darauf aufmerksam, dass die interindividuellen Unterschiede in mathematischen Kompetenzen von Kindern gleichen Alters beim Eintritt in den Kindergarten und danach beim Übergang in die Schule ausgesprochen groß sind (Stamm, 2004). Zugleich vermochten mehrere Studien nachzuweisen, dass frühe mathematische Kompetenzen signifikante Prädiktoren für spätere schulische Mathematikleistungen darstellen (z.B. Dornheim, 2008). In die gleiche Richtung weisen Interventionsstudien, die belegen konnten, dass sich eine gezielte Förderung mathematischer Kompetenzen im Kindergarten positiv auf die späteren Leistungen im Fach Mathematik auswirkt (z.B. Krajewski, Nieding & Schneider, 2008).

In Anbetracht dieser Befundlage ist das Erfordernis fachlicher resp. mathematischer Förderung im Kindergarten heute evident, im Lehrplan verankert sowie in Praxis, Politik und Forschung breit anerkannt. Nach wie vor kontrovers diskutiert wird allerdings die Frage nach der Gestaltung dieser Förderung. Es bestehen Befürchtungen, die zu bedenken geben, dass im Kindergarten eine schulnahe Instruktion umgesetzt werden könnte, welche die Kinder zu früh einem schulischen Leistungsdruck aussetze.

In der vorliegenden Arbeit wird vor diesem Hintergrund argumentiert, dass sich mit Blick auf die individuellen Bedürfnisse der stark heterogenen Kindergruppen im Kindergarten und unter Berücksichtigung des Entwicklungsalters der Kinder ein ins Spiel integrierter Erwerb von mathematischen Kompetenzen besonders anbietet. Ein entsprechendes Förderkonzept wurde im Projekt *spimaf* („Spielintegrierte mathematische Frühförderung") entwickelt und in 29 Kindergartenklassen im Kanton St. Gallen (CH), in Weingarten (D) und im Bundesland Vorarlberg (A) erprobt. Das Konzept umfasst 18 Regelspiele zur Förderung von Mengen-Zahlen-Kompetenzen, die Merkmale von guten Lernaufgaben und guten Spielen vereinen, sodass die Kinder eine authentische Spielsituation erleben und sich gleichzeitig intensiv mit mathematischen Kompetenzen auseinandersetzen können.

Das Bereitstellen eines guten spielintegrierten Förderkonzeptes allein stellt jedoch noch nicht sicher, dass sich die beabsichtigten Wirkungen auch tatsächlich einstellen. Zusätzlich erforderlich ist vielmehr eine am Individuum ausgerichtete adaptive Lernunterstützung durch die Kindergartenlehrpersonen. Schematisch beschrieben bestimmt die Kindergartenlehrperson im Rahmen einer solchen individuell-adaptiven Lernunterstützung auf der Basis des individuellen Lern- und Entwicklungsstands der Kinder zuerst deren Zone der nächsten Entwicklung. Davon ausgehend plant sie Spieleinheiten und die damit verbundenen Unterstützungshandlungen. Während des Spiels prüft sie ihre Planung und unterstützt die Kinder adaptiv in ihrem Lernen. Im weiteren Verlauf des Lernprozesses nimmt sie die Lernunterstützung allmählich zurück und überträgt die Lernverantwortung schrittweise auf das Kind, bis dieses fähig ist, eine zuvor noch über seinem Lernstand stehende Kompetenz selbstständig anzuwenden. Eine so verstandene individuell-adaptive Lernunterstützung durch die Kindergartenlehrperson stellt eine Schlüsselvariable für wirksames Lernen im Kindergarten dar.

Angesichts dieser Ausgangslage bestand die Zielsetzung der vorliegenden Studie im Kern darin, im Detail zu untersuchen, wie Kindergartenlehrpersonen Kinder beim Aufbau von Mengen-Zahlen-Kompetenzen in Regelspielsituationen individuell und adaptiv unterstützen. Denn obwohl der individuell-adaptiven Lernunterstützung in Mathematik im Allgemeinen großes Gewicht beigemessen wird, liegen in diesem Bereich erst wenige substanzielle Erkenntnisse vor. Bisherige Forschungsarbeiten untersuchten vor allem einzelne Aspekte der mathematischen Lernunterstützung, zum Beispiel das Ausmaß mathematikbezogener Gespräche (Boonen, Kolkman & Kroesbergen, 2011), die kognitive Aktivierung (Kucharz et al., 2014) oder die Adaptivität (Bruns, 2014). Die vorzustellende Studie verfolgte deshalb das Ziel, die individuell-adaptive mathematikbezogene Lernunterstützung umfassend, das heißt mit Blick auf den gesamten Prozess von der Planung über die Diagnose, die pädagogisch-didaktische Gestaltung, die Adaptivität und die allmähliche Zurücknahme der Hilfestellungen bis hin zum Folgeverhalten der Kinder, zu untersuchen. Diese ganzheitliche Herangehensweise erlaubt es, die Ergebnisse in einem weiteren Schritt konstruktiv in die Aus- und Weiterbildung von Kindergartenlehrpersonen einfließen zu lassen.

## 1.2 Aufbau der Arbeit

Die Arbeit ist in sechs Teile gegliedert: In den ersten vier Teilen werden die theoretischen und empirischen Grundlagen beschrieben, wonach im fünften Teil die Studie präsentiert wird und im abschließenden sechsten Teil die Ergebnisse der Analysen zusammengefasst und unter Bezugnahme auf die zuvor dargelegten Grundlagen sowie mit Blick auf die Praxis diskutiert werden.

Der Aufbau der theoretischen und empirischen Grundlegung ist in Anlehnung an das didaktische Dreieck (Reusser, 2008) strukturiert. Diese Figur bildet auf anschauliche Weise die Basisstruktur der untersuchten didaktischen Lernsituation ab, indem sie die drei Ecken „Lerngegenstand", „Kindergartenlehrperson" und „Kinder" sowie deren Interaktionen miteinander in Beziehung setzt (Abb. 1). Entsprechend befassen sich die ersten Teile der vorliegenden Arbeit jeweils mit einer Ecke des didaktischen Dreiecks sowie mit der je gegenüberliegenden Seite.

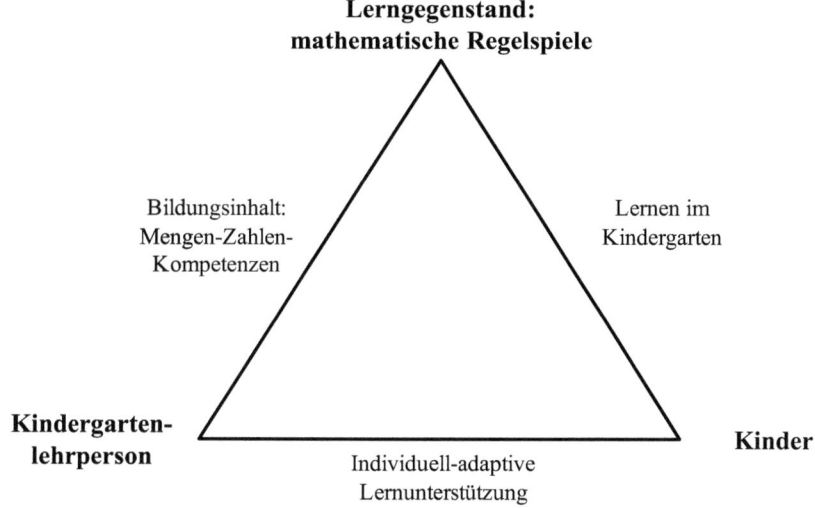

Abbildung 1: Grundstruktur der didaktischen Lernsituation, dargestellt im didaktischen Dreieck (Reusser, 2008).

In *Teil I* stehen die fachlichen Grundlagen im Zentrum. In Anlehnung an das didaktische Dreieck werden der Bildungsinhalt und die Kinder resp. ihr Lern- und Entwicklungsstand in Bezug auf den Bildungsinhalt in den Blick genommen: In *Kapitel 2* wird als Ausgangspunkt die Bedeutung einer fachlichen Förderung im Kindergarten aufgezeigt, wobei der Bereich der Mathematik besonders berücksichtigt wird. In *Kapitel 3* wird danach theorie- und forschungsbasiert dargestellt, wie sich Mengen-Zahlen-Kompetenzen von der Geburt bis zum Schuleintritt normalerweise entwickeln und wo Kinder zwischen vier und sechs Jahren in ihrem Entwicklungsprozess üblicherweise stehen. Des Weiteren wird ein didaktisches Kompetenzmodell konzipiert, das einen Überblick über diejenigen Mengen-Zahlen-Kompetenzen bietet, die im Kindergartenalter erworben und gefördert werden sollten.

In *Teil II* werden die lernpsychologischen Grundlagen der vorliegenden Studie beschrieben. Damit stehen als Elemente aus dem didaktischen Dreieck einerseits das Lernen im Kindergarten und andererseits die Kindergartenlehrpersonen im Fokus: In *Kapitel 4* geht es um das Verständnis von Lernen und Spielen im Kindergarten. Die beiden Elemente werden zuerst gesondert betrachtet, bevor vertieft auf ihre Verbindung eingegangen wird. Des Weiteren stehen das Rollenverständnis sowie die Kompetenzen einer Kindergartenlehrperson im Fokus, die auf der Basis des erörterten Lern- und Spielverständnisses produktive Spielumgebungen gestaltet und umsetzt.

In *Teil III* werden sodann die didaktischen Grundlagen beschrieben. Dabei stehen als Elemente des didaktischen Dreiecks der Lerngegenstand sowie die individuell-adaptive Lernunterstützung im Zentrum: In *Kapitel 5* werden ausgewählte mathematische Förderkonzepte und im Speziellen das spielintegrierte Förderkonzept, welches in der vorliegenden Studie untersucht wurde, vorgestellt. In *Kapitel 6* geht es anschließend um die individuell-adaptive Lernunterstützung durch die Kindergartenlehrperson. Dabei wird einerseits die Bedeutung einer solchen Förderung aufgezeigt und andererseits werden theoretisch-empirische Grundlagen sowie praktische Handlungsweisen zusammengestellt.

In *Teil IV* wird in *Kapitel 7* unter Einbezug aller bis zu diesem Punkt dargelegten theoretischen und empirisch gestützten Ausführungen zuerst das der vorliegenden Studie zugrunde gelegte Verständnis einer individuell-adaptiven Lernunterstützung formuliert und an einem Beispiel konkretisiert. Aus dieser Synthese werden in *Kapitel 8* schließlich die Fragestellungen hergeleitet, womit die Grundlegung abgeschlossen werden kann.

Im darauffolgenden *Teil V* steht die Studie selbst im Mittelpunkt: In *Kapitel 9* wird zunächst die Methodik präsentiert, indem das Vorgehen bei der Datenerhebung, der Datenaufbereitung und der Datenauswertung im Detail erläutert wird. Im Anschluss daran werden in *Kapitel 10* die Ergebnisse der Datenanalysen präsentiert: Dabei stehen zuerst die Ergebnisse hinsichtlich des Unterstützungshandelns der Kindergartenlehrpersonen im Vordergrund, während der Fokus danach auf die Ergebnisse zur Umsetzung einer individuell-adaptiven Lernunterstützung bezogen auf die untersuchten Regelspiele gelegt wird.

In *Teil VI* werden die Befunde der vorliegenden Studie in *Kapitel 11* zusammengefasst und im Hinblick auf Theorie, Empirie und Praxis diskutiert. Von dieser Diskussion ausgehend werden in einem weiteren Schritt Implikationen für die Aus- und Weiterbildung von Kindergartenlehrpersonen abgeleitet. Im darauffolgenden *Kapitel 12* wird das methodische Vorgehen kritisch beleuchtet, bevor zum Abschluss weiterführende Forschungsfragen formuliert werden.

## 1.3 Begriffliche Klärungen

Mit Blick auf die Sicherstellung einer eindeutigen und in sich konsistenten Begrifflichkeit werden nachstehend die im Rahmen dieser Arbeit geltenden terminologischen Festlegungen aufgeführt.

- Die vorliegende Studie ist Teil des Projekts „Spielintegrierte mathematische Frühförderung" (spimaf). Zur präzisen sprachlichen Unterscheidung wird jeweils von *„spimaf-Projekt"* gesprochen, wenn es sich um das „Mutterprojekt" handelt, während sich die Bezeichnung *„vorliegende Studie"* auf das „Tochterprojekt" bezieht.

- Das spimaf-Projekt – und entsprechend die vorliegende Studie – wurde im Schweizer Kanton St. Gallen, in Weingarten in Deutschland und im österreichischen Bundesland Vorarlberg durchgeführt. Wird nachfolgend vom *deutschen Sprachraum* gesprochen, dann sind damit stets die deutschsprachige Schweiz, Deutschland und Österreich gemeint.

- Die vorliegende Studie wurde mit vier- bis sechsjährigen Kindern durchgeführt. Kinder dieses Alters besuchen in der Schweiz und in Österreich den Kindergarten, in Deutschland hingegen die Kindertagesstätte (Kita). Als Sammelbezeichnung wird für sämtliche infrage kommenden Bildungsinstitutionen fortan die Bezeichnung „*Kindergarten*" verwendet. In Abgrenzung davon bezieht sich die Bezeichnung „*Vorschule*" auf die gesamte Zeit vor dem Schuleintritt, das heißt auf den Lebensabschnitt von der Geburt bis zum Schuleintritt. Entsprechend geht es dabei um Kinder im Alter von null bis sechs Jahren.

- Das in Kindergärten arbeitende Personal wird in den drei Ländern ebenfalls unterschiedlich benannt. Für die Kindergartenstufe ausgebildete Fachkräfte werden in Deutschland als „Pädagoginnen" und „Pädagogen" bezeichnet (Ausbildung an Fachschulen resp. Berufsfachschulen), während in Österreich von „Kindergartenpädagoginnen" und „Kindergartenpädagogen" gesprochen wird (Ausbildung an einer Bildungsanstalt für Kindergartenpädagogik [BAKiP]) und in der Schweiz die Berufsbezeichnung „Kindergartenlehrperson" üblich ist (Ausbildung an pädagogischen Hochschulen). Im Rahmen der vorliegenden Studie wird in der Regel für alle Länder „*Kindergartenlehrperson*" verwendet. Werden jedoch Studien berichtet, in welchen andere Bezeichnungen gewählt wurden, dann werden diese entsprechend übernommen.

- Da sich Lernen im Kindergartenkontext nicht wie im schulischen Unterricht abspielt, wird in der vorliegenden Studie nicht von „Unterricht" gesprochen. Stattdessen werden adäquatere Begriffe wie „*Lerneinheit*", „*Lerngelegenheit*" und „*Lernprozess*" verwendet.

- Wie einleitend bereits festgehalten wurde, liegt der Fokus der durchgeführten Analysen auf dem Erwerb von mathematischen Kompetenzen und dabei spezifisch auf Mengen-Zahlen-Kompetenzen. Solche mathematischen Kompetenzen sind ihrerseits Teil von *fachlichen Kompetenzen*, worunter sämtliche Fachbereiche subsumiert werden.

# Teil I
# Fachliche Grundlagen

# 2 Die Bedeutung fachlicher Förderung im Kindergarten

Bildung von vier- bis sechsjährigen Kindern ist äußerst vielfältig und umfasst weit mehr als fachliche Förderung. Um das grundlegende Ziel zu erreichen, Kinder ausgehend von ihren individuellen Voraussetzungen für die Schule zu befähigen, werden die Entwicklung und das Lernen in verschiedenen Bereichen unterstützt. Einerseits werden Entwicklungsbereiche wie Kognition, Motorik, Wahrnehmung, Emotionalität und Soziabilität fokussiert, andererseits wird im Verlaufe des Kindergartens eine allmähliche Orientierung an den Schulfächern in den Blick genommen. Dabei wird stark fächerübergreifend gearbeitet, beispielsweise indem Inhalte verschiedener Fachbereiche in Spiel- und Lernangeboten verbunden umgesetzt werden. Einbezogen werden in diesem Zusammenhang auch prozedurale Aspekte wie Arbeitstechniken oder Lernstrategien sowie metakognitive Strategien wie Reflexion (Wannack, 2010).

Das Interesse der vorliegenden Arbeit liegt auf der fachlichen und hierin auf der mathematischen Förderung im Kindergarten. Doch weshalb ist fachliche resp. mathematische Förderung im Kindergarten überhaupt als relevant zu betrachten? Die Einschätzung der Bedeutung früher fachlicher Förderung hat sich im Zeitverlauf stark verändert. Um diesen Verlauf aufzuzeigen, wird in Kapitel 2.1 der historische Wandel der Bedeutung fachlicher Förderung unter besonderer Berücksichtigung der Mathematik nachgezeichnet und in Kapitel 2.2 entwicklungs- resp. lernpsychologisch kontextualisiert. Dabei werden insbesondere die Entwicklungen im deutschen Sprachraum berücksichtigt.

## 2.1 Fachliche Förderung im Kindergarten – Bildungsgeschichtlicher Kontext

Im Fokus der vorliegenden Arbeit steht die fachliche resp. mathematische Förderung im Kindergarten. Der fachliche Fördergedanke und damit einhergehend eine auch an Fächern orientierte Didaktik haben sich im Kindergarten über die Zeit hinweg allmählich etabliert. Wie diese starke Beachtung der fachlichen Förderung in der Institution Kindergarten historisch entstanden ist, zeigen die nachfolgenden Ausführungen zum Wandel des Selbstverständnisses des Kindergartens.

### 2.1.1 Fachliche Förderung in den ersten Kleinkinderschulen

Von jeher lagen das Aufziehen und das Erziehen von Kindern bis zum Alter von sechs bis sieben Jahren in der Verantwortung der Familie, insbesondere der Mutter. *Ab ca. 1800* entstanden unter anderem als Folge der beginnenden Industrialisierung und der in vielen Arbeiterfamilien vorherrschenden Armut familiäre Notlagen in der Kinderbetreuung. Da sich die herkömmliche Haushaltsfamilie allmählich zur Kleinfamilie wandelte, in welcher Väter wie auch Mütter und ältere Kinder in Fabriken arbeiteten, konnte die Betreuung kleiner Kinder nicht mehr in allen Familien sichergestellt werden. Vor diesem Hintergrund entstanden erste außerfamiliäre Erziehungsinstitutionen, die sogenannten Kleinkinderschulen (Konrad, 2004). In diesem Zusammenhang können grundsätzlich zwei Konzepte unterschieden werden: Zum einen der Ansatz des Schweizer Pädagogen Johann Heinrich Pestalozzi, dem zufolge die ideale Kleinkinderschule eine Nachbildung der familiären Wohnstube darstellen sollte, in der Kinder nicht nur systematisch erzogen, sondern auch unterrichtet wurden (Döring, 1969; Thesing, 2014). Gemäß Pestalozzi hatte der Kern dieses Unterrichts drei Elementarmittel zu umfassen: Zahl (Rechenkunst), Form (Messkunst, Zeichnungskunst, Schreibkunst) und Schall (Tonlehre, Wortlehre, Sprachlehre) (Oelkers, 2010). Methodisch standen dabei Unterrichtsprinzipien wie Altersangemessenheit, Gleichgewichtung von Kopf (intellektuelle Bildung), Herz (sittliche Bildung) und Hand (physische Bildung) sowie die Anschauung im Fokus (Tenorth, 2000). Diesem Ansatz gegenüber standen zum anderen Konzepte, welche die herkömmliche Auffassung vertraten, nach welcher Kinder über Drill zu religiösen und gesellschaftlich angepassten Personen erzogen werden sollten (Witzig, 2013).

In der *ersten Hälfte des 19. Jahrhunderts* entwickelte Friedrich Fröbel, ein deutscher Pädagoge und Schüler Pestalozzis, dessen Ideen weiter und gründete erste Kindergärten. Er ging ebenfalls vom Familienmodell mit der Mutter-Kind-Beziehung im Zentrum aus und entwickelte Mutter-, Kose- und Spiellieder für den erzieherischen Umgang mit jungen Kindern. Diese Lieder ergänzte er mit drei methodischen, unterrichtsbezogenen Elementen: den Spielgaben, den Beschäftigungsmitteln und den Bewegungsspielen (Konrad, 2004). Am Anfang stand die Beschäftigung mit den Spielgaben. Dazu gehörten geometrische Körper, namentlich Ball, Kugel, Würfel, Walze und Kegel, mit deren Hilfe Handlungen und Bewegungen wie Schwingen, Greifen, Rollen oder Drehen geübt wurden. Davon ausgehend wurden Beschäftigungsmittel der Fläche (z.B. Papierquadrat), der Linie (z.B. Papierstreifen) und der Punkte (z.B. Steine) eingeführt, mit denen geordnet, gefaltet, geschnitten etc. wurde. Die Bewegungsspiele wiederum beinhalteten Ton- und Singspiele, Wort- und Sprechspiele sowie Darstellungsspiele und wurden in der Kindergruppe umgesetzt (Heimlich, 2015). Angesichts dieser methodischen Elemente können diese frühen, von Fröbel gegründeten Kindergärten aus heutiger Sicht als Bildungsinstitutionen bezeichnet werden, in welchen die ersten deutlichen Spuren einer fachlichen Bildung zu verorten sind (Wittmann, 2010).

Im *Verlauf des 19. Jahrhunderts* veränderte sich die Einstellung zur außerfamiliären Betreuung in der frühen Kindheit ein weiteres Mal. Sie wurde immer weniger als soziales Angebot für Arbeiterfamilien in Betreuungsnotlagen, sondern mit ihren zusätzlichen Bildungselementen zunehmend als notwendige Ergänzung zur Familienerziehung betrachtet. So nahmen auch Deutschland und die französischsprachige Schweiz die an Erziehung und Bildung orientierten Ansätze von Fröbel und dessen Nachfolgern rege auf. Die Deutschschweiz hingegen zeigte sich ambivalent gegenüber dem neuen pädagogischen Konzept, das neben Erziehung auch Bildung umfasste und bei dem ausgebildete Erzieherinnen die „natürliche Erziehung" der Mutter ersetzten. Denn nicht zuletzt wurde diese Art der außerfamiliären Betreuung als implizite Kritik an der familiären Erziehungsarbeit wahrgenommen. In den 1880er-Jahren zeigte sich diese Ambivalenz auch im politischen Diskurs um die Ausbildung von Kindergärtnerinnen und die Integration des Kindergartens in die Volksschule, wobei sich dasjenige starke Lager, das sich gegen eine „Verschulung" des Kindergartens und damit gegen dessen Integration in die Volksschule aussprach, schließlich durchsetzte (Witzig, 2013).

## 2.1.2 Fachliche Förderung in reformpädagogischen Konzepten

In der *ersten Hälfte des 20. Jahrhunderts* kamen mit der Reformpädagogik alternative Konzepte für den Kindergarten auf, die fortan in Konkurrenz zur Fröbelpädagogik standen. Drei kontrovers diskutierte Konzepte werden nachfolgend exemplarisch kurz aufgegriffen.

Die Waldorfpädagogik wurde auf der Grundlage der anthroposophischen Lehre Rudolf Steiners entwickelt. Da die ersten sieben Lebensjahre laut Steiner von der Nachahmung der Erwachsenen und den aus der Umgebung gewonnenen Eindrücken geprägt werden, standen das freie und auf Fantasie beruhende Nachahmungsspiel und der Umgang mit Naturmaterialien im Zentrum dieser pädagogischen Richtung (Konrad, 2004). Durch diese Art des Spiels sollten Kinder möglichst lange „seelisch aufgelockert" bleiben, während die Fähigkeiten des Lesens, Schreibens und Rechnens erst spät erworben wurden (Scheuerl, 1990).

Die Erziehungslehre der italienischen Ärztin und Pädagogin Maria Montessori zielte im Kern darauf ab, dass Kinder bereits früh lernen sollten, ihren Alltag eigenständig zu bewältigen (Konrad, 2004). Ihre Pädagogik basierte auf einer indirekten Methode, in deren Rahmen zielgerichtet eine Lernumgebung vorbereitet und didaktisches Material bereitgestellt wurde. In der selbsttätigen Auseinandersetzung mit dieser vorstrukturierten Umwelt agierten Kinder vornehmlich als Autodidaktinnen und Autodidakten (Heimlich, 2015). Anfänglich wurden vor allem die Sinne geschärft, die Geschicklichkeit wurde geübt und die Konzentration gesteigert. Entsprechende Übungen dienten der Vorbereitung auf das schulische Lernen, das anschließend mit einer Einführung in das Lesen, Schreiben und Rechnen umgesetzt wurde (Scheuerl, 1990). Das didaktische Material umfasste dabei Übungen des praktischen Lebens (z.B. Garten, Alltagsgegenstände), Sinnesmaterialen (z.B. Zylinderblöcke, Würfel, Stäbe, verschiedene Stoffe), Sprachmaterialien (z.B. Karten mit aufgeklebten Buchstaben) und Mathematikmaterialien (z.B. Karten mit aufgeklebten Zahlen, Rechenstäbe, Perlenmaterial) (Heimlich, 2015).

Die Montessori-Pädagogik floss in Deutschland und in einzelnen Kantonen der Schweiz (vor allem Tessin, Genf und Waadt) in die frühkindliche Erziehung ein. In der Deutschschweiz hatte sie im Vergleich dazu weniger Gewicht, weil dort das Gedankengut der schwedischen Autorin und Lehrerin Ellen Key mehr Zuspruch fand (Witzig, 2013). Diese trat für eine Erziehung ein, welche dem Kind viel Zeit für seine natürliche Entwicklung lässt und lediglich darauf bedacht ist, diese mithilfe einer geeigneten Umgebung zu unterstützen (Müller, 1971).

Bereits aus dieser knappen Skizze wird deutlich, dass die aufgeführten reformpädagogischen Konzepte der Kindergartenpädagogik fachliche Förderung ganz unterschiedlich integrierten. Während die Materialien der Montessori-Pädagogik einen zielgerichteten, auch fachlichen Lerngedanken verfolgen, stehen in der Waldorfpädagogik vor allem die Anregung der kindlichen Fantasie und in der Pädagogik Ellen Keys die natürliche kindliche Entwicklung im Vordergrund.

Im *Verlauf des 20. Jahrhunderts* ging der generelle Trend in die Richtung, den Kindergarten als Schonraum zu verstehen, der die Kinder einerseits vor dem wenig professionellen Erziehungsverständnis der Eltern und andererseits vor der strengen Schule zu schützen hatte. Die Abgrenzung zur Schule wurde dabei besonders stark hervorgehoben, weil das schulische System für junge Kinder als nicht angemessen erachtet wurde (Witzig, 2013).

Laut Wittmann (2010) verlor der Kindergarten in dieser Zeit besonders im deutschsprachigen Raum mehr und mehr seine Bedeutung als Bildungsinstitution. Das Kind rückte in verschiedenerlei Hinsicht ins Zentrum, die fachliche Förderung hingegen in den Hintergrund.

### 2.1.3 Fachliche Förderung in den 1960er- und 1970er-Jahren

In den 1960er- und 1970er-Jahren erfolge erneut eine Gewichtsverschiebung hin zu einer verstärkten fachlichen Förderung im Kindergarten. Diese Trendwende vollzog sich einerseits im deutschen Sprachraum im Zusammenhang mit den einflussreichen entwicklungspsychologischen Forschungsarbeiten von Jean Piaget zu den kognitiven Fähigkeiten junger Kinder. Seine Befunde stießen in der Wissenschaft und in der Praxis auf beachtliche Resonanz (Kap. 3.2.1) und seine Arbeiten trugen maßgeblich dazu bei, dass sich das Entwicklungs- und Lernverständnis grundlegend veränderte. Zudem waren seine Erkenntnisse auch ausschlaggebend für das Aufkommen von konstruktivistischen Lerntheorien (Kap. 4.1.2). Andererseits vollzog sich diese Trendwende international als Folge des sogenannten Sputnik-Schocks. Angesichts des Erfolgs russischer Wissenschaftler mit dem um die Erde kreisenden Satelliten „Sputnik" wurde eine mathematisch-naturwissenschaftliche Bildung bereits im Kindergarten gefordert, um gut qualifiziertes Personal für Wirtschaft und Wissenschaft bereitzustellen (Gasteiger, 2010). Auf die Pädagogik im deutschen Sprachraum nahm diese Kurswende hin zu verstärkter fachlicher Förderung allerdings unterschiedlich stark Einfluss. Dies kann unter anderem darauf zurückgeführt werden, dass hier gleichzeitig die antiautoritäre Bewegung und die Neue Frauenbewegung der 1968er-Jahre Fuß fassten. Diese Bewegungen forderten eine grundlegende Reform der Erziehung, der zufolge Kinder außerhalb der Familie in freiheitlichem Rahmen die Fähigkeit, das Leben zu lieben, erlangen und Interesse am Leben entwickeln sollten. Diese Erziehungsart wurde in sogenannten „Kinderläden" (vor allem in Deutschland) umgesetzt, die allerdings nur in geringer Zahl in Städten entstanden und in den 1980er-Jahren wieder aufgegeben wurden (Witzig, 2013).

Gegen *Ende des 20. Jahrhunderts* stellte sich aus den unterschiedlichen Ansätzen heraus eine Art Gleichgewicht ein, das geprägt war durch einen Kompromiss zwischen den Polen der fachlichen Förderung und der antiautoritären Erziehung resp. zwischen Verschulung und Autonomie (Witzig, 2013). Somit lässt sich als Folge von wissenschaftlichen Errungenschaften und internationalem Konkurrenzdenken ein Stück weit eine Rückbesinnung auf die Wurzeln beobachten, wodurch die fachliche Förderung im Kindergarten allmählich wieder an Bedeutung gewann (Baroody, Lai & Mix, 2006). Der fachliche Fördergedanke verstärkte sich in jüngerer Zeit jedoch noch weiter. So etablierte sich in den vergangenen beiden Jahrzehnten im deutschen Sprachraum eine ausgeprägt fachlich orientierte Kindergartenpädagogik. Um diese Akzentverschiebung aufzuzeigen, werden im Folgenden zuerst allgemeine Entwicklungen im deutschsprachigen Bildungsraum unter besonderer Berücksichtigung der Schweiz dargestellt, um im Anschluss daran deren Einfluss auf die stärker an Fächern orientierte Förderung im Kindergarten erläutern zu können.

## 2.1.4 Fachliche Förderung seit den 1990er-Jahren

*Allgemeine Entwicklungen im deutschsprachigen Bildungsraum*

Etwa seit den 1990er-Jahren lässt sich im deutschsprachigen Bildungsraum ein erneuter Wandel beobachten. In der Zeit davor wurde der bildungspolitische Blick stark auf die Inputseite von Bildungssystemen gerichtet, was bedeutet, dass besonders Ressourcen, Lehrpläne, Stundentafeln oder Regelungen im Vordergrund standen. Diese Fokussierung verschob sich mittlerweile dahingehend, dass die Outputseite von Bildungssystemen, also die Lernergebnisse von Schülerinnen und Schülern, in den Mittelpunkt rückten (Oelkers & Reusser, 2008). Dahinter stand der Gedanke, dass mit einer Ausrichtung an der Outputseite Erwartungen an schülerseitige Lernergebnisse überprüft werden können, um das Niveau des Outputs durch diese Überprüfung weiter anzuheben (Maag Merki, 2010). Diese Perspektivenverschiebung lässt sich international beobachten, wird im Folgenden jedoch exemplarisch unter Bezugnahme auf die Schweiz aufgezeigt.

In der Schweiz kann die skizzierte Entwicklung auf mehrere Ursachen zurückgeführt werden. Erste Anzeichen manifestierten sich zum Beispiel in Debatten um schulische Qualität und Wirksamkeit oder um die Einführung von Prinzipien des New Public Managements mit dem Ziel, Schulen stärker von ihren Ergebnissen her zu steuern (Criblez et al., 2009). Besonders deutlich zeigte sich der Perspektivenwechsel allerdings mit dem Aufkommen von internationalen Leistungsstudien wie der *IEA Reading Literacy Study* von 1993, der *Third International Mathematics and Science Study* (TIMSS) von 1997 und vor allem den PISA-Studien ab 2000. In der ersten PISA-Studie erwiesen sich die Testleistungen der Schweizer Schülerinnen und Schüler in Mathematik als gut bis sehr gut, in den Naturwissenschaften sowie in den Lese- und Schreibfähigkeiten hingegen als mittelmäßig. Diese Ergebnisse entsprachen nicht den Erwartungen an ein fortschrittliches und teures Bildungssystem. Deshalb erhöhte sich der Reformdruck im Bildungsbereich nicht zuletzt auch aufgrund dieser Diskrepanz zwischen erwarteten und tatsächlichen Testleistungen (Biber, 2010).

Um entsprechende Reformen einzuleiten, wurde in der Schweiz im März 2006 eine neue Bildungsbestimmung in der Bundesverfassung verankert, welche eine Koordination unter den Kantonen in Bezug auf eine einheitliche Regelung gewisser Eckpfeiler im Bildungssystem vorschreibt (Bundesrat, 2006). Darauf basierend entwickelte die Schweizerische Konferenz der kantonalen Erziehungsdirektoren (EDK) das HarmoS-Konkordat, welchem bis dato 15 Kantone beigetreten sind. In diesem Konkordat werden strukturelle Aspekte wie die Einschulung oder die Dauer der einzelnen Schulstufen, aber auch Unterrichtsziele reglementiert und dadurch harmonisiert. Gemeinsame Steuerungsinstrumente tragen zur Entwicklung und zur Sicherung der Qualität und der Durchlässigkeit des Schulsystems bei. Als zentrales Instrument der Systementwicklung und Qualitätssicherung wurden nationale Bildungsstandards festgelegt, worauf Lehrpläne, Lehrmittel und Evaluationsinstrumente abgestimmt werden (EDK, 2007).

Diese Bildungsstandards wurden als Grundkompetenzen in den Fachbereichen Schulsprache, Fremdsprachen, Mathematik und Naturwissenschaften formuliert (EDK, 2015) und diese Grundkompetenzen wiederum wurden bei der Erarbeitung des neuen Deutschschweizer Lehrplans (Lehrplan 21) berücksichtigt und in dessen Grundansprüche eingearbeitet. Letztere verweisen auf diejenigen Kompetenzstufen, welche am Ende jedes Zyklus (erster Zyklus: zwei Jahre Kindergarten und zwei Jahre Primarstufe; zweiter Zyklus: vier Jahre Primarstufe; dritter Zyklus: drei Jahre Sekundarstufe) erreicht werden sollen (D-EDK, 2016). Der neue Lehrplan 21 ist somit an Kompetenzen orientiert und beschreibt, was möglichst alle Schülerinnen und Schüler bis zu einem bestimmten Zeitpunkt ihrer Schulkarriere wissen und können sollen (Klieme et al., 2003). Da nicht mehr nur festgehalten wird, welche Inhalte und Lernziele von Lehrpersonen zu thematisieren resp. zu erreichen sind, geht der Lehrplan über die Festlegung von stoffinhaltlichen Vorgaben hinaus. Im Fokus stehen neu vor allem die Lernprozesse und die Lernergebnisse der Schülerinnen und Schüler (D-EDK, 2016).

Mit der Festlegung von Bildungsstandards und der Orientierung an schülerseitig zu erwerbenden Kompetenzen wird der Fokus wie eingangs erwähnt klar auf die Ergebnisseite von Bildungssystemen gelegt. Damit reiht sich die Schweiz in die oben beschriebene, international zu beobachtende verstärkte Orientierung am Output von Bildungssystemen ein. Vor diesem allgemeinen Hintergrund stellt sich in einem nächsten Schritt nun die Frage, inwiefern diese Entwicklung auch Auswirkungen auf die fachliche Förderung im Kindergarten zeitigt.

*Jüngste Entwicklungen im Kindergarten*

Grundsätzlich kann festgehalten werden, dass die Ergebnisse von internationalen Vergleichsstudien auch die Struktur und die Konzeption des Kindergartens relativ stark beeinflusst haben. Oftmals wird in diesem Zusammenhang auf die PISA-Studien verwiesen und dabei insbesondere ein bestimmtes Ergebnis ins Feld geführt: Die Auswertungen der Studiendurchführungen in den Jahren 2003 und 2012, in deren Rahmen schwerpunktmäßig mathematische Kompetenzen bei 15-jährigen Schülerinnen und Schülern erhoben worden waren, ergaben im Fach Mathematik einen statistisch signifikanten Leistungsvorsprung von Kindern, die mehr als ein Jahr Vorschulunterricht besucht hatten, gegenüber Kindern, welche diese Möglichkeit nicht erhalten hatten (OECD, 2004, 2013). Einen analogen Zusammenhang zeigte die PISA-Studie mit Schwerpunkt Lesen im Jahr 2009 auf (OECD, 2010). Aus diesen Erkenntnissen kann vage geschlossen werden, dass im Falle von Kindern, welche keine fachliche Förderung in einer vorschulischen Institution erhalten, die Gefahr von mathematischen und sprachlichen Defiziten besteht, die sich auch im Alter von 15 Jahren noch nachweisen lassen. Unter argumentativer Bezugnahme auf diesen Befund kann der fachlichen Förderung im Kindergartenalter mit Blick auf Qualitätssicherung und Qualitätssteigerung im gesamten Bildungssystem somit eine große Bedeutung beigemessen werden.

Dieser Folgerung entsprechend wurde der Kindergarten ebenfalls in die Reformbestrebungen des schweizerischen Bildungssystems miteinbezogen. So wurde im Rahmen des HarmoS-Konkordats in den beigetretenen Kantonen ein Kindergartenobligatorium von zwei Jahren eingeführt. Der Kindergarten ist in den betreffenden Kantonen Teil der obligatorischen Schulzeit, welche neu beim Eintritt in den Kindergarten, d.h. mit vier Jahren beginnt. Die ersten Schuljahre können dabei wahlweise als Kindergarten, als Grund- oder als Basisstufe (vgl. unten) konzipiert werden, müssen allerdings die Möglichkeit eines schnelleren oder langsameren Durchlaufens vorsehen. Ebenfalls gewährleistet werden muss in jeder strukturellen Form am Ende des ersten Zyklus (Ende der zweiten Schulklasse) das Erreichen der gesamtschweizerisch festgelegten Bildungsstandards (EDK, 2010, 2007).

Aus diesen Ausführungen wird deutlich, dass neu auch der Kindergarten für die Erreichung der fachlich orientierten Bildungsstandards am Ende der zweiten Klasse mitverantwortlich ist. Gleichwohl wird von politischer Seite betont, dass die Integration des Kindergartens in die obligatorische Volksschule keine „Abschaffung" des Kindergartens bedeute. Nach wie vor solle der Kindergarten auch „kindergartenorientiert" und nicht schulisch gestaltet sein. Entsprechend wurde im neuen Lehrplan für den Kindergarten neben dem fachlichen parallel auch ein entwicklungsorientierter Zugang beschrieben (EDK, 2010).

Doch auch mit der Integration des Kindergartens in die obligatorische Volksschule blieb das Problem des Übergangs vom Kindergarten in die Schule bestehen. Dieser Übergang wurde nach wie vor als Bruch wahrgenommen (Vincent et al., 1997). Aus diesem Grund wurde in der Folge mit der oben bereits erwähnten Grund- resp. Basisstufe ein neues Modell für die ersten Bildungsjahre entwickelt, welches die Schnittstelle zwischen dem Kindergarten und der Schule auflösen sollte. In diesem Modell wurden die ersten drei (Grundstufe) resp. vier (Basisstufe) Bildungsjahre flexibel und lernstandorientiert konzipiert, um einen kontinuierlichen Übergang vom spielerischen zum aufgabenorientierten und systematischen Lernen zu gewährleisten. Ein multiprofessionell zusammengesetztes Team sollte Kinder im Alter von vier bis sieben resp. acht Jahren im Team-Teaching unterrichten, wobei die Kinder diese Eingangsstufe in individuellem Tempo durchlaufen können sollten. Mehrere Kantone der Schweiz lancierten ab dem Schuljahr 2003/2004 entsprechende Schulversuche. Das Projekt EDK-Ost 4bis8 begleitete diese Schulversuche zum einen mit einer summativen Evaluation, in welcher der Lernstand der Kinder im Zentrum stand, und zum anderen mit einer formativen Evaluation, in welcher der Prozess zur Sicherstellung einer kontinuierlichen Weiterentwicklung der Modelle analysiert wurde (EDK-Ost 4bis8, 2010). Obwohl das Konzept der Grund- resp. Basisstufe bei Expertinnen und Experten wie auch bei den an den Schulversuchen beteiligten Personen auf große Befürwortung stieß, wurde es in den Kantonen nicht oder nicht flächendeckend eingeführt. Dabei führte besonders ein Resultat der summativen Evaluation zu dieser Ablehnung: Der traditionelle Kindergarten und das neue Modell zeigten bezogen auf den Lernstand der Kinder gleich gute Resultate, die Grund- resp. Basisstufe war allerdings teurer. Dieses Argument überwog letzten Endes alle Vorteile der Grund- resp. Basisstufe. Das Fazit für diesen Versuch, die Schuleingangsphase flexibler zu gestalten und einen fließenden Übergang von einer entwicklungsorientierten zu einer fachorientierten Ausrichtung zu gewährleisten, fällt aus der Perspektive der Praxis daher ernüchternd aus.

Dennoch lässt sich zusammenfassend festhalten, dass sich der Kindergarten in jüngerer Zeit als öffentliche Bildungsinstitution für junge Kinder etabliert hat, da er in die obligatorische Volksschule und oftmals auch in Schuleinheiten integriert ist, im Lehrplan einen klaren fachlichen und entwicklungsorientierten Bildungsauftrag erhalten hat und darüber hinaus von Kindergartenlehrpersonen mit einem Abschluss an pädagogischen Hochschulen geleitet wird (Isler, Künzli & Wiesner, 2014). Somit hat sich der fachliche Fördergedanke auch im Kindergarten verstärkt etabliert und damit einhergehend eine auch an Fächern orientierte Kindergartenpädagogik. Parallel zu diesen bildungshistorischen Entwicklungen wurde eine Reihe von entwicklungs- und lernpsychologischen Erkenntnissen generiert, die ebenfalls starken Einfluss auf eine vermehrt an Fächern orientierte Kindergartenpädagogik nahmen. Auf diese Erkenntnisse wird im nächsten Kapitel näher eingegangen.

## 2.2 Fachliche Förderung im Kindergarten – Entwicklungs- und lernpsychologischer Kontext

Um der Frage nach der Bedeutung fachlicher resp. mathematischer Förderung weiter nachzugehen, werden nachfolgend Erkenntnisse aus der Entwicklungs- und Lernpsychologie zu vier Bereichen berichtet: (1) Arbeiten, die sich mit der Heterogenität von Lernständen in der Schuleingangsphase auseinandersetzen (Kap. 2.2.1), (2) Untersuchungen, die sich mit der Bedeutung des bereichsspezifischen Vorwissens im Vergleich mit der Intelligenz befassen (Kap. 2.2.2), (3) daraus hervorgehende Studien, welche frühe mathematische Kompetenzen als Prädiktoren späterer Schulleistungen untersuchen (Kap. 2.2.3), und schließlich (4) Längsschnittstudien, welche Effekte einer Förderung im Kindergarten aufzeigen (Kap. 2.2.4).

### 2.2.1 Heterogenität in der Schuleingangsphase

Im schweizerischen Kontext weisen mehrere regional durchgeführte Lernstanderhebungen einerseits darauf hin, dass Kinder über ein beachtliches mathematisches Wissen wie auch Können verfügen, und andererseits darauf, dass der mathematische Lernstand gleichaltriger Kinder beim Eintritt in den Kindergarten resp. während der Schuleingangsphase ausgesprochen heterogen ist. Eine frühe Untersuchung hierzu führten Hengartner und Röthlisberger (1995) durch. Von ausländischen Studien ausgehend erforschten sie den Stand der mathematischen Kenntnisse von Schweizer Kindern zu Beginn ihrer Schulkarriere, indem bei 200 Kindern im Raum Basel-Stadt und Zofingen der mathematische Lernstand erhoben wurde. Zusätzlich dazu wurden die betreffenden Lehrpersonen zu ihren Erwartungen bezüglich der Testergebnisse befragt. Die Ergebnisse zeigten einen sehr hohen durchschnittlichen Stand mathematischer Kompetenzen bei Schulanfängerinnen und Schulanfängern. So vermochten beispielsweise 80% der Kinder problemlos bis zehn zu zählen; beinahe ebenso vielen gelang das Rückwärtszählen. Additionsaufgaben im Zehnerbereich meisterten ebenfalls 80% der Kinder, wenn sie diese auszählen durften. Ein Fünftel der Kinder löste gar Aufgaben korrekt, die für das Ende der ersten Klasse bestimmt waren. Des Weiteren zeigte sich, dass die Lehrpersonen die mathematischen Fähigkeiten ihrer Kinder deutlich unterschätzten. Schulanfängerinnen und Schulanfänger verfügen demzufolge bereits über ein beachtliches mathematisches Wissen, welches jedoch gleichzeitig unterschätzt wird.

Einige Jahre später publizierten Weinhold Zulauf, Schweiter und von Aster (2003) eine Studie, in welcher die mathematischen Kompetenzen von Kindern im zweiten Kindergartenjahr im Fokus standen. Dazu wurden die mathematischen Kenntnisse von 334 Vorschulkindern im Raum Zürich untersucht. Die Befunde verwiesen nicht nur wie bei Hengartner und Röthlisberger (1995) auf die beträchtlichen mathematischen Kompetenzen von Kindern, sondern darüber hinaus insbesondere auch auf die großen Unterschiede zwischen den einzelnen Kindern. Stamm (2004) bestätigte und bestärkte diese Ergebnisse für das Kindergartenalter in ihrer Untersuchung der sprachlichen und mathematischen

Kenntnisse von ca. 200 vier- und fünfjährigen Kindern aus verschiedenen Kantonen der Schweiz. Auch in ihrer Studie wurde das bemerkenswerte mathematische Wissen und Können der Kindergartenkinder evident. Gleichzeitig zeigte sich jedoch eine Spannbreite an Kompetenzen, die sich von Frührechnerinnen und Frührechnern bis hin zu Kindern, die noch keine Zahlen benennen konnten, erstreckte. Moser, Stamm und Hollenweger (2005) dokumentierten in der Folge, dass sich diese starken lernstandbezogenen Unterschiede im Kanton Zürich auch kurz nach dem Eintritt in die erste Klasse noch manifestierten. Ihre Studie umfasste Kinder, welche in Mathematik auf einer Skala mit vier Niveaus das tiefste Kompetenzniveau noch nicht erreicht hatten, während andere Kinder bereits die Lerninhalte des zweiten Schuljahres beherrschten.

Mit Blick auf die Bedeutung mathematischer Förderung im Kindergarten kann aus diesen Befunden einerseits geschlossen werden, dass bereits Kindergartenkinder über ein beachtliches mathematisches Wissen und Können verfügen, das während der Kindergartenzeit gefestigt und weiterentwickelt werden sollte. Andererseits bestehen aber auch enorme interindividuelle Unterschiede, die in der Arbeit mit den Kindern adaptiv adressiert werden sollten.

Eine mögliche *Ursache* für die großen Unterschiede in den Lernständen dürfte besonders in der sozialen Herkunft der Kinder zu finden sein. Darauf deuten beispielsweise die PISA-Studien hin, die erneut frappant deutlich machten, dass der Bildungserfolg im deutschen wie auch im schweizerischen Bildungssystem außerordentlich stark von der sozialen Herkunft abhängig ist (Stamm, 2009), wobei Leistungsunterschiede vornehmlich durch primäre und sekundäre Effekte der sozialen Herkunft entstehen. Einem Modell von Boudon (1974) folgend beziehen sich primäre Herkunftseffekte auf die familiäre Herkunft und die damit verbundene schulische Erfolgswahrscheinlichkeit in Abhängigkeit vom sozialen Status. Sekundäre Herkunftseffekte verweisen demgegenüber auf vom sozialen Status abhängige elterliche Bildungsentscheidungen für die Kinder (Böttcher, 2002). Im Kindergarten kommen besonders die primären Effekte der sozialen Herkunft zum Tragen. Wie stark ein Kind vor dem und während des Kindergartens Kompetenzen aufzubauen vermag, hängt folglich stark von seiner familiären Herkunft ab und damit vom Bildungsstand seiner Eltern, von ihrem Einkommen sowie von der familienintern gesprochenen Sprache. Mithin sind die Chancen auf eine erfolgreiche Schulkarriere von Kindern aus unterprivilegierten und bildungsfernen Familien bereits beim Eintritt in den Kindergarten geringer als diejenigen von Kindern, welche in einem privilegierten und bildungsnahen Umfeld aufwachsen (Stamm, 2009).

Wie empirisch aber ebenfalls nachgewiesen werden konnte, können die von der sozialen Herkunft abhängigen ungleichen Startchancen mit dem Besuch eines Kindergartens ein Stück weit ausgeglichen werden (Becker, 2010). Eine grundlegende Erkenntnis, die diese Annahme zu stützen vermag, besteht darin, dass die Bedeutung, die dem Aufbau von bereichsspezifischem Vorwissen bereits im Kindergartenalter zukommt, entdeckt wurde. Auf diesen Zusammenhang wird in den folgenden Kapiteln 2.2.2 und 2.2.3 näher eingegangen.

## 2.2.2 Die Bedeutung des Vorwissens

Wie in verschiedenen Forschungsprojekten gezeigt werden konnte, ist der Aufbau von bereichsspezifischem Vorwissen von großer Bedeutung für den Schulerfolg. Um dies zu verdeutlichen, wird in der Literatur immer wieder auf die beiden von Franz E. Weinert geleiteten Längsschnittstudien LOGIK und SCHOLASTIK verwiesen, deren Kernaussagen nachfolgend als Grundlage und Ausgangspunkt für weiterführende Studien in Kurzform berichtet werden.

In den Studien LOGIK (Schneider, 2008) und SCHOLASTIK (Weinert & Helmke, 1997) wurde die Entwicklung von mathematischen Kenntnissen während der Grundschulzeit sowie in der elften Klasse anhand von Textaufgaben zum additiven und multiplikativen Vergleich von Mengen nachgezeichnet. Im Kern wurde der Einfluss von frühem bereichsspezifischem Wissen und Intelligenz auf spätere Schulleistungen untersucht. Dabei wurde evident, dass geringe Intelligenz durch den Aufbau von Wissen kompensierbar ist, mangelndes Vorwissen demgegenüber jedoch nicht durch hohe Intelligenz ausgeglichen werden kann. So wies mathematisches Vorwissen bei der Vorhersage mathematischer Kompetenzen deutlich mehr Varianz auf als Intelligenz. Zudem zeigte sich, dass Intelligenz ca. bis zur zweiten Klasse Einfluss auf die mathematische Leistung ausübt, dieser Einfluss danach aber deutlich abnimmt. Die Forschenden schlossen daraus, dass schulischer Erfolg auch in einem intelligenznahen Bereich wie der Mathematik maßgeblich vom Vorwissen abhängt (Stern, 2003).

Im Bewusstsein um die Bedeutung des Vorwissens für den Lernerfolg wurde in vielen Studien dem Zusammenhang zwischen dem bereichsspezifischen Vorwissen und der späteren Schulleistung nachgegangen. Eine Übersicht über Untersuchungen im mathematischen Bereich wird im nächsten Kapitel gegeben.

## 2.2.3 Frühe mathematische Kenntnisse als Prädiktoren späterer Mathematikleistungen

Gemäß dem aktuellen Forschungsstand kann davon ausgegangen werden, dass frühe mathematische Kenntnisse mit späteren Schulleistungen in Mathematik zusammenhängen. Auf diese Verbindung deuten nicht nur deutsche Studien hin, sondern auch solche, die in einem breiten internationalen Kontext zu verorten sind.

*Deutsche Studien*

In Deutschland liegen zurzeit drei Längsschnittstudien vor, welche in ihren Grundzügen einen Zusammenhang zwischen mathematischem Vorwissen und späteren Schulleistungen nachweisen.

Weißhaupt, Peucker und Wirtz (2006) untersuchten in ihrer Studie, inwiefern Rechenleistungen resp. Rechenschwierigkeiten im ersten Schuljahr mit Testdaten zum mathematischen Wissen vor dem Schuleintritt vorhergesagt werden können. Zu diesem Zweck wurden 129 Vorschulkinder aus Freiburg im Breisgau zweimalig vor Schuleintritt sowie am Ende der ersten Klasse auf mathematische Kompetenzen hin getestet. Die Ergebnisse legen nahe, dass mathematische Kompetenzen vor der Einschulung eine sehr gute Vorhersagekraft sowohl im Hinblick auf die Rechenleistung als auch bezogen auf Rechenschwierigkeiten am Ende der ersten Klasse aufweisen.

Dornheim (2008) befasste sich mit derselben Thematik, erweiterte den Untersuchungszeitraum allerdings bis zum Ende der zweiten Primarschulklasse. Die Längsschnittstudie integrierte 14 Kindergärten mit insgesamt 159 Kindern aus sozial und regional verschiedenen deutschen Gegenden rund um Ludwigsburg. Neun und drei Monate vor Schuleintritt sowie am Ende der ersten und der zweiten Klasse wurden sowohl mathematische Kenntnisse als auch allgemeinkognitive Fähigkeiten erhoben. Auch in dieser Studie wurde die Bedeutung des mathematikspezifischen Vorwissens im Vorschulalter für die Mathematikleistungen in den ersten beiden Grundschuljahren offensichtlich. Das spezifische Vorwissen zu Zahlen (Ordinalzahlbegriff, Zahlwortreihe, Anzahl- und Kardinalzahlkonzept, Teile-Ganzes-Konzept) erwies sich dabei als besonders starker Prädiktor für die Rechenleistung in der ersten und in der zweiten Klasse. Demgegenüber besaßen allgemeinkognitive Fähigkeiten keine direkte Vorhersagekraft in Bezug auf die Schulleistungen am Ende der ersten und der zweiten Klasse. Es stellte sich jedoch heraus, dass allgemeinkognitive Fähigkeiten das vorschulische Zahlenwissen beeinflussen.

Krajewski und Schneider (2006) weiteten den Untersuchungszeitraum noch weiter aus und erforschten die Vorhersagekraft der mathematischen Kenntnisse von Vorschulkindern auf die Mathematikleistungen am Ende des vierten Schuljahres. An der vier Jahre dauernden Studie nahmen 153 Kinder aus einer ländlichen Gegend Deutschlands teil. Die Kinder wurden ein halbes Jahr vor der Einschulung einerseits hinsichtlich spezifischer Mengen-Zahlen-Kompetenzen getestet (*Basisfertigkeiten:* Aufsagen der Zahlenfolge vorwärts und rückwärts, Kenntnis der arabischen Zahlen; *Invarianz- und Anzahlkonzepte:* Mengenvergleich, Seriation von Anzahlen) und andererseits bezogen auf unspezifische Faktoren wie die Intelligenz oder die soziale Herkunft. Unterschiede in den Mathematikleistungen am Ende der vierten Klasse konnten zu 26% mit den Invarianz- und Anzahlkonzept-Kompetenzen vor dem Schuleintritt erklärt werden. Diese Kompetenzen wurden ihrerseits von den Basiskompetenzen und zu einem kleinen Anteil von der Intelligenz aufgeklärt, wobei die Intelligenz während der Schulzeit immer stärker an Bedeutung verlor. Gleichzeitig zeigte sich aber auch, dass der Einfluss der sozialen Herkunft über die Zeit an Gewicht zulegte.

Diese drei Forschungsarbeiten bestätigen die große Bedeutung des frühen mathematikspezifischen Vorwissens für Schulleistungen bis weit in die Grundschule hinein. Gleichzeitig wurde, wie bereits in den LOGIK- und SCHOLASTIK-Studien (Kap. 2.2.2), im Vergleich mit dem mathematikspezifischen Vorwissen die geringe Bedeutung der Intelligenz sichtbar. Um diesen Zusammenhängen weiter nachzugehen, werden diese Befunde im Folgenden durch die Ergebnisse ausgewählter internationaler Studien ergänzt.

*Internationale Studien*

Viele internationale Untersuchungen sind den bereits berichteten Studien aus Deutschland in Fragestellung, Design und Ergebnissen sehr ähnlich, beispielsweise die finnische Studie von Aunio und Niemivirta (2010) oder die italienische Studie von Passolunghi, Vercelloni und Schadee (2007). Aus diesem Grund werden nachstehend ausgewählte Forschungsarbeiten aus dem internationalen Kontext aufgegriffen, welche die bisher berichteten Studien um spezifische Elemente erweitern.

Die Forschungsarbeit von Duncan et al. (2007) ist besonders deshalb interessant, weil es sich dabei um eine breit angelegte Studie handelt, welche Daten aus sechs Längsschnittstudien aus den USA, Kanada und England integriert. Des Weiteren wurde zusätzlich zur Vorhersagekraft von Fähigkeiten im Kindergartenalter auf spätere Schulleistungen der Einfluss von sozialen Verhaltensweisen untersucht, wobei akademische und soziale Fähigkeiten beim Schuleintritt zu späteren Testleistungen in Sprache und Mathematik ins Verhältnis gesetzt wurden. Die Resultate zeigten auch in dieser international durchgeführten Studie, dass frühe mathematische Kompetenzen wie Zahlenkenntnis oder die Kenntnis des Ordinalzahlaspekts die mächtigsten Prädiktoren für spätere mathematische Leistungen darstellen. Etwas weniger stark, aber dennoch konsistent war die Voraussagekraft früher sprachlicher Fähigkeiten wie Wortschatz oder Buchstabenkenntnis auf die Leseleistung. Im Gegensatz dazu wiesen soziale Fähigkeiten keine Effekte auf spätere fachliche Schulleistungen auf.

Zu nennen sind an dieser Stelle außerdem die US-amerikanischen Arbeiten von Nancy Jordan und Mitarbeitenden. Ihre wohl bekannteste Studie trägt den Titel „Early Math Matters". Darin dokumentierten die Forschenden die mathematische Kompetenzentwicklung von Kindern aus sechs Schulen in Delaware vom Kindergarten bis zum Ende der dritten Klasse. Vom Eintritt in den Kindergarten bis zur Mitte der ersten Klasse wurden die Kinder in Bezug auf das Zählen, den Mengenvergleich und erstes Rechnen insgesamt sechsmal untersucht. Vom Ende der ersten Klasse bis zum Ende der dritten Klasse wurden die Kinder abermals fünfmal getestet. Besonders hervorzuheben gilt es diesbezüglich, dass die Forschenden nicht nur die schriftlichen Rechenverfahren, sondern auch angewandtes Problemlösen fokussierten. Ihre Resultate belegen, dass Kinder bereits vor dem Schuleintritt Grundlagen arithmetischer Kenntnisse entwickeln, welche auch komplexere mathematische Leistungen im zweiten und dritten Schuljahr zu stützen vermögen (Jordan & Kaplan, 2009).

Von besonderem Interesse ist darüber hinaus auch die finnische Studie von Aunola, Leskinen, Lerkkanen und Nurmi (2004). Die Autorinnen und Autoren gingen der Entwicklung der Mathematikleistung im Zeitraum vom Kindergarten bis zur zweiten Klasse nach. Dazu untersuchten sie 194 finnische Kinder zweimal jährlich über drei Jahre hinweg, wobei zu Beginn des Kindergartens die folgenden kognitiven Fähigkeiten erhoben wurden: Zählkompetenz, visuelle Aufmerksamkeit, Hörverständnis und metakognitives Wissen. Aus den Datenanalysen ging nicht nur hervor, dass frühe Zählkompetenzen den stärksten Prädiktor für die mathematische Entwicklung darstellen, sondern auch, dass sich die Unterschiede in den Mathematikleistungen über die drei Jahre vergrößerten. Dabei verlief der Anstieg mathematischer Fähigkeiten bei denjenigen Kindern, die bereits beim Eintritt in die Vorschule über höhere mathematische Kenntnisse verfügt hatten, deutlich schneller als bei denjenigen Kindern, die beim Eintritt in die Vorschule schwächere Mathematikleistungen gezeigt hatten.

Wie die zuvor berichteten deutschen Studien betonen auch die ausgewählten internationalen Studien die Bedeutung von mathematischem Vorwissen, dies zudem im Rahmen von groß angelegten Studien und bezogen auf komplexere mathematische Kompetenzen wie das Problemlösen. Zusammenfassend kann festgehalten werden, dass alle berichteten Forschungsarbeiten weitgehend analoge Befunde aufweisen, obwohl leicht abweichende Forschungsdesigns und teils sehr verschiedene Forschungsinstrumente zum Einsatz kamen.

So kann im Hinblick auf mathematische Kenntnisse ganz generell resümiert werden, dass mathematisches Vorwissen im Kindergartenalter einen verlässlichen Prädiktor für spätere schulische Mathematikleistungen darstellt.

Einzelne der aufgeführten Forschungsarbeiten machen darüber hinaus insbesondere auf zwei weitere relevante Aspekte aufmerksam: Zum einen vergrößern sich interindividuelle Unterschiede in Mathematikleistungen im Laufe der Zeit und zum anderen können Kinder, welche während der Schulzeit mit Rechenschwierigkeiten zu kämpfen haben, bereits im Kindergarten erkannt werden. Diese Erkenntnisse führen zur Frage, ob der Schulerfolg von Kindern mit geringem mathematischem Vorwissen mithilfe einer gezielten Förderung im Kindergarten positiv beeinflusst werden kann und ob damit einhergehend der starke Effekt der sozialen Herkunft (zumindest teilweise) abgeschwächt werden kann. Dieser Frage nach der Wirksamkeit einer frühen mathematischen Förderung, speziell im Falle von Risikokindern, wird im nächsten Kapitel nachgegangen.

## 2.2.4 Wirksamkeit mathematischer Förderung im Kindergarten

Der Wirksamkeit mathematischer Förderung im Kindergarten wurde in den letzten Jahren in verschiedenen Studien nachgegangen. Vor allem die Förderung von Kindern mit mathematischen Defiziten stand dabei jeweils im Fokus des Forschungsinteresses. Nachfolgend werden drei ausgewählte Interventionsstudien aus Deutschland präsentiert, die gesamthaft betrachtet aufzuzeigen vermögen, dass sich eine gezielte mathematische Förderung im Kindergarten positiv auf spätere Mathematikleistungen auswirkt.

Kaufmann (2003) ging in ihrer längsschnittlichen Interventionsstudie unter anderem der Frage nach, inwiefern frühe arithmetische Defizite mit präventiver Förderung verringert werden können. Die Stichprobe bestand aus 127 Kindern aus drei Schulen in einem ländlichen Gebiet Deutschlands. An einer Schule wurden diejenigen Kinder, welche bei Schuleintritt als förderbedürftig eingestuft worden waren, über die ersten beiden Schuljahre hinweg während einer Stunde pro Woche außerhalb des regulären Unterrichts in den Bereichen der pränumerischen Inhalte, des Zahlbegriffs, des intermodalen Transfers, des Zählens und der Verwendung von Mengenbildern gefördert. Die Kinder der anderen beiden Schulen dienten als Kontrollgruppe und erhielten keine zusätzliche Förderung. Bei Schuleintritt sowie im Verlauf des ersten und des zweiten Schuljahres wurden Daten zur visuellen Wahrnehmung und zu den arithmetischen Vorkenntnissen resp. mathematischen Fähigkeiten erhoben. Die Auswertungen ergaben, dass die Fördergruppe im Vergleich zur Kontrollgruppe im mathematischen Leistungstest (Operationsverständnis) signifikant besser abgeschnitten hatte. Die Ergebnisse zeigten zudem, dass diejenigen Kinder, die bei Schuleintritt aufgrund eines mathematischen Defizits eine differenzierte Förderung erhalten hatten, am Ende der zweiten Klasse mathematisch zur Gesamtgruppe aufschließen konnten.

Während Kaufmann (2003) die Wirksamkeit einer Förderung zu Beginn der Schulzeit erforschte, zielte die Interventionsstudie von Grüßing und Peter-Koop (2008) darauf ab, potenzielle Risikokinder in Mathematik bereits vor der Einschulung zu erkennen und wirksam zu fördern. An der Studie nahmen 35 Kindertagesstätten in und um Oldenburg mit insgesamt 947 Kindern teil, von denen 73 Kinder als mögliche Risikokinder eingestuft worden waren. Diese Kinder wurden über sechs Monate hinweg in zwei unterschiedlichen

Settings gefördert: 14 Kinder erhielten einmal wöchentlich eine Einzelförderung nach einem individuellen Förderplan, 53 Kinder wurden kindertagesstättenintern von der Erzieherin ebenfalls auf der Grundlage eines individuellen Förderplans unterstützt. Sämtliche potenziellen Risikokinder wurden ein Jahr vor der Einschulung, bei Schuleintritt und am Ende der ersten Klasse auf ihre mathematischen Fähigkeiten hin getestet. In Bezug auf die unterschiedlichen Fördersettings waren keine Differenzen zu erkennen. Direkt nach der Förderung bei Schuleintritt zeigte sich bei den potenziellen Risikokindern ein starker Leistungszuwachs gegenüber der ersten Testung. Ein Jahr nach der Förderung zeigte die Gruppe der Risikokinder im Durchschnitt zwar immer noch tiefere Leistungen als die Gesamtgruppe, bei differenzierterer Betrachtung wird das Bild allerdings relativiert: Die Hälfte der potenziellen Risikokinder fand sich nicht mehr im tiefsten, sondern im mittleren Leistungsbereich der Gesamtgruppe und ein Kind konnte gar zu den Leistungsstärksten gezählt werden.

Auch Krajewski et al. (2008) setzten mit ihrer Intervention bereits im Kindergarten an, fokussierten jedoch nicht primär Risikokinder, sondern untersuchten im Rahmen ihrer Studie die Wirksamkeit eines eigens entwickelten Frühförderprogramms im Bereich „Mengen-Zahlen-Kompetenzen" (MZZ). Die Untersuchung wurde als Kontrollgruppendesign angelegt, in welchem Kindergärten aus einem ländlichen Gebiet in Deutschland drei Gruppen zugeteilt wurden: (1) MZZ-Training, (2) Denktraining und (3) Kontrollgruppe. Die Intervention mit dem MZZ-Training resp. dem Denktraining dauerte zehn Wochen. Unmittelbar davor und danach wurden die Kinder im Hinblick auf ihre mathematischen Kompetenzen getestet. Weitere Testungen fanden am Ende der Kindergartenzeit sowie am Ende des ersten Schuljahres statt. Die Analysen ergaben, dass diejenige Gruppe, die mit dem MZZ-Förderprogramm trainiert hatte, sowohl kurz- als auch langfristig signifikant höhere Testleistungen erbrachte als die beiden anderen Gruppen.

Vor dem Hintergrund der berichteten Befunde wird auch aus entwicklungs- und lernpsychologischer Perspektive ersichtlich, dass der mathematischen Förderung im Kindergarten eine zentrale Bedeutung zukommt. Es wurde deutlich, dass bereits beim Eintritt in den Kindergarten große mathematikbezogene Lernstandunterschiede zwischen gleichaltrigen Kindern bestehen. Gleichzeitig verweist eine breite Forschungsbasis auf den Einfluss von bereichsspezifischem Vorwissen auf spätere Schulleistungen: Frühe Defizite in mathematischen Kenntnissen ziehen Defizite in späteren schulischen Mathematikleistungen nach sich. Damit diesem Verlauf entgegengewirkt werden kann, bedarf es einer frühen Diagnose potenzieller Risikokinder sowie einer gezielten Förderung (Krajewski et al., 2008). Auf diese Weise erhalten alle Kinder im Sinne des kumulativen Lernens die Chance, die für einen erfolgreichen Schulstart grundlegenden Kompetenzen zu erwerben (Deutscher & Selter, 2013). Die in Kapitel 2.2.4 vorgestellten Studien belegen somit insgesamt, dass eine gezielte mathematische Förderung im Kindergarten wirksam ist, da sie die unterschiedlichen Startchancen ausgleichen sowie deren Verfestigung im Anfangsunterricht verhindern kann.

## 2.3 Resümee zur Bedeutung fachlicher Förderung im Kindergarten

Aus dem in Kapitel 2.1 skizzierten bildungsgeschichtlichen Kontext ging hervor, dass fachliche Förderung im Kindergarten seit jeher ein kontrovers diskutiertes Thema darstellte. Die Rekonstruktion des historischen Verlaufs zeigte auf, dass der Kindergarten als eine Art Zwischenwelt zwischen der Familienerziehung und der fachorientierten Schulbildung betrachtet werden kann. Entstanden aus dem Gedanken, armen Kindern eine an familiären Gegebenheiten orientierte mütterliche Erziehung zu ermöglichen, entwickelte er sich tendenziell und regional verschieden in die Richtung familienergänzender schulischer resp. schulvorbereitender Bildung für alle Kinder.

Die klare Wendung hin zu einer stärker fachlich orientierten Kindergartenpädagogik nahm in den 1960er- und 1970er-Jahren ihren Anfang. Besonders die Forschungsarbeiten von Jean Piaget trugen maßgeblich zu einem veränderten Entwicklungs- und Lernverständnis bei, das in der Folge veränderte Ansprüche an den Kindergarten und an die Schule stellte. In den letzten Jahren rückten schließlich die Lernergebnisse von Schülerinnen und Schülern verstärkt in den Fokus, insbesondere in den Fachbereichen Schulsprache, Fremdsprachen, Mathematik und Naturwissenschaften. Damit einhergehend erfolgte auch in der Kindergartenpädagogik eine deutlichere Orientierung am Fach. Diese Gewichtsverlagerung wird durch jüngere Befunde aus der Entwicklungs- und Lernpsychologie gestützt, die für den hier dargestellten mathematischen Fachbereich gesamthaft belegen, dass eine gezielte mathematische Förderung im Kindergarten wirksam ist. Sie zeigen einerseits auf, dass bereits Kindergartenkinder über ein beachtliches mathematisches Wissen und Können verfügen, andererseits aber auch, dass bezogen auf dieses Wissen und Können enorme interindividuelle Unterschiede bestehen. Dieser Befund ist insbesondere deshalb wichtig, weil sich diese frühen mathematischen Kompetenzen als verlässliche Prädiktoren für spätere mathematische Schulleistungen erwiesen haben und erfolgreich gefördert werden können. Entsprechend kommt der frühen fachlichen Förderung aus entwicklungs- und lernpsychologischer Sicht große Bedeutung zu.

Wenn also davon ausgegangen wird, dass die geistige Entwicklung von Kindern nicht einfach „abgewartet" (z.B. im Sinne von Ellen Key), sondern gemäß konstruktivistischen Prinzipien gestaltet werden soll (im Sinne von Jean Piaget) und Kinder nicht einfach „unbeschriebene Blätter" sind, die in einer Fantasiewelt leben und noch keinen Zugang zur „realen" Welt haben, sondern lange vor der Schulzeit entwicklungsfähige fachliche Präkonzepte besitzen, an die man anknüpfen kann, kann zusammenfassend festgehalten werden, dass der Kindergarten nicht mehr ein eher passiver Schonraum sein sollte, der alles Fachliche ausklammert, sondern eine aktive Rolle in der fachlichen Förderung übernehmen sollte. Dieser Bedarf an fachlicher resp. mathematischer Förderung im Kindergarten wurde heute erkannt, ist im Lehrplan verankert und wird in Praxis, Politik wie auch Forschung breit anerkannt.

Demgegenüber wird die Frage nach der Gestaltung dieser Förderung nach wie vor intensiv und kontrovers diskutiert. So bestehen beispielsweise Befürchtungen, dass im Kindergarten eine schulnahe Instruktion umgesetzt werde und die Kinder zu früh einem schulischen Leistungsdruck ausgesetzt würden (Stamm, 2009). Diese Befürchtungen manifestieren sich zum Beispiel in denjenigen Gründen, die dazu führten, dass nicht alle

Schweizer Kantone dem HarmoS-Konkordat beigetreten sind. Denn Gegnerinnen und Gegner des Konkordats führten im Vorfeld der betreffenden kantonalen Abstimmungen unter anderem die befürchteten Veränderungen in der Gestaltung des Kindergartens ins Feld. In den Kapiteln 4, 5 und 6 wird vor diesem Hintergrund differenziert darauf eingegangen, wie eine interaktive fachliche Förderung mit guten spielintegrierten Lernmaterialien im Kindergarten umgesetzt werden kann, sodass dieser nicht, wie von einigen befürchtet, in eine Institution mit verfrühter schulischer Instruktion transformiert wird. Zuvor wird es in Kapitel 3 jedoch darum gehen, welche mathematischen Kompetenzen im Kindergarten konkret gefördert werden können und auch gefördert werden sollen.

# 3 Mathematische Kompetenzen im Vorschulalter

An das vorangehende Kapitel anknüpfend, in welchem erläutert wurde, aus welchen Gründen mathematische Förderung bereits im Kindergarten von Bedeutung ist, wird in diesem Kapitel dargelegt, welche mathematischen Kompetenzen bei Kindergartenkindern im Alter von vier bis sechs Jahren entsprechend gefördert werden sollten. Die mathematische Bildung im Kindergarten und in der Grundschule behandelt verschiedene Bereiche: Zahlvorstellungen, Operationen, Größen, Sachrechnen, Geometrie sowie einfache Funktionen und Statistiken. In der vorliegenden Studie wurden die Arithmetik und damit Zahlen und Operationen fokussiert. Im Kindergarten stehen diesbezüglich *Mengen-Zahlen-Kompetenzen* im Zentrum, weshalb sich die Ausführungen in diesem Kapitel ausschließlich darauf beziehen.

In der Vergangenheit wurde dasjenige Wissen und Können, welches Kinder vor der Einschulung erwerben, oft mit den Begriffen „Vorläuferfähigkeiten" oder „Vorläuferfertigkeiten" bezeichnet, wohinter der Gedanke stand, dass diese Fähigkeiten und Fertigkeiten das erfolgreiche Lernen in der Schule vorbereiten würden. Diese Begriffe, insbesondere der Zusatz „Vorläufer", erfuhren und erfahren allerdings auch Kritik. So wird insbesondere die einseitig auf die Schulzeit ausgerichtete Perspektive bemängelt und entsprechend gefordert, dass nicht nur der Kindergarten, sondern auch die Schule selbst frühere, gegenwärtige und zukünftige Kompetenzen der Lernenden im Auge haben müsse. Denn Kompetenzen sind zu jedem Zeitpunkt als vorläufig anzusehen und in einem progressiven Entwicklungsprozess zu verorten (Hess, 2012). Aus diesem Grund wird in der vorliegenden Studie auf die Vorläuferbegrifflichkeit verzichtet und von „mathematischen Kompetenzen" resp. „Mengen-Zahlen-Kompetenzen" gesprochen.

Nachfolgend wird als Erstes der Begriff der Kompetenz allgemein geklärt (Kap. 3.1), um darauf aufbauend die frühen Mengen-Zahlen-Kompetenzen von Kindern vertieft betrachten zu können. Dazu wird in Kapitel 3.2 zunächst theorie- und forschungsbasiert dargestellt, wie sich diese Kompetenzen im Vorschulalter, also von der Geburt bis zum Schuleintritt, im Allgemeinen entwickeln und wo vier- bis sechsjährige Kinder in ihrem Entwicklungsprozess in der Regel stehen. Im Anschluss daran wird in Kapitel 3.3 unter Bezugnahme auf die aufgearbeitete Theorie sowie unter Berücksichtigung von Bildungsstandards und aktuellen Orientierungs- resp. Lehrplänen der deutschsprachigen Länder ein Kompetenzmodell entwickelt, das einen Überblick über diejenigen Mengen-Zahlen-Kompetenzen bietet, die zwischen vier und sechs Jahren üblicherweise erworben werden.

## 3.1 Kompetenz – ein schwierig zu definierender Begriff

Der Kompetenzbegriff, seit 50 Jahren schwankender Popularität unterworfen, hat sich im Laufe der Zeit zu einem äußerst häufig und meist undifferenziert verwendeten Schlagwort entwickelt, was ein breites und unpräzises Begriffsverständnis nach sich zog (Oelkers & Reusser, 2008; Weinert, 2001a). Aus diesem Grund wird dem Ursprung des Begriffs im Folgenden zu Klärungszwecken einerseits in den Sozialwissenschaften und andererseits in der Erziehungswissenschaft nachgegangen, wo er unterschiedliche Aspekte beleuchtet: Handlungsdispositionen, die Bereitschaft, diese zu nutzen, sowie die pädagogische Vermittlung. Aus diesen Ausführungen wird schließlich diejenige Definition abgeleitet, welche der vorliegenden Studie als Grundlage diente.

Eingang in die *Sozialwissenschaften* fand der Kompetenzbegriff insbesondere über Noam Chomsky und dessen Theorie der Sprachkompetenz. Chomsky (1968) wandte sich von der damals verbreiteten behavioristischen Linguistik ab, hin zu einem kognitivistisch basierten Ansatz. „Kompetenz" definierte er als angeborene und situationsunabhängige kognitive Basis des sprachlichen Handelns, von der ausgehend die Muttersprache über Lernprozesse erworben werde. Die situationsspezifische Anwendung der so erworbenen Sprache bezeichnete Chomsky (1968) nicht mehr als „Kompetenz", sondern als „Performanz". Dieser Ansatz wurde in der Folge in vielen Arbeiten aufgegriffen und weiterentwickelt (Klieme & Hartig, 2008; Weinert, 2001a).

Parallel zu den generativen Überlegungen, die von Chomskys Theorien ausgingen, brachte die amerikanische Psychologie eher pragmatisch-funktionalistische Kompetenzkonzepte hervor. Innerhalb dieser theoretischen Ausrichtung wurde neben einer Abkehr vom Behaviorismus auch eine Abwendung von der psychometrischen Intelligenzforschung angestrebt, wobei insbesondere die zu geringe Beachtung der Interaktion des Individuums mit seiner Umwelt bemängelt wurde. Während menschliches Handeln in Studien der beiden kritisierten Theoriezweige kaum je in seinem Kontext untersucht worden war (McCelland, 1973), gewann die Interaktion zwischen Individuum und Umwelt im pragmatisch-funktionalistischen Ansatz stark an Bedeutung und wurde gar als menschliches Grundbedürfnis erachtet (White, 1959). Vor diesem Hintergrund wurde Kompetenz als Fähigkeit eines Menschen definiert, in seiner Umwelt handlungsfähig zu sein. Der starke Lebensbezug dieser Theorietradition zeigt sich im Vergleich mit dem generativen Ansatz insbesondere darin, dass Chomsky wie auch seine Nachfolgerinnen und Nachfolger die Interaktion zwischen Individuum und Umwelt nicht der Kompetenz, sondern strikt der Performanz zuschrieben (Klieme & Hartig, 2008).

Eingang in die *Erziehungswissenschaft* erlangte der Kompetenzbegriff über die Debatte um materiale und formale Bildung, d.h. über die Diskussion der Frage, ob neben der stofflich-fachlichen (materialen) auch eine überfachliche (formale) Bildung, welche auf die Persönlichkeitsbildung im Sinne einer Denkschulung sowie auf das Lernen des Lernens abzielt, anzustreben sei (Reusser, 2001c). Der Kompetenzbegriff wurde in der Erziehungswissenschaft maßgebend von Heinrich Roth geprägt. Unter dem Einfluss der 1968er-Jahren stellte Roth (1971) die Mündigkeit ins Zentrum der Erziehung, die Kompetenz in drei Bereichen umfasste: Selbstkompetenz, Sachkompetenz und Sozialkompetenz. Diese Trias bestimmt auch heute noch die pädagogisch-praktische, die erziehungswissenschaftliche und die pädagogisch-psychologische Diskussion. In deren Rahmen wird der Kompetenzbegriff üblicherweise wie folgt verstanden: „Kompetenzen sind Dispositionen, die im Verlauf von Bildungs- und Erziehungsprozessen erworben (erlernt) werden und die Bewältigung von unterschiedlichen Aufgaben bzw. Lebenssituationen ermöglichen" (Klieme & Hartig, 2008, S. 21). Zur Kompetenz werden in der Regel Wissen, kognitive Fähigkeiten, Selbstregulation sowie motivationale Aspekte gezählt. In Erziehung und Schule werden Kompetenzen mit dem Ziel vermittelt, Kinder zu selbstständigem und selbstverantwortlichem Handeln zu befähigen.

Derzeit geltende Bildungsstandards und Lehrpläne orientieren sich stark an den Ausführungen von Franz E. Weinert, dessen Begriffsbestimmung Aspekte aus beiden Traditionen, den Sozialwissenschaften und der Erziehungswissenschaft, zusammenführt. Weinert (2001b, S. 27 f.) definierte Kompetenzen als „die bei Individuen verfügbaren oder durch sie erlernbaren kognitiven Fähigkeiten und Fertigkeiten, um bestimmte Probleme zu lösen, sowie die damit verbundenen motivationalen, volitionalen und sozialen Bereitschaften und Fähigkeiten, um die Problemlösungen in variablen Situationen erfolgreich und verantwortungsvoll nutzen zu können". Davon ausgehend unterschied er drei Kompetenzen, welche als Produkt schulischen Lernens hervorgehen sollten: fachliche Kompetenzen, überfachliche Kompetenzen und Handlungskompetenzen. Fachliche Kompetenzen bezeichnen fachspezifisches Wissen und Können, während sich überfachliche Kompetenzen auf sogenannte „learning skills" (Beer & Benischek, 2011) beziehen. Im Deutschschweizer Lehrplan 21 beispielsweise fallen unter Letztere soziale, personale und methodische Kompetenzen (D-EDK, 2016). Unter Handlungskompetenzen versteht Weinert (2001b) schließlich die für ein erfolgreiches und verantwortliches Handeln relevanten kognitiven, sozialen, motivationalen, volitionalen und moralischen Aspekte, welche die entscheidende Voraussetzung für die Handlungsbereitschaft darstellen.

Von den bisherigen Ausführungen ausgehend wurden als Grundlage für die vorliegende Studie die folgenden Annahmen zum Kompetenzbegriff getroffen:

1. Kompetenzen sind erlernte oder erlernbare wissensbasierte Fähigkeiten und Fertigkeiten. Aus einer genetischen Basis heraus werden Kompetenzen über Lernprozesse aufgebaut und weiterentwickelt.

2. Kompetenzen lassen sich nicht losgelöst von einem spezifischen Kontext erwerben. Sie sind entsprechend an konkrete Anforderungssituationen gebunden.

3. Zur erfolgreichen Nutzung von fachlichen und überfachlichen Kompetenzen bedarf es sozialer, motivationaler und volitionaler Anreize und Einstellungen.

4. Das Ziel kompetenzorientierten Lernens besteht im Erwerb von anwendungsfähigem Wissen und ganzheitlichem Können.

5. Schulischer Unterricht zielt auf den Erwerb von fachlichen, überfachlichen und Handlungskompetenzen ab.

Im Zusammenhang mit den in dieser Arbeit behandelten Mengen-Zahlen-Kompetenzen stehen vorwiegend fachliche, d.h. kognitive Kompetenzen im Vordergrund – so auch im nächsten Kapitel, wo es um die Entwicklung ebendieser Mengen-Zahlen-Kompetenzen geht. Überfachliche Kompetenzen wie auch soziale, motivationale und volitionale Aspekte fließen dabei zwar ebenfalls mit ein, werden jedoch nicht explizit thematisiert, da sie sich nicht im Forschungsfokus befinden.

## 3.2  Die Entwicklung von Mengen-Zahlen-Kompetenzen

Die nachfolgende Beschreibung der Entwicklung von Mengen-Zahlen-Kompetenzen basiert auf Forschungsarbeiten aus der Kognitions-, der Entwicklungs- und der Pädagogischen Psychologie. Da das Forschungsfeld sehr breit und vielfältig ist, kann das Kapitel allerdings keinen Anspruch auf Vollständigkeit erheben.

Das Nachdenken über den Zahlbegriff, insbesondere die Untersuchung der Zahl und ihrer Struktur, beschäftigt die Menschen seit Jahrtausenden. Gleichwohl wurde die spezifische Frage nach dem Erwerb des Zahlbegriffs durch Kinder erst mit der Entstehung der experimentellen Forschung und der Psychologie als eigenständiger Wissenschaft relevant (Moser Opitz, 2008). Grundlegende und einflussreiche Arbeiten dazu wurden unter anderen vom Schweizer Entwicklungspsychologen Jean Piaget publiziert. Diese werden einleitend als Ausgangspunkt vorgestellt (Kap. 3.2.1), um im Anschluss daran darlegen zu können, wie Piagets Erkenntnisse rezipiert und weiterentwickelt wurden (Kap. 3.2.2–Kap. 3.2.5). Darauf aufbauend wird in Kapitel 3.2.6 das daraus hervorgegangene aktuelle Verständnis des Aufbaus von Mengen-Zahlen-Kompetenzen erläutert. Bei der Darstellung dieser Entwicklungslinien werden stets die von den Autorinnen und Autoren verwendeten Begriffe für Mengen-Zahlen-Kompetenzen oder Aspekte davon übernommen.

### 3.2.1 „Ist das gleich viel?" – Der Zahlbegriff bei Jean Piaget

Um Piagets Verständnis der Zahlbegriffsentwicklung aufzuzeigen und einzuordnen, wird zunächst in aller Kürze ein Einblick in seine *Theorie der geistigen Entwicklung (genetische Epistemologie)* gegeben. Piagets Verständnis der kognitiven Entwicklung beruht auf der Annahme, dass sich vererbte Strukturen wie Reflexe zu psychologischen Strukturen ausbilden. Dieser Entwicklungsprozess wird dadurch angestoßen, dass der Mensch in seiner Umwelt handelt und dabei Erfahrungen sammelt, die er kognitiv in Strukturen organisiert. Diese Strukturen wiederum verbindet er mit der Zeit zu noch größeren Systemen. Es handelt sich somit um einen stetigen Prozess, in welchem die Strukturen und Systeme aufgrund von neuen Erfahrungen fortwährend angepasst werden. Diese Anpassung erfolgt im Zusammenspiel der beiden sich ergänzenden Prozesse der Assimilation und der Akkommodation. Assimilation bedeutet, dass ein Mensch Erfahrungen, die er im Handeln mit der Umwelt sammelt, in bereits bestehende Strukturen und Systeme einordnet, während sich Akkommodation darauf bezieht, dass ein Mensch seine bestehenden Strukturen und Systeme aufgrund von Erfahrungen in der Umwelt verändert oder erweitert. Macht ein Mensch in der Umwelt eine neue Erfahrung, die er nicht in die bereits bestehenden Strukturen oder Systeme einordnen kann (Assimilation), wird ein sogenannter „kognitiver Konflikt" ausgelöst. Um diesen Konflikt aufzulösen, d.h. ihn ins Gleichgewicht zu bringen, passt der Mensch seine Strukturen oder Systeme an (Akkommodation), was zu kognitiver Entwicklung führt. Dieses Zusammenspiel von Assimilation und Akkommodation nannte Piaget „Äquilibration" (Ginsburg & Opper, 1998; Montada, 2002; Piaget, 1991; Reusser, 2001b).

Auf diesen Annahmen basierend beschrieb Piaget eine *Stadientheorie* der kognitiven Entwicklung, der zufolge jeder Mensch vier aufeinander aufbauende Hauptstadien durchläuft: das sensumotorische Stadium (Geburt bis zwei Jahre), das voroperationale Stadium (ca. zwei bis sieben Jahre), das konkret-operationale Stadium (ca. sieben bis zwölf Jahre) und das formal-operationale Stadium (ca. zwölf bis sechzehn Jahre) (Sodian, 2012). Im ersten Stadium sammeln Kleinstkinder Wahrnehmungs- und Bewegungserfahrungen. Darauf aufbauend sind sie im zweiten Stadium allmählich dazu fähig, mentale Repräsentationen resp. Vorstellungen zu bilden und Gebrauch davon zu machen. Dies ermöglicht es ihnen mit der Zeit, Handlungen zeitlich verzögert nachzuahmen. Gleichzeitig entwickelt sich die Sprache, welche fortan in enger Wechselwirkung mit dem Denken steht. Das Kleinkind kann in diesem Stadium allerdings noch nicht logisch-operational denken, weil es noch nicht in der Lage ist, verinnerlichte Handlungen systematisch zu organisieren (Buggle,

1997; Sodian, 2012). Erst im dritten Stadium können Kinder einfache logische Operationen durchführen. Dafür ist vor allem die sich zu diesem Zeitpunkt entwickelnde Reversibilität des Denkens verantwortlich: „Das Kind ... kann Denk- und Erkenntnisprozesse wieder zurück zu ihrem Ausgangspunkt laufen lassen und so innerlich den Ausgangspunkt vor der Realisierung des jeweiligen Erkenntnisprozesses wieder herstellen" (Buggle, 1997, S. 81). Das vierte Stadium schließlich beschreibt einen rational denkenden Idealtypus. Wer dieses Stadium erlangt, zeichnet sich durch die Kompetenz der systematischen Hypothesenbildung, der kontrollierten Experimentdurchführung und des Ziehens gültiger Schlussfolgerungen aus (Sodian, 2012).

Die von Piaget untersuchte und nachfolgend beschriebene *Zahlbegriffsentwicklung* findet vorwiegend beim Übergang zwischen dem zweiten, voroperationalen und dem dritten, konkret-operationalen Stadium statt (Moser Opitz, 2008). Um den Zahlbegriff zu erwerben sind nach Piaget und Szeminska (1972) drei aufeinander aufbauende Verständnisaspekte erforderlich: (1) Das Verständnis der Erhaltung der Quantitäten und der Invarianz der Mengen, (2) das Verständnis kardinaler und ordinaler Stück-für-Stück-Korrespondenz und (3) das Verständnis additiver und multiplikativer Kompositionen.

*Erhaltung der Quantitäten und Invarianz der Mengen*

Das Ergründen der Invarianz der Mengen ist nach Piaget und Szeminska (1972, S.15) „eine notwendige Bedingung jeder verstandesmäßigen Tätigkeit". Der Invarianzbegriff ist allerdings relativ schwer zu fassen, weil er sowohl im Zusammenhang mit einer geistigen Aktivität als auch mit Bezug auf konkrete Aufgabenstellungen verwendet wird (Moser Opitz, 2008). Invarianz bedeutet grundsätzlich, dass weder strukturelle noch qualitative Veränderungen der Elemente einer Menge eine Veränderung ihrer Mächtigkeit bewirken. Die Fähigkeit, Invarianz feststellen zu können, ist eine Voraussetzung für das zahlbezogene Verständnis. Die Entwicklung dieses Verständnisses erforschten Piaget und Szeminska (1972) anhand von Experimenten mit Aufgabenstellungen zur Erhaltung kontinuierlicher (z.B. Flüssigkeit) und diskontinuierlicher (z.B. Perlen) Quantitäten. Umschüttungsaufgaben oder verschiedene Anordnungen von Elementen, verbunden mit der zentralen Fragestellung „Ist das gleich viel?", sind typische Beispiele dafür.

*Kardinale und ordinale Stück-für-Stück-Korrespondenz*

Die Einsicht in kardinale und ordinale Stück-für-Stück-Korrespondenzen bildet den nächsten Verständnisschritt. Unter einer Stück-für-Stück-Korrespondenz wird das Zuordnen der Elemente einer Menge (z.B. Blumen) zu den Elementen einer anderen Menge (z.B. Vasen) verstanden, womit zum einen das Verständnis des Kardinalaspekts angesprochen wird. Der von der Klassifikation abgeleitete Begriff der Kardinalität bezeichnet die mit einer Zahl korrespondierende Anzahl an Elementen (Beispiel: Die Zahl Sieben entspricht der Menge von sieben Steinen). In entsprechenden Experimenten wurden Kinder beispielsweise dazu aufgefordert, sich ebenso viele Elemente zu nehmen, wie bereits vorgegeben waren. Zum anderen wird in diesem Zusammenhang aber auch das Verständnis des Ordinalaspekts thematisiert. Der Begriff der Ordinalität wird von der Größer-kleiner-Relation abgeleitet und legt den Rang einer Zahl in einer Reihe fest (Beispiel: Die Zahl Vier steht in der Zahlenreihenfolge nach der Drei und vor der Fünf). Dazu wurden z.B. verschieden große

Männchen anhand von verschieden langen Spazierstöcken ihren jeweiligen Rangplätzen zugeordnet. Aus verschiedenen Experimenten folgerten Piaget und Szeminska (1972) schließlich, dass sich die ordinale und die kardinale Korrespondenz gegenseitig bedingen würden. Dies bedeutet, dass jede Menge durch ihre Anzahl Elemente (Kardinalaspekt) einen klar definierten Rang in einer Reihenfolge (Ordinalaspekt) besitzt. Erst bei Vorliegen des Verständnisses dieser Verbindung kann davon ausgegangen werden, dass ein Kind den Zahlbegriff erworben hat.

*Additive und multiplikative Kompositionen*

Einen weiteren Verständnisschritt bilden additive und multiplikative Kompositionen. Eine Zahl enthält laut Piaget und Szeminska (1972) stets Additions- und Multiplikationsoperationen. Bezogen auf die Addition bedeutet dies, dass Teile zu einem Ganzen zusammengefügt werden können. Diese additive Teile-Ganzes-Beziehung bezeichnen der Autor und die Autorin als „Klasseninklusion". Haben Kinder dieses Verständnis erlangt, sind sie fähig, eine untergeordnete Klasse (z.B. blaue Perlen) als Teil einer übergeordneten Klasse (z.B. farbige Perlen) zu begreifen. Bei der Multiplikation geht es demgegenüber darum, dass Mengen aufeinander bezogen werden können, d.h. es soll ergründet werden, dass eine Menge A (z.B. rote Rosen) mit einer Menge C (z.B. weiße Rosen) über eine Menge B (z.B. Vasen) verglichen werden kann. Davon ausgehend wird schließlich die Einsicht in die Multiplikation aufgebaut. Piaget und Szeminska (1972) machten diesen über multiplikative Kompositionen vermittelten Aufbau deutlich, indem sie das einfache Blumen-Vasen-Korrespondenz-Experiment in zwei Schritten erweiterten:

> Erstens ist es leicht, wenn man das Kind dahin gebracht hat, die Äquivalenz zwischen einer Gruppen von Blumen $F_1$ und einer Gruppe von Vasen $V_1$, die miteinander korrespondieren, herzustellen, die Aufgabe zu wiederholen, und zwar bezüglich derselben Gruppen von Vasen $V_1$ und einer neuen Gruppe von Blumen $F_2$. Daraus ergibt sich die Frage: Wenn $F_1 = V_1$ ist, und wenn $V_1 = F_2$ ist, ist dann auch $F_1 = F_2$? Zweitens kann man sich eine neue Art von Fragen ausdenken: ... Wenn man ... die Blumen in kleine Röhrchen zu stecken wünscht, die jeweils nur eine Blume fassen, wie viele dieser Gefäße benötigt man dann für alle Blumen? (S. 267)

Sowohl Piagets genetische Epistemologie als auch die darin verortete Theorie der Zahlbegriffsentwicklung stießen in der Wissenschaft auf beachtliche Resonanz (Ginsburg & Opper, 1998) und lieferten wertvolle Impulse für die Allgemeine Didaktik (z.B. Aebli, 2011) sowie im Speziellen für die Mathematikdidaktik (z.B. Dienes, 1966), wobei sich seine Überlegungen vor allem in der frühen mathematischen Bildung niederschlagen. In Verbindung mit der Zahlbegriffstheorie wurden unterrichtspraktische Konzepte erarbeitet, welche vornehmlich pränumerischer Natur waren und vor allem die Mengenlehre berücksichtigten (Gasteiger, 2010). Auch ganz generell vermochten Piagets Erkenntnisse viel zu bewegen und führten in der Folge zur forschungsbasierten Weiterentwicklung seiner Ansätze. Gleichzeitig wurden seine Arbeiten aber auch rege und durchaus kritisch diskutiert. Ausgewählte Kritikpunkte, deren Rezeption und Verarbeitung werden in den folgenden Kapiteln 3.2.2, 3.2.3, 3.2.4 und 3.2.5 beleuchtet, um darauf aufbauend in Kapitel 3.2.6 die Entstehungsgeschichte des aktuellen Verständnisses der Entwicklung von Mengen-Zahlen-Kompetenzen nachzeichnen zu können.

## 3.2.2 Ab wann verfügen Kinder über mathematische Kompetenzen?

Ein Aspekt von Piagets Arbeiten, der Anlass zu kritischen Diskussionen bot, betraf sein methodisches Vorgehen. So bezog sich ein diesbezüglich umstrittener Punkt darauf, dass seine Experimente auf dem offenen Dialog mit Kindern basierten. Kritikerinnen und Kritiker zogen jedoch in Zweifel, dass die teilnehmenden Kinder die ihnen gestellten Fragen auch tatsächlich verstünden und sie diese im gleichen Sinne deuten würden wie Erwachsene. Zudem konnte gezeigt werden, dass zum Beispiel die Experimente zur Invarianz je nach Situation und Motivation der Kinder zu unterschiedlichen Ergebnissen führen. Wurden die Objekte im Invarianz-Experiment beispielsweise durch Bonbons ersetzt, wählten die Kinder stets diejenige Reihe, welche mehr Bonbons aufwies, und zwar unabhängig davon, ob die betreffende Reihe in ihrer Anordnung länger oder kürzer ausgelegt war als die jeweils andere (Dehaene, 1999). Entsprechend kam die Vermutung auf, dass Kinder früher als bisher angenommen über mathematische Fähigkeiten verfügen dürften.

Dieser Vermutung ging die Säuglingsforschung nach, ein Forschungszweig, der mit Habituationsexperimenten arbeitet. Dabei gibt die Dauer, während der ein Säugling zum Beispiel ein Objekt mit seinem Blick fixiert, Aufschluss darüber, ob ihm etwas Bekanntes (kurze Aufmerksamkeitsdauer, Habituation) oder etwas Neues (längere Aufmerksamkeitsdauer) präsentiert wird (Gasteiger, 2010). Auf diese Weise konnte gezeigt werden, dass bereits Säuglinge in der Lage sind, Mengen kleiner Anzahl zu unterscheiden. Antell und Keating (1983) zeigten dies für Neugeborene, Starkey und Cooper (1980) für Säuglinge im Alter von durchschnittlich 22 Wochen. Laut diesen Arbeiten sind Neugeborene dazu fähig, Anzahlen von zwei und drei schwarzen Punkten zu unterscheiden. Bei größeren Anzahlen von vier und sechs Punkten gelingt ihnen dies jedoch nicht mehr (Antell & Keating, 1983). Dasselbe Resultat zeigte sich bei etwas älteren Säuglingen. Die Autoren vermuteten, dass diesen Beobachtungen die Fähigkeit des „Subitizing" (Simultanerfassung von kleinen Mengen) zugrunde liege, welche entsprechend bereits vor der Fähigkeit des verbalen Zählens vorhanden zu sein scheine (Starkey & Cooper, 1980).

Etwas später vermochte eine Forschungsarbeit von Starkey, Spelke und Gelman (1990) sogar nachzuweisen, dass Kleinkinder einen abstrakten Zugang zu Zahlen haben. Im betreffenden Experiment wurden Kleinkindern im Alter von sechs bis acht Monaten zwei Bilder mit einer je unterschiedlichen Anzahl an Gegenständen gezeigt. Begleitend dazu wurden Trommelschläge abgespielt, deren Anzahl der Anzahl der Gegenstände auf einem Bild entsprach. Dabei stellte sich heraus, dass die Kleinkinder jeweils dasjenige Bild länger betrachteten, bei welchem die Anzahl der Gegenstände mit der Anzahl der Trommelschläge übereinstimmte. Des Weiteren konnte gezeigt werden, dass Kleinkinder im Alter von vier bis fünf Monaten bereits sensitiv für Additions- und Subtraktionsleistungen sind: Wynn (1992) wies nach, dass Säuglinge die Veränderung von und die Unterschiede zwischen Mengen wahrnehmen können.

Aufgrund dieser und weiterer Befunde kann empirisch gestützt angenommen werden, dass der Mensch nicht als „numerisches Tabula-Rasa-Wesen" (Stern, 1998) geboren wird, sondern dass das menschliche Gehirn mit einem natürlichen Mechanismus für das Erfassen numerischer Größen ausgestattet ist (Dehaene, 1999).

## 3.2.3 Ist Zählen resp. Operieren relevant für die Zahlbegriffsentwicklung?

Der Weg zum vertieften Verständnis des Zahlbegriffs führt nach Piaget über operative Fähigkeiten, insbesondere Aktivitäten zur Seriation (Reihenbildung), Klassifikation (Klassenbildung), Invarianz und Eins-zu-eins-Korrespondenz. Demgegenüber sprach Piaget gezielten Zählübungen keinen operativen Wert zu und erachtete sie daher als für die Zahlbegriffsentwicklung wenig relevant (Krajewski, Grüßing & Peter-Koop, 2009). Diese Annahme wurde intensiv diskutiert und in Forschungsarbeiten genauer untersucht.

Vertreterinnen und Vertreter des so genannten Skills-Integration-Modells erachten numerische Fähigkeiten („number skills") wie Zählen, „Subitizing" (Simultanerfassung von kleinen Mengen) und Vergleichen als grundlegend für die Entwicklung des Zahlbegriffs. Clements (1984) verglich deshalb das Logical-Foundations-Modell nach Piagets operativem Ansatz in einer Interventionsstudie mit dem Skills-Integration-Modell. Zu diesem Zweck wurden vierjährige Kinder über acht Wochen mit unterschiedlichen Trainingseinheiten gefördert: In einer Gruppe lag der Fokus auf Klassifikations- und Seriationsübungen, in einer zweiten Gruppe auf Zählaktivitäten und eine dritte Gruppe diente als Kontrollgruppe. Beide Interventionsgruppen schnitten bei anschließenden Tests einerseits zu numerischen Fähigkeiten und andererseits zu logischen Operationen signifikant besser ab als die Kontrollgruppe. Als besonders interessant erwies sich dabei der Befund, dass diejenige Gruppe, in welcher bei der Intervention Zählaktivitäten im Vordergrund gestanden hatten, bei der Testung numerischer Fähigkeiten signifikant besser abschnitt als diejenige Gruppe, in welcher logische Operationen trainiert worden waren, während sich beim Test der logischen Operationen keine Unterschiede zwischen den beiden Interventionsgruppen zeigten. Clements (1984) vermutete entsprechend, dass numerische Aktivitäten implizit auch logische Operationen mittrainieren würden, was umgekehrt für die Aktivitäten zu logischen Operationen weniger der Fall zu sein scheine. Anhand dieser wegweisenden Studie konnte somit aufgezeigt werden, dass im Kindergartenalter nicht nur operative Fähigkeiten, sondern besonders auch numerische Fähigkeiten gefördert werden sollten.

Dieser Hinweis darauf, dass Zählfertigkeiten eine viel größere Bedeutung für die Zahlbegriffsentwicklung zukomme, als lange Zeit angenommen worden war, führte dazu, dass Zählfertigkeiten in der Folge intensiv erforscht wurden und sich daraus neue Theorieansätze bildeten. Auf entsprechende Arbeiten zur Entwicklung der Zählkompetenz wird im nächsten Kapitel eingegangen.

## 3.2.4 Die Entwicklung der Zählkompetenz

Im Forschungsbereich rund um die Entwicklung der Zählkompetenz von Kindern können grundsätzlich zwei Theorieansätze unterschieden werden: „Principles-before-Theory" und „Principles-after-Theory" (Wynn, 1990). Vertreterinnen und Vertreter des ersten Theorieansatzes, zu denen insbesondere die Forschungsgruppe um Rochel Gelman gehört, sind der Meinung, dass bereits Kleinkinder über zahlenspezifische Prinzipien verfügen würden, welche vor den ersten kindlichen Zählerfahrungen vorhanden seien. In Untersuchungen mit Kindern im Alter ab zwei Jahren dokumentierten die Forschenden Videobeobachtungen zu den drei sogenannten „How-to-count-Prinzipien" (Gelman & Gallistel, 1978):

- *Prinzip der Eins-zu-eins-Korrespondenz:* Jedem der zu zählenden Gegenstände wird genau ein Zeichen einer Abfolge unterschiedlicher Zeichen zugeordnet. Junge Kinder verwenden oftmals eine Art Etikett als Zeichen, wenn sie der Zahlwörter noch nicht mächtig sind. Ein solches Etikett kann sich dann beispielsweise im Antippen oder im Verschieben der einzelnen Objekte manifestieren. Ältere Kinder und Erwachsene verwenden demgegenüber Zahlwörter. Beim Prinzip der Eins-zu-eins-Korrespondenz spielt neben dem Identifizieren der einzelnen Objekte auch deren Unterteilen in bereits gezählte und noch zu zählende eine zentrale Rolle. Bei der Anwendung dieses Prinzips können drei Fehlerarten auftreten: (1) Einzelne Gegenstände werden vergessen oder doppelt gezählt. (2) Ein Zeichen wird mehreren Gegenständen zugeordnet. (3) Die Prozesse des Identifizierens und des Unterteilens können nicht koordiniert werden.

- *Prinzip der stabilen Ordnung:* Die beim Zählen verwendeten Zeichen oder Zahlwörter müssen in einer stabilen, d.h. in einer stets in der gleichen Weise wiederholbaren Ordnung vorhanden sein.

- *Kardinalprinzip:* Dieses Prinzip besagt, dass dem letzten Objekt in einer Serie, dem ein Etikett oder ein Zahlwort zugeordnet wird, eine besondere Bedeutung zukommt, da es das Set von Objekten als Ganzes repräsentiert. Das letztgenannte Zahlwort, das bei einem Zählprozess verwendet wird, repräsentiert demnach die Anzahl der Elemente der gezählten Menge.

Gelman und Gallistel (1978) stellten fest, dass bereits junge Kinder im Umgang mit kleinen Anzahlen von Objekten über die genannten Prinzipien verfügen:

> (1) At small set sizes (2–3) children adhere to all three principles; (2) as set size increases they begin to have trouble with the one-one principle, and they stop using the cardinal principle; and (3) in enumerating the largest set they try to adhere to the one-one principle but fail, while continuing to adhere with fair success to the stable-order principle. (S. 130)

Die „How-to-count-Prinzipien" werden laut der Autorin und dem Autor nicht nacheinander erworben, sondern mit fortschreitender Entwicklung parallel zueinander perfektioniert. Losgelöst vom eigentlichen Zählakt beschrieben Gelman und Gallistel (1978) zwei weitere Prinzipien, namentlich das Abstraktionsprinzip oder „What-to-count-Prinzip" und das Prinzip der beliebigen Reihenfolge oder „Doesn't-matter-Prinzip":

- *Abstraktionsprinzip:* Die „How-to-count-Prinzipien" können auf jede Anordnung und Sammlung beliebiger Objekte angewendet werden: Perlen, Tiere, Glockenschläge etc.

- *Prinzip der beliebigen Reihenfolge:* Die jeweilige Anordnung der zu zählenden Objekte wie auch die Reihenfolge, in der die Objekte gezählt werden, sind für das Zählergebnis nicht von Bedeutung.

Die Forscherin und der Forscher beobachteten, dass bereits junge Kinder sowohl das Abstraktionsprinzip als auch das Prinzip der beliebigen Reihenfolge verstehen und umsetzen. Auf verschiedenen Forschungsarbeiten basierend formulierten sie schließlich die folgende

These: „... one could argue that skill in reciting countword sequences precedes and forms a basis for the induction of counting principles. We, however, advance the opposite thesis: A knowledge of counting principles forms the basis for the acquisition of counting skill" (Gelman & Gallistel, 1978, S. 204).

Gegen diese These zur Entwicklung der Zählkompetenz stellten sich die Vertreterinnen und Vertreter des zweiten Ansatzes, der auf der Prämisse der „Principles-after-Theory" basiert und davon ausgeht, dass junge Kinder zuerst das Zählen selbst lernen und erst danach die Zählprinzipien erwerben. Das Zählen wird anfänglich als eine erlernte Routine betrachtet, d.h. Kleinkinder imitieren das Zählen von anderen Personen zu Beginn, ohne dieser Imitation eine spezifische Bedeutung beizumessen. Erst nach ausreichender Übung gelingt den Kindern das Generalisieren des Zählvorgangs. Eine Vertreterin dieser Theorie ist Karen Fuson. Fuson (1988) untersuchte das verbale Zählen eingehend und beschrieb auf dieser empirischen Grundlage fünf Entwicklungsphasen:

- *Phase 1 (Zahlwortreihe als Ganzheit):* **Anfangs können Kinder die Zahlwortreihe in der Regel nur als Ganzes – ähnlich einem Gedicht – aufsagen. Da sie die einzelnen Zahlwörter im Lautbild „einszweidreivierfünf" nicht erkennen, kann die Zahlwortreihe in dieser Phase nicht zum Zählen verwendet werden.**

- *Phase 2 (unflexible Zahlwortreihe):* **In dieser Phase können einzelne Zahlwörter zwar von anderen getrennt werden, die Kinder müssen aber – um die Zahlwortreihe korrekt reproduzieren zu können – bei der Eins beginnen.**

- *Phase 3 (teilweise flexible Zahlwortreihe):* **Ist die Zahlwortreihe teilweise flexibel, können Kinder bei jedem beliebigen Zahlwort mit dem Aufsagen der Zahlwörter beginnen. Sie können auch benennen, welche Zahl vor einem bestimmten Zahlwort kommt und welche nachher. Mit einer gewissen zeitlichen Verzögerung entwickelt sich in dieser Phase auch die Fähigkeit, rückwärts zu zählen.**

- *Phase 4 (flexible Zahlwortreihe):* **Jedes Zahlwort wird als Einheit aufgefasst und die Zahlwortreihe wird von verschiedenen Zahlwörtern ausgehend beherrscht. Kinder sind in dieser Phase in der Lage, von einem bestimmten Zahlwort aus um eine vorgegebene Anzahl von Schritten weiterzuzählen: „Ich zähle von der Fünf um drei Schritte weiter, dann bin ich bei der Acht."**

- *Phase 5 (vollständig reversible Zahlwortreihe):* **In dieser Phase können Kinder von jedem beliebigen Zahlwort aus die Zahlwortreihe vorwärts und rückwärts aufsagen. Sie sind auch in der Lage, die Zählrichtung schnell und ohne Schwierigkeiten zu verändern.**

Stellt man die beiden Ansätze „Principles-before-Theory" und „Principles-after-Theory" einander gegenüber, kann aus heutiger Sicht angenommen werden, dass die Entwicklung der Zählkompetenz zunächst über den sprachlichen Erwerb der Zahlwortreihe läuft, woraus sich in einem nächsten Schritt das Verständnis für den ordinalen Aspekt einer Zahl entwickelt. Kinder scheinen somit erst durch vielfältige Zählerfahrungen eine vertiefte Einsicht in die Zählprinzipien zu erlangen (Krajewski et al., 2009).

## 3.2.5 Strategien des Addierens und Subtrahierens

Mit dem Verständnis der Zahlwortreihe und der Zählprinzipien als Basis führen Kinder in einem nächsten Schritt allmählich erste Additionen und Subtraktionen im kleinen Zahlenbereich durch. Dabei verwenden sie eine ganze Bandbreite an unterschiedlichen Strategien, die sie fortlaufend zu effektiveren Verfahren weiterentwickeln (Clements, 1984).

Bei der *Addition* verwenden Kinder anfänglich meistens „Alles-zählen-Strategien". Dabei zählen sie erst beide Summanden einzeln aus, um im Anschluss daran die Mengen beider Summanden als Ganzes zu ermitteln. Dieser Prozess kann an Objekten, Fingern oder im Kopf durchgeführt werden (Gasteiger, 2010). Um beispielsweise die Rechnung 2 + 4 zu lösen, würde ein Kind zunächst mit dem Auszählen der beiden Summanden 1, 2 und 1, 2, 3, 4 beginnen und danach die Summe aller Elemente ermitteln, indem es diese insgesamt durchzählt: 1, 2, 3, 4, 5, 6. Allerdings nehmen Kinder oft eine Abkürzung vor und zählen direkt die Summe aller Elemente aus (Hess, 2012). Ein Meilenstein der Entwicklung wird erreicht, wenn Kinder das „Weiterzählen" als Strategie anwenden (Clements, 1984). Diesbezüglich gilt es zu unterscheiden zwischen dem Weiterzählen vom ersten Summanden aus und dem Weiterzählen vom größeren Summanden aus. Dabei zählen Kinder vom ersten oder vom größeren Summanden ausgehend so viele Schritte weiter, wie dies der zweite Summand vorgibt. Auch diese Strategie kann mit Objekten, Fingern oder im Kopf durchgeführt werden (Gasteiger, 2010; Hess, 2012). Ein nächster Schritt besteht schließlich darin, Resultate von Additionen auswendig zu kennen („recall") oder das Ergebnis über eine andere, bereits bekannte Aufgabe herzuleiten („derived facts") (Gasteiger, 2010).

Bei der *Subtraktion* hängt die Wahl der Strategie oftmals von der Rechensituation ab. Gewisse Aufgabentypen erfordern eher die Strategie des Wegnehmens („separating from"). Ein Beispiel hierfür wäre die folgende Aufgabe: „Ein Mädchen besitzt sieben Bonbons. Es schenkt drei davon seiner Freundin. Wie viele Bonbons besitzt das Mädchen noch?" Beim Wegnehmen zeigt der Minuend die Ausgangsmenge an. Davon werden so viele Elemente weggenommen, wie es der Subtrahend vorgibt. Andere Aufgabentypen verlangen demgegenüber eher die Strategie des Ergänzens („adding on"). Ein Beispiel hierfür könnte wie folgt lauten: „Ein Mädchen besitzt drei Bonbons. Seine Freundin hat sieben Bonbons. Wie viele Bonbons muss das Mädchen bekommen, damit es genauso viele hat wie seine Freundin?" Beim Ergänzen werden vom Subtrahenden ausgehend so viele Elemente ergänzt, bis der Minuend erreicht ist. Eine weitere Strategie bietet die Eins-zu-eins-Zuordnung („matching"), bei welcher die Elemente des Minuenden und des Subtrahenden einander zugeordnet werden. Diejenigen Elemente, die vom Minuenden übrig bleiben, stehen für die Differenz der Mengen. Des Weiteren können Kinder Subtraktionen über Zählstrategien lösen, namentlich über das Rückwärtszählen („counting down from" bzw. „counting down to") oder über das Vorwärtszählen („counting up from given"). Beim Rückwärtszählen wird entweder vom Minuenden ausgehend so viele Schritte rückwärts gezählt, wie dies der Subtrahend angibt („counting down from"), oder es wird vom Minuenden ausgehend so viele Schritte rückwärts gezählt, bis der Subtrahend erreicht ist („counting down to"). Im Gegensatz dazu wird beim Vorwärtszählen vom Subtrahenden ausgehend vorwärts gezählt, bis der Minuend erreicht ist (Gasteiger, 2010).

Sowohl bei der Addition als auch bei der Subtraktion ist zählendes Rechnen zu Beginn sinnvoll, weil dadurch insbesondere die Zählkompetenz gefestigt wird. Verfestigtes zählendes Rechnen kann allerdings mit der Zeit die mathematische Entwicklung erschweren. Aus diesem Grund ist es von wesentlicher Bedeutung, dass sich Kinder gegen Ende des Kindergartens und im Verlauf der ersten Klasse allmählich von zählenden Rechenstrategien lösen (Häsel-Weide, Nührenbörger, Moser Opitz & Wittich, 2014).

### 3.2.6 Umfassende Entwicklungsmodelle

Ausgehend von den Arbeiten von Piaget wurden im Vorhergehenden verschiedene Stränge der Forschung und Theoriebildung im Bereich der frühen Mengen-Zahlen-Kompetenzen vorgestellt. Doch wie lassen sich die teils ähnlichen, teils komplementären, teils aber auch unterschiedlichen Befunde zusammenbringen? Resnick (1983) und später Krajewski, Renner, Nieding und Schneider (2008) unternahmen den Versuch, Zusammenhänge zwischen den verschiedenen Entwicklungslinien herauszuarbeiten, indem sie ein Entwicklungsmodell beschrieben, in welchem bereits vorliegende Erkenntnisse integriert und weiterentwickelt wurden. Auf dieses integrative Verständnis wird nachfolgend eingegangen.

Resnick (1983) stellte die Entwicklung von Mengen-Zahlen-Kompetenzen in drei Zeiträumen dar. Der erste Zeitraum umfasst die Vorschule (Kinder im Alter zwischen null und sechs Jahren), der zweite die frühe Grundschulzeit und der dritte die spätere Grundschulzeit. Dem Erkenntnisinteresse der vorliegenden Arbeit entsprechend wird an dieser Stelle nur auf den ersten Zeitraum, d.h. die Vorschule, näher eingegangen. In diesem Alter entwickeln sich laut Resnick (1989) zwei kognitive Schemata parallel: Das eine Schema beinhaltet Mengen, das andere das Zählen. In Bezug auf Ersteres ging Resnick (1989) davon aus, dass erste *Mengenkenntnisse* bei Kleinkindern bereits vor dem Erlernen der Sprache bestehen. Mit dem Einsetzen der Sprachentwicklung vertiefen Kinder dieses Mengenwissen zu einem breiten mengenbezogenen Vorwissen, das aus sogenannten protoquantitativen Begriffen und Konzepten besteht, die keinen direkten Zahlbezug haben. Resnick (1989) unterschied diesbezüglich drei Subschemata:

- Das protoquantitative Vergleichsschema: Kinder vergleichen Mengen und verwenden dabei Ausdrücke wie „größer" und „kleiner" oder „mehr" und „weniger".

- Das protoquantitative Zunahme-/Abnahmeschema: Kinder interpretieren Veränderungen von Mengen und verwenden dabei Ausdrücke wie „mehr werden" resp. „weniger werden" oder „gleich viel wie vorher bleiben".

- Das protoquantitative Teil-Ganzes-Schema: Kinder kennen die additive Eigenschaft von Mengen und verstehen die Beziehung zwischen Teilen und Ganzem (z.B. ein ganzer Kuchen ist größer als jedes einzelne seiner Stücke).

Unabhängig von diesen Mengenkenntnissen entwickeln sich Resnick (1989) zufolge die *Zählkompetenzen*. Zur Beschreibung der Entwicklung des Zählens griff sie auf die Zählprinzipien-Theorie von Gelman und Gallistel (1978) zurück. Sie ging jedoch über deren Theorie hinaus und beschrieb, wie sich Zählfertigkeiten im Verlauf der Entwicklung mathematischer Kompetenzen allmählich mit den mengenbezogenen protoquantitativen Schemata verbinden.

Die theoretischen Arbeiten von Resnick (1983, 1989) wurden von Krajewski et al. (2008) aufgenommen und weiterentwickelt. Für die Vorschulzeit, also das Alter zwischen null und sechs Jahren, konzipierten die Autorinnen und der Autor ein kognitionspsychologisches Modell der Entwicklung von Mengen-Zahlen-Kompetenzen mit drei Ebenen (Abb. 2).

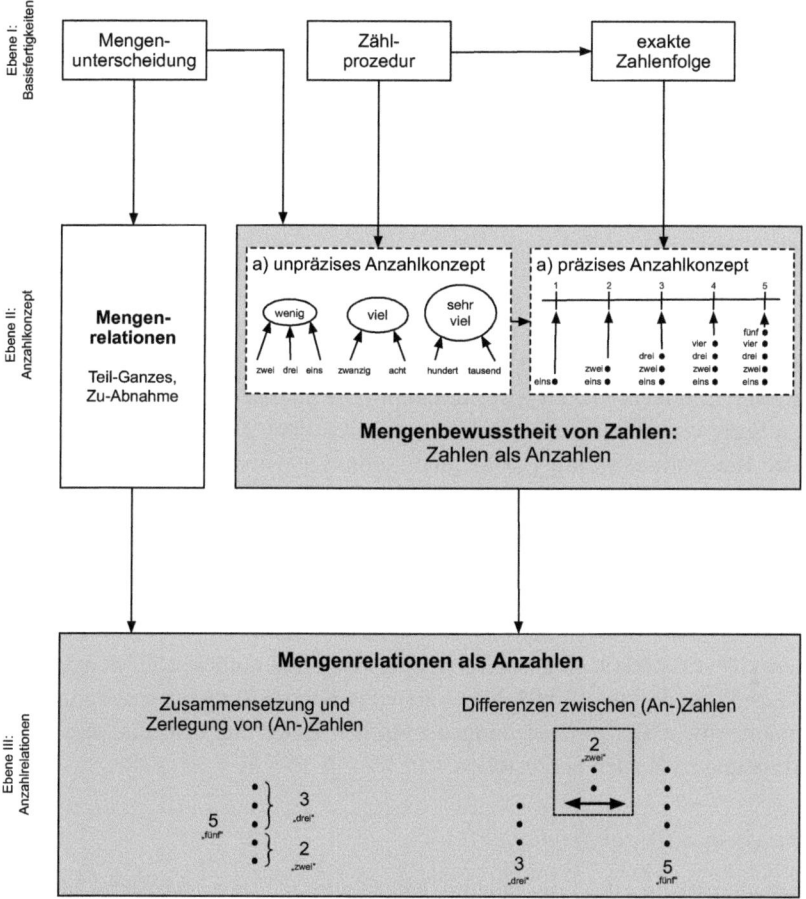

Abbildung 2: Entwicklungsmodell früher Mengen-Zahlen-Kompetenzen (Krajewski et al., 2008, S. 93).

Bevor die drei Ebenen nachfolgend im Einzelnen erläutert werden, gilt es vorauszuschicken, dass die dabei jeweils genannten Altersbereiche lediglich als ungefähre Angaben aufzufassen sind, da die Entwicklung der verschiedenen Teilkompetenzen sehr individuell verläuft. Des Weiteren ist anzumerken, dass sich ein Kind gleichzeitig auf unterschiedlichen Ebenen befinden kann. So ist es beispielsweise möglich, dass die verbale Zählzahl und die arabische Ziffer nicht gleichzeitig erworben werden oder dass die Ebenen mit kleinen Zahlen schneller durchlaufen werden als mit großen Zahlen. Aus diesen Gründen dürfte eine exakte Einstufung eines Kind kaum möglich sein (Krajewski et al., 2008; Krajewski et al., 2009; Grube & Krajewski, 2007).

*Kompetenzebene 1 (Basisfertigkeiten)*

Auf der ersten Ebene stellen Mengenkompetenzen und Zählfertigkeiten noch voneinander unabhängige Bereiche dar. Bereits Säuglinge sind mit dem Vermögen ausgestattet, vage zwischen Mengen zu unterscheiden. Dabei handelt es sich um Urteile bezüglich des Umfangs und der Ausdehnung von Mengen, nicht jedoch um ein Mengenverständnis im engeren Sinne. Im Zuge der Sprachentwicklung zeigt sich die Mengenunterscheidung in Ausdrücken wie „mehr als" oder „weniger als". Davon isoliert entfalten sich Zählfertigkeiten. Bereits im Alter von ca. zwei Jahren beginnen Kinder, Zahlwortfolgen wiederzugeben. Dabei handelt es sich allerdings um einen rein sprachlichen Akt, da Zahlen wie Wörter, deren Lautbild eine spezifische Bedeutung hat, verwendet werden, aber noch nicht mit einem Mengenverständnis verbunden sind.

*Kompetenzebene 2 (Anzahlkonzept)*

Auf der zweiten Ebene entdecken Kinder den Zusammenhang zwischen Mengen und Zahlen. Diese Mengen-Zahlen-Verknüpfung ereignet sich ungefähr im Alter zwischen drei und vier Jahren und wird von den Autorinnen und dem Autor als „Anzahlkonzept" bezeichnet, das über zwei Stufen entwickelt wird: das unpräzise und das präzise Anzahlkonzept. Auf der ersten Stufe verbinden Kinder Zahlwörter mit groben Mengenkategorien, indem sie Zahlen den Kategorien „wenig", „viel" und „sehr viel" zuordnen. Die Zahlwörter „zwei" oder „vier" werden dabei beispielsweise der Kategorie „wenig" zugewiesen, die Zahl „tausend" der Kategorie „sehr viel", selbst wenn ein Kind noch nicht bis tausend zählen kann. Auf der zweiten Stufe werden die groben Kategorien allmählich ausdifferenziert. Kinder nehmen exakte Zuordnungen zwischen aufsteigenden Zahlen und aufsteigenden Mengen vor und verbinden auf diese Weise das Seriationsverständnis mit dem Kardinalverständnis. Davon losgelöst entwickelt sich das Verständnis für nicht numerische Mengen weiter: Im Alter zwischen ca. drei und fünf Jahren verstehen Kinder Mengenveränderungen der Zu- und Abnahme sowie Mengenbeziehungen zwischen Teilen und Ganzem, dies jedoch ohne eine Verbindung zu Zahlen herzustellen.

*Kompetenzebene 3 (Anzahlrelationen)*

Auf der dritten Ebene, die ungefähr im Alter zwischen vier und sechs Jahren erlangt wird, wird die auf der zweiten Ebene ausgebildete Fähigkeit der Teil-Ganzes-Beziehung ohne Zahlbezug mit dem Anzahlkonzept verbunden. Kinder können nun (An-)Zahlen zusammensetzen wie auch (An-)Zahlen in Teile zerlegen. Des Weiteren beginnen sie zu verstehen, dass eine Differenz zwischen zwei (An-)Zahlen durch eine dritte (An-)Zahl repräsentiert werden kann. Mit dem Erreichen dieser Stufe sind Kinder in der Lage, einfache Rechenoperationen durchzuführen.

Das Entwicklungsmodell nach Krajewski et al. (2008) wird vielen theoretischen und empirischen Arbeiten zugrunde gelegt. Auch die vorliegende Studie orientierte sich daran, da es sich bei den Teilnehmenden um Kindergartenkinder im Alter von vier bis sechs Jahren handelte. Dem Modell zufolge befinden sich Kinder dieses Altersbereichs in ihrem Entwicklungsprozess in der Regel auf der zweiten, aber bereits auch auf der dritten Ebene des Modells.

## 3.3 Mengen-Zahlen-Kompetenzen im Kindergarten

Bei der Darstellung der Entwicklung von Mengen-Zahlen-Kompetenzen in Kapitel 3.2 wurde deutlich, dass sich bereits bei Kindern im Kindergartenalter zentrale Schritte in der Entwicklung von Mengen-Zahlen-Kompetenzen vollziehen. In diesem Kapitel wird auf den referierten Erkenntnissen aufbauend ein Kompetenzmodell entwickelt, in welchem die im Alter zwischen ca. vier und sechs Jahren zu erwerbenden Mengen-Zahlen-Kompetenzen im Überblick erfasst werden. Einbezogen resp. mitberücksichtigt werden einerseits die vorab dargestellten Forschungsarbeiten und andererseits die gegenwärtig im Fokus stehende Orientierung an von Lernenden zu erwerbenden Kompetenzen, welche sich in den Bildungsstandards sowie in den Lehr- und Orientierungsplänen der drei an der Studie teilnehmenden Regionen manifestiert. Anhand des Modells kann später (Kap. 5.2.4) dargelegt werden, welche Kompetenzen im Rahmen der vorliegenden Untersuchung bei den teilnehmenden Kindern gefördert wurden. Einleitend wird zunächst erläutert, wie Kompetenzen in Kompetenzmodellen beschrieben werden, um sie für die Unterrichtspraxis nutzbar zu machen (Kap. 3.3.1), bevor ein eigenes Kompetenzmodell früher Mengen-Zahlen-Kompetenzen vorgestellt wird (Kap. 3.3.2).

### 3.3.1 Modelle zur Beschreibung von Kompetenzen

Mit Blick auf die praktische Vermittlung von Kompetenzen wurden theoretische Kompetenzmodelle entwickelt, die es ermöglichen, Kompetenzen strukturiert und kumulativ zu beschreiben. In diesem Zusammenhang können grundsätzlich zwei Modelltypen unterschieden werden: Komponentenmodelle und Stufenmodelle. In Komponentenmodellen werden Kompetenzen ausgehend von bedeutsamem Wissen und damit verbundenen Fähigkeiten sowie Fertigkeiten beschrieben, die von Lernenden in domänenspezifischen Anforderungssituationen benötigt werden (Hartig & Klieme, 2006). In Stufenmodellen werden demgegenüber schülerseitig beobachtbare Ausprägungen der Kompetenzen beschrieben. Für die Anwendung in der Praxis werden diese Modelle oftmals zusammengeführt, indem dreidimensionale Kompetenzmodelle mit einer Inhaltsdimension, einer Handlungsdimension sowie einer Komplexitätsdimension konzipiert werden (Criblez et al., 2009). Entsprechend werden zum Beispiel Kompetenzen im Inhaltsbereich „Zahl und Variable" in der Handlungsdimension „Erforschen und Argumentieren" und, bezogen auf die Komplexitätsdimension, auf unterschiedlichen Niveaus resp. auf unterschiedlichen Stufen beschrieben (D-EDK, 2016).

Mit Kompetenzstufen (Komplexitätsdimension) werden primär Niveaus des Wissens angesprochen, wie sie beispielsweise in der bloomschen Taxonomie von Lernzielen formuliert wurden (Reusser, 2014, August). Bloom (1976) präsentierte darin bezogen auf Wissen, Fähigkeiten und Fertigkeiten eine hierarchisch strukturierte Klassifikation von einfachen über konkrete bis hin zu komplexen und abstrakten Tätigkeiten, in der jede höhere Stufe das Wissen sowie die Fähigkeiten und Fertigkeiten aller darunter liegenden Stufen erfordert. Die erste Stufe stellt das Wissen dar, worunter Bloom (1976) das Erinnern versteht: Gespeicherte Informationen werden in einer späteren Situation in Erinnerung gerufen und reproduziert. Die zweite Stufe bilden das Verstehen und damit das Erfassen des Inhalts von Informationen, während sich die dritte Stufe auf die Anwendung bezieht. Schülerinnen und Schüler zeigen dabei, dass sie verstandenes Wissen in Anforderungssituationen eigenständig nutzen können. Mit der vierten Stufe, der Analyse, rückt der Aspekt ins Zentrum, dass Beziehungen zwischen den einzelnen Teilen eines Sachverhalts entdeckt werden. Auf der fünften Stufe geht es danach um die Synthese. Dabei werden die Teile und die entdeckten Beziehungen neu kombiniert, sodass daraus ein bisher verborgenes Ganzes entsteht. Schließlich wird auf der sechsten Stufe, bei der Evaluation, eine kriteriengeleitete Bewertung von Gesichtspunkten wie dem Lösungsweg, den angewendeten Methoden oder den eingesetzten Materialien vorgenommen.

Auf der Grundlage dieser Ausführungen zur theoretischen Konstruktion von Kompetenzmodellen wird nachfolgend das für die vorliegende Studie entwickelte Modell früher Mengen-Zahlen-Kompetenzen im Detail vorgestellt.

### 3.3.2 Ein Kompetenzmodell für Mengen-Zahlen-Kompetenzen im Kindergarten

Das hier vorgestellte fachdidaktische Kompetenzmodell früher Mengen-Zahlen-Kompetenzen stellt eine Weiterentwicklung der im spimaf-Projekt (Kap. 5.2.3) beschriebenen Kompetenzen dar (Hauser, Rathgeb-Schnierer, Stebler & Vogt, 2015). Diese Weiterentwicklung basiert einerseits auf theoretischen Überlegungen und Forschungsbefunden und andererseits auf Bildungsstandards sowie Orientierungs- und Lehrplänen der drei Regionen, aus denen die teilnehmenden Kindergärten stammten.

Für die *Schweiz* wurde Bezug auf den neuen Deutschschweizer Lehrplan 21 genommen, welcher den Aufbau von Kompetenzen vom Kindergarten bis zum Ende der obligatorischen Schulzeit beschreibt. Obwohl er nach Fachbereichen strukturiert ist, wird der stark fachübergreifenden Perspektive zu Beginn des ersten Zyklus mit Querverweisen zu neun entwicklungsorientierten Zugängen nach wie vor Rechnung getragen (D-EDK, 2016). Für *Deutschland* wurde hauptsächlich das Bildungs- und Entwicklungsfeld „Denken" des Orientierungsplans für Bildung und Erziehung in baden-württembergischen Kindergärten und weiteren Kindertageseinrichtungen (Ministerium für Kultus, Jugend und Sport, 2011) mitberücksichtigt, ergänzt um die Bildungsstandards der Kultusministerkonferenz im Fach Mathematik für den Primarbereich (Kultusministerkonferenz, 2005). Für *Österreich* schließlich wurde der Teil „Mathematische Früherziehung" des Lehrplans der Volksschule einbezogen (BMBF, 2003), wobei komplementär dazu auch noch die Bildungsstandards für Mathematik der vierten Schulstufe einflossen (Bundesinstitut für Bildungsforschung, Innovation & Entwicklung, 2011).

Im Modell (Abb. 3) wurde analog zur Kompetenzmatrix des Fachbereichs Mathematik im Deutschschweizer Lehrplan 21 das Zusammenwirken von stärker inhaltlich gewichteten Kompetenzbereichen und stärker an Tätigkeiten orientierten Handlungsaspekten erfasst. Eine solche Unterscheidung in stärker inhaltsbezogene und stärker allgemeinmathematische Kompetenzen wird auch in den deutschen und in den österreichischen Bildungsstandards vorgenommen (Kultusministerkonferenz, 2005; Bundesinstitut für Bildungsforschung, Innovation & Entwicklung, 2011). Im Fokus stehen somit die Inhaltsdimension sowie die Handlungsdimension. Diesbezüglich anzumerken gilt es, dass mathematisches Lehren und Lernen in der Praxis gleichzeitig in verschiedenen Feldern der Kompetenzbereiche und Handlungsaspekte stattfinden kann.

## 3 Mathematische Kompetenzen im Vorschulalter

Beim vorliegenden Modell handelt es sich um ein fachdidaktisches Kompetenzmodell, das ganz generell dafür eingesetzt werden kann, Inhalte und Aufgaben für die Förderung von Mengen-Zahlen-Kompetenzen im Kindergarten zu analysieren. Es beschreibt während der Kindergartenzeit aufzubauende Mengen-Zahlen-Kompetenzen, bildet jedoch nicht deren Entwicklung ab, wie dies beispielsweise von Krajewski et al. (2008) geleistet wurde. Wie im dritten Teil dieser Arbeit noch genauer ausgeführt werden wird, diente das Modell im Rahmen der vorliegenden Studie zur förderorientierten Einordnung der Regelspiele, die im spimaf-Projekt eingesetzt worden waren (Kap. 5.2.3).

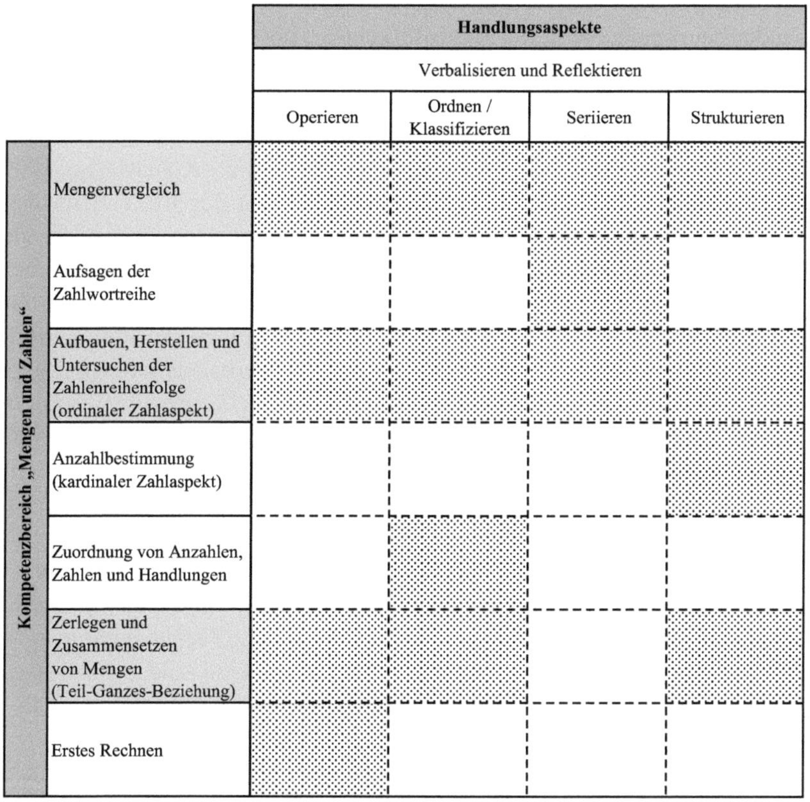

|  |  | Handlungsaspekte | | | |
|---|---|---|---|---|---|
|  |  | Verbalisieren und Reflektieren | | | |
|  |  | Operieren | Ordnen / Klassifizieren | Seriieren | Strukturieren |
| Kompetenzbereich „Mengen und Zahlen" | Mengenvergleich |  |  |  |  |
|  | Aufsagen der Zahlwortreihe |  |  |  |  |
|  | Aufbauen, Herstellen und Untersuchen der Zahlenreihenfolge (ordinaler Zahlaspekt) |  |  |  |  |
|  | Anzahlbestimmung (kardinaler Zahlaspekt) |  |  |  |  |
|  | Zuordnung von Anzahlen, Zahlen und Handlungen |  |  |  |  |
|  | Zerlegen und Zusammensetzen von Mengen (Teil-Ganzes-Beziehung) |  |  |  |  |
|  | Erstes Rechnen |  |  |  |  |

Abbildung 3: Fachdidaktisches Kompetenzmodell für Mengen-Zahlen-Kompetenzen im Kindergarten.

In Abbildung 3 wurden diejenigen Kompetenzbereiche und Handlungsaspekte, welche aus theoretischer Perspektive zusammengehören, mittels Schraffur hervorgehoben. Auf diese Weise wird sichtbar, dass den einzelnen Kompetenzbereichen des Fachinhalts „Mengen und Zahlen" unterschiedliches Gewicht zukommt und dass die Bereiche „Mengenvergleich", „Aufbauen, Herstellen und Untersuchen der Zahlenreihenfolge" sowie „Zerlegen und Zusammensetzen von Mengen" stärker gewichtet werden als die anderen. Nachfolgend werden zuerst die Handlungsaspekte und danach die Kompetenzbereiche des Modells einzeln beschrieben.

*Handlungsaspekte*

Die Handlungsaspekte sind nicht nur für den Kompetenzbereich „Mengen und Zahlen" kennzeichnend, sondern es handelt sich hierbei vielmehr um allgemeinmathematische Tätigkeiten. Im Deutschschweizer Lehrplan 21 und in den deutschen und österreichischen Bildungsstandards werden sie entsprechend übergreifend für die gesamte Primarschulzeit beschrieben. Bei der Entwicklung des Modells wurde in Anlehnung an Rathgeb-Schnierer (2012) versucht, die Handlungsaspekte kindergartenspezifisch auszurichten.

Das *Verbalisieren* bezieht sich auf unterschiedliche sprachliche Tätigkeiten. Zum einen geht es darum, schrittweise eine mathematische Fachsprache zu erwerben. Dabei lernen Kinder neue mathematische Begriffe kennen, präzisieren bereits bekannte und verknüpfen diese allmählich zu mathematischem Zusammenhangswissen. Zum anderen geht es aber auch darum, dass Kinder mathematische Sachverhalte artikulieren und sich darüber austauschen können, beispielsweise indem sie ihr mathematisches Vorgehen oder ihre Strategien beschreiben und begründen (Brunner, 2014; Maier & Schweiger, 1999). Was die Terminologie betrifft, so wurde bewusst entschieden, den Begriff „Verbalisieren" und nicht den in der Literatur häufig anzutreffenden Begriff „Formulieren" zu verwenden. Der Grund dafür besteht darin, dass die Handlung des Formulierens üblicherweise sprachlichen und schriftlichen Austausch impliziert (Brunner, 2014). Weil sich Kindergartenkinder mittels Schrift in der Regel jedoch noch nicht oder erst sehr rudimentär auszudrücken vermögen, wurde als adäquatere Alternative der Begriff „Verbalisieren" vorgezogen. Mit der sprachlichen Handlung des Verbalisierens einher geht stets auch ein *Reflektieren* über das eigene Vorgehen und die eingesetzten Strategien. In der Darstellung in Abbildung 3 wurden die beiden Handlungsaspekte des Verbalisierens und des Reflektierens auf einer eigenen, übergeordneten Hierarchiestufe angeordnet, weil sie auch in allen anderen Handlungsaspekten relevant sind.

Beim *Operieren* werden Mengen oder Zahlen zueinander in Beziehung gesetzt (Piaget & Szeminska, 1972). Dies ist beispielsweise dann der Fall, wenn Kinder unterschiedlich große Mengen an Steinen vergleichen und feststellen, welche Menge mehr resp. weniger Steine aufweist. Mit Zahlen wiederum wird operiert, wenn eine Zahl auf mehrere andere Zahlen bezogen wird und dabei zum Beispiel die Differenz der betreffenden Zahl zu den anderen Zahlen ermittelt wird.

Beim *Ordnen* fassen Kinder Objekte konkret handelnd oder gedanklich nach einem Merkmal oder nach mehreren Merkmalen zu Gruppen zusammen, indem sie beispielsweise Objekte wie Perlen, Bausteine oder Naturmaterialien nach Farben und/oder nach Formen sortieren (Ministerium für Kultus, Jugend und Sport, 2011; BMBF, 2003). Beim *Klassifizieren* im Sinne einer Klasseninklusion werden demgegenüber Oberbegriffe zu verschiedenen Mengen von Objekten gebildet (Piaget & Szeminska, 1972). Diesbezüglich zu verstehen gilt es etwa, dass farbige Plättchen ihrer Farbe entsprechend geordnet werden können, dies allerdings im gleichzeitigen Wissen darum, dass all die verschiedenfarbigen Plättchen gesamthaft zur Klasse der Plättchen gehören. Auf dieser höheren Ebene können Kinder Plättchen dann zum Beispiel in Abgrenzung zu Spielfiguren der Klasse der Plättchen zuordnen.

Beim *Seriieren* bringen Kinder Objekte konkret handelnd oder gedanklich nach bestimmten Merkmalen in eine Reihenfolge (Hasemann & Gasteiger, 2014; BMBF, 2003).

Beispielsweise können am Ende eines Kartenspiels die daraus resultierenden verschieden hohen Kartenstapel in eine Reihenfolge gebracht werden, woraus sich in der Folge eine Siegerin oder ein Sieger sowie die weiteren Rangplätze ermitteln lassen. Kinder, die klassifizieren und seriieren können, sind in der Lage, ein vorgegebenes Merkmal wahrzunehmen, dieses zu fokussieren und es von nicht relevanten Merkmalen zu abstrahieren, wobei der Abstraktionsprozess für Vorschulkinder den anspruchsvollsten Schritt darstellt (Rathgeb-Schnierer, 2012).

Das *Strukturieren* verweist auf das Finden, Erfinden und Nutzen von Mustern. Dabei stehen besonders drei Aspekte im Fokus: (1) die Aufmerksamkeit auf Muster richten, (2) Muster analysieren und Gesetzmäßigkeiten erforschen und (3) Muster selbst generieren, fortsetzen und charakterisieren (Rathgeb-Schnierer, 2012). Im Zusammenhang mit Mengen-Zahlen-Kompetenzen kommt vor allem das Strukturieren von Mengen zum Tragen, wodurch ihre Mächtigkeit leichter erfasst werden kann (Hasemann & Gasteiger, 2014). Beispiele hierfür sind etwa Würfelbilder oder die Fünferstrukturierung im Zehnerfeld.

*Kompetenzbereiche „Mengen und Zahlen"*

*Mengenvergleich.* Um Mengen im Hinblick auf ihre Anzahl an Objekten miteinander zu vergleichen, gehen Kinder auf unterschiedliche Weise vor, wobei die Strategien je nach Zähl- und Zahlenraumkenntnissen variieren (Kaufmann, 2010). So können Mengen zum Beispiel über die Wahrnehmung in Beziehung gesetzt werden, indem mehrere unstrukturierte Mengen betrachtet und auf der Grundlage eines Globaleindrucks geschätzt werden. Eine weitere Möglichkeit besteht in der Eins-zu-eins-Zuordnung der Elemente verschiedener Mengen. Dabei wird jedem Objekt der einen Menge genau ein Objekt der jeweils anderen Menge zugeordnet. Mengen können jedoch ebenso mithilfe von Strukturierungsmitteln verglichen werden, etwa indem sie als Würfelbilder oder als Fünfereinheiten dargestellt werden. Schließlich lassen sich Mengen auch über das Vergleichen von Anzahlen erschließen, wobei Kinder die Anzahlen der Objekte der zu vergleichenden Mengen bestimmen (Hasemann & Gasteiger, 2014). Beim Mengenvergleich lernen Kinder die Konzepte „ist/wird größer/kleiner", „ist/wird mehr/weniger", „sind gleich viele", „am meisten" und „am wenigsten" kennen (D-EDK, 2016).

*Aufsagen der Zahlwortreihe.* Beim Erwerb der Zahlwortreihe lernen Kinder, die Reihenfolge der Zahlen aufzusagen. Während manche Kinder das Aufsagen der Zahlwortreihe in Verbindung mit einer Zählhandlung bevorzugen, favorisieren andere das Üben der Zahlwortreihe ohne konkretes Material (Scherer & Moser Opitz, 2010). In beiden Fällen wird jedoch die Fähigkeit entwickelt, sowohl vorwärts als auch rückwärts, in Schritten (z.B. Zweierschritte) und bei jeder beliebigen Zahl beginnend zu zählen (Fuson, 1988; Kaufmann, 2010).

*Aufbauen, Herstellen und Untersuchen der Zahlenreihenfolge.* Befassen sich Kinder mit der Zahlenreihenfolge, steht der sogenannte ordinale Aspekt einer Zahl im Vordergrund. Dies bedeutet, dass jede Zahl in einer festen Reihenfolge eine klar definierte Position einnimmt (Hasemann & Gasteiger, 2014). Um diesen Zahlaspekt zu verstehen, benötigen Kinder vielfältige Gelegenheiten, die es ihnen erlauben, Zahlen der Größe nach zu ordnen, einzelne Zahlen in die Zahlenreihenfolge einzugliedern, die genaue Position einzelner Zahlen in der Zahlenreihenfolge zu bestimmen und zu einer vorgegebenen Zahl die Nachbarzahlen zu nennen. Mit der Zeit wird das Verständnis des ordinalen Zahlaspekts mit dem kardinalen Zahlaspekt (Anzahlverständnis) verbunden, indem das „Eins-mehr-Prinzip" nachvollzogen wird. Kinder erlangen dabei die Einsicht, dass der Nachfolger einer Zahl stets um eins größer ist resp. eins mehr aufweist als die Ausgangszahl (Hess, 2012).

*Anzahlbestimmung.* Die Anzahlbestimmung verweist auf den kardinalen Aspekt einer Zahl. Dabei wird ermittelt, wie viele Elemente eine Menge aufweist. Dies kann auf unterschiedliche Weise durchgeführt werden, beispielsweise indem die einzelnen Elemente abgezählt werden. Dabei werden Zahlwörter durch eine kennzeichnende Aktion wie etwa das Antippen oder Verschieben von Objekten koordiniert (Gelman & Gallistel, 1978). Das Beherrschen der Zahlwortreihe ist deshalb Voraussetzung für diese Art der Anzahlbestimmung (Kaufmann, 2010). Neben dem Abzählen von Objekten können Anzahlen aber auch mithilfe der simultanen oder quasisimultanen Erfassung bestimmt werden („subitizing"). Erstere (auch „perceptual subitizing" genannt) bezeichnet das Erfassen von kleinen Mengen mit bis zu fünf Objekten auf einen Blick, d.h. ohne den Beizug anderer mathematischer Verfahren. Sollen demgegenüber größere Mengen auf Anhieb erfasst werden, müssen die einzelnen Objekte zuerst in kleinere Gruppen zusammengefasst werden. Acht Steine können beispielsweise in Form von zwei Einheiten zu je vier Steinen direkt erkannt werden, d.h. die Steine werden zunächst als Vierergruppen und dann als Achtergruppe wahrgenommen. Diese zweite Art der quantitativen Erfassung wird als „quasisimultan" (auch „conceptual subitizing") bezeichnet (Clements, 1999; Hasemann & Gasteiger, 2014). Generell weist ein vollständiger Prozess der Anzahlbestimmung vier aufeinanderfolgende Komponenten auf: Am Anfang stehen (1) eine Zählsituation, die als solche erkannt wird, und (2) das Ziel, herauszufinden, wie viele Objekte vorhanden sind, worauf (3) eine Zählaktivität erfolgt, in deren Folge schließlich (4) das Resultat die Menge der gezählten Objekte benennt (Clements & Sarama, 2007).

*Zuordnung von Anzahlen, Zahlen und Handlungen.* Das Eingehen auf die Zahlen bereits im Vorschulalter wird von vielen Kindergartenlehrpersonen wie auch Eltern kritisch betrachtet und nicht selten als Aufgabe der ersten Klasse verstanden. Allerdings kommen Kinder schon lange vor der Einschulung in vielen verschiedenen Alltagssituationen mit Zahlen in Kontakt und haben in der Regel ein ganz natürliches Interesse dafür. Darüber hinaus wird der Zahlen- und Mengenverbindung in der Literatur im Hinblick auf die Entwicklung von Mengen-Zahlen-Kompetenzen große Bedeutung beigemessen (Clarke, Clarke, Grüßing & Peter-Koop, 2008), insbesondere auch in der Theorie des intermodalen Transfers nach Jérôme S. Bruner, der zufolge es unabdingbar ist, dass Lerninhalte in drei verschiedenen Formen repräsentiert und miteinander in Beziehung gesetzt werden, damit Kinder mathematisches Lernen wirksam und ganzheitlich erfahren. Zu diesem Zweck formulierte Bruner (1972) das sogenannte EIS-Prinzip, das Erfahrungen auf der enaktiven (Handlung), der ikonischen (Darstellung) und der symbolischen (Zeichen, Sprache) Ebene gleichermaßen fordert. Laut Hasemann und Gasteiger (2014) ist es hierbei besonders wichtig, mathematische Inhalte flexibel von der einen Repräsentationsform in die anderen überführen zu können. Entsprechend sind im Kindergarten Lerngelegenheiten erforderlich, in denen Zuordnungen von Anzahldarstellungen und Zahlen, von Anzahldarstellungen und mathematischen Handlungen sowie von Zahlen und mathematischen Handlungen gefordert sind.

*Zerlegen und Zusammensetzen von Mengen.* Das Zerlegen und Zusammensetzen von Mengen, auch „Teil-Ganzes-Schema" (Resnick, 1983) oder „Teil-Ganzes-Beziehung" genannt, bildet die Voraussetzung für das erste Rechnen, da auf diese Weise ein Verständnis für Beziehungen zwischen Mengen und ihren Teilmengen entwickelt wird. Kinder erkennen, dass eine Menge in kleinere Teilmengen zerlegt und wieder zusammengesetzt werden kann. Mit der Zeit verstehen sie auch, dass eine Menge auf unterschiedliche Weise in Teilmengen zerlegbar ist, ohne dass sich dabei ihre Mächtigkeit verändert (Häsel-Weide et al., 2014; Hess, 2012). Dabei gelangen zunehmend effektivere Strategien zum Einsatz, wie sie in Kapitel 3.2.5 bereits differenziert beschrieben wurden.

*Erstes Rechnen.* Das erste Rechnen beinhaltet einfache Additions- und Subtraktionsaufgaben auf der symbolischen Ebene in einem kleinen Zahlenraum. Viele Kinder sind bereits vor dem Schuleintritt in der Lage, einfache Rechnungen auch abstrakt, d.h. auf der Zahlenebene, zu lösen (Hasemann & Gasteiger, 2014).

Nach dieser detaillierten Erläuterung des fachdidaktischen Kompetenzmodells für Mengen-Zahlen-Kompetenzen im Kindergarten wird im nächsten Kapitel abschließend eine Weiterentwicklungsmöglichkeit des Modells aufgezeigt.

### 3.3.3 Weiterentwicklung des Kompetenzmodells

Wie in Kapitel 3.3.1 dargelegt wurde, werden Kompetenzmodelle, die in der Praxis zur Anwendung gelangen sollen, oftmals mit Blick auf drei Dimensionen entwickelt: die Inhaltsdimension, die Handlungsdimension und die Komplexitätsdimension (Criblez et al., 2009). Für die vorliegende Studie wurde, wie bereits erläutert, mit dem Ziel, die Regelspiele zur Förderung von Mengen-Zahlen-Kompetenzen analysieren zu können, zuerst ein Kompetenzmodell mit zwei Dimensionen, der Inhaltsdimension und der Handlungsdimension, konzipiert (Abb. 3).

Dieses zweidimensionale Modell wurde in der Folge um die dritte Dimension, d.h. die Komplexitätsdimension, erweitert. In den aufsteigenden Kompetenzstufen wurde die Komplexität erhöht, indem auf der Grundlage der bisher erläuterten forschungsbasierten, theoretischen und fachdidaktischen Überlegungen eine Progression abgeleitet wurde. Diese Progression wurde ausgehend von der Inhaltsdimension erarbeitet, während die Handlungsdimension direkt in die Kompetenzstufen integriert wurde. Aus dieser Erweiterung resultierte das in Abbildung 4 dargestellte progressive Kompetenzmodell. Dazu muss allerdings kritisch angemerkt werden, dass es sich auch bei diesem Modell nicht um ein Entwicklungsmodell handelt. Das Modell bildet einen möglichen fachdidaktischen Aufbau von Mengen-Zahlen-Kompetenzen ab. Nicht jedes Kind durchläuft die beschriebenen Stufen zwangsläufig in der skizzierten Abfolge.

Dieses progressive Kompetenzmodell wurde in der vorliegenden Studie als Hilfsmittel für die Videoanalyse verwendet (Kap. 9.4.3). Das Modell könnte auch dazu eingesetzt werden, die Kindergartenlehrpersonen im Alltag dabei zu unterstützen, die mathematischen Kompetenzen der Kinder zu diagnostizieren und Lerneinheiten darauf bezogen makro- sowie mikroadaptiv zu planen und durchzuführen.

**Die Kinder können ...**

| Kompetenzstufe 1 | Kompetenzstufe 2 | Kompetenzstufe 3 | Kompetenzstufe 4 | Kompetenzstufe 5 | Kompetenzstufe 6 |
|---|---|---|---|---|---|
| **... Mengen vergleichen** | | | | | |
| ... klar unterschiedliche Mengen über einen Globaleindruck vergleichen und dazu Ausdrücke wie „größer“ und „kleiner“ oder „mehr“ und „weniger“ verwenden. | ... Veränderungen von Mengen interpretieren, indem sie Ausdrücke wie „mehr werden“ resp. „weniger werden“ oder „gleich viel wie vorher bleiben“ verwenden. | ... Mengen durch die Eins-zu-eins-Zuordnung der Objekte der Mengen vergleichen. | ... Mengen durch deren Strukturierung vergleichen. | ... Mengen durch die Anzahlbestimmung vergleichen. | |
| **... die Zahlwortreihe aufsagen** | | | | | |
| ... die Zahlwortreihe bei der Eins beginnend reproduzieren. | ... bei jedem beliebigen Zahlwort mit dem Aufsagen der Zahlwörter vorwärts beginnen. | ... die Zahlwortreihe rückwärts aufsagen. | ... flexibel von verschiedenen Zahlwörtern vor- und rückwärts zählen. | ... in Schritten (z.B. Zweier- oder Fünferschritte) zählen. | |
| **... die Zahlenreihenfolge aufbauen, herstellen und untersuchen** | | | | | |
| ... Zahlen der Größe nach ordnen. | ... einzelne Zahlen in die Zahlenreihenfolge einordnen. | ... die genaue Position einzelner Zahlen in der Zahlenreihenfolge bestimmen und zu einer vorgegebenen Zahl die Nachbarzahlen nennen. | ... das „Eins-mehr-Prinzip“ nachvollziehen. | ... aufsteigende Zahlen exakt aufsteigenden Mengen zuordnen. | |
| **... Anzahlen bestimmen** | | | | | |
| ... jedem zu zählenden Objekt ein Zahlwort zuordnen und dabei die Abfolge der Zahlnamen stabil anwenden. | ... das letztgenannte Zahlwort des Zählprozesses als Repräsentanten der Anzahl aller Elemente der gezählten Menge erfassen. | ... Mengen strukturieren, um sie leichter zu zählen. | ... kleine Mengen simultan, größere Mengen quasisimultan erfassen. | | |
| **... Anzahl- und Zahldarstellungen zuordnen** | | | | | |
| ... Anzahlen und Ziffern anhand von Hilfsmitteln einander zuordnen. | ... Anzahlen direkt den Ziffern zuordnen. | | | | |
| **... Mengen zerlegen und zusammensetzen** | | | | | |
| ... die Objekte von Mengen zusammensetzen, indem sie alle Objekte abzählen. | ... die Objekte von Mengen zusammensetzen, indem sie von der Anzahl der ersten Menge und mit der Zeit von der Anzahl der größeren Menge aus weiterzählen. | ... die Objekte von Mengen zusammensetzen, indem sie beide Mengen simultan erfassen und das Resultat der Addition auswendig wissen. | ... Mengen flexibel in kleinere Teilmengen zerlegen und wieder zusammensetzen. | ... eine Menge auf unterschiedliche Weise in kleinere Teilmengen zerlegen und verstehen, dass sich dabei ihre Mächtigkeit nicht verändert. | ... die Differenz zwischen zwei Mengen durch eine dritte Menge repräsentieren. |
| **... einfache Additionen und Subtraktionen durchführen** | | | | | |
| ... einfache Additions- und Subtraktionsaufgaben auf der symbolischen Ebene lösen. | | | | | |

Abbildung 4: Progressives Kompetenzmodell für Mengen-Zahlen-Kompetenzen im Kindergarten.

## 3.4 Resümee zu den mathematischen Kompetenzen im Vorschulalter

Piaget und Szeminska (1972) zeigten anhand ihrer Forschungsarbeiten, dass sich bereits bei jungen Kindern Entwicklungsschritte beobachten lassen, die für das spätere mathematische Verständnis grundlegend sind. Die Zahlbegriffsentwicklung vollzieht sich ihrer Theorie zufolge beim Übergang vom voroperationalen zum konkret-operationalen Stadium, d.h. ungefähr während der Kindergartenzeit im Alter zwischen vier und sechs Jahren, und stellt für Kindergartenkinder einen bedeutsamen Schritt in ihrer kognitiven Entwicklung dar. Diese Erkenntnisse gaben erste bedeutende Hinweise darauf, dass Vorschulkinder über kognitive Fähigkeiten verfügen, die man bislang kaum erwartet hatte (Kap. 2). Die Differenziertheit der Kenntnisse und Fähigkeiten von Kindergartenkindern geht allerdings weit über die Erkenntnisse von Piaget und Szeminska (1972) hinaus. Im heute aktuellen kognitionspsychologischen Entwicklungsmodell von Krajewski et al. (2008), das die Entwicklung von Mengen-Zahlen-Kompetenzen im Alter zwischen null und sechs Jahren erfasst, wird ersichtlich, wo vier- bis sechsjährige Kinder in ihrem Entwicklungsprozess üblicherweise stehen.

Von den aufgearbeiteten Wissensbeständen zu den mathematischen Kompetenzen von Kindern im Vorschulalter ausgehend wurde als Grundlage für die vorliegende Studie ein fachdidaktisches Kompetenzmodell von Mengen-Zahlen-Kompetenzen im Kindergarten entwickelt (Abb. 3), das fachliche und kognitive Kompetenzen beschreibt, welche während der Kindergartenzeit gefördert werden sollten. Mithilfe dieses Modells konnten die Regelspiele, d.h. der Lerngegenstand des in Kapitel 5.2.3 noch näher vorzustellenden spimaf-Projekts, analysiert und zusammengestellt werden. Das darauf aufbauende progressive Kompetenzmodell (Abb. 4) wiederum wurde für die Auswertung der im Projekt generierten Videodaten eingesetzt. Auf diese Weise ließen sich die Handlungen und Äußerungen der Kinder wie auch der Kindergartenlehrpersonen verorten und wissenschaftlich analysieren (Kap. 9.4.3).

Nachdem in Kapitel 3 der in der vorliegenden Studie fokussierte Bereich der Mengen-Zahlen-Kompetenzen dargestellt worden ist, indem deren Entwicklung von der Geburt bis zum Schuleintritt erläutert wurde, steht darauf aufbauend im nun folgenden Teil II der Arbeit die Frage im Zentrum, welches Verständnis von Lernen der Förderung von Mengen-Zahlen-Kompetenzen im Kindergarten zugrunde gelegt werden kann.

Teil II
# Lernpsychologische Grundlagen

# 4 Lernen und Spielen im Kindergarten

Aus den bisherigen Ausführungen geht hervor, dass die Förderung von fachlichen resp. mathematischen Kompetenzen bereits bei Kindern im Alter von vier bis sechs Jahren wichtig ist (Kap. 2). Ebenfalls aufgezeigt wurde, welche Bildungsinhalte im Bereich der Arithmetik während der Kindergartenzeit im Zentrum stehen (Kap. 3). Auf dieser Basis geht es im lernpsychologischen Teil nun spezifisch darum, wie im Kindergarten gelernt werden kann, wozu das dieser Studie zugrunde liegende Verständnis von Lernen in Verbindung mit Spielen im Kindergarten erläutert wird.

Einer gemeinhin weitverbreiteten Ansicht zufolge werden die Tätigkeiten des Lernens und Spielens als verschiedenartig wahrgenommen: Das kindliche Spiel gehört gemäß diesem Verständnis zum Kindergarten und ist vom „ernsthaften Lernen" in der Schule zu unterscheiden (Leuchter, 2013). Dass diese dichotome Sichtweise in keiner Weise mit den Tatsachen übereinstimmt, soll in diesem Kapitel aufgezeigt werden, indem dem Verhältnis von Lernen und Spielen vertieft nachgegangen wird. Zu diesem Zweck wird in einem ersten Schritt das Lernverständnis im Kindergarten aufgegriffen (Kap. 4.1), denn das Lernen im Kindergarten unterscheidet sich in vielerlei Hinsicht vom Lernen in der Schule. In einem zweiten Schritt wird in Entsprechung dazu das Spielverständnis thematisiert, indem der Frage nachgegangen wird, was ein Spiel in seinen Grundzügen ausmacht (Kap. 4.2). Auf dieser Grundlage wird danach der Versuch angestellt, die beiden Tätigkeiten des Lernens und Spielens miteinander in Verbindung zu setzen und deren Interaktion zu analysieren (Kap. 4.3). Die Ausführungen abschließend wird der Blick weg von den Kindern und hin zur Kindergartenlehrperson gerichtet. Die Gestaltung wie auch die konkrete Umsetzung von produktiven Spielumgebungen auf der Basis eines aktuellen Lernverständnisses stellen für die Kindergartenlehrperson eine komplexe Aufgabe dar. In Kapitel 4.4 wird deshalb darauf eingegangen, welche pädagogische Rolle Kindergartenlehrpersonen dabei einnehmen und über welche professionellen Kompetenzen sie diesbezüglich verfügen sollten. Abgeschlossen werden die Ausführungen zum Lernen und Spielen im Kindergarten wiederum durch ein kurzes Resümee (Kap. 4.5).

## 4.1 Lernverständnis

Wie in Kapitel 2 angesprochen wurde, hat der Kindergarten durch Bildungsstandards und/oder Orientierungs- resp. Lehrpläne einen klaren Bildungsauftrag erhalten, den es in stark heterogenen Lerngruppen umzusetzen gilt. Bei diesem Vorhaben müssen die grundlegenden Lernvoraussetzungen von Kindern dieses Alters mitbedacht werden, denn Lerninhalte, Lernformen wie auch die Lernmotivation sind stark altersabhängig. Auf diese Lernvoraussetzungen wird in Kapitel 4.1.1 näher eingegangen. Im Anschluss daran wird in Kapitel 4.1.2 das der Studie zugrunde liegende sozialkonstruktivistische Lernverständnis dargelegt, welches den Lernvoraussetzungen von Kindergartenkindern ausgesprochen gut entspricht.

## 4.1.1 Lernvoraussetzungen von Kindergartenkindern

Werden mit Blick auf das Lernen von Vier- bis Sechsjährigen die entsprechenden motivationalen und kognitiven Lernvoraussetzungen betrachtet, so lässt sich feststellen, dass in diesem Alter in der Regel äußerst günstige motivationale, jedoch etwas weniger günstige kognitive Voraussetzungen gegeben zu sein scheinen (Hasselhorn, 2011).

Im *motivationalen Bereich* zeigen Kinder dieses Alters üblicherweise einen frühkindlichen Überoptimismus. Dies bedeutet, dass sie Können noch nicht mit individuellen Fähigkeiten verbinden, sondern einzig mit Anstrengung und entsprechend glauben, jede Aufgabe lösen zu können. Missglückt ihnen eine Handlung, dann versuchen sie es einfach erneut, da sie zu diesem Zeitpunkt noch nicht über ein Fähigkeitskonzept verfügen und daher davon ausgehen, dass sie es beim nächsten Mal schaffen werden – selbst wenn dies aus der Außenperspektive realistisch eingeschätzt nicht möglich ist. Hinzu kommt, dass soziale Vergleiche in dieser Altersgruppe normalerweise noch wenig interessieren und Leistungen anderer kaum mit dem eigenen Können in Beziehung gesetzt werden. Erst ungefähr ab dem achten Lebensjahr verfügen Kinder über eine realistische Selbsteinschätzung (Hasselhorn, 2005, 2011).

Betrachtet man den *kognitiven Bereich*, so stehen im Kindergartenalter besonders Veränderungen in der selektiven Informationsaufnahme, der Funktionstüchtigkeit des Arbeitsgedächtnisses und der Verfügbarkeit von Wissen im Zentrum. In Bezug auf die selektive Informationsaufnahme wird in diesem Alter nach und nach die Fähigkeit ausgebildet, relevante Informationen fokussieren zu können. Das Arbeitsgedächtnis erfährt im Verlaufe des sechsten Lebensjahrs eine deutliche Effizienzsteigerung. Kinder dieses Alters werden zunehmend besser darin, mehrere Informationen vorübergehend zu speichern. Anfänglich können sie ihr Arbeitsgedächtnis jedoch erst ansatzweise automatisiert nutzen. Was schließlich die Verfügbarkeit von Wissen anbelangt, so sind Kinder dieses Alters bereits fähig, eine individuelle Vorwissensbasis aufzubauen (Kap. 2.2.2).

Festhalten lässt sich somit, dass Lernprozesse im Kindergarten auf ausgesprochen günstige motivationale Voraussetzungen stoßen, da Kinder grundsätzlich bereit sind, sowohl Zeit als auch Anstrengung für Lernaktivitäten aufzuwenden. Die kognitiven Voraussetzungen sind demgegenüber noch als etwas weniger günstig zu betrachten, da sie sich in einer starken Entwicklung befinden. Angesichts dieser motivationalen und kognitiven Lernvoraussetzungen gelangte Hasselhorn (2005) zum Schluss, dass im Kindergartenalter stärker implizit und beiläufig (inzidentell) gelernt werden solle, während ab dem siebten Lebensjahr, d.h. nach der Einschulung, explizite und intentionale Lernprozesse besser möglich seien. In diesem Fazit spiegelt sich der wesentliche Unterschied zwischen dem Lernen im Kindergarten und dem Lernen in der Schule sehr deutlich: Die Kindergartendidaktik unterscheidet sich dahingehend von der schulischen Didaktik, dass im Kindergarten eher informell, in natürlichen, alltäglichen Lernsituationen, im Spiel oder bei der Bilderbuchbetrachtung gelernt wird und in der Schule eher systematisch-lehrgangartig (Gasteiger, 2014).

Welches Verständnis von Lernen kann dem Kindergarten unter den beschriebenen spezifischen Lernvoraussetzungen der Kinder wie auch in Anbetracht der Tatsache von stark heterogenen Lerngruppen zugrunde gelegt werden? Um Lernen im Kindergarten zu beschreiben, bestehen unterschiedliche Ansätze. In Deutschland findet sich unter anderen beispielsweise der *Ansatz der Selbstbildung* (Schäfer, 2007), in dessen Rahmen frühe Förderung als von den Kindern aus gesteuert und ohne direkten Einfluss von Erwachsenen konzipiert wird. In der frühen naturwissenschaftlichen Förderung, um ein weiteres Beispiel zu nennen, wird demgegenüber oftmals der *Ansatz des Conceptual Change* (Carey, 2000) herangezogen, dem zufolge Lernen als eine allmähliche Veränderung von bereits vorhandenen Vorstellungen, Ideen oder Begriffen aufgefasst wird. Indem sich solche Konzepte im Laufe der Zeit wandeln, wird sukzessive eine gut organisierte und vernetzte Wissensbasis aufgebaut. Die vorliegende Studie wiederum geht von einem *sozialkonstruktivistischen Lernverständnis* aus. Dieser Ansatz wird gemeinhin als für die Förderung junger Kinder besonders geeignet erachtet, weil er den oben genannten Besonderheiten des Lernens im Kindergarten Rechnung trägt. Er bildet deshalb den theoretischen Unterbau vieler Lehr-, Bildungs- und Erziehungspläne im Vorschulbereich (Berk & Winsler, 1995; Fthenakis, Schmitt, Daut, Eitel & Wendell, 2009; Schnelle, 2011). Auf diesen Ansatz wird im Folgenden näher eingegangen.

### 4.1.2  Sozialkonstruktivistisches Lernverständnis

Als Gegenstück zu traditionellen, von einem systematisch-schrittweisen Vorgehen geprägten Formen des Lernens, in welchen der Lehrperson üblicherweise die aktive und den Lernenden die passive Rolle zukommt, haben sich ab der zweiten Hälfte des 20. Jahrhunderts Forschungsansätze und Theorierichtungen herausgebildet, die zusammenfassend unter dem Dach der *konstruktivistischen Lerntheorien* subsumiert werden können (Reinmann & Mandl, 2006; Reusser, 2006). Das konstruktivistische Lernverständnis geht maßgeblich auf Jean Piaget zurück, der sich zeitlebens mit der menschlichen Kognitionsentwicklung beschäftigt hatte (Reusser, 2001b). Wie bereits in Kapitel 3.2.1 dargelegt wurde, geht es in seiner Theorie im Kern um die Idee, dass Lernende sich Wissen und Können kumulativ (in Verbindung mit ihrem Vorwissen), aktiv (mental und physisch handelnd) und situativ (in einer arrangierten gegenständlichen Umwelt) über Assimilations- und Akkommodationsprozesse selbst aneignen. Lernen vollzieht sich Piaget zufolge insbesondere dann, wenn die Denkstrukturen eines Individuums durch einen „kognitiven Konflikt" aus dem Gleichgewicht geraten und neue Erfahrungen nicht mehr assimiliert werden können. Mittels Akkommodation können solche Konflikte wieder aufgelöst werden, wodurch sich erneut ein kognitives Gleichgewicht einstellt (Äquilibration). Lernen ist somit konstruktiv angelegt: Lernende bauen kontinuierlich neue kognitive Strukturen auf, differenzieren bereits vorhandene Kompetenzen aus oder integrieren neue Erkenntnisse in ihr bestehendes Wissen (Krammer, 2009; Mandl, 2004; Reusser, 2001b; Steiner, 2006).

Lernen in diesem konstruktivistischen Sinne kann grundsätzlich mit jeder Methode umgesetzt werden. Denn entscheidend ist dabei nicht in erster Linie, welche Methode eingesetzt wird, sondern vielmehr, inwiefern die ausgewählte Methode bei den Lernenden vertiefte Denkprozesse auszulösen vermag (Reusser, 2006). Allerdings stellt der konstruktivistische Ansatz primär die aktive Auseinandersetzung des Individuums mit seiner gegenständlichen Umwelt ins Zentrum, während soziale Interaktionen nur am Rande Berücksichtigung finden. Da Lernen jedoch in der Regel keine sozial isolierte Tätigkeit darstellt, wurde allmählich die Notwendigkeit einer Weiterentwicklung von Piagets Lernkonzeption erkannt. Die theoretische Basis für die Erweiterung der konstruktivistischen

Theorie um die soziale Komponente bildeten dabei zum einen der symbolische Interaktionismus von George H. Mead und zum anderen die soziokulturelle Theorie von Lev S. Vygotsky, die beide Lernen grundlegend als interaktiv, also als soziale Aktivität, auffassten. Wissenskonstruktion vollzieht sich diesen Ansätzen zufolge nicht ausschließlich über Erfahrungen der oder des Einzelnen in der gegenständlichen Umwelt, sondern vor allem über soziale Erfahrungen und Interaktionen. Die kognitive Entwicklung wird daher nicht in der isolierten Konstruktion von Wissen gesehen, sondern spielt sich eingebettet in einen sozialen Kontext in Prozessen der *Ko-Konstruktion* ab (Reusser, 2001a). Dieser weiterentwickelte konstruktivistische Ansatz, die sogenannte *sozialkonstruktivistische Lerntheorie*, wird nachfolgend anhand der Theorie des sowjetischen Psychologen Lev S. Vygotsky erläutert (Reusser, 2006).

Lernen findet nach Vygotsky (1978) auf zwei Ebenen statt, nämlich auf einer sozialen und einer psychologischen, intraindividuellen Ebene. Auf der ersten Ebene wird die kognitive Entwicklung von Individuen in der Interaktion interpsychologisch angeregt, während das auf diese Weise Angeregte auf der zweiten Ebene intrapsychologisch nachvollzogen wird. Das Anregen der Entwicklung auf der sozialen Ebene kann auch, wie oben beschrieben, als das Auslösen eines kognitiven Konflikts betrachtet werden. Allerdings geschieht dies im sozialkonstruktivistischen Verständnis im Gegensatz zur Auffassung Piagets nicht vornehmlich in der Interaktion mit Gegenständen, sondern in der Interaktion mit anderen Personen, zum Beispiel durch Interaktionserfahrungen, die mit dem eigenen Denken im Widerspruch stehen, infolge von Meinungsverschiedenheiten oder auch in produktiven Lerndialogen (Reusser, 2006). In Bezug auf den Transfer des auf der sozialen Ebene Angeregten auf die intraindividuelle Ebene und dessen Verarbeitung beschrieb Vygotsky (1978) zwei Entwicklungsstufen: diejenige, auf welcher sich das Individuum zum betreffenden Zeitpunkt befindet und auf welcher es Probleme selbstständig zu lösen vermag, sowie diejenige, welche es als Nächstes mit Unterstützung zu erlangen und zu bewältigen gilt. Dieses Weiterschreiten zur nächsten, potenziellen Entwicklungsstufe vollzieht sich in der *Zone der proximalen resp. nächsten Entwicklung (ZPD)* (Berk & Winsler, 1995). Vygotsky (1978) zufolge umfasst die ZPD die Distanz zwischen dem momentanen Entwicklungsstand und der nächsthöheren Stufe, die noch unter der Anleitung einer fähigeren Person überwunden werden muss. Die ZPD bezieht sich somit auf diejenigen Kompetenzaspekte, die zwar noch nicht entwickelt wurden, sich jedoch im entsprechenden Moment im Prozess der Entwicklung befinden, d.h. Kompetenzaspekte, die noch unausgereift sind, sich aber in naher Zukunft herausbilden werden.

Das Konzept der ZPD stellt die Grundlage des sozialkonstruktivistischen Lernverständnisses dar, welches wiederum als Orientierungspunkt für den derzeit häufig ins Feld geführten didaktischen Leitbegriff der *Kompetenzorientierung* dient (Kap. 3.1). Kompetenzen, die wie bereits ausgeführt nicht nur zu thematisierende Inhalte im Fokus haben, sondern fachliches Wissen, inhaltliche und prozessbezogene Fähigkeiten und Fertigkeiten wie auch überfachliches (personales, soziales und methodisches) Wissen und Können umfassen (Reusser, 2014), werden kumulativ erworben (Blum, Drüke-Noe, Hartung & Köller, 2006). Um diesbezüglich eine möglichst breite Vernetzung aufbauen zu können, gilt es, am je individuellen bereichsspezifischen Vorwissen der Lernenden anzuknüpfen (Ziegler, Stern & Neubauer, 2012). Zu diesem Zweck sollten die in weiterer Entfernung als Ziel festgelegten (d.h. distalen) Kompetenzstufen den individuellen Voraussetzungen entspre-

## 4 Lernen und Spielen im Kindergarten

chend in als Nächstes (d.h. proximal) zu bewältigende Teilschritte gegliedert werden – und dies markiert genau denjenigen Punkt, an dem die kompetenzorientierte Perspektive auf das sozialkonstruktivistische Lernverständnis trifft. Denn die distalen und die proximalen Kompetenzstufen stecken in Abstimmung mit dem gegenwärtigen Lern- und Entwicklungsstand der Lernenden den Rahmen für die Zone der nächsten Entwicklung ab (Drieschner, 2009), die es der Lehrperson ermöglicht, den Kompetenzaufbau der Lernenden mit ihrem didaktischen Verhalten individuell und adaptiv zu fördern.

Eine letzte Komponente, die zu einem aktuellen, erweiterten sozialkonstruktivistischen Lernverständnis gehört, bildet die Selbststeuerung. Damit Lernende kontinuierlich kognitive Strukturen auf- resp. umbauen können, müssen sie mit der Zeit fähig werden, selbstständig Ziele zu setzen, angemessene Strategien und Techniken auszuwählen wie auch einzusetzen, die Motivation aufrechtzuerhalten, ihre Zielerreichung zu bewerten und bei Bedarf Anpassungen vorzunehmen (Ertmer & Newby, 1996; Straka, 2006).

Der Sozialkonstruktivismus beschreibt Lernen gesamthaft als Tätigkeit, die sich vom Kleinkind- bis ins Erwachsenenalter erstreckt. Für Kinder im Alter von ca. vier bis sechs Jahren und ihre besonderen Lernbedürfnisse eignet sich dieser Ansatz allerdings besonders gut. Denn sowohl die offenen Aktivitätsformen während des Freispiels als auch die etwas stärker angeleiteten Spiel- und Lernangebote, die im Kindergarten eingesetzt werden (Walter & Fasseing, 2002), bilden eine ausgesprochen gute Bedingung für zielgerichtete entwicklungs- und kompetenzfördernde Interaktionsprozesse zwischen einer Kindergartenlehrperson und einem Kind. Dieses didaktische Setting bietet der Kindergartenlehrperson Freiräume, um fachliche und überfachliche Kompetenzen der Kinder in der Interaktion individuell und adaptiv zu unterstützen (Berk & Winsler, 1995; Schnelle, 2011). In solchen Interaktionssituationen können auf das einzelne Kind abgestimmte Fördermaßnahmen eingesetzt werden, mit deren Hilfe der stark ausgeprägten Heterogenität hinsichtlich des Lern- und Entwicklungsstands der Kinder einer Lerngruppe Rechnung getragen werden kann. Solche Maßnahmen lassen sich auf der Grundlage des Konzepts der Zone der nächsten Entwicklung sehr gut umsetzen, da es, wie bereits ausgeführt, den Blick darauf richtet, was ein Kind schon kann und wohin sein Lernweg als Nächstes führen soll, und der Kindergartenlehrperson daher einen Rahmen vorgibt, innerhalb dessen sie mit Blick auf die späteren Anforderungen in der Schule auf die angestrebten Ziele hinarbeiten kann.

Konzis auf den Punkt gebracht kann der Lernbegriff, wie er dem Lernverständnis der vorliegenden Studie zugrunde gelegt wird, unter Berücksichtigung der bisherigen Ausführungen wie folgt gefasst werden: Lernen erfolgt

- *konstruktiv*, indem Lernende kontinuierlich kognitive Strukturen auf- und umbauen;
- *aktiv*, indem sich Lernende mental und physisch handelnd in ihrer Umwelt mit Lerngegenständen auseinandersetzen;
- *situativ*, indem sich Lernende in einer arrangierten gegenständlichen Umwelt befinden;
- *interaktiv*, indem sich Lernende mit anderen Lernenden, einem fähigeren Gegenüber oder Lehrpersonen austauschen;
- *kumulativ*, indem Lernende fachliche und überfachliche Kompetenzen in Verbindung mit ihrem Vorwissen durch Aufbauprozesse erwerben;

- *ziel- und kompetenzorientiert*, indem Lernende bewusst auf ein Ziel resp. eine Kompetenz hinarbeiten; und

- *selbstgesteuert*, indem Lernende ihr Lernen steuern und überwachen.

Zur Erreichung des übergeordneten Ziels, Kindern im Alter zwischen vier und sechs Jahren produktives Lernen zu ermöglichen und damit den Bildungsauftrag des Kindergartens zu erfüllen, eignet sich das kindliche Spiel ausgesprochen gut (Hauser, 2006) – dies ist insbesondere auch deshalb der Fall, weil Kinder im Kindergartenalter wohl mit kaum einer anderen bildungsbezogenen Tätigkeit dermaßen intensiv beschäftigt sind wie mit dem Spiel (Bäck, Hajszan & Bayer-Chisté, 2011; Krappmann, 1999). Einerseits lässt sich das Spiel mit den Lernvoraussetzungen von Kindern dieses Alters sehr gut verbinden. Es begünstigt sowohl die stark ausgeprägte kindliche Motivation als auch das eher implizite und inzidentelle Lernen. So sind Kinder meist höchst motiviert, Spielhandlungen immer und immer wieder durchzuführen. Durch diese Wiederholungshandlungen werden im Speziellen die in diesem Alter noch nicht vollständig ausgebildeten automatisierten Speicherprozesse im Arbeitsgedächtnis kompensiert, sodass neue Informationen besser behalten werden können. Entsprechend lernen Kinder über die vielen motivationsgetriebenen Wiederholungen meist beiläufig, weil sie oft nicht merken, dass resp. wie viel sie dabei eigentlich lernen. Andererseits lässt sich das Spiel auch sehr gut mit dem sozialkonstruktivistischen Lernverständnis in Verbindung bringen. Spielsettings bieten der Kindergartenlehrperson die Möglichkeit, mit einzelnen Kindern oder mit einer Kindergruppe in Kontakt zu treten und sie einem sozialkonstruktivistischen Lernverständnis gemäß individuell über entwicklungs- und lernfördernde Interaktionsprozesse in der Zone der nächsten Entwicklung weiterzubringen und sie in ihrem Lernen zu unterstützen. Im Folgenden wird deshalb auf das Spiel im Kontext des Kindergartens eingegangen.

## 4.2 Spielverständnis

Um das der vorliegenden Arbeit zugrunde liegende Spielverständnis zu erläutern, wird in diesem Kapitel der Frage nachgegangen was ein Spiel in seinen Grundsätzen ausmacht. In der Literatur finden sich diverse Ansätze, die das Ziel verfolgen, das Phänomen „Spiel" begrifflich zu fassen. Weil es sich dabei jedoch um eine hochkomplexe Angelegenheit handelt, hat sich bis heute keine allgemeingültige Definition durchgesetzt (Hartmann, 1998). Ein viel zitierter Versuch einer möglichen Begriffsbestimmung stammt von Scheuerl (1990). Unter Bezugnahme auf verschiedene Spieltheorien kristallisierte er die folgenden sechs Wesensmomente des Spiels heraus:

- Das Moment der *Freiheit* bedeutet, dass ein Spiel auf keinen anderen Zweck gerichtet ist als auf sich selbst.

- Das Moment der *inneren Unendlichkeit* steht für die Art der Spannung im Spiel. Bei dieser Spannung geht es nicht darum, sie möglichst schnell zu beseitigen, sondern im Gegenteil darum, sie möglichst lange zu erhalten.

- Das Moment der *Scheinhaftigkeit* beschreibt, dass mit dem Spiel in eine Scheinwelt eingetaucht werden kann, die weg von der Realität liegt.

- Das Moment der *Ambivalenz* steht für die Eigenheit des Spiels, nicht starr festgelegt zu sein. Es kann sich jederzeit in alle Richtungen entwickeln, sein Ausgang ist stets offen.

- Das Moment der *Geschlossenheit* bezeichnet den Rahmen, in welchem das Spiel stattfindet.

- Das Moment der *Gegenwärtigkeit* bezieht sich auf das Gefühl der Spielenden, die während des Spiels die Zeit vergessen und sich in einer zeitlosen Gegenwärtigkeit befinden.

Definitionsversuche wie dieser, die darin bestehen, Merkmalskataloge zu erarbeiten, erweisen sich insofern als wenig ertragreich, als die einzelnen Merkmale bei der Betrachtung eines konkreten Spiels meist nicht mehr alle nachgewiesen werden können. Aus diesem Grund schlägt Einsiedler (1991) vor, das Spiel nicht zu definieren, sondern es lediglich zu explizieren. Einzelne Merkmale werden dabei nur noch als akzentuierende Hinweise verstanden, die im Fall eines bestimmten Einzelspiels nicht mehr notwendigerweise allesamt vorhanden sein müssen. Einsiedler (1991) nennt in diesem Zusammenhang vier als ebensolche akzentuierende Hinweise verstandene Merkmale, die hinzugezogen werden können, um das Spiel von anderen Verhaltensformen zu unterscheiden:

1. *So-tun-als-ob* liegt dann vor, wenn Kinder im Spiel eigene Realitäten in Bezug auf Gegenstände, Handlungen und Personen konstruieren.

2. Mit dem Merkmal der *Flexibilität* soll verdeutlicht werden, dass das Spiel als intrinsisch motivierte, freiwillige Handlung anzusehen ist.

3. *Positive Emotionen* im Sinne eines Flow-Erlebens wiederum entstehen bei der intensiven Auseinandersetzung mit einem Spiel.

4. Das vierte Merkmal, *Mittel-vor-Zweck*, verweist schließlich darauf, dass im Spiel die Spielhandlungen dem Ergebnis vorangestellt werden.

Werden diese allgemeinen Merkmale auf konkrete Beispiele angewandt, so lassen sich von Fall zu Fall deren alle oder auch nur Einzelne davon finden, und dies in unterschiedlicher Ausprägung. Ebenfalls möglich sind Überschneidungen mit und Übergänge zu anderen Verhaltensformen, wodurch der Spielbegriff flexibler und praxisbezogener eingesetzt werden kann, als dies unter Rückgriff auf eine starre Auflistung von Merkmalen möglich wäre.

Neben einer definitorischen Charakterisierung des Spiels streben viele Spielpädagoginnen und Spielpädagogen auch eine Typisierung unterschiedlicher Spiele an, was ebenfalls zu einer Vielzahl von Vorschlägen geführt hat. Hartmann (1998) beispielsweise differenziert Spiele in vier Typen: (1) Symbol- und Rollenspiele, bei welchen Handlungen simuliert werden, (2) Experimentier-, Bau- und Konstruktionsspiele, bei welchen Materialien erprobt werden, (3) regelgebundene Spiele, bei welchen Kinder miteinander nach vorgegebenen Regeln spielen, und (4) Bewegungsspiele, bei welchen körperliche Aktivitäten im Vordergrund stehen.

Eine weitere Möglichkeit zur Systematisierung besteht darin, Spiele in Anlehnung an Piagets Überlegungen verschiedenen Entwicklungsphasen zuzuordnen, da die beobachtbaren Spieltypen mit dem Alter der Kinder variieren. So steht etwa in den ersten beiden Lebensjahren das sensumotorische Spiel im Zentrum, bei dem ein Kind eine Aktivität fortwährend und intrinsisch motiviert wiederholt (Piaget, 1969) und das mit der Zeit allmählich ins symbolische Spiel übergeht. In den Vorschuljahren, d.h. im Alter zwischen zwei und fünf Jahren, ereignen sich grundlegende Änderungen, die sich sowohl im Spielverhalten als auch in den verwendeten Spielsachen zeigen. Diese Veränderungen gehen stark mit entwicklungsbezogenen Aspekten wie Sprache, Fantasie, Selbstvertrauen oder ersten Anzeichen logischen Denkens einher (Hughes, 1995). Nacheinander lassen sich in diesem Alter Fantasie- und Rollenspiele, Konstruktionsspiele und Regelspiele beobachten (Einsiedler, 1991).

Zeitgleich mit den altersbedingt bevorzugten Spieltypen entwickelt sich auch das soziale Spielverhalten: Ein anfängliches Zuschauverhalten wird bald schon von der unabhängigen Beschäftigung mit Spielsachen im Einzel- oder Parallelspiel abgelöst. Darauf folgt eine erste Form des Zusammenspiels, bei der sich Mitspielende zwar mit derselben Aktivität befassen, dabei aber noch nicht im engeren Sinne zusammen spielen (Assoziativspiel). Die letzte Stufe in diesem Entwicklungsprozess bildet schließlich das kooperative Spiel (Parten, 1932).

Prägnant auf den Punkt gebracht kann der Spielbegriff, wie er dem Spielverständnis der vorliegenden Studie zugrunde gelegt wird, unter Berücksichtigung der bisherigen Ausführungen wie folgt gefasst resp. expliziert werden:

Ein Spiel ereignet sich dann, wenn eine oder mehrere der folgenden Handlungen beobachtet werden können:

- Die Handlungen sind auf die Spieltätigkeiten und nicht auf ein Ergebnis ausgerichtet.

- Die Handlungen finden in einer konstruierten Scheinwelt statt.

- Die Handlungen führen zu positiven Emotionen, welche die Handelnden die Zeit vergessen lassen.

- Die Handlungen haben stets einen offenen Ausgang und können sich in verschiedene Richtungen entwickeln.

- Die Handlungen sind intrinsisch motiviert.

- Die Handlungen finden in Kooperation statt.

- Die Handlungen finden in einem festgelegten Rahmen statt.

Im Kindergarten lassen sich auf diese Weise charakterisierbare Handlungen sehr oft beobachten, weil dem Spiel in diesem Kontext ein besonders hoher Stellenwert zukommt. Entsprechend stellt der Kindergarten den Kindern Zeit, Raum, Mittel sowie Partnerinnen und Partner für entsprechende Spielhandlungen zur Verfügung (Heimlich, 2015).

Von der Klärung des dieser Studie zugrunde gelegten Lern- und Spielverständnisses im Kindergarten ausgehend, wird nachfolgend das Zusammenwirken von Lernen und Spielen vertieft betrachtet.

## 4.3 Die Verbindung von Lernen und Spielen

Das Verhältnis von Lernen und Spielen umfassend auszuleuchten, ist ein Anspruch, der an dieser Stelle nicht eingelöst werden kann, da dieses Thema sehr vielschichtig und komplex ist. Nachfolgend werden daher lediglich einzelne Aspekte, die für die vorliegende Studie im engeren Sinne relevant sind, aufgegriffen. Dazu wird der Verbindung von Lernen und Spielen in einem ersten Schritt zunächst in einem historischen Überblick nachgegangen (Kap. 4.3.1). Im Anschluss daran wird die heutige Sichtweise auf das Verhältnis von Lernen und Spielen ins Zentrum gerückt, indem versucht wird, das aktuelle Lern- und das aktuelle Spielverständnis miteinander in Beziehung zu setzen (Kap. 4.3.2).

### 4.3.1 Historischer Überblick

Ein Blick in die Geschichte zeigt, dass Lernen und Spielen im *18. und 19. Jahrhundert* in der Praxis als zwei voneinander abzugrenzende Tätigkeiten galten. Das eine gehörte zur Schule, das andere zur schulfreien Zeit. Nur in theoretischen Betrachtungen wurde dem Spiel auch Bildungswert zugesprochen, etwa in den Schriften von Rousseau, Locke oder Schiller (Scheuerl, 1975, 1978). Ein erster Ansatz, der Lernen und Spielen auch in der Praxis zusammenzubringen versuchte, ging, wie in Kapitel 2.1.1 bereits dargestellt, auf Friedrich Fröbel und dessen Entwicklung von Spielgaben und Beschäftigungsmitteln zurück (Döring, 1969). Damit legte er die Basis für die Einführung des Spiels an Bildungsinstitutionen während der darauffolgenden reformpädagogischen Zeit. Die Reformpädagogik nahm das neue Element allerdings ganz unterschiedlich in ihre Bildungskonzepte auf. Sollte das Spiel den Kindern beispielsweise in der Waldorfpädagogik die Welt der Fantasie eröffnen, diente es in der Montessori-Pädagogik zielgerichtet der Entwicklung und dem autodidaktischen Lernen (Heimlich, 2015) (Kap. 2.1.2). Wieder andere Autorinnen und Autoren wie zum Beispiel Hermann Bühnemann setzten das spielende Lernen gleichsam in einer „Extremform" um, was starke Kritik nach sich zog (Scheuerl, 1990).

Ab den *1950er-Jahren* wurde im Zusammenhang mit der politisch motivierten Bildungsexpansion und aufkommenden lern- und entwicklungspsychologischen Arbeiten die Förderung von kognitiven Fähigkeiten junger Kinder stark betont. Diese Lern- und Leistungsorientierung führte zu einer Fülle von Lehrmitteln und Lernmedien, wobei das Spiel als Instrument angesehen wurde, um Lernziele auf handlungsorientierte Weise erreichen zu können (Retter, 1983). Das Lernspiel erlangte in der Folgezeit Hochkonjunktur. In den 1970er-Jahren wurde das Spiel stark in den Dienst eines programmierten Lernens gestellt, besonders in der Frühlernbewegung (Hansel, 1983). Lernspiele wurden damals als „didaktische Spielmittel" bezeichnet. Sie glichen Gesellschaftsspielen wie Lotto, Domino oder Quartett, unterschieden sich allerdings dadurch davon, dass sie unter Berücksichtigung eines spezifischen Lernaspekts eingesetzt wurden. Lern- und Spieleffekt sollten sich dabei die Waage halten (Kluge, 1979). Solche Lernspiele wurden terminologisch weiter differenziert in „didaktisch verzweckte" (Hansel, 1983) Spiele, mit denen konkrete Lernziele verfolgt wurden, und Spiele, die nur im weiteren Sinne als Lernspiele galten, weil ihr Fokus stärker auf das Spiel als solches gerichtet wurde (Krings, 1976).

Der verstärkte Blick auf die Leistungsförderung in der frühen Kindheit zog erbitterten Widerstand, unter anderem von sozialpädagogischer, kinder- und entwicklungspsychologischer Seite, nach sich. Kritik wurde insbesondere dahingehend geäußert, dass die Kindheit als eigener Lebensabschnitt respektiert werden solle, in dem Reifung, Lernen und Sichbilden miteinander einhergehen. Dabei sollten Sinneserfahrungen und praktisch-spielerische Tätigkeiten im Zentrum stehen und nicht programmiertes Lernen. Befürchtungen einer einseitig intellektuellen Förderung zuungunsten der sozialen und emotionalen Entwicklung wurden laut (Müller, 1971). Weitere Kritikerinnen und Kritiker störten sich an der „Lernspielflut". Prägnant zum Ausdruck kommt diese Kritik beispielsweise im Artikel von Spies (1976), der den Titel „Perversion des Spiels" trägt. Darin wendet sich der Autor mit den folgenden Worten gegen die Instrumentalisierung des Spiels für die Zwecke des Lernens: „Spiel ist nur Spiel als Spiel und nichts sonst. Ein ‚Spiel', das für etwas anderes da ist ... geht fuglos ein in die endlosen Verweisungen der positivistisch-industrialistischen Welt. Das mag dann alles mögliche sein, nützlich, fördernd, lernmotivierend, die Chancengleichheit aufhebend, kreativitätssteigernd und was man sonst so sagt heut – nur eins ist es sicher nicht: Spiel" (Spies, 1976, S. 36). Ungefähr ab den 1950er- bis in die 1980er-Jahre hinein standen sich in Bezug auf das Spiel demzufolge zwei Extrempositionen gegenüber: Auf der einen Seite wurde das Spiel mit Blick auf programmiertes Lernen zielgerichtet eingesetzt, was zu einem großen Angebot an entsprechenden Lernspielen führte. Auf der anderen Seite wurde das Spiel als „reines Spiel" losgelöst von jeglichem Lerngedanken ins Zentrum gestellt.

In jüngerer Zeit, d.h. ca. seit den 1990er-Jahren, in welcher der Output der Schule in Form von Lernergebnissen stark im Vordergrund steht und Lernen sich an Bildungsstandards zu orientieren hat (Kap. 2.1.4), hat das Spiel in Bildungsinstitutionen laut Hauser (2005) einen eher schweren Stand. Hauser zufolge sehen politische Instanzen, aber auch Forschende die Verschulung des Kindergartens auf Kosten des Spiels als Beitrag dazu, die nicht erfüllten Erwartungen an das Bildungssystem, welche sich in den PISA-Studien spiegelten, auszugleichen. Der Ursprung der Problematik ungenügender Leistungen von 15-jährigen Schülerinnen und Schülern sei somit bereits den Vorschuleinrichtungen zugeschrieben worden, was ebendort zu einer Gewichtsverlagerung vom Spiel hin zum systematischen Lernen geführt habe.

Die Diskussion zur Bedeutung resp. zur Verdrängung des Spiels im Kindergarten wird nicht nur im deutschsprachigen Raum geführt. Auch in den USA existiert eine jahrelange Kontroverse zwischen einem Ansatz, der die kognitive Seite des jungen Kindes ins Zentrum stellt, und einem zweiten, gegenläufigen Ansatz, welcher das Kind ganzheitlich in den Blick nimmt. Betrachtet man die jüngere US-amerikanische Entwicklung, lässt sich feststellen, dass die Sichtweise auf das junge Kind von einem Extrem zum anderen und wieder zurück pendelt. Wird der ganzheitliche Ansatz propagiert, werden Spielaktivitäten wertgeschätzt; herrscht der kognitive Ansatz vor, wird das Spiel verunglimpft und stärker instruktionales Lernen bevorzugt. Während der Regierungszeit des Präsidenten George W. Bush beispielsweise dominierte der kognitive Ansatz. Einhergehend mit dem „No Child Left Behind Act" richtete sich das Augenmerk auf akademisches Testen in Schulen und sogar im Kindergarten, das Spiel wurde zugunsten von Arbeitsheften zurückgestellt (Hirsh-Pasek, Michnick Golinkoff, Berk & Singer, 2009). Vertreterinnen und Vertreter der Kindergartenpädagogik begannen sich in der Folge immer stärker dagegen zu wehren, weshalb die Tendenz zurzeit in eine kompromisssuchende Richtung weist. Das heißt, es wird ein Mittelweg zwischen den beiden Extremen, also zwischen einer kognitiven, stärker an Instruktion angelehnten Perspektive und einer auf das Kind als Ganzes ausgerichteten, spielbasierten Perspektive, beschritten. Anzeichen für diese Entspannung manifestieren sich in neu aufkommenden Schlüsselbegriffen wie „playful learning" und „guided play" (Fisher, Hirsh-Pasek, Golinkoff, Singer & Berk, 2011).

Dass sich die konfliktreiche Beziehung zwischen „reinem" Spiel und dem schulischen Lernen auch im deutschsprachigen Bildungsraum allmählich entschärft, zeichnete sich bereits um die Jahrhundertwende herum in den Publikationen von Petillon (1999, 2001) ab, die sich damit befassen, wie die Zusammenführung von Schule und Spiel adäquat zu erreichen sei. Dazu unterschied Petillon unter anderem zwischen „Play" (einem spielerischen Umgang mit Alltagssituationen) und „Games" (vorstrukturierten Spielen). Letztere untergliederte er funktions- und effektbezogen in drei Typen, nämlich Spiele zur Förderung des Problemlöseverhaltens, Spiele zur Förderung von Übungsverhalten und Spiele zur Förderung von Selbstkonzept und Sozialverhalten. Seiner Argumentation zufolge rückt das Spiel der Didaktik der Grundschule durch diese Strukturierung näher. In seinen Ausführungen machte Petillon deutlich, dass die Grundsatzfrage „Lernen oder Spielen?" nicht zielführend sei. Von zentraler Bedeutung sei vielmehr das Lernverständnis, welches an Schulen umgesetzt werde. Je nach Ausrichtung lasse sich dieses in offenen Lernphasen durchaus mit einem entsprechenden Verständnis von Spielen vereinbaren. Diese Gedanken werden im nächsten Kapitel unter Rückbezug auf den oben explizierten Spielbegriff weiterverfolgt.

### 4.3.2 Aktuelle Sichtweise auf das Verhältnis von Lernen und Spielen

Einen äußerst hilfreichen Ausgangspunkt für eine produktive Verbindung von Lernen und Spielen bietet der Aufsatz von Calliess (1972) mit dem Titel „Spielen und Lernen". Darin beschreibt die Autorin einen Kompromiss zwischen den Sichtweisen von Vertreterinnen und Vertretern von Theorien, die ein Spiel ganz restriktiv nur dann als solches betrachten, wenn es spontan entsteht, eigengesetzlich abläuft und von außen nicht beeinflusst wird, und Vertreterinnen und Vertretern von Theorien, welche das Spiel als Mittel für systematisches oder programmiertes Lernen auffassen. Calliess (1972) setzte die Wesensmerkmale des Spiels mit der in der zweiten Hälfte des 20. Jahrhunderts vorherrschenden Auffassung des Lernens in Beziehung und zeigte auf diese Weise, dass Spielen keine Alternative zu Lernen, sondern eine Möglichkeit des Lernens darstellt: „Motiviertheit, Aktivität, Scheinhaftigkeit, Ambivalenz und Geschlossenheit des Spiels sind also Merkmale, welche die besondere Art der im Spiel stattfindenden Lernprozesse bestimmen" (Calliess, 1972, S. 186).

In Anlehnung an die wegweisenden Überlegungen von Calliess (1972) und unter Beizug der bisherigen Ausführungen zum Verständnis von Lernen (Kap. 4.1) und Spielen (Kap. 4.2) soll nachfolgend versucht werden, die beiden Tätigkeiten aus einer aktuellen Sichtweise heraus miteinander in Beziehung zu setzen und deren Verhältnis im Kontext der Unterrichtspraxis zu verorten. Dazu wird entlang der sieben Facetten des erweiterten sozialkonstruktivistischen Lernbegriffs (Kap. 4.1.2) darüber nachgedacht, inwiefern diese mit der Tätigkeit des Spielens in Verbindung gebracht werden können.

Sowohl Lernen als auch Spielen sind grundsätzlich als *konstruktiv* anzusehen, da bei beiden Tätigkeiten kognitive Strukturen aufgebaut resp. verändert werden. Einsiedler (1989) entwickelte vor diesem Hintergrund ein Modell (Abb. 5), aus dem hervorgeht, wie aus Spielhandlungen Lernerträge resultieren können und entsprechend kognitive Strukturen aufgebaut werden. Unterschieden wird dabei zwischen indirekten und direkten Wirkungen von Spielen auf das Lernen. Indirekte Wirkungen ergeben sich über lernbegleitende Faktoren wie Aufmerksamkeit, Selbstständigkeit, Arbeitshaltung oder Sozialkontakte, während sich direkte Wirkungen dadurch einstellen, dass kognitive Prozesse beim Spielen direkt in kognitive Lernprozesse übergehen, beispielsweise beim Lesen, beim Schreiben, in der Mathematik oder im Sachunterricht. Treinies und Einsiedler (1989) unterzogen dieses Modell einer empirischen Prüfung, indem sie den Einfluss vorschulischen Spielens auf schulisches Lernen untersuchten. Dabei stellte sich heraus, dass sich vorschulisches Spielen hauptsächlich indirekt über lernbegleitende Faktoren auf das Lernen auswirkt. Direkte, meist geringe Wirkungen konnten demgegenüber nur vereinzelt nachgewiesen werden.

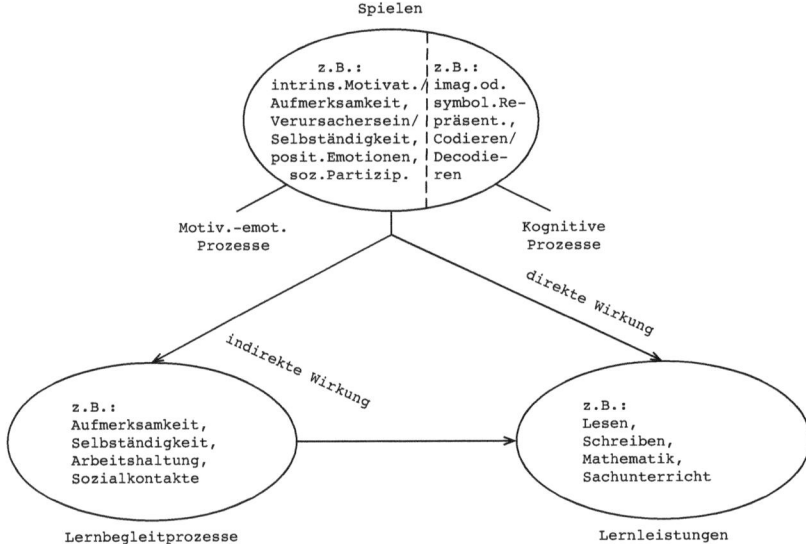

Abbildung 5: Modell indirekter und direkter Wirkungen von Spielen auf Lernen (Einsiedler, 1989, S. 304).

Diesen Befunden zufolge können somit auch beim Spielen kognitive Strukturen aufgebaut werden, und zwar vorwiegend über Lernbegleitprozesse. Dies lässt sich damit erklären, dass beim Spielen die Spielhandlungen und deren Begleitprozesse im Vordergrund stehen. Es sind demnach vor allem die Spielhandlungen, die zu den beschriebenen Lernbegleitprozessen führen und denen infolgedessen mehr Gewicht zukommt als dem Spielprodukt.

In diesem Punkt zeigt sich wiederum, dass sich im Verständnis der beiden Tätigkeiten des Lernens und Spielens eine Annäherung abzeichnet. Betrachtet man das aktuelle, erweiterte sozialkonstruktivistische Verständnis von Lernen, findet man eine entsprechende Fokussierung auf Lernbegleitprozesse darin, dass Lernen *in aktiver Auseinandersetzung* mit der gegenständlichen Umwelt vonstattengeht. Diese aktive Auseinandersetzung vermag Lernbegleitprozesse genauso auszulösen wie auch Spielhandlungen dies potenziell tun. Daraus folgt, dass sowohl Lernen als auch Spielen konstruktiven Charakter aufweisen und entsprechend direkt wie indirekt eine Lernleistung zur Folge haben können.

Lernen ist *kumulativ* in dem Sinne, dass es am individuellen Vorwissen der Lernenden anknüpft und einen Strukturaufbau auf derjenigen Kompetenzstufe anstößt, welche die Zone der nächsten Entwicklung bildet. Diese Eigenschaft des Lernens zeigt sich auch beim Spielen: Gut konzipierte Spiele sind anschlussfähig an die bereits vorhandenen Kenntnisse und Fertigkeiten der Spielenden und ermöglichen eine optimale Passung zwischen den Spielanforderungen und dem Leistungsstand der Lernenden (Burow, 2015). Unter diesen Bedingungen können Spiele das Lernen in der Zone der nächsten Entwicklung der Kinder in zwei Bereichen auslösen: Im ersten Bereich geschieht dies dadurch, dass sie dann zum Einsatz kommen, wenn es um Assimilation bzw. um das Wiederholen und Üben geht (Hoppe, 1983; Kluge, 1981). Laut Piaget (1969) haben Spiele im Hinblick auf den Lern- und Entwicklungsprozess von Kindern vor allem eine Assimilationsfunktion: „Wenn der Intelligenzakt ein Gleichgewicht zwischen Assimilation und Akkommodation erreicht, während die Imitation nur die Akkommodation fortführt, kann man umgekehrt sagen, dass das Spiel im wesentlichen Assimilation ist oder dass die Assimilation die Akkommodation hier überwiegt" (Piaget, 1969, S. 117). Aus dieser Annahme lässt sich ableiten, dass sich Spiele im Allgemeinen und solche mit Lerncharakter im Besonderen zur *Konsolidierung* eignen, und zwar indem sie Kinder dazu veranlassen, einerseits Bekanntes zu wiederholen und andererseits Beziehungen zwischen bereits Bekanntem resp. bereits bekannten Begriffen herzustellen (Hoppe, 1983; Kluge, 1981). Im zweiten Bereich können Lernaktivitäten durch gemeinsames Spielen initiiert werden, wobei sowohl das Lernen als auch das Spielen *interaktiv* geprägt sind. Erfolgt die Interaktion mit einem anderen Kind oder der Kindergartenlehrperson in der Zone der nächsten Entwicklung, kann es auch zur Akkommodation von Denk- und Handlungsstrukturen kommen (Krappmann, 1999; Oerter, 1993). All dies verweist darauf, dass hinsichtlich des Aufbaus von Denk- und Handlungsstrukturen Lernen wie auch Spielen als kumulativ zu betrachten sind.

Eine optimale Passung zwischen den Spielanforderungen und dem Vorwissen der Kinder kann positive Emotionen und Motivation auslösen. Gemäß Einsiedler (1989) gehören motivational-emotionale Prozesse zum Wesen des Spielens und wirken indirekt lernförderlich. Die Wirkungen von Emotionen und Motivation auf das Lernen und die Leistung wurden bereits in vielen Untersuchungen empirisch nachgewiesen: *Emotionen* vermögen insbesondere Anstrengung auszulösen, aufrechtzuerhalten aber auch zu reduzieren (Pekrun, 1992, 2006; Schutz & Pekrun, 2007). *Motivation*, verstanden als eine Verhaltensbereitschaft im Zusammenhang mit der Ausdauer und der Intensität einer Handlung im Hinblick auf das Erreichen eines bestimmten Ziels (Rheinberg, 2008), kann ebenfalls einen positiven Effekt auf die Lernleistung zeitigen. Insbesondere die intrinsische Motivation (Schiefele & Köller, 2010) vermag tiefer gehendes Lernen auszulösen und wirkt Forschungsergebnissen zufolge oftmals stärker als die extrinsische Motivation (Schiefele & Schreyer, 1994; Schiefele, 2009). Motivation hängt zudem stark mit Selbstbestimmung zusammen. Deci und Ryan (1985, 1993) beschrieben in ihrer Selbstbestimmungstheorie drei Grundbedürfnisse aller Menschen, nämlich die Bedürfnisse nach Kompetenz, Autonomie und sozialer Eingebundenheit, wobei insbesondere das Bedürfnis nach Kompetenz und das Bedürfnis nach Autonomie die intrinsische Motivation fördern und erhalten. Wenn Spielen in der Zone der nächsten Entwicklung und in Interaktion mit anderen stattfindet, kann es die Grundbedürfnisse nach Kompetenz, Autonomie und sozialer Eingebundenheit befriedigen und vermag auf diese Weise positive Emotionen und Motivation auszulösen. In diesem

Zusammenhang wird oft auch von „Flow" (Csikszentmihalyi, 1985) gesprochen. Flow tritt bevorzugt dann auf, wenn jemandes Kompetenz im Gleichgewicht mit den gegebenen Anforderungen steht, wenn jemand also herausgefordert, aber nicht über- oder unterfordert ist. In dieser Situation kann es vorkommen, dass eine Person völlig in ihrer Tätigkeit aufgeht, was dann als „Flow-Erleben" bezeichnet wird. Im Flow-Zustand sind Menschen meist besonders kreativ und leistungsfähig. Insgesamt wird aus diesen Ausführungen deutlich, dass Spielen positive Emotionen, Motivation und sogar Flow-Erleben auslösen und dadurch hoch lernwirksam sein kann.

Lernen erfolgt *selbstgesteuert*. Lernende sollen mit der Zeit fähig werden, ihr Lernen zu überwachen und zu steuern. Die Fähigkeit zur Selbststeuerung entsteht sehr früh und wird mit der Zeit immer differenzierter. Im Alter von vier Jahren sind Kinder daher bereits fähig, komplexere Formen der Selbststeuerung anzuwenden (Florez, 2011). Selbststeuerung ist auch ein wichtiges Merkmal von Spielen, da Spielhandlungen von den Kindern oftmals geplant, überwacht und beurteilt werden. Darüber hinaus kann das Spielen selbst wiederum zur Entwicklung von Fähigkeiten der Selbststeuerung beitragen (Whitebread, Coltman, Jameson & Lander, 2009; Whitebread, 2010).

Lernen ist insofern *situativ*, als es immer in Kontexten erfolgt. Diese sind durch spezifische Merkmale geprägt, die den Lernprozess und den Lernertrag beeinflussen. Auch diese Facette lässt sich ausgezeichnet mit dem Spielen verbinden. Denn auch das Spiel der Kinder findet im Kontext des Kindergartens stets in einem festgelegten Rahmen statt. Somit agieren die Kinder sowohl beim Lernen als auch beim Spielen in einer gezielt arrangierten gegenständlichen Umwelt. Eine Spezifität des Spielens besteht diesbezüglich darin, dass Kinder im Spiel und innerhalb des vorgegebenen Rahmens eine Scheinwelt aufbauen, indem sie in Bezug auf Gegenstände, Handlungen und Personen parallele Realitäten konstruieren. Diese eigens konstruierte Scheinwelt kann ebenfalls als Aspekt der situativen Umwelt betrachtet werden.

Als letzte Facette bleibt die *Ziel- und Kompetenzorientierung* des Lernens. Diese scheint auf den ersten Blick in einem Gegensatz zum offenen Ausgang von Spielhandlungen zu stehen. Bei näherer Betrachtung zeigt sich jedoch, dass auch Lernhandlungen einen offenen Ausgang aufweisen und Spielhandlungen an einem Ziel oder an einer Kompetenz orientiert sein können. Denn wenn sich Kinder mit einem Lerngegenstand auseinandersetzen, resultieren oftmals auch Lernerträge, die nicht spezifisch beabsichtigt wurden. Umgekehrt können Spielhandlungen auf ein Ziel oder eine Kompetenz ausgerichtet sein, zum Beispiel dann, wenn Wettbewerbselemente miteinbezogen werden und es darum geht, ein Spiel zu gewinnen.

In der Summe machen die oben stehenden theoriebezogenen Ausführungen deutlich, dass Lernen und Spielen nicht zwei gegensätzliche Tätigkeiten darstellen, sondern viele Gemeinsamkeiten aufweisen. Dieses Fazit kann zusätzlich untermauert werden, wenn man in die Praxis blickt. Denn dort lässt sich in Übereinstimmung mit der theoretischen Herleitung eine produktive Verbindung von Lernen und Spielen feststellen. Dazu beigetragen hat vor allem der veränderte *Umgang mit Heterogenität*. Lange Zeit richteten Bildungsinstitutionen das Lehren und Lernen an den „Mittelköpfen" aus, wozu mithilfe von separativen Maßnahmen möglichst homogene Jahrgangsklassen gebildet wurden. Im ausgehenden 20. Jahrhundert wuchs jedoch die Skepsis gegenüber diesem Umgang mit Heterogenität, sodass sich die Tendenz seither deutlich weg von Separation und hin zu integrativen Lösungen bewegt. Letztere sehen eine starke Ausrichtung an den individuellen Voraussetzungen der Kinder vor, die binnendifferenziert und gezielt einzeln gefördert werden sollen (Reusser, Stebler, Mandel & Eckstein, 2013). In diesem Kontext des veränderten Umgangs mit heterogenen Lerngruppen kommt dem Spiel großes Potenzial für das Lernen zu, da Spiele in offenen Lernsituationen in Passung zu den Lernständen der Lernenden flexibel eingesetzt und begleitet werden können. Durch die Ermöglichung von Selbststeuerung verschaffen sie einer Lehrperson in offenen Lernphasen den nötigen Freiraum zur individuellen Lernunterstützung, was Heimlich (2015, S. 179) wie folgt auf den Punkt bringt:

> Kinder kommen heute mit veränderten Lernbedürfnissen in die Schule. Herkömmliche Konzepte eines Klassen- und Fachunterrichts entsprechen diesen veränderten Voraussetzungen immer weniger. Das *Konzept des spielorientierten Lernens* gewinnt auf diesem Hintergrund einen immer größeren Stellenwert im Rahmen einer Didaktik des offenen Unterrichts, in dem selbsttätige Lernprozesse im Mittelpunkt stehen. Die Unterrichtsinhalte werden ausgehend von den Lebenssituationen der Kinder gemeinsam ausgehandelt. Spielorientiertes Lernen ist eine Antwortmöglichkeit auf individualisierte Lernbedürfnisse in heterogenen Lerngruppen und kann zwischen Lebens- und Lernsituationen vermitteln.

Wie den Ausführungen in diesem Kapitel punktuell bereits entnommen werden konnte, kommt der Lehrperson bei der produktiven Verbindung von Lernen und Spielen eine aktive Rolle zu. Diese wird im nächsten Kapitel genauer beleuchtet.

## 4.4 Die kompetente Kindergartenlehrperson

Bis anhin lag der Fokus bei der Darlegung des Verständnisses von Lernen und Spielen im Kindergarten im Wesentlichen auf den Kindern und darauf, wie sie im Kindergarten im Spiel lernen können. Um das Bild zu vervollständigen, wird der Blick zum Abschluss des Kapitels auch noch auf die Kindergartenlehrperson gerichtet, um der Frage nachgehen zu können, welche Rolle Kindergartenlehrpersonen in diesem Lern-Spiel-Setting zukommt und welche Kompetenzen eine Kindergartenlehrperson dazu mitbringen muss. Denn mit dem in Kapitel 4.1.2 erläuterten sozialkonstruktivistischen Verständnis von Lernen geht ein spezifisches Rollenverständnis einer (Kindergarten-)Lehrperson einher, welches wiederum ein entsprechendes didaktisches Handeln impliziert. In Kapitel 4.4.1 wird dieses Rollenverständnis beschrieben, wobei zur Illustration erste exemplarische Einblicke in das damit verbundene didaktische Handeln gegeben werden. Vertieft betrachtet wird dieses jedoch erst in den später noch ausführlich behandelten didaktischen Grundlagen der vorliegenden Arbeit (Teil III). Um gemäß dem sozialkonstruktivistisch geprägten Rollenverständnis handeln zu können, müssen Kindergartenlehrpersonen entsprechende professionelle Kompetenzen erwerben, auf welche in Kapitel 4.4.2 eingegangen wird.

### 4.4.1 Die pädagogische Rolle der Kindergartenlehrperson

Mit dem sozialkonstruktivistischen Lernverständnis geht generell ein pädagogisches Rollenprofil von Lehrerinnen und Lehrern einher, welches sie nicht in erster Linie als Darbietende und Vermittelnde von Inhalten versteht, sondern sie vielmehr und insbesondere als Fachpersonen für das Lernen der Schülerinnen und Schüler begreift (Reusser, 1994). Stehen dabei das Verstehenlernen und das Lernenlernen im Zentrum, kommt Lehrpersonen vor allem die Rolle zu, Lernumgebungen zu gestalten, in deren Rahmen sie als Fachpersonen sowohl für den Stoff als auch für das Lernen fungieren und gleichzeitig als Verhaltensmodell, Lerngerüst, Coachende oder Lernberaterinnen und Lernberater agieren (Reusser, 2001c). Im Kontext des Kindergartens impliziert dies, dass eine Kindergartenlehrperson, die ein sozialkonstruktivistisches Verständnis von Lernen umsetzt, beispielsweise eine der folgenden Rollen einnehmen kann:

- Die Kindergartenlehrperson kann als *Verhaltensmodell* agieren. In dieser Rolle zeigt sie einem Kind oder auch mehreren Kindern etwas vor und macht diesen ihre Gedanken zugänglich, indem sie ihre eigenen Handlungen laut denkend kommentiert. Die Kinder wiederum erhalten durch das Beobachten des Vorgehens der Kindergartenlehrperson eine Vorstellung davon, was die Bewältigung der betreffenden Situation erfordert (Collins, Brown & Newman, 1989; Einsiedler, 1999; Wannack, Schütz & Arnaldi, 2009).

- Des Weiteren kann die Kindergartenlehrperson die Rolle der *Spielpartnerin* wahrnehmen, in der sie zusammen mit einer Kindergruppe spielt. Wesentlich ist dabei, dass das Spielgeschehen – im Gegensatz zur Situation bei der Rolle der Tutorin oder des Tutors (vgl. nächsten Punkt) – weiterhin von den Kindern bestimmt wird. Der Kindergartenlehrperson eröffnet sich in dieser Rolle unter anderem die Möglichkeit, mit den Kindern fachbezogene Gespräche zu führen, etwa indem sie sich während des Spiels durch entsprechende Fragen und Kommentare einbringt oder Vorschläge unterbreitet, die zu Spielelementen mit fachlichem Charakter, beispielsweise zu mathematischen Aktivitäten, führen können.

- In der Rolle als *Tutorin oder Tutor* wird zwischen „innen" und „außen" unterschieden. Agiert die Kindergartenlehrperson als Tutorin von innen, spielt sie, wie in der Rolle der Spielpartnerin, mit den Kindern mit. Allerdings übernimmt sie in dieser Funktion die Führungsrolle und schließt sich nicht einem bereits in Gang gesetzten Spielablauf an. Als Tutorin von außen hält sich die Kindergartenlehrperson demgegenüber zwar außerhalb des Geschehens, greift jedoch in passenden Momenten aktiv in das Spiel ein und übernimmt dabei wiederum eine führende Rolle. Dabei kann sie beispielsweise nachfragen, was gerade gespielt werde, Vorgehensweisen erfragen oder lernunterstützend eingreifen (Einsiedler, 1999; Wannack et al., 2009).

Trotz dieser analytisch separierbaren Einzelcharakterisierungen der verschiedenen Rollen muss stets bedacht werden, dass sie sich in der Praxis durchaus auch überschneiden können und nicht in jeder Situation trennscharf voneinander abgrenzbar sind. Damit eine Kindergartenlehrperson dem in einer sozialkonstruktivistisch geprägten Lernumgebung erforderlichen facettenreichen Rollenprofil gewachsen ist, muss sie folglich über ein fundiertes Repertoire an unterschiedlichen professionellen Kompetenzen verfügen. Auf diesen Aspekt wird im nächsten Kapitel eingegangen.

## 4.4.2 Professionelle Kompetenzen der Kindergartenlehrperson

Um eine tragfähige theoretische Basis zu legen, werden im Folgenden zunächst die professionellen Kompetenzen von Lehrpersonen ganz generell beschrieben, um im Anschluss daran die professionellen Kompetenzen von Kindergartenlehrpersonen spezifizieren zu können.

Geht es um die Förderung fachlicher Kompetenzen von Schülerinnen und Schülern, so beziehen sich die entsprechenden professionellen Kompetenzen von Lehrpersonen üblicherweise auf das Professionswissen, worunter im Allgemeinen besonders die folgenden Bereiche verstanden werden (Baumert & Kunter, 2006; Blömeke, 2010; Kunter et al., 2011; Shulman, 1987):

- *Fachwissen:* Ein vertieftes fachliches Verständnis der zu unterrichtenden Inhalte auf höherem Niveau ist unabdingbar für eine erfolgreiche Lehrtätigkeit im jeweiligen Fach.

- *Fachdidaktisches Wissen:* Um die fachlichen Inhalte lernförderlich vermitteln zu können, ist zum einen fundiertes curriculares und planungsbezogenes und zum anderen interaktionsbezogenes Wissen notwendig. Zu Ersterem gehört unter anderem die Fähigkeit, zentrale fachliche Ideen, Konzepte und Aufgaben zu erkennen, deren Anspruchsniveau abzuschätzen, einen adäquaten fachlichen Zugang zu spezifischen Inhalten zu finden, passende Methoden auszuwählen, vielfältige Lösungsmöglichkeiten zu kennen oder Vorstellungen, Reaktionen resp. Verstehenshürden der Schülerinnen und Schüler zu antizipieren. Zu Letzterem wiederum werden Analyse- und Diagnosekompetenzen gezählt, mit deren Hilfe die Kompetenzen der Lernenden beurteilt und interpretiert werden können und die es erlauben, passende Hilfestellungen zur individuellen Unterstützung der Kompetenzentwicklung anzubieten. Weitere Komponenten des fachdidaktischen Wissens bestehen überdies darin, produktive Unterrichtsgespräche zu führen oder verschiedene Erklärungsmöglichkeiten zu kennen.

- *Pädagogisch-psychologisches Wissen:* Diese Wissenskomponente umfasst ein ebenso breites wie vertieftes Wissen zu Unterrichtsstrukturierung, Motivierung, Umgang mit Heterogenität, Lernprozessen, Klassenführung und Leistungsbeurteilung.

Neben dem Professionswissen werden auch berufsbezogene Überzeugungen zu den professionellen Kompetenzen von Lehrpersonen gezählt und als Brücke zwischen dem Professionswissen und dem Unterrichtshandeln aufgefasst. Konkret gesprochen handelt es sich dabei um Überzeugungen zum Fach, zum Lehren sowie zur Gestaltung von Lehr-Lern-Prozessen und damit verbunden zur Struktur von Wissen und zu dessen Erwerb (Blömeke, 2010). Des Weiteren werden im Zusammenhang mit professionellen Kompetenzen von Lehrpersonen auch motivationale Orientierungen und Selbstregulation genannt. Baumert und Kunter (2006) nennen diesbezüglich drei Bereiche: (1) Kontrollüberzeugungen und Selbstwirksamkeitserwartungen, (2) intrinsische motivationale Orientierung resp. Enthusiasmus von Lehrpersonen und (3) professionelle Selbstregulation resp. Engagement und Distanzierungsfähigkeit.

Die beschriebenen Aspekte professioneller Kompetenzen von Lehrpersonen wurden anfänglich vor allem mit Bezug zu Primar- und Sekundarstufenlehrpersonen diskutiert.

Mittlerweile werden sie jedoch auch mit dem Profil von Kindergartenlehrpersonen in Verbindung gebracht (Anders, 2012). Eine Eins-zu-eins-Übertragung greift allerdings zu kurz, da sich die professionellen Kompetenzen einer Kindergartenlehrperson in gewissen Bereichen klar von denjenigen einer Primar- oder Sekundarstufenlehrperson unterscheiden (Gasteiger & Benz, 2016). So findet das Lernen im Kindergarten im Gegensatz zum schulischen Lernen wie oben ausgeführt (Kap. 4.1.2) eher situativ, informell und in Spielsettings statt. Aus diesem Grund wurden in den letzten Jahren auch entsprechende Modelle für den Kindergarten entwickelt. Ein allgemein konzipiertes und viel eingesetztes Modell professioneller Kompetenzen für den Frühbereich stammt beispielsweise von Fröhlich-Gildhoff, Nentwig-Gesemann und Pietsch (2011) resp. Fröhlich-Gildhoff, Nentwig-Gesemann, Pietsch, Köhler und Koch (2014), die versuchten, die Fähigkeit, in komplexen und sich ändernden Situationen eigenverantwortlich, selbstorganisiert und fachlich begründet zu agieren, adäquat abzubilden (Abb. 6).

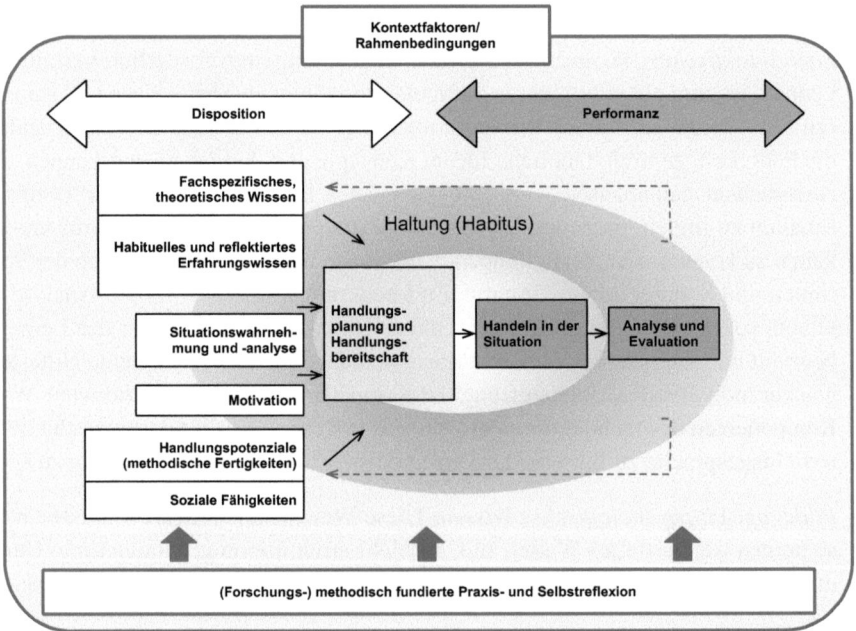

Abbildung 6: Allgemeines Kompetenzmodell für Kindergartenlehrpersonen (Fröhlich-Gildhoff et al., 2014, S. 10).

Im Modell werden Disposition (Handlungsgrundlage) und Performanz (Handlungsvollzug) unterschieden. Bei einer Kindergartenlehrperson besteht Erstere aus fachlich-theoretischem Wissen, Erfahrungswissen, Handlungspotenzialen (prozedurales, methodisch-praktisches Wissen) sowie sozialen Fähigkeiten (z.B. Inklusionskompetenz, Empathiefähigkeit). Um diese Handlungsgrundlage in Handlungsplanung, Handlungsbereitschaft und letzten Endes auch Handlungsumsetzung überführen zu können, bedarf es der Wahrnehmung und der Analyse einer Situation wie auch einer entsprechenden Motivation. Im Anschluss an die betreffende Handlung, seltener direkt während der Handlung selbst, wird diese analysiert und evaluiert, was wiederum auf die Disposition zurückwirkt. Hinter jeder Handlung

*4 Lernen und Spielen im Kindergarten*

stehen zudem immer auch pädagogische Werte und Einstellungen (Haltung), die eine mitbestimmende Funktion ausüben. Reflexionskompetenzen schließlich ermöglichen es Kindergartenlehrpersonen, während des ganzen Prozesses Einsicht in das Praxisfeld wie auch in die eigene Praxis zu erlangen. Auf die Spezifität der Kindergartendidaktik verweisen in diesem Modell besonders die Hervorhebung des Erfahrungswissens sowie der Situationswahrnehmung und -analyse.

Wird im Kindergarten konkret eine mathematische Förderung angestrebt – so wie dies im dieser Arbeit zugrunde liegenden Projekt spimaf der Fall war –, muss die Kindergartenlehrperson ausgehend von den individuellen Lernvoraussetzungen der Kinder Lerngelegenheiten einerseits planen, solche andererseits aber auch im Alltag wahrnehmen können und fachlich fundiert darauf eingehen. Vor diesem Hintergrund haben Gasteiger und Benz (2016) ein theoretisches, spezifisch mathematikdidaktisches Kompetenzmodell für den Kindergarten entwickelt, in welches sie neben dem Schaffen und dem Wahrnehmen von natürlichen Lerngelegenheiten sowie dem Eingehen auf ebensolche Lerngelegenheiten auch die Diagnose der Lernvoraussetzungen von Kindern miteinbezogen haben (Abb. 7). In ihrem Modell tragen die Autorinnen damit speziell dem gesamten Prozess von der Planung über den Handlungsvollzug bis hin zur Evaluation Rechnung, der im Unterschied zu Kompetenzmodellen von Primar- oder Sekundarschullehrpersonen bei Kindergartenlehrpersonen aufgrund der situativen Kontexte im Kindergartenalltag von besonderer Bedeutung ist.

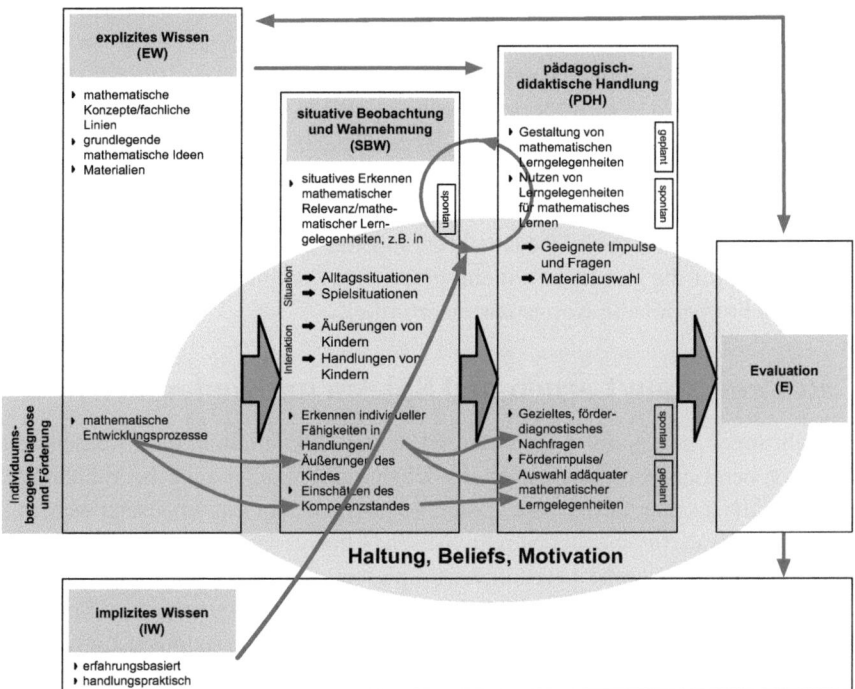

Abbildung 7: Modell der mathematikdidaktischen Kompetenz von Kindergartenlehrpersonen (Gasteiger & Benz, 2016, S. 280).

Das Modell von Gasteiger und Benz (2016) umfasst vier strukturelle Facetten („Wissen", „situative Beobachtung und Wahrnehmung", „pädagogisch-didaktische Handlung" und „Evaluation"), deren Verbindungen mittels Pfeilen als Prozesse dargestellt werden. Die Wissensfacette wird in explizites und implizites mathematikspezifisches Wissen ausdifferenziert, weil Kindergartenlehrpersonen nur in seltenen Fällen über eine spezifisch mathematische Ausbildung verfügen und deshalb oftmals auch auf implizites Erfahrungswissen zurückgreifen. In der vorliegenden Arbeit handelt es sich bei der Wissensfacette um Mengen-Zahlen-Kompetenzen (Kap. 3) und dabei einerseits um das vertiefte fachliche Verständnis von Mengen und Zahlen und andererseits darum, die Entwicklung dieser Kompetenzen auf Kinderseite zu kennen.

Explizites und implizites Wissen bilden zusammen die Grundlage für den Kompetenzaspekt der situativen Beobachtung und Wahrnehmung, der besonders eng auf den Kindergarten und die darin vorzufindenden Lernsettings zugeschnitten ist. In der vorliegenden Arbeit handelt es sich bei dieser Facette um das mathematische Lernen in Spielsituationen im Kindergarten. Der entsprechende spielintegrierte Förderansatz wird in Kapitel 5.2 im Detail beschrieben.

Diese Facette stellt ihrerseits die Voraussetzung für die pädagogisch-didaktische Handlung dar, welche die Umsetzung sowohl geplanter als auch spontaner mathematischer Lerngelegenheiten umfasst. Die situative Beobachtung und Wahrnehmung und die pädagogisch-didaktische Handlung stehen daher in einem engen Bezug. Die vorliegende Arbeit setzt ihren Schwerpunkt bei dieser Facette, weil die individuell-adaptive Lernunterstützung durch die Kindergartenlehrperson während mathematischer Spielsituationen untersucht werden soll. Was unter einer „individuell-adaptiven Lernunterstützung" im Detail zu verstehen ist, wird in Kapitel 6 ausgeführt.

Abgeschlossen wird der im Modell abgebildete Prozess mit der Evaluation der eigenen Arbeit im Hinblick auf den Lernzuwachs der Kinder. Den allgemeinen Hintergrund bilden auch in diesem Modell die Haltungen, die Einstellungen sowie die Motivation der Kindergartenlehrpersonen, die sich auf den Gesamtprozess auswirken. Insgesamt wird deutlich, dass die Gestaltung und die Durchführung von lernförderlichen Spielumgebungen im Kindergarten für die Kindergartenlehrperson eine komplexe Aufgabe darstellen, die entsprechende professionelle Kompetenzen erfordert.

## 4.5 Resümee zum Lernen und Spielen im Kindergarten

Die Ausführungen in Kapitel 4 resümierend lässt sich festhalten, dass Lernen im Kindergarten von den Lernvoraussetzungen der Kindergartenkinder ausgehend und auf einer sozialkonstruktivistischen Lerntheorie basierend im Spiel sehr gut umgesetzt werden kann. Es zeigte sich, dass dieses sozialkonstruktivistische Lernverständnis ausgesprochen gut mit dem in der vorliegenden Arbeit formulierten Spielverständnis zusammengeführt werden kann, sodass sich die Abgrenzung der beiden Tätigkeiten des Lernens und Spielens fast gänzlich auflöst. Dieses im Sinne des Sozialkonstruktivismus konzipierte Lernen im Kindergarten gelingt besonders gut während des von der Kindergartenlehrperson begleiteten Spiels. Solches Lernen im Spiel führt vor allem dann zu einem (fachlichen) Kompetenzaufbau, wenn die zu diesem Zweck ausgewählten Spiele so eingesetzt werden, dass sie die Kinder in ihrer Zone der nächsten Entwicklung fördern.

Spielhandlungen an sich kommt eine stark motivational-emotionale Komponente zu, d.h. sie motivieren intrinsisch und lösen positive Emotionen aus. Dies führt zu einem positiven Effekt auf die Lernleistung der Kinder, da Spielhandlungen von Kindern in der Regel gern wiederholt und auf diese Weise konsolidiert werden. Zudem ermöglichen Spiele entwicklungs- und kompetenzfördernde Interaktionsprozesse zwischen der Kindergartenlehrperson und den Kindern, wodurch diese in ihrem Kompetenzaufbau unterstützt werden und auf diese Weise weitere Entwicklungsschritte bewältigen können. Sowohl der zielgerichtete Einsatz eines Spiels als auch eine am Kind ausgerichtete Interaktion während des Spiels stellen individuell-adaptive Maßnahmen dar, die der starken Heterogenität der Lernstände von Kindergartenkindern Rechnung tragen und ein eher beiläufiges, aber gleichwohl den motivationalen und kognitiven Voraussetzungen von Kindergartenkindern angepasstes Lernen möglich machen. So verstandenes Lernen in situativen und informellen Spielumgebungen anzuregen, stellt eine äußerst komplexe Aufgabe dar, die von den Kindergartenlehrpersonen spezifische professionelle Kompetenzen erfordert.

Gezielt eingesetzte Spiele und kompetenzfördernde Interaktionsprozesse im Sinne eines sozialkonstruktivistischen Lernverständnisses bilden somit die Basis für aktives lernbezogenes Handeln von Kindergartenkindern. Entsprechend befassen sich die folgenden Kapitel einerseits mit der Gestaltung von reichhaltigen spielintegrierten Lernumgebungen und andererseits mit der dabei von der Kindergartenlehrperson zu leistenden Lernunterstützung. Die in Teil II dargelegten lernpsychologischen Grundlagen werden somit im nächsten Schritt in Teil III in die Praxis des Kindergartens überführt, wobei in Entsprechung mit dem Forschungsgegenstand der vorliegenden Arbeit konkret der Bereich der Mathematik fokussiert wird.

# Teil III
# Didaktische Grundlagen

# 5 Mathematische Förderkonzepte im Kindergarten

In Fortführung der bisherigen Ausführungen, in denen aufgezeigt wurde, dass mathematische Förderung im Kindergarten wichtig ist (Kap. 2), welche mathematischen Kompetenzen gefördert werden sollten (Kap. 3) und wie Lernen und Spielen im Alter zwischen ca. vier und sechs Jahren in Verbindung stehen (Kap. 4), wird nun in Kapitel 5 der Frage nachgegangen, welche Art von Förderkonzept sich vor diesem Hintergrund für die Förderung mathematischer Kompetenzen im Kindergarten eignet. Dazu werden in einem ersten Schritt drei aktuelle, unterschiedlich gestaltete Förderkonzepte exemplarisch vorgestellt und kritisch diskutiert (Kap. 5.1). Im Anschluss daran wird im Detail auf das spielintegrierte Förderkonzept eingegangen, welches der vorliegenden Studie zugrunde liegt (Kap. 5.2). Dabei wird versucht, herauszuarbeiten was ein spielintegriertes Lernkonzept ausmacht, indem der Frage nachgegangen wird, was Regelspiele als Spiele zu produktiven mathematischen Frühförderinstrumenten macht. Das Kapitel inhaltlich abschließend wird die Begleitung von entsprechenden Förderkonzepten im Kindergarten thematisiert (Kap. 5.3), bevor die Ausführungen wiederum in ein kurzes Resümee münden (Kap. 5.4).

## 5.1 Aktuelle Förderkonzepte im Kindergarten

Im deutschen Sprachraum wurde in jüngerer Vergangenheit eine große Vielfalt an Konzepten zur mathematischen Förderung im Kindergarten mit ganz verschiedenen didaktischen Zugängen entwickelt (Deutscher & Selter, 2013). Im Folgenden werden zuerst drei ausgewählte, derzeit in vielen Kindegärten eingesetzte Förderkonzepte mit unterschiedlichen theoretischen Hintergründen einzeln präsentiert und danach unter Rückgriff auf die Ausführungen in den vorangegangenen Kapiteln diskutiert.

### 5.1.1 „Mengen, zählen, Zahlen" – Ein entwicklungspsychologisches Förderkonzept

Krajewski, Nieding und Schneider (2007) entwickelten ein Trainingsprogramm zur Förderung von Kindergartenkindern im Bereich der Mengen-Zahlen-Kompetenzen, das den Namen „Mengen, zählen, Zahlen" (kurz MzZ) trägt. Es basiert auf einem entwicklungspsychologischen Zugang (Kap. 3.2.6) und zielt speziell darauf ab, Mängel in mathematischen Kompetenzen frühzeitig zu erkennen und mithilfe von aufeinander aufbauenden Übungen eine adäquate Förderung zu initiieren (Krajewski et al., 2008). Die zu diesem Zweck eingesetzte Förderbox setzt drei aufeinanderfolgende Schwerpunkte: Der erste Schwerpunkt liegt auf Zahlen als Anzahlen, während der zweite Schwerpunkt sich mit der Anzahlordnung befasst und der dritte Schwerpunkt die Teil-Ganzes-Beziehungen sowie die Anzahlunterschiede in den Blick nimmt. Während der gesamten Durchführung bedarf es allerdings nicht nur des Durcharbeitens der Übungen, sondern auch des gezielten Nachfragens der Kindergartenlehrperson. Deshalb wurden jedem Schwerpunkt und jeder Übung Angaben zu Sprachformulierungen beigefügt (Krajewski et al., 2007).

Das Trainingsprogramm wird mit Kindern in Kleingruppen nach einem systematisierten Zeit- und Inhaltsplan durchgeführt, der zur Behandlung der drei Schwerpunkte einen Zeitraum von acht Wochen vorsieht. Auch die methodische Vorgehensweise wird detailliert vorgegeben, was nachfolgend anhand des ersten Schwerpunkts exemplarisch veranschaulicht wird. Dessen Vorgaben zufolge werden die Zahlen von eins bis zehn der Reihe nach immer in Zweierpaaren eingeführt. Dabei wird zusammen mit den Kindern pro Zahl ein Tisch eingerichtet, worauf die betreffende Zahlenkarte, Gegenstände aus dem Raum, Chips, Kinderkärtchen, weitere vom Programm zur Verfügung gestellte Karten und die entsprechenden Zahlenstufen arrangiert werden. Die Kindergartenlehrperson fordert die Kinder zuerst auf, die Dinge zu zählen, oder sie fragt nach den Zahlen. Gleiche Gegenstände werden einander zugeordnet und die Zahlen und Mengen miteinander verglichen, was mittels der komparativen Ausdrücke „mehr/weniger" und „größer/kleiner" geschieht. Danach werden gleiche Anzahlen zusammengeführt, indem Paare gesucht werden. Ebenfalls behandelt werden die Schätzung der Anzahlen und die Zahlposition.

Das Trainingsprogramm wurde in einer Interventionsstudie auf seine Wirksamkeit hin überprüft. Dabei wurden Kinder ein Jahr vor ihrem Schuleintritt über einen Zeitraum von zehn Wochen systematisch gefördert. Dies geschah im Rahmen von drei unterschiedlichen Förderbedingungen: 71 Kinder aus vier Kindergärten wurden mit dem MzZ-Programm gefördert, 45 Kinder aus drei Kindergärten folgten einem anderen Fördertraining und 108 Kinder erhielten kein spezifisches Training. Alle Kinder wurden sowohl vor als auch nach der Durchführung des jeweiligen Trainingsprogramms sowie am Ende der Kindergartenzeit und am Ende des ersten Schuljahres getestet. Wie die Datenauswertungen ergaben, ließ sich zusätzlich zur kindlichen Entwicklung (Zeiteffekt) auch ein kurz- und langfristiger Effekt des MzZ-Programms auf die Mengen-Zahlen-Kompetenzen von Kindern nachweisen (Krajewski et al., 2008).

### 5.1.2 „Das Zahlenbuch zur Frühförderung" – Ein mathematisch begründetes Förderkonzept

Erich Ch. Wittmann rief 1987 zusammen mit Gerhard N. Müller an der Universität Dortmund ein Entwicklungsforschungsprojekt ins Leben, welches unter dem Namen „mathe 2000" bekannt wurde (Wittmann & Müller, 2015) und verbreitet als Reaktion auf eine Krise im Mathematikunterricht aufgefasst wird. Denn wie Wittmann (2003, 2006) festzustellen glaubte, habe das Interesse am Fach Mathematik international nachgelassen. Um dem entgegenzuwirken, bedarf es Wittmann zufolge Maßnahmen, welche an einem stufenübergreifenden Leitbild orientiert sind. Der von ihm postulierte Ansatz hat dementsprechend das Ziel, mathematische Inhalte und Fähigkeiten kontinuierlich, d.h. vom Kleinkindalter bis zum Abitur, „aus einem Guss" aufzubauen, was durch fortlaufende Erweiterung und Vertiefung der Inhalte gemäß einem Spiralprinzip ermöglicht wird. Leitend für diesen Ansatz ist die Auffassung von Mathematik als einer „Wissenschaft von Mustern" (Wittmann, 2003, 2006): Kinder entdecken bereits in der Vorschule eine Vielzahl von mathematischen Gesetzmäßigkeiten oder eben Mustern, die mit der Zeit erweitert werden und stetig an Komplexität gewinnen. Des Weiteren liegen dem Projekt „mathe 2000" fünf Prinzipien zugrunde, welche Kindern den Zugang zum Fach Mathematik erleichtern sollen. Erstens soll eine Konzentration auf tragende mathematische Grundideen angestrebt werden, weshalb Anschauungs- und Darstellungsmittel nur sparsam eingesetzt werden sollten. Zweitens werden das aktiv-entdeckende sowie das soziale Lernen betont. Zusätzlich wird drittens dem produktiven und automatisierenden Üben Gewicht beigemessen. Das vierte Prinzip spricht

*5 Mathematische Förderkonzepte im Kindergarten*

die natürliche Differenzierung an, während das fünfte schließlich die Implementierung einer systematischen Qualitätssicherung postuliert (Wittmann & Müller, 2015).

Vor diesem theoretischen Hintergrund entwickelten Wittmann und Müller (2012) das Lehrmittel „Zahlenbuch zur Frühförderung", das zwei inhaltliche Schwerpunkte setzt: zum einen die Grundlagen der Arithmetik und zum anderen die Grundlagen der Geometrie. Im Kindergartenalter sollen sich Kinder im arithmetischen Bereich vornehmlich mit den Inhalten „Zahlenreihe" und „Anzahlbegriff" sowie mit dem Erkennen von Beziehungen zwischen Zahlen befassen. In der Geometrie wiederum stehen Formen und ihre Konstruktion sowie das Operieren mit diesen Formen im Vordergrund. Für den vorschulischen Zugang zur Mathematik empfiehlt Wittmann (2006) eine spielerische Herangehensweise. So können fundamentale Muster der Mathematik beispielsweise mittels konkreter Materialien in Spielen umgesetzt werden. Im Lehrmittel überwiegen dementsprechend spielerische Lernformen, welche nach dem Übergang in die Primarschule allmählich durch systematische ersetzt werden.

Das Programm bietet Fördermöglichkeiten, welche besonders im Falle von leistungsschwächeren Kindern optimal auf den schulischen Anfangsunterricht abgestimmt sind, und besteht aus fünf Elementen. Im Mittelpunkt steht das Lehrmittel „Zahlenbuch – Spiele zur Frühförderung", welches aus substanziellen Spielen sowie Bau- und Zeichenanleitungen besteht. Ein weiteres Element bildet das Malheft zur Frühförderung, welches zur Vertiefung der erlangten Kenntnisse dient und gleichzeitig die Feinmotorik ausbildet. Diese beiden Bücher werden durch einen Begleitband mit Audio-CD und Poster komplettiert. Ergänzend dazu sind auch noch eine Schachtel mit Spielmaterialien sowie große Zahlenmatten mit den Zahlen von eins bis zwanzig verfügbar. Da die Wirksamkeit des Lehrmittels „Zahlenbuch zur Frühförderung" bis anhin nicht empirisch untersucht wurde, können diesbezüglich zurzeit keine Aussagen gemacht werden.

### 5.1.3 „Komm mit ins Zahlenland" – Ein wissenschaftsübergreifendes Förderkonzept

Das Förderkonzept „Komm mit ins Zahlenland" soll Kindern einen „märchenhaften" Zugang zur Mathematik verschaffen und ihr Interesse an der Mathematik mithilfe von lebendigen, fantasievollen Liedern und Geschichten steigern (Friedrich, Galagóczy & Schindelhauer, 2011). Es soll demzufolge versucht werden, den Kindern die Zahlen ihrem Alter entsprechend näherzubringen, indem nicht primär von der Logik der Mathematik ausgegangen wird, sondern vom „emotionale[n], magische[n] und märchenhafte[n] Denken unserer Kinder" (Friedrich et al., 2011, S. 11). Das theoretische Fundament des Konzepts bilden drei Wissenschaftsbereiche. Bei der Entwicklung wurde erstens auf die Neurodidaktik Bezug genommen, welche sich damit befasst, Aspekte der Hirnforschung und der Pädagogik zu verbinden. Von besonderer Bedeutung ist in diesem Feld die Erkenntnis, dass das kindliche Gehirn besonders jene Sachverhalte speichert, welche sich in konkreten Situationen an einem spezifischen Ort ereignet haben und wenn möglich ein spezielles Ereignis betreffen. Dementsprechend wird im „Zahlenland" jeder Zahl ein spezifischer Ort zugewiesen und die Begegnung mit Zahlen wird als besonderes Erlebnis gestaltet. Zweitens wurden Erkenntnisse aus der Entwicklungspsychologie der Elementarpädagogik herangezogen. Im Zentrum stand dabei insbesondere die Verwendung von Anthropomorphismen, weil die Welt von Kindergartenkindern stark emotional geprägt ist und die Personifizierung von Objekten ihrer kindlichen Erlebnis- und Denkweise entspricht. Schließlich wurden drittens auch Erkenntnisse aus der Didaktik der elementaren Mathematik berücksichtigt, wobei vor allem die unterschiedlichen Zahlbedeutungen fokussiert wurden (Friedrich & Munz, 2006).

Friedrich und Munz (2003) betonen den ganzheitlichen Anspruch des Konzepts, da neben mathematischen Aspekten auch Bereiche der Wahrnehmung, der Merkfähigkeit, der Motorik, des Ausdrucksvermögens, der Sprache sowie der Musik gefördert werden. Im mathematischen Bereich selbst zielt es auf die Vermittlung folgender Kompetenzen ab: kardinaler und ordinaler Zahlaspekt, Eins-zu-Eins-Zuordnungen, Unveränderlichkeit einer Menge (Invarianz), Zahlzerlegung, Rechenaspekt einer Zahl (Zahl als Folge einer mathematischen Verbindung), Operatoraspekt einer Zahl (Zahl als Vielfaches einer Handlung), geometrische Formen sowie Umkehrbarkeit einer Handlung. Diese Aspekte werden im Zahlenraum von eins bis zehn behandelt (Schindelhauer, 2013). Die Orientierung am Begriff „Zahlenraum" betont dabei die starke Verbindung zwischen Zahlen und Geometrie. Dieser methodischen Überlegung zufolge wurde für die Zahlen von eins bis zehn ein Raum geschaffen, in dem sie „zu Hause" sind. In diesem Zahlenland erhält somit jede Zahl wie oben bereits erwähnt einen geometrisch dargestellten „Wohnort". Außerdem wird jeder Zahl ein spezifischer Charakter zugewiesen, indem sie als Puppe repräsentiert wird. Diese Puppen wiederum werden zur Begleitung der im Förderkonzept vorgesehenen Aktivitäten verwendet (Friedrich & Munz, 2003). Neben den Zahlenpuppen bewohnen auch der Zahlenkobold, welcher ab und zu ein Durcheinander stiftet, und die Zahlenfee, das Gegenstück zum Kobold, das Zahlenland. Darüber hinaus enthält das Förderkonzept Elemente wie den Zahlenweg, die Zahlenhäuser, die Zahlentürme, Zahlenmärchen sowie Zahlenlieder.

Umgesetzt wird das Konzept in Gruppen zu 10 bis 15 Kindern. Anfänglich wird das Zahlenland als Einheit von fünf und später von zehn Zahlengärten aufgebaut. Gemäß dem Prinzip „Zahl der Woche" wird wöchentlich eine Zahl behandelt. Nach der Einführung der jeweiligen Zahl werden die Lernmaterialien des Förderkonzepts während der Freiarbeitsphasen angeboten oder die betreffende Zahl wird mithilfe von Liedern und Geschichten wiederholt. Konkret beginnt jede Fördereinheit mit dem Eintreten ins Zahlenland, was über den Zahlenweg geschieht. Daraufhin wird ein neues Zahlenland eingerichtet. Es folgen die Erzählung des Märchens zur Zahl sowie die Einübung des entsprechenden Lieds. Am Schluss verlassen die Kinder das Zahlenland wiederum über den Zahlenweg, dieses Mal jedoch rückwärts. Insgesamt werden auf diese Weise zehn Reisen durchgeführt, wobei eine Reise ins Zahlenland pro Woche etwa eine Stunde dauert (Friedrich et al., 2011).

Zwischen 2003 und 2005 wurden die Wirksamkeit sowie die Alltagstauglichkeit des Förderkonzepts untersucht. In sieben Kindergärten der Stadt Lahr in Baden-Württemberg wurde ein entsprechendes Forschungsprojekt initiiert, das in drei Phasen durchgeführt wurde: Voruntersuchung, Förderung und Nachuntersuchung am Ende des ersten Schuljahres. Die Experimentalgruppe wurde während zehn Stunden gezielt mit dem Zahlenland gefördert. Um die Vergleichbarkeit sicherzustellen, fanden die Prä- und Posttests auch in einer Kontrollgruppe statt. Die Ergebnisse zeigten einen signifikanten Unterschied zwischen den beiden Gruppen im Posttest: Es ließen sich sowohl mathematische als auch sprachliche Fördereffekte des Konzepts „Zahlenland" nachweisen (Friedrich & Munz, 2006).

## 5.1.4 Kritische Beleuchtung der drei Förderkonzepte

In Kapitel 2 wurde dargelegt, dass sich allmählich eine fachlich orientierte Kindergartenpädagogik etabliert. Dies ist insbesondere deshalb der Fall, weil der frühen mathematischen Förderung aus entwicklungs- und lernpsychologischer Sicht eine große Bedeutung zukommt. Entsprechend wird kaum je grundsätzlich infrage gestellt, dass auch mathematische Förderung im Kindergarten ihren Platz haben soll. Wie jedoch im Vorhergehenden anhand dreier ausgewählter Beispiele exemplarisch aufgezeigt wurde, unterscheiden sich die zurzeit eingesetzten Förderkonzepte für den Kindergarten stark voneinander.

Auf die Eigenheiten des Lernens im Kindergarten, im Besonderen auch im Kontrast zum Lernen in der Schule, wurde bereits in Kapitel 4 eingegangen. Während Ersteres im Allgemeinen eher informell und in natürliche Lernsituationen eingebettet stattfindet, wird Letzteres meist instruktional und systematisch-lehrgangartig initiiert. Das didaktische Konzept des schulnahen Lernens wird für Kindergartenkinder entsprechend als nicht entwicklungsangemessen erachtet (Dollase, 2010).

Mit Blick auf die drei vorgestellten Förderkonzepte lässt sich feststellen, dass vor allem das Förderkonzept „Mengen, zählen, Zahlen" einen stark kursartig-instruktionalen Charakter aufweist (Hauser, Vogt, Stebler & Rechsteiner, 2014). Es folgt einem fachsystematischen Aufbau in festgelegten Lektionseinheiten, die von der Kindergartenlehrperson als Leiterin durchgeführt werden. Gerade gegenüber einer solchen fachsystematischen, kursartigen und lehrpersonenzentrierten Art von Lernen im Kindergarten regt sich jedoch auch Widerstand (Kap. 2.1), oft in Verbindung mit dem Schlagwort „Verschulung des Kindergartens", das die Befürchtung zum Ausdruck bringt, dass die Kinder zu früh einem schulischen Leistungsdruck ausgesetzt werden (Stamm, 2009).

Im Gegensatz dazu baut das Förderkonzept des Lehrmittels „Zahlenbuch zur Frühförderung" auf spielerischen Lernformen auf. In Kapitel 4 wurde bereits ausgeführt, dass sich Lernen im Kindergarten im Spiel besonders gut umsetzen lässt. Diesem Ansatz folgend orientiert sich das „Zahlenbuch" an der „richtigen" Mathematik und integriert entsprechend viele substanzielle, aber dennoch spielerische Aufgaben. Gleichwohl erinnert auch dieses Förderkonzept ein Stück weit an schulisches Lernen, da es mit einem Buch und einem zugehörigen Arbeitsheft arbeitet und diese Elemente in den folgenden Schuljahren beibehalten werden.

Einen wiederum anderen Zugang wählt das Konzept „Komm mit ins Zahlenland". Moser Opitz (2010) subsumiert dieses dem „fantasievollen Lernen", wozu Förderkonzepte gezählt werden, die den Versuch anstellen, die fantasievolle Kinderwelt auf spielerische Weise mit der eher abstrakten Welt der Mathematik zu verbinden. Wie anhand des „Zahlenlands" aufgezeigt wurde, sollen die Kinder unter Beizug von Fantasiegeschichten, Fantasiefiguren oder Spielzeug zur Beschäftigung mit Zahlen angeregt werden. Aus mathematikdidaktischer Perspektive wird dieser Zugang allerdings als problematisch angesehen, wobei insbesondere zwei Kritikpunkte ins Feld geführt werden: Zum einen steht bei dieser Art von Förderkonzepten nicht eine differenzierte Auseinandersetzung mit mathematischen Inhalten im Zentrum, sondern eine Geschichte, eine Figur oder ein Spielzeug. Und zum anderen wird die Beseelung des Zahlenraums, beispielsweise indem Zahlen menschliche Züge zugeschrieben werden, kritisiert, weil eine solche Verbindung von Zahlen und Charaktereigenschaften dazu führen kann, dass Kinder beim Lösen mathematischer Aufgaben nicht das mathematische Problem fokussieren, sondern sich mit der Personifizierung der Zahl beschäftigen (Moser Opitz, 2010). Dennoch weist auch „Komm mit ins Zahlenland" einen klar vorgegebenen Aufbau entlang der Zahlen von eins bis zehn auf und der Ablauf der einzelnen Fördereinheiten wird differenziert vorgegeben. Daher ist auch dieses Förderkonzept eher systematisch-lehrgangartig aufgebaut.

Festgehalten werden kann somit, dass die drei beschriebenen Förderkonzepte trotz ihrer verschiedenen Ansätze alle – wenngleich in unterschiedlich starkem Ausmaß – einen Bezug zu schulnahem Lernen aufweisen. Eine solche Orientierung steht im Gegensatz zur Ansicht diverser Forscherinnen und Forscher, die ein stark instruktionales Vorgehen im Kindergarten infrage stellen und dezidiert für eine spielerische Herangehensweise plädieren (Dollase, 2010; Hauser, 2005; Marcon, 2002). Doch wie kann ein Förderkonzept aussehen, das diesem Anspruch Folge leistet? Dieser Frage wird im nachfolgenden Kapitel nachgegangen.

## 5.2 Spielintegrierte mathematische Frühförderung

Der vorliegenden Studie liegt ein spielintegriertes Frühförderkonzept zugrunde. Doch was zeichnet ein spielintegriertes Förderkonzept aus? Was ist das Spielerische und gleichzeitig Lernproduktive an den eingesetzten Spielen? Was macht diese Spiele als Spiele zu produktiven mathematischen Frühförderinstrumenten? Diesen für die vorliegende Studie fundamentalen Fragen wird nun nachgegangen. Als Erstes wird dazu auf der theoretisch-lernpsychologischen Basis der Ausführungen zur Verbindung des Lern- und Spielverständnisses im Kindergarten (Kap. 4) dargelegt, wie diese theoretischen Grundlagen in der Praxis didaktisch umgesetzt werden können, wobei versucht werden soll, das Konzept einer spielintegrierten Frühförderung zu definieren (Kap. 5.2.1). Anschließend werden die beiden Projekte SpiF (Kap. 5.2.2) und spimaf (Kap. 5.2.3) vorgestellt, in welchen eine entsprechende spielintegrierte Förderung zum Einsatz kam. Abschließend werden ausgewählte Regelspiele der beiden Projekte vorgestellt und im Hinblick auf ihren spielintegrierenden Charakter hin analysiert (Kap. 5.2.4).

### 5.2.1 Was versteht man unter einer spielintegrierten mathematischen Frühförderung?

Um die in Kapitel 4 aufgearbeiteten Erkenntnisse aus der Lernpsychologie in ein Förderkonzept überführen zu können, wird zuerst beschrieben, wie ein Lerngegenstand gestaltet werden kann, der einem sozialkonstruktivistischen Lernverständnis entspricht. Darauf aufbauend wird sodann dargelegt, wie ein Spiel konzipiert werden kann, damit es dem erläuterten Spielverständnis gerecht wird. In einem letzten Schritt werden die beiden Aspekte schließlich zueinander in Beziehung gesetzt.

*Gute Lernaufgaben*

Wie kann ein Lerngegenstand gestaltet werden, der einem sozialkonstruktivistischen Verständnis von Lernen entspricht? Wird der Lernprozess den Prinzipien des Sozialkonstruktivismus folgend auf die Zone der nächsten Entwicklung abgestimmt, ist eine stärkere

Orientierung an den individuellen Kompetenzen der einzelnen Kinder innerhalb von heterogenen Lerngruppen möglich. Dazu ist eine neue Art von Aufgaben erforderlich, die den Kindern ihrem momentanen Lernstand entsprechend ein situatives, aktives, interaktives, konstruktives, kumulatives und ziel- resp. kompetenzorientiertes Lernen (Kap. 4.1.2) ermöglichen sollen. In diesem Zusammenhang entstand eine *neue Aufgabenkultur*: Lernaufgaben sollen so konzipiert werden, dass sie einerseits den individuellen Bedürfnissen der einzelnen Kinder gerecht werden und andererseits im Sinne der Kompetenzorientierung fachliches und überfachliches Wissen und Können integrieren (Bohl & Kleinknecht, 2009). Man spricht in diesem Zusammenhang von sogenannten *kompetenzorientierten, substanziellen Aufgaben* (Walther, van den Heuvel-Panhuizen, Granzer & Köller, 2008). Aufgaben dieses Typs sind insofern auf die individuellen Voraussetzungen der Lernenden ausgerichtet, als sie auf unterschiedlichem Niveau und mittels verschiedener Zugänge, Denk- und Lernwege angegangen werden können und somit adaptiv an das jeweilige Vorwissen angepasst werden können (Reusser, 2013). Adaptivität kann dadurch erreicht werden, dass in heterogenen Lerngruppen beispielsweise die folgenden Faktoren variiert werden: Quantität (Lerninhaltumfang), Qualität (Schwierigkeitsgrad), Art der inhaltlichen Erschließung, Ausmaß der Unterstützung oder Lernziele (zielgleich bis differenziert) (Wannack, Arnaldi & Schütz, 2009). Blickt man auf die fachlichen Kompetenzen, welche mit diesen Aufgaben angesprochen werden, stehen sowohl inhaltliche als auch Handlungsaspekte im Zentrum. Oelkers und Reusser (2008) definieren gute fachliche Lernaufgaben als Aufgaben, welche auf einen fachlichen Kern abzielen und dadurch das Ziel verfolgen, Wissens- und Könnenskomponenten anzusprechen sowie Denk- und Arbeitsprozesse auszulösen. Bei den überfachlichen Kompetenzen, welche mithilfe dieser Aufgaben entwickelt werden sollen, stehen personale, soziale und methodische Kompetenzen im Fokus. Darunter fallen beispielsweise Kompetenzen wie Kooperationsfähigkeit, Konfliktfähigkeit, Selbstständigkeit, Selbstreflexion, Informationsnutzung oder Problemlösen (D-EDK, 2016).

Um die Auswahl resp. die Entwicklung entsprechender Aufgaben zu erleichtern, stellten Wullschleger und Birri (2014, S. 407) unter Bezugnahme auf Adamina (2013), Košinár und Carle (2012) sowie Reusser (2013) in Form von Leitfragen die nachfolgend aufgelisteten *Qualitätsmerkmale von guten Lernaufgaben* zusammen. Dabei gilt es jedoch zu beachten, dass diese Kriterien nicht von jeder Aufgabe gesamthaft erfüllt werden müssen, sondern dass sie lediglich als Orientierungshilfe dienen sollen.

- Wie kann ein hoher Grad an (kognitiver) Aktivierung erreicht werden?
- Wie kann Bedeutsamkeit durch authentische Bezüge geschaffen werden?
- Welche Aspekte fördern Neugierde, Motivation und Selbstwirksamkeit?
- Wie können Selbstständigkeit und/oder Zusammenarbeit angeregt werden?
- Wie kann der Transfer des Erlernten ermöglicht werden?
- Wie wird der Aufbau wichtiger Lern-, Arbeits- und Problemlösestrategien ermöglicht?
- Wie können die Aufgaben dem Vorwissen angepasst auf unterschiedlichen Niveaus für alle herausfordernd gestaltet werden?

- Wie werden verschiedene Lösungswege, Denkwege und Formen der Ergebnisdarstellung ermöglicht?
- Wie kann das Nachdenken über den eigenen Lernprozess angestoßen werden?

*Gute Regelspiele*

Nach der Klärung, wie eine Lernaufgabe aussehen kann, die auf der Grundlage eines sozialkonstruktivistischen Lernverständnisses konzipiert ist, wird nun aufgezeigt, wie ein Spiel gestaltet werden kann, das dem in Kapitel 4.2 erarbeiteten Spielverständnis Rechnung trägt. Weil in der vorliegenden Studie Regelspiele zum Einsatz kamen, stehen diese im Zentrum der Ausführungen. Wie die Bezeichnung „Regelspiele" zum Ausdruck bringt, liegen Regelspielen bestimmte Regeln zugrunde, die den Anfang, den Spielverlauf und das Ende eines Spiels festlegen und bereits vor Spielbeginn bekannt sind. Diese Regeln sind für alle Mitspielerinnen und Mitspieler verbindlich und ihre Verletzung ist mit Konsequenzen verbunden. Regelspiele können mit, aber auch ohne Wettbewerbscharakter ausgetragen werden und werden meistens von mehreren Kindern gemeinsam gespielt (Einsiedler, 1991; Oerter, 2008). Unterschieden werden dabei üblicherweise Regelspiele ohne Materialien, zum Beispiel Kreis-, Sing- und Hüpfspiele, und solche mit Materialien, z.B. Gesellschafts- und Geschicklichkeitsspiele (Hartmann, 1998).

Um die Frage nach der Konzipierung eines lernförderlichen Regelspiels zu beantworten, hilft ein Blick in die Spielpraxis. Dort finden sich *Qualitätsmerkmale guter Regelspiele* (Kramer, 2006), die mit dem dieser Arbeit zugrunde liegenden Spielverständnis (Kap. 4.2) vereinbar sind. Qualitätsmerkmale von Regelspielen, die zu positiven Emotionen führen und Spielende intrinsisch motivieren können, sind ein hoher Wiederholreiz des Spiels, geringe Wartezeiten bis eine Spielerin oder ein Spieler an die Reihe kommt, und ein Spannungsverlauf, bei dem die Spannungskurve nie zu stark abfällt. Damit Regelspiele einen offenen Ausgang haben und sich in verschiedene Richtungen entwickeln können, braucht es den Zufall, der beispielsweise über einen Zufallsgenerator wie den Würfel, über verschiedene Ausgangssituationen wie etwa die Kartenverteilung, über unvollständige Informationen wie das Ziehen von Zusatzkarten oder über eine hohe Anzahl von Zugmöglichkeiten eingebaut werden kann und damit gewissermaßen für Glück und Pech im Spiel sorgt. Ebenfalls zu einem offenen Ausgang trägt die Chancengleichheit bei, die es jeder Mitspielerin und jedem Mitspieler prinzipiell möglich macht, das Spiel zu gewinnen. Damit Spielhandlungen eher auf den Spielprozess und weniger auf das Ergebnis ausgerichtet sind, sollte ein Spiel kognitive, emotionale und motorische Aktivitäten auslösen, die Kinder stark in den Spielprozess involvieren. Sollen Spielhandlungen in einer konstruierten Scheinwelt stattfinden können, ist es wichtig, dass ein Regelspiel eine Einheit bildet, in welcher Titel, Thema, Spielform und Grafik zusammenpassen. Damit die Spielhandlung in Kooperation stattfindet, braucht es ein gemeinsames Erleben sowie eine Interaktion zwischen den Spielenden. Dies wird besonders dadurch erreicht, dass die Spielzüge der verschiedenen Mitspielenden miteinander in Beziehung stehen, zum Beispiel indem der eigene Spielzug nicht nur die eigenen Gewinnchancen verbessert, sondern auch Einfluss auf die Gewinnchancen der anderen Spielenden nimmt. Damit Handlungen in einem festgelegten Rahmen stattfinden können, braucht es schließlich klare und eindeutige Regeln. Unklar bleibt allerdings, wie das Merkmal des Wettbewerbs, welches zu vielen

Regelspielen gehört, mit dem Spielverständnis in Einklang gebracht werden kann. Bei einem Regelspiel werden üblicherweise die Spielergebnisse gemessen und verglichen. Der Wettbewerbscharakter stellt einen extrinsischen Motivationsaspekt dar und lässt sich daher am schwierigsten mit dem erläuterten Spielverständnis vereinbaren.

*Lernförderliche Regelspiele*

Vor diesem Hintergrund stellt sich nun die Frage, wie eine produktive Verbindung zwischen einer guten Lernaufgabe und einem guten Regelspiel in der Praxis verwirklicht werden kann. Was also macht Regelspiele zu produktiven mathematischen Frühförderinstrumenten? Die Antwort darauf lautet, dass versucht werden sollte, eine gute Lernaufgabe in ein gutes Regelspiel zu integrieren. Dies kann dadurch erreicht werden, dass die erläuterten Merkmale von Lernaufgaben resp. Regelspielen im Hinblick darauf sortiert werden, dass diejenigen Merkmale nebeneinander zu stehen kommen, die miteinander assoziiert werden können. Auf diese Weise wird offensichtlich, wie stark die beiden Gegenstände „Lernaufgabe" und „Regelspiel" verbunden sind (Tab. 1).

Tabelle 1: Gegenüberstellung der Merkmale guter Lernaufgaben und guter Regelspiele

| Eine gute Lernaufgabe ... | Ein gutes Regelspiel ... |
| --- | --- |
| • zielt auf den fachlichen Wissens- und Handlungskern ab.<br>• aktiviert kognitiv.<br>• spricht unterschiedliche Leistungsniveaus an.<br>• ermöglicht verschiedene Zugänge, Denk- und Lernwege.<br>• ermöglicht einen Lerntransfer. | • hat klare, eindeutige Regeln.<br>• löst kognitive, emotionale und motorische Aktivitäten aus.<br>• hat einen hohen Wiederholreiz. |
| • unterstützt den Aufbau überfachlicher Kompetenzen, besonders von Lern-, Arbeits- und Problemlösestrategien.<br>• löst Neugier und Motivation aus.<br>• regt Selbstwirksamkeit und Selbstständigkeit an.<br>• fördert Zusammenarbeit.<br>• stößt eine Reflexion über den Lernprozess an. | • hält die Spannung aufrecht.<br>• weist geringe Wartezeiten auf.<br>• integriert den Zufall.<br>• ermöglicht Chancengleichheit auf den Sieg.<br>• setzt Interaktion zwischen den Spielenden voraus. |
| • schafft Bedeutsamkeit durch authentische Bezüge. | • bildet hinsichtlich Titel, Thema, Spielform und Grafik eine Einheit. |

In der zweiten Zeile von Tabelle 1 finden sich diejenigen Merkmale, die besonders mit dem Aufbau von fachlichen, im vorliegenden Fall mathematischen, Kompetenzen zu tun haben. Das grundlegende Ziel beim Einsatz von mathematikhaltigen Regelspielen besteht darin, dass sich die Kinder intensiv mit den mathematischen Inhalten und Handlungen auseinandersetzen, die zum Erwerb der mit dem jeweiligen Spiel fokussierten Kompetenzen führen. Ob dies tatsächlich geschieht, hängt maßgeblich von den Spielregeln ab. Diese müssen daher so gestaltet sein, dass Kinder zur erfolgreichen Bewältigung eines Spielzuges mathematische Kompetenzen anwenden müssen, und zwar diejenigen, die den Wissens- und Handlungskern des zu erreichenden mathematischen Ziels ausmachen. Durch eine optimale Passung zwischen den mathematischen Anforderungen des Spiels und dem mathematischen Kompetenzniveau werden Kinder stark kognitiv aktiviert. Während des Spielverlaufs werden die mathematischen Kompetenzen wiederholt, indem sie bei jedem Spielzug angewendet werden. Um verschiedene Niveaus resp. unterschiedliche Zugänge, Denk- und Lernwege anzusprechen, können unterschiedliche Varianten eines Spiels angeboten werden oder es können verschiedenartige Spiele dieselbe Kompetenz ansprechen. Besonders der letztgenannte Punkt trägt auch dazu bei, einen Lerntransfer anzuregen.

In der dritten Zeile finden sich diejenigen Merkmale, die besonders mit dem Aufbau von überfachlichen Kompetenzen in Verbindung stehen. Hier liegt der Fokus insbesondere auf zwei Punkten: auf der Motivation und auf der Zusammenarbeit. Bereits in Kapitel 4.3 wurde die Bedeutung der intrinsischen Motivation aufgezeigt. Nun wird erneut ersichtlich, wie stark ein Spiel motivieren und die Motivation aufrechterhalten kann, indem über den gesamten Spielverlauf Spannung beibehalten wird, der Zufall mitspielt, Wartezeiten gering ausfallen und alle Mitspielenden eine realistische Chance auf den Sieg haben. Diese Eigenschaften des Spiels führen auch dazu, dass Kinder nach der Einführungsphase in ein Spiel meist sehr selbstständig bei der Sache sind. Da Regelspiele fast immer in Gruppen gespielt werden, kommt der Zusammenarbeit ebenfalls große Bedeutung zu. Entsprechend fördern gute Regelspiele die Interaktion zwischen den Mitspielenden. Dieser Interaktion kommt auch in einem sozialkonstruktivistischen Verständnis von Lernen eine ganz wichtige Rolle zu, weshalb sie ebenfalls ein Kernmerkmal einer guten Lernaufgabe darstellt. Im Spiel etwas weniger stark angestoßen werden demgegenüber methodische Kompetenzen wie Lern- oder Arbeitsstrategien oder die Reflexion des Lernprozesses. Diese überfachlichen Kompetenzen, die eng mit dem Lernen verbunden sind, werden daher insbesondere in der Interaktion mit der Kindergartenlehrperson gefördert. Oftmals können aber auch stärker spielspezifische überfachliche Kompetenzen beobachtet werden, beispielsweise der Umgang mit Frustration, wenn das Spiel nicht den gewünschten Verlauf nimmt, das Warten auf den eigenen Spielzug, faires Verhalten oder das Hinnehmen des Verlierens ohne Kränkung oder Aggression (Hartmann, 1998).

Die vierte Zeile verweist schließlich auf die Lernsituation resp. den Spielrahmen. Für Kinder im Kindergartenalter gibt es wohl kaum eine authentischere Situation als das Spiel. Kann über das Spiel ein Bezug zur Lebenswelt der Kinder geschaffen werden, können sich die Kinder stark ins Spiel vertiefen.

Im Zusammenhang mit einer so konzipierten *spielintegrierten Förderung* können einzelne, mehrere oder gar alle Merkmale von guten Lernaufgaben und guten Spielen manifest werden. *In jedem Fall ist dabei zentral, dass die Kinder im Grundsatz eine authentische Spielsituation erleben und sich gleichzeitig intensiv mit mathematischen Inhalten und Handlungen auseinandersetzen* (Vogt & Rechsteiner, 2015). Diesbezüglich zu beachten gilt, dass die Merkmale von guten Lernaufgaben und die Merkmale von guten

Regelspielen in etwa im Gleichgewicht sind. Das heißt, dass es weder zu einer Extremform von spielendem Lernen im Sinne einer „Verpädagogisierung" des Spiels kommen sollte, noch zu einem Spiel, welches nur am Rande mathematische Kompetenzen anspricht.

Dieses Konzept einer spielintegrierten Förderung wurde im Rahmen der beiden Forschungsprojekte SpiF und spimaf entwickelt und zu Forschungszwecken eingesetzt. Auf diese beiden Projekte wird nachfolgend eingegangen.

### 5.2.2 Das Projekt SpiF

Vor dem Hintergrund der Diskussion um die Gestaltung von mathematischer Förderung im Kindergarten (Kap. 2.1, Kap. 4, Kap. 5.1) lacierten die Pädagogische Hochschule St. Gallen und das Institut für Erziehungswissenschaft der Universität Zürich das vom Schweizerischen Nationalfonds geförderte Projekt „Förderung der Vorläuferfertigkeiten in Mathematik im sechsten Lebensjahr: Trainingsprogramm oder spielintegrierte Förderung" (SpiF). Dessen Ziel bestand darin, in einer Interventionsstudie ein bereits bestehendes Trainingsprogramm zur Förderung von Mengen-Zahlen-Kompetenzen, nämlich das in Kapitel 5.1.1 vorgestellte Programm „Mengen, zählen, Zahlen" (MzZ) (Krajewski et al., 2007), mit einem eigens entwickelten spielintegrierten Förderkonzept zu vergleichen.

Das Forschungsdesign des SpiF-Projekts umfasste einen Prätest, eine acht Wochen dauernde Förderung in zwei Interventionsgruppen, eine Kontrollgruppe ohne spezifische mathematische Förderung sowie einen Posttest und wurde in total 36 Kindergartenklassen mit fünf- bis sechsjährigen Kindern umgesetzt. Insgesamt zeigten die Ergebnisse einen relativ großen, interventionsunabhängigen Lernzuwachs aller Gruppen. Allerdings erwiesen sich die Lernfortschritte der Regelspielgruppe als signifikant größer als diejenigen der Kontrollgruppe, in welcher keine spezifische Mathematikförderung stattgefunden hatte. Im Gegensatz dazu zeigten die Kinder der MzZ-Gruppe keinen signifikant höheren Lernzuwachs als die Kontrollgruppe. Der Unterschied zwischen der Spielförderung und der MzZ-Förderung war dabei knapp nicht signifikant. Des Weiteren wurden die Tätigkeiten der Kinder in den beiden Interventionsgruppen videografiert und in Bezug auf mathematisches Verhalten codiert. Auf diese Weise konnte festgestellt werden, dass die Kinder der Spielgruppe gegenüber den Kindern der MzZ-Gruppe deutlich länger mathematisch aktiv gewesen waren. Die Ergebnisse zusammenfassend lässt sich somit festhalten, dass eine spielintegrierte Förderung mindestens genauso wirksam sein kann wie eine Förderung mit einem spezifischen Trainingsprogramm (Hauser et al., 2014; Hauser & Rechsteiner, 2011; Rechsteiner & Hauser, 2012; Stebler, Vogt, Wolf, Hauser & Rechsteiner, 2013). Aufgrund dieser für das spielintegrierte Förderkonzept positiven Ergebnisse wurde in der Folge entschieden, das Konzept weiterzuentwickeln und es für die Arbeit in Kindergärten aufzubereiten. Vor diesem Hintergrund wurde im Anschluss an das SpiF-Projekt das Folgeprojekt „Spielintegrierte mathematische Frühförderung" (spimaf) lanciert, das nachfolgend im Detail vorgestellt wird.

### 5.2.3 Das Projekt spimaf

Beim Projekt „Spielintegrierte mathematische Frühförderung" (spimaf) handelte es sich um ein internationales Kooperationsprojekt der Pädagogischen Hochschulen St. Gallen und Weingarten, des Instituts für Erziehungswissenschaft der Universität Zürich, der Bildungsanstalt für Kindergartenpädagogik Feldkirch sowie des Amts der Vorarlberger Landesregierung, das von der Internationalen Bodensee-Hochschule (IBH) finanziell gefördert wurde. Sein übergeordnetes Ziel bestand darin, die Regelspiele zur spielintegrierten Förderung aus dem SpiF-Projekt unter Bezugnahme auf Mathematikdidaktik, theoretische Überlegungen zum Spiel und Theorie der Lernunterstützung so weiterzuentwickeln, dass sie den in Kapitel 3.3.2 beschriebenen mathematischen Kompetenzen sowie dem in Kapitel 5.2.1 dargelegten Verständnis einer spielintegrierten Förderung im Kindergarten gerecht werden. Die Regelspiel bestehen zu einem Teil aus handelsüblichen, zu einem zweiten Teil aus abgeänderten und zu einem dritten Teil aus neu entwickelten Karten-, Brett-, Glücks- und Denkspielen. Das daraus zusammengestellte Förderkonzept wurde bewusst nicht kursartig, wenig instruktional und nicht streng fachsystematisch aufgebaut. Dennoch steht eine Orientierung an spezifischen fachlichen Kompetenzen dahinter, wodurch es an die Schuleingangsphase anschlussfähig ist. Das Förderkonzept bietet eine „echte" Auseinandersetzung mit mathematischen Inhalten, d.h. Mathematik wird nicht mit der fantasievollen Kinderwelt verbunden, sondern in eher abstrakter Form anwendungsorientiert umgesetzt. Die Regelspiel wurden nach einer ersten Phase der Weiterentwicklung in 29 Kindergartenklassen im Kanton St. Gallen (CH), in Weingarten (D) und im Bundesland Vorarlberg (A) erprobt und darauf laufend optimiert. Am Schluss lagen 18 Regelspiele zur Förderung von Mengen-Zahlen-Kompetenzen mit einem differenzierten Regelwerk (Rechsteiner et al., 2014) sowie ein Praxisbuch zu den Grundlagen der spielerisch-mathematischen Förderung vor (Hauser et al., 2015). Die 18 Regelspiele des spimaf-Projekts werden in Tabelle 2 im Überblick zusammengestellt.

Tabelle 2: Übersicht über die Regelspiele des spimaf-Projekts (Hauser et al., 2015, S. 64)

| Spiel | Gruppengröße | Zeitdauer | Schwierigkeitsgrad | Vergleichen von Mengen | Bestimmen von Anzahlen | Zerlegen und Zusammensetzen von Mengen | Zahlenreihenfolge herstellen | Zuordnen von Anzahl- und Zahldarstellungen | Erstes Rechnen |
|---|---|---|---|---|---|---|---|---|---|
| Ab in die Mitte | 2–4 | 15+ | ★★ |  | ■ |  |  | ■ |  |
| Bohnenspiel | 2 | 15 | ★★ |  | ■ |  |  |  |  |
| Dreh | 2–4 | 15+ | ★★★ |  | ■ |  |  | ■ |  |
| Dschungel | 2–4 | 10 | ★★ | ■ |  |  |  |  |  |
| Fünferraus | 2–4 | 15+ | ★★ |  |  |  | ■ |  |  |
| Halli Galli | 2–4 | 15 | ★★ |  | ■ | ■ |  |  |  |
| Klecksimonster | 3–4 | 15+ | ★★ |  | ■ |  |  | ■ |  |
| Klipp-Klapp | 2 | 10 | ★★★ |  |  | ■ |  |  | ■ |
| Mehr ist mehr | 2–4 | 10 | ★★ | ■ |  |  |  |  |  |
| Nachbarzahlen | 2–4 | 15+ | ★★ |  |  |  | ■ | ■ |  |
| Nimm weg | 2 | 10 | ★★ |  |  | ■ |  |  | ■ |
| Pasch | 2 | 10 | ★★ |  | ■ |  |  |  |  |
| Plopp | 2 | 5 | ★★★ |  |  |  | ■ |  |  |
| Schnapp das Quartett | 3–4 | 15 | ★★ |  | ■ |  |  | ■ |  |
| Stechen | 2–4 | 10 | ★★ | ■ |  |  |  |  |  |
| Steine sammeln | 2–4 | 5 | ★ |  | ■ |  |  |  |  |
| Treppauf-Treppab | 2 | 15+ | ★★★ |  |  |  | ■ |  | ■ |
| Verflixte 5 | 2–4 | 10 | ★★★ |  |  | ■ |  |  | ■ |

Im Zusammenhang mit dem spimaf-Projekt wurden insgesamt drei Forschungsprojekte durchgeführt. So wurden in einem Ergänzungsprojekt der Pädagogischen Hochschule St. Gallen in der Schweiz, in Deutschland und in Österreich die Einstellungen von pädagogischen Fachpersonen zum mathematischen Lernen im Kindergarten erforscht. An der Pädagogischen Hochschule Weingarten wiederum wurden die mathematischen Interaktionen zwischen den Kindergartenkindern beim Spielen vertieft untersucht, während am Institut für Erziehungswissenschaft der Universität Zürich die individuell-adaptive Lernunterstützung beim Spielen analysiert wurde (vorliegende Studie).

Ausgewählte Regelspiele des spimaf-Projekts werden nachfolgend vorgestellt, indem sie charakterisiert und unter Bezugnahme auf das oben dargelegte Verständnis einer spielintegrierten Förderung analysiert werden.

### 5.2.4 Analyse der Regelspiele

Nachstehend werden fünf ausgewählte Regelspiele des spimaf-Projekts einer Einzelanalyse unterzogen. Deren Auswahl erfolgte mit Blick auf Unterschiede im Schwierigkeitsgrad, in den adressierten mathematischen Kompetenzen sowie im Spielcharakter, sodass sie einen aussagekräftigen Eindruck von den spimaf-Regelspielen insgesamt vermitteln. Eine detaillierte Darstellung sämtlicher Regelspiele findet sich in Hauser et al. (2015). Die hier vorgenommenen Analysen sollen aufzeigen, was das Spielerische und gleichzeitig das Lernproduktive an den Regelspielen ausmacht.

*Das Regelspiel „Steine sammeln"*

Beim in Abbildung 8 illustrierten Regelspiel „Steine sammeln" sitzen zwei bis vier Kinder um eine Schachtel mit Steinen und würfeln reihum. Je nach gewürfelter Anzahl dürfen sie Steine aus der Schachtel nehmen oder müssen dem Kind mit den wenigsten Steinen einen Stein schenken. Gewonnen hat, wer am meisten Steine erwürfeln konnte.

Abbildung 8: Das Regelspiel „Steine sammeln" (Rechsteiner et al., 2014)

Der fachliche Wissens- und Handlungskern des Regelspiels „Steine sammeln" wird in Tabelle 3 dargestellt, in welcher die angesprochenen Mengen-Zahlen-Kompetenzen ausgewiesen werden (für eine differenzierte Analyse vgl. Stemmer et al. (2015)).

Grundsätzlich handelt es sich bei „Steine sammeln" um ein Regelspiel für Kinder, welche in ihrem mathematischen Lernen noch am Anfang stehen. Im Fokus stehen entsprechend vor allem das Vergleichen von Mengen und das Bestimmen der Anzahlen. Beide mathematischen Kompetenzen können allerdings ihrerseits auf unterschiedlichem Leistungsniveau und mit verschiedenen Zugängen, Denk- und Lernwegen erworben werden:

Tabelle 3: Angesprochene Mengen-Zahlen-Kompetenzen beim Regelspiel „Steine sammeln"

| | | Handlungsaspekte | | | |
| --- | --- | --- | --- | --- | --- |
| | | Verbalisieren und Reflektieren | | | |
| | | Operieren | Ordnen / Klassifizieren | Seriieren | Strukturieren |
| Kompetenzbereich „Mengen und Zahlen" | Mengenvergleich | ■ | ■ | ■ | ■ |
| | Aufsagen der Zahlwortreihe | | | | |
| | Aufbauen, Herstellen und Untersuchen der Zahlenreihenfolge (ordinaler Zahlaspekt) | | | | |
| | Anzahlbestimmung (kardinaler Zahlaspekt) | | | | ■ |
| | Zuordnung von Anzahlen, Zahlen und Handlungen | | | | |
| | Zerlegen und Zusammensetzen von Mengen (Teil-Ganzes-Beziehung) | ■ | | | ■ |
| | Erstes Rechnen | | | | |

- Der *Mengenvergleich* ist beim Bestimmen, wer die meisten, zweitmeisten resp. wenigsten Steine gesammelt hat, gefordert. Auf der Handlungsebene kann der Mengenvergleich beispielsweise mittels des Überblickens der Mengen, einer Eins-zu-eins-Zuordnung von zwei oder mehreren Mengen, der Strukturierung der Mengen (z.B. in Fünfereinheiten) oder des Auszählens der Mengen vorgenommen werden.

- Die *Anzahlbestimmung* ist beim Erfassen der Würfelbilder und beim Ermitteln der erwürfelten Menge an Steinen gefordert. Auf der Handlungsebene kann die Anzahl der Würfelaugen beispielsweise mit den Fingern oder von Auge abgezählt oder über die strukturierte Würfeldarstellung (quasi-)simultan erfasst werden. Die Anzahl der Steine kann ebenfalls durch das Strukturieren der Steine, das (quasi-)simultane Erfassen der Menge oder das Abzählen der Steine bestimmt werden.

Soll der Schwierigkeitsgrad des Spiels erhöht werden, kann entweder die Menge der Spielsteine vergrößert oder das Spiel mit zwei Würfeln gespielt werden. Auf diese Weise wird zusätzlich das Zusammensetzen von Mengen geübt, was ebenfalls auf verschiedenen Wegen, je nach angewandter Strategie, ganz unterschiedlich gehandhabt werden kann:

- Das *Zusammensetzen von Mengen* ist dann gefragt, wenn mit zwei Würfeln gespielt wird und die Summe der beiden Würfel ermittelt werden muss. Auf der Handlungsebene können die Anzahlen der Würfelaugen zusammengesetzt werden, indem verschiedene Zählstrategien zu Hilfe genommen werden, Fingerbilder genutzt werden oder direkt im Kopf zusammengesetzt wird.

Um den Schwierigkeitsgrad zu variieren können zusätzlich das Ausmaß und die Art der Lernunterstützung durch andere Kinder oder die Kindergartenlehrperson variiert werden.

Um einen Lerntransfer zu ermöglichen, können Kinder, welche die Kompetenz der Anzahlbestimmung vertiefen sollen, beispielsweise im Anschluss das „Bohnenspiel" spielen. Kinder die spezifisch den Mengenvergleich anwenden sollen, beschäftigen sich vorzugsweise mit dem Spiel „Mehr ist mehr". Wer sich weiter mit dem Zusammensetzen von Mengen befassten möchte, kann beispielsweise „Halli Galli" oder „Klipp-Klapp" als Folgespiel wählen.

Vom Spielcharakter her zeichnet sich das Regelspiel „Steine sammeln" dadurch aus, dass es über das Zufallselement des Würfels Spannung schafft. Würfelglück führt zum Sieg, Würfelpech zum Verlieren. Entsprechend ist Chancengleichheit hinsichtlich des Siegs gewährleistet. Die Kinder befassen sich eifrig mit dem Spiel, weil sie sich mit Spannung erhoffen, eine Sechs zu würfeln, bei der sie nicht nur sechs Steine dazugewinnen, sondern auch noch einmal würfeln dürfen. Gleichzeitig hoffen sie, keine Eins zu würfeln, weil sie in diesem Falle demjenigen Kind mit den wenigsten Steinen einen ihrer Steine abgeben müssen. Diese letztgenannte Regel führt zu einer hohen Interaktionsdichte im Spiel, denn würfelt ein Kind eine Eins, beeinflusst es nicht nur seine Gewinnchancen, sondern auch diejenigen der Mitspielenden. Somit löst diese Situation meist eine Interaktion aus, weil zu bestimmen ist, welches Kind den abzugebenden Stein erhält.

Der Spielcharakter von „Steine sammeln" ist insofern lernförderlich, als er die Kinder dazu motiviert, bei jeder Spielhandlung mathematische Kompetenzen anzuwenden und gleichzeitig die (mathematischen) Spielhandlungen der Mitspielenden zu kontrollieren, da diese auf die eigenen Gewinnchancen Einfluss nehmen können. Die Kinder üben entsprechend hoch motiviert und mit vielen Wiederholungen mathematische Kompetenzen.

*Das Regelspiel „Mehr ist mehr"*

Abbildung 9: Das Regelspiel „Mehr ist mehr" (Rechsteiner et al., 2014)

Beim Regelspiel „Mehr ist mehr" spielen zwei bis vier Kinder zusammen, wofür jedes einen Kartenstapel erhält. Jede Karte zeigt drei Zehnerfelder in unterschiedlichen Farben (Abb. 9). Eine Karte wird offen in die Mitte gelegt. Die Kinder decken sodann gleichzeitig die jeweils oberste Karte ihres Stapels auf und vergleichen diese mit der in der Mitte liegenden. Besitzt ein Kind eine Karte, bei der ein Zehnerfeld einer Farbe mehr Punkte aufweist als das Zehnerfeld der gleichen Farbe der Karte in der Mitte, kann Erstere auf Letztere gelegt werden und agiert als Mittekarte für die nächste Spielrunde. Gewonnen hat, wer zuerst alle Karten ablegen konnte.

Der fachliche Wissens- und Handlungskern des Regelspiels „Mehr ist mehr" wird in Tabelle 4 dargestellt, indem die mit dem Spiel angesprochenen *mathematischen Kompetenzen* schraffiert wurden (für eine differenzierte Analyse vgl. Stemmer et al. (2015)).

Das Regelspiel „Mehr ist mehr" vermag den individuellen Bedürfnissen der Kinder insofern gerecht zu werden, als es sich grundsätzlich für alle Kinder eignet, solange alle Mitspielenden über ähnliche mathematische Kompetenzen verfügen. Entsprechend muss darauf geachtet werden, dass jeweils in etwa gleich starke Kinder zusammen spielen. Im Fokus steht insbesondere der Mengenvergleich, der auf unterschiedliche Weise angegangen werden kann:

- Der *Mengenvergleich* ist beim Vergleichen der gleichfarbigen Anzahlen an Punkten auf den Zehnerfeldern gefordert. Auf der Handlungsebene können die Mengen der Punkte beispielsweise durch Zählen, durch das (quasi-)simultane Erfassen der Punkte resp. der Leerstellen oder durch das Überblicken der Punkte resp. der Leerstellen verglichen werden.

- Die *Anzahlbestimmung* kommt dann zur Anwendung, wenn zum Beispiel die Anzahl der Punkte zur Kontrolle einer abgelegten Karte bestimmt wird. Grundsätzlich ist die Anzahlbestimmung keine zwingend notwendige Voraussetzung, um „Mehr ist mehr" spielen zu können. Kinder führen sie neben der Kontrolle einer zuvor angelegten Karte beispielsweise dann durch, wenn sich Mengen sehr ähnlich sind und sie deshalb entsprechend unsicher sind.

Das Spiel kann an die Kompetenz einer Spielgruppe angepasst werden, indem bei Kindern, welche mit dem schnellen Mengenvergleich noch Schwierigkeiten haben, ohne Zeitdruck gespielt wird. Dazu werden die Karten reihum aufgedeckt und mit der Mittelkarte verglichen.

Tabelle 4: Angesprochene Mengen-Zahlen-Kompetenzen beim Regelspiel „Mehr ist mehr"

| | | Handlungsaspekte | | | |
| --- | --- | --- | --- | --- | --- |
| | | Verbalisieren und Reflektieren | | | |
| | | Operieren | Ordnen / Klassifizieren | Seriieren | Strukturieren |
| Kompetenzbereich „Mengen und Zahlen" | Mengenvergleich | ■ | | | ■ |
| | Aufsagen der Zahlwortreihe | | | | |
| | Aufbauen, Herstellen und Untersuchen der Zahlenreihenfolge (ordinaler Zahlaspekt) | | | | |
| | Anzahlbestimmung (kardinaler Zahlaspekt) | | | | ■ |
| | Zuordnung von Anzahlen, Zahlen und Handlungen | | | | |
| | Zerlegen und Zusammensetzen von Mengen (Teil-Ganzes-Beziehung) | | | | |
| | Erstes Rechnen | | | | |

Um einen Lerntransfer zu ermöglichen, können Kinder die Kompetenz des Mengenvergleichs später mit dem Spiel „Stechen" vertiefen.

Das Spiel „Mehr ist mehr" motiviert die Kinder vom Spielcharakter her besonders durch seine Geschwindigkeitskomponente und auch die Zufallskomponente des Kartenglücks resp. Kartenpechs. Die eigene Karte muss möglichst vor denjenigen der Mitspielenden abgelegt werden, weil die Legemöglichkeit ansonsten nicht mehr besteht. Es ergeben sich entsprechend keinerlei Wartezeiten. Gleichzeitig haben alle Mitspielenden eine reale Chance auf den Sieg, weil die Karten gemischt und gleichmäßig verteilt werden.

Der Charakter des Spiels wirkt sich insofern auf das Lernen aus, als bei jedem Spielzug ein möglichst schnelles Vergleichen von Mengen gefragt ist. Der Mengenvergleich wird entsprechend rege wiederholt und mit hoher Motivation vertieft.

*Das Regelspiel „Klipp-Klapp"*

Abbildung 10: Das Regelspiel „Klipp-Klapp" (Rechsteiner et al., 2014)

Beim Regelspiel „Klipp-Klapp" spielen zwei Kinder mit je einer Spielbox gegeneinander (Abb. 10). Die Kinder würfeln abwechselnd mit zwei Würfeln und klappen den gewürfelten Anzahlen entsprechend eine Zahlenklappe herunter. Dabei stehen ihnen drei Möglichkeiten offen: die Zahlenklappe, welche mit der ersten Würfelanzahl korrespondiert, die Zahlenklappe, welche mit der zweiten Anzahl korrespondiert, oder die Zahlenklappe, welche mit der Summe beider Würfelanzahlen korrespondiert. Gewonnen hat, wer schneller alle Zahlenklappen der eigenen Spielbox heruntergeklappt hat. Beim Spielen von „Klipp-Klapp" werden die in Tabelle 5 aufgeführten Mengen-Zahlen-Kompetenzen gefördert (für eine differenzierte Analyse vgl. Wullschleger und Stebler (2017a) und Stemmer et al. (2015)).

Grundsätzlich handelt es sich bei „Klipp-Klapp" um ein Spiel mit mittlerem Schwierigkeitsgrad. Damit werden besonders die Anzahlbestimmung, das Zuordnen von Anzahl- und Zahldarstellungen und die Teil-Ganzes-Beziehung gefördert. Diese Kompetenzen können ihrerseits auf unterschiedlichem Leistungsniveau und mit verschiedenen Wegen angewendet werden:

- Die *Anzahlbestimmung* kommt beim Erfassen der Würfelbilder vor: Auf der Handlungsebene kann die Anzahl der Würfelaugen beispielsweise mit den Fingern oder von Auge abgezählt oder über die strukturierte Würfeldarstellung (quasi-)simultan erfasst werden.

- Die *Zuordnung von Anzahl- und Zahldarstellung* ist beim Zuordnen der Würfelbilder zu den Zahlenklappen gefordert: Auf der Handlungsebene kann das Würfelbild der Zahlenklappe mit dem Hilfsmittel einer Zahlen-Punkt-Tabelle, durch das von der Einertafel ausgehende Abzählen der Zahlenklappen oder durch das Auswendigkennen der Zahlen und ihrer Anzahlen zugeordnet werden. So lernen Kinder beispielsweise, dass die Zahlen Vier und ihr Würfelbild zur Zahl Vier gehören (Klassifizieren).

- Die *Teil-Ganzes-Beziehung* ist beim Zusammensetzen der Anzahlen der Würfelaugen beider Würfel gefragt: Auf der Handlungsebene können die Anzahlen der Würfelaugen zusammengesetzt werden, indem Zählstrategien angewandt werden, Fingerbilder als Hilfsmittel verwendet werden oder direkt im Kopf zusammengesetzt wird.

Beim Spielen von „Klipp-Klapp" kann den individuellen Bedürfnissen der Kinder ausgesprochen gut Rechnung getragen werden, da die große Anzahl an Varianten insbesondere eine Variation des mathematischen Schwierigkeitsgrades ermöglicht. Im Falle von weniger fortgeschrittenen Kindern kann der Zahlenraum beispielsweise auf den Bereich von eins

Tabelle 5: Angesprochene Mengen-Zahlen-Kompetenzen beim Regelspiel „Klipp-Klapp"

| | | Handlungsaspekte | | | |
| --- | --- | --- | --- | --- | --- |
| | | Verbalisieren und Reflektieren | | | |
| | | Operieren | Ordnen / Klassifizieren | Seriieren | Strukturieren |
| Kompetenzbereich „Mengen und Zahlen" | Mengenvergleich | | | | |
| | Aufsagen der Zahlwortreihe | | | | |
| | Aufbauen, Herstellen und Untersuchen der Zahlenreihenfolge (ordinaler Zahlaspekt) | | | | |
| | Anzahlbestimmung (kardinaler Zahlaspekt) | | | | ■ |
| | Zuordnung von Anzahlen, Zahlen und Handlungen | | ■ | | |
| | Zerlegen und Zusammensetzen von Mengen (Teil-Ganzes-Beziehung) | ■ | | | ■ |
| | Erstes Rechnen | ■ | | | |

bis sechs begrenzt und das Spiel somit mit zwei Dreierwürfeln durchgeführt werden. Stärkere Kinder können mit Zahlenwürfeln spielen und Additionen auf symbolischer Ebene durchführen oder einen Zwölfer-Zahlenwürfel verwenden und die gewürfelte Zahl in zwei Zahlen zerlegen:

- *Erstes Rechnen* kommt beim Addieren von Zahlenwürfeln zum Einsatz: Auf der Handlungsebene können Zahlenwürfeln addiert werden, indem Zählstrategien oder Fingerbilder als Hilfsmittel verwendet werden oder die Zahlen direkt im Kopf addiert werden.

- Die *Teil-Ganzes-Beziehung* kommt beim Zerlegen des Zwölfer-Zahlenwürfels vor. Die gewürfelte Zahl des Zwölfer-Zahlenwürfels kann mit Hilfsmitteln, z.B. zwei Augenwürfeln oder Wendeplättchen, oder direkt im Kopf zerlegt werden.

Aufgrund dieser vielfältigen Einsatzformen des Regelspiels ist es möglich, dass auch Kinder mit verschiedenen Lernvoraussetzungen zusammen spielen. Kinder können mit unterschiedlichen Würfeln, aber trotzdem gemeinsam spielen. Eine weitere Komponente des

Spiels stellt das Verwenden von Strategien dar. Durch geschicktes Auswählen der Klappmöglichkeiten kann die Chance auf den Sieg vergrößert werden. Um einen Lerntransfer zu ermöglichen, können Kinder, welche das Zusammensetzen von Mengen vertiefen sollen, in der Folge das Spiel „Halli Galli" spielen. Steht das Zuordnen von Anzahl- und Zahldarstellungen im Fokus, kann aufbauend beispielsweise das Spiel „Schnapp das Quartett" durchgeführt werden.

„Klipp-Klapp" motiviert die Kinder vom Spielcharakter her insbesondere der Klappen wegen, da das Herunterklappen der Zahlenklappe und das damit verbundene Klappgeräusch den Kindern meist großen Spaß bereiten. Das Herunterklappen führt aber auch zu Spannung: Die Kinder vergleichen stets, wer der Mitspielenden noch wie viele Klappen herunterklappen muss, um zu gewinnen. Es sind auch die Klappen, die die lernförderliche Wirkung zeitigen. Denn damit sie betätigt werden können, müssen zuerst Anzahlen bestimmt resp. zusammengesetzt oder zerlegt werden.

*Das Regelspiel „Fünferraus"*

Abbildung 11: Das Regelspiel „Fünferraus" (Rechsteiner et al., 2014)

Beim in Abbildung 11 illustrierten Regelspiel „Fünferraus" können zwei bis vier Kinder gemeinsam spielen. Indem sie von der Fünf ausgehend reihum ihre Zahlenkarten auf- oder absteigend ablegen, entstehen vier verschiedenfarbige Zahlenreihen von eins bis zehn. Gewonnen hat das Spiel, wer zuerst alle Karten ablegen konnte. Das Spielen von „Fünferraus" zielt auf die in Tabelle 6 zusammengestellten Mengen-Zahlen-Kompetenzen ab (für eine differenzierte Analyse vgl. Stemmer et al. (2015)).

„Fünferraus" ist ein Regelspiel im mittleren Anforderungsbereich. Es legt den mathematischen Fokus insbesondere auf das Aufbauen, Herstellen und Untersuchen der Zahlenreihenfolge. Im Rahmen dieser Kompetenz ermöglich es allerdings unterschiedliche Herangehensweisen:

- Das *Aufbauen, Herstellen und Untersuchen der Zahlenreihenfolge* ist beim Anlegen der Spielkarten gefordert. Auf der Handlungsebene kann die Zahlenreihe unter Beizug von Hilfsmitteln (z.B. einer Zahlenreihe als Beispiel) oder direkt im Kopf gebildet werden. Zudem kann ein systematisches Vorgehen beim Ermitteln der Legemöglichkeiten angestrebt werden, indem beispielsweise die eigenen Handkarten nach Farben und Zahlenreihen geordnet und die Legemöglichkeiten bei allen Zahlenreihen nacheinander benannt werden.

Was die individuellen Bedürfnisse der Kinder anbelangt, so kann für „Fünferraus" festgehalten werden, dass das Regelspiel vielseitig variiert werden kann. Um die Komplexität des Regelspiels zu verringern, kann die Anzahl der Kartenreihen reduziert werden. Um

## 5 Mathematische Förderkonzepte im Kindergarten

Tabelle 6: Angesprochene Mengen-Zahlen-Kompetenzen beim Regelspiel „Fünferraus"

| | | Handlungsaspekte | | | |
| --- | --- | --- | --- | --- | --- |
| | | Verbalisieren und Reflektieren | | | |
| | | Operieren | Ordnen / Klassifizieren | Seriieren | Strukturieren |
| Kompetenzbereich „Mengen und Zahlen" | Mengenvergleich | | | | |
| | Aufsagen der Zahlwortreihe | | | | |
| | Aufbauen, Herstellen und Untersuchen der Zahlenreihenfolge (ordinaler Zahlaspekt) | | ■ | ■ | |
| | Anzahlbestimmung (kardinaler Zahlaspekt) | | | | |
| | Zuordnung von Anzahlen, Zahlen und Handlungen | | | | |
| | Zerlegen und Zusammensetzen von Mengen (Teil-Ganzes-Beziehung) | | | | |
| | Erstes Rechnen | | | | |

den mathematischen Schwierigkeitsgrad zu reduzieren, können Kinder, welche die Zahlen noch nicht sicher beherrschen, beispielsweise eine Zahlen-Punkt-Tabelle zu Hilfe nehmen. Des Weiteren können weniger fortgeschrittene Kinder die Karten beispielsweise auch von der Eins beginnend aufsteigend ablegen und „Fünferraus" somit als „Einserraus" spielen, oder sie wählen die Variante „Zehnerraus" und bilden die Zahlenreihen von der Zehn ausgehend rückwärts. Bei stärkeren Kindern kann das Kartenset demgegenüber erweitert werden, was es ihnen erlaubt, von der Elf ausgehend im Zahlenraum von eins bis zwanzig zu spielen. Mit stärkeren Kindern kann zudem der Einsatz von Strategien diskutiert werden. Treffen ungleich starke Kinder aufeinander, bewährt sich das Vorgehen, sie gemeinsam als eine spielende Person agieren zu lassen. Dabei tun sich je ein stärkeres und ein schwächeres Kind als eine am Spiel teilnehmende Person zusammen und diskutieren die eigenen Spielzüge.

Um einen Lerntransfer anzustreben, eignet sich im Anschluss an „Fünferraus" beispielsweise das Spiel „Nachbarzahlen", in welchem ebenfalls die Zahlenreihenfolge im Fokus steht.

„Fünferraus" motiviert die Kinder vom Spielcharakter her besonders der Interaktion zwischen den Spielenden wegen, aber auch durch die Komponente des Kartenglücks resp. Kartenpechs. Die Spielzüge der Kinder hängen sehr stark voneinander ab: Um die eigenen Karten abzulegen, sind die Spielenden auf die abgelegten Karten der Mitspielenden angewiesen. Sehr schnell verstehen Kinder, dass sie gewisse Karten auch bewusst sperren können, um die Gewinnchancen der Mitspielenden zu senken. Um dies zu verstehen und anzuwenden, benötigen die Kinder ein vertieftes Verständnis der Zahlenreihenfolge.

*Das Regelspiel „Verflixte 5"*

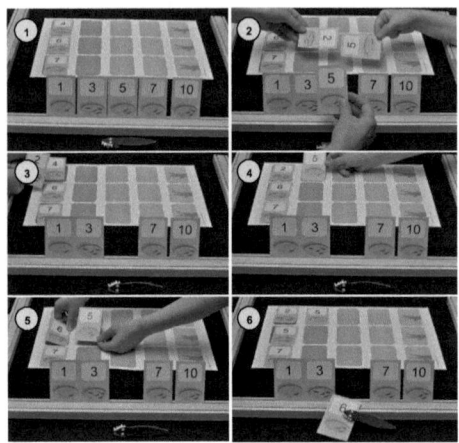

Abbildung 12: Das Regelspiel „Verflixte 5" (Rechsteiner et al., 2014)

Beim Regelspiel „Verflixte 5", dessen einzelne Spielschritte in Abbildung 12 exemplarisch nachgestellt wurden, spielen zwei bis vier Kinder zusammen und legen Zahlenkarten in aufsteigende Reihen. Dabei fügen sie ihre Karte derjenigen Reihe an, bei welcher der kleinste Unterschied zur voranliegenden Karte besteht. Ist die eigene Karte niedriger als oder gleich hoch wie die bereits liegenden Karten, muss eine Kartenreihe eingesammelt werden. Dasselbe geschieht, wenn die eigene Karte an die fünfte Stelle einer Reihe gelegt werden muss. Auf den Spielkarten finden sich neben Zahlen auch Krokodile. Ziel des Spiels ist es, durch geschicktes Auswählen und Anlegen der Karten so wenige Krokodile wie möglich zu sammeln.

Mit „Verflixte 5" werden die in Tabelle 7 aufgeführten Mengen-Zahlen-Kompetenzen angesprochen (für eine differenzierte Analyse vgl. Stemmer et al. (2015)).

Beim Regelspiel „Verflixte 5" handelt es sich um das anspruchsvollste Regelspiel. Es kann sehr wahrscheinlich nicht mit allen Kindern der Gruppe durchgeführt werden. Im Fokus stehen der Mengenvergleich, die Zahlenreihenfolge und erstes Rechnen:

- Der *Mengenvergleich* ist beim Ermitteln desjenigen Kindes, das zuerst seine Zahlenkarte anlegen darf, sowie beim Ermitteln des Siegerkindes gefordert. Auf der Handlungsebene kann davon ausgegangen werden, dass Kinder, welche dieses Regelspiel mit seinem hohen Schwierigkeitsgrad beherrschen, die (An-)Zahlen vergleichen.

- Das *Aufbauen, Herstellen und Untersuchen der Zahlenreihenfolge* ist beim aufsteigenden Anlegen der Spielkarten ausgehend von einer beliebigen Zahl mit unterschiedlichen Abständen erforderlich. Auf der Handlungsebene kann die Zahlenreihe mit Hilfsmitteln, beispielsweise mit einer vorgegebenen Zahlenreihe, oder bereits durch das Auswendigkennen gebildet werden.

Tabelle 7: Angesprochene Mengen-Zahlen-Kompetenzen beim Regelspiel „Verflixte 5"

| | | Handlungsaspekte | | | |
|---|---|---|---|---|---|
| | | | Verbalisieren und Reflektieren | | |
| | | Operieren | Ordnen / Klassifizieren | Seriieren | Strukturieren |
| Kompetenzbereich „Mengen und Zahlen" | Mengenvergleich | ■ | | ■ | |
| | Aufsagen der Zahlwortreihe | | | | |
| | Aufbauen, Herstellen und Untersuchen der Zahlenreihenfolge (ordinaler Zahlaspekt) | | | ■ | |
| | Anzahlbestimmung (kardinaler Zahlaspekt) | | | | |
| | Zuordnung von Anzahlen, Zahlen und Handlungen | | | | |
| | Zerlegen und Zusammensetzen von Mengen (Teil-Ganzes-Beziehung) | | | | |
| | Erstes Rechnen | ■ | | | |

- *Erstes Rechnen* ist beim Ermitteln des kleinsten Unterschiedes zwischen der eigenen und den drei zur Auswahl stehenden Karten gefragt. Auf der Handlungsebene kann der kleinste Unterschied mittels ikonischer Hilfsmittel, durch Abzählen der drei Unterschiede oder über das Berechnen der Unterschiede ermittelt werden.

Aufgrund seines hohen Schwierigkeitsgrades wird das Regelspiel „Verflixte 5" insbesondere individuellen Bedürfnissen fortgeschrittener Kinder gerecht. Doch auch auf diesem hohen Niveau lässt sich der Anspruch noch ein wenig variieren, nämlich indem der Zahlenraum eingeschränkt resp. erweitert oder indem die Anzahl der Reihen verändert wird. Eine besondere Schwierigkeit stellt das Ermitteln des kleinsten Unterschieds dar, der auf verschiedenen Wegen erschlossen werden kann. Oftmals bedarf es hierbei allerdings der Lernunterstützung der Kindergartenlehrperson, welche an die Fähigkeiten der Kinder angepasst mit ihnen zusammen eine nachvollziehbare Möglichkeit erarbeitet. Als zusätzliche Kompetenz ist auch ein bewusster Strategieeinsatz erforderlich, da die Karten geschickt ausgespielt werden müssen.

Das Regelspiel „Verflixte 5" motiviert die Kinder vom Spielcharakter her insbesondere durch die Regel, dass in verschiedenen Situationen eine Kartenreihe eingesammelt werden muss. Damit verbunden sind Kartenglück resp. Kartenpech sowie die Spielzüge der mitspielenden Kinder. Die Frage, wer eine Kartenreihe einsammeln und damit einhergehend wie viele Krokodile einsammeln muss, führt zu großer Spannung im Spiel. Diese Spannung hat zur Folge, dass die Kinder hochmotiviert sehr komplexe mathematische Kompetenzen anwenden.

Die in diesem Kapitel vorgenommene konkrete Beschreibung und Analyse von fünf ausgewählten Regelspielen diente dazu, anschaulich darzustellen, welche Art von Lerngegenstand der vorliegenden Studie zugrunde lag und welche theoretischen Überlegungen in dessen Konstruktion einflossen. Werden diese Regelspiele im Kindergarten im Rahmen des Freispiels oder in geleiteten Einheiten eingesetzt, kommt jedoch ein weiterer zu beachtender Aspekt dazu, denn es fragt sich unweigerlich, wie die Kindergartenlehrperson die Durchführung der Regelspiele angemessen unterstützen soll. Auf die Grundlagen der Spielbegleitung im Kindergarten wird daher im nächsten Kapitel eingegangen.

## 5.3 Spielbegleitung im Kindergarten

Während sich die Kinder in Gruppen mit Regelspielen beschäftigen, werden sie meistens von der Kindergartenlehrperson begleitet. In diesem Zusammenhang stellt sich unter anderem die Frage, *ob, wie oft und wie* die Kindergartenlehrperson bei der Spielbegleitung eingreifen soll. Es gibt Forschende, welche diesbezüglich die Ansicht vertreten, dass Kindergartenlehrpersonen zurückstehen und sich nicht ins Spiel der Kinder einschalten sollten, da dies das für die Entwicklung maßgebliche Potenzial des Spiels beeinträchtige (Kontos, 1999). Wird die Frage hingegen von einem sozialkonstruktivistischen Standpunkt aus betrachtet, dann kommt der Spielbegleitung durch die Kindergartenlehrperson eine wichtige Rolle zu, weil gerade in der Interaktion Entwicklungsschritte angeregt werden (Kap. 4.1.2). Allerdings gilt dabei keineswegs das Prinzip „mehr ist mehr". Den Referenzpunkt der Spielbegleitung bildet vielmehr die differenzierte *Beobachtung* des Geschehens. Nur auf dieser Grundlage kann die Kindergartenlehrperson entscheiden, ob und wann sie in das Spiel der Kinder eingreift und sich beteiligt resp. ob und wann der Spielfluss Vorrang hat und ein Eingreifen nicht angezeigt ist.

Bei der Entscheidung für resp. gegen das Eingreifen kann sich die Kindergartenlehrperson beispielsweise an den folgenden Richtlinien orientieren (Crowther, 2005): Das Spiel der Kinder kann dann *ohne Eingreifen* fortgeführt werden, wenn

- das Spiel die Kinder herausfordert, sie jedoch nicht über- oder unterfordert;
- Kinder Probleme und Schwierigkeiten selbst sinnvoll angehen und Lerngelegenheiten nutzen;
- Kinder motiviert, erfolgreich und zufrieden beschäftigt sind;
- Kinder miteinander spielbasiert interagieren;
- Kinder die Spielmaterialien und Hilfsmittel angemessen nutzen.

Ein *Eingreifen* in das Spiel der Kinder ist demgegenüber dann angebracht, wenn

- Gelegenheiten beobachtet werden, die eine Förderung einzelner oder mehrerer Kinder nahelegen, insbesondere in dem Bereich, welcher mit dem jeweiligen Spiel angesprochen wird;
- Kinder mit dem Spiel unter- oder überfordert sind;
- Kinder um Hilfe bitten oder es offensichtlich wird, dass sie Hilfe brauchen;
- sich Möglichkeiten ergeben, das Spiel zu erweitern;
- das Interesse der Kinder am Spiel und die Motivation abnehmen;
- das Zusammenspiel der Kinder nicht funktioniert.

Die Häufigkeit des Eingreifens kann je nach Spielphase und je nach Spiel variieren. Wird ein Spiel neu eingeführt und ist den Kindern daher noch unvertraut, ist mehr Begleitung nötig, als in Fällen, in denen die Kinder das Spiel bereits kennen und es selbstständig durchführen können. Ist das betreffende Spiel den Kindern jedoch schon sehr geläufig, dann ist wiederum etwas mehr Begleitung erforderlich, nämlich um das Spiel zu erweitern und es auf diese Weise interessant zu halten. Zudem erfordern nicht alle Spiele dasselbe Ausmaß an Begleitung; entscheidend sind stets der Spielcharakter und die Schwierigkeit. Bei Regelspielen wie beispielsweise dem in Kapitel 5.2.4 vorgestellten Spiel „Mehr ist mehr", bei denen die Geschwindigkeit stark im Vordergrund steht, kann ein Eingreifen den Spielfluss beträchtlich stören. Sollte bei einem Geschwindigkeitsspiel gleichwohl ein Intervenieren der Kindergartenlehrperson nötig sein, so empfiehlt es sich je nach Situation, dies erst nach einem vollendeten Spieldurchgang zu tun. Im Gegensatz dazu erfordern Spiele mit hohem Schwierigkeitsgrad wie beispielsweise das Spiel „Verflixte 5" oftmals mehr Begleitung, bis ein Spielfluss zustande kommt.

Dem Begleiten von Spielen, sowohl was Freispiele als auch geleitete Spieleinheiten anbelangt, können verschiedene Funktionen zugeschrieben werden, wobei insbesondere die folgenden vier Aspekte im Zentrum stehen: sozial-emotionale, organisatorische, anleitende und förderorientierte. Zur Konkretisierung werden nachfolgend zu jedem Aspekt der Spielbegleitung im Kindergarten entsprechende Beispiele aufgeführt (Blank-Mathieu, 2007; Crowther, 2005; Herger, 2013; Keller, Walter & Fasseing, 2002):

- *Sozial-emotionaler Aspekt:* Kinderspielgruppen zusammensetzen, Streit resp. Konflikte verhindern, Sozialformen bedenken, Kindern Aufmerksamkeit und Respekt entgegenbringen, Interesse am Spiel der Kinder zeigen, ermutigende und unterstützende Spielatmosphäre schaffen, positive soziale Beziehungen fördern etc.

- *Organisatorischer Aspekt:* Spielbereich einrichten, Spielmaterialien bereitlegen und ordnen, Spielmaterialien ergänzen, Aufstellen und Wegräumen der Spiele begleiten, für die Sicherheit der Kinder sorgen, Lärm- und Geräuschentwicklung beachten, Kinder den Spielen zuteilen etc.

- *Anleitender Aspekt:* Spielregeln einführen und deren Einhaltung überwachen, Spielablauf erklären resp. vorführen, Spielablauf vorzeigen lassen, aktive Beteiligung aller Kinder am Spiel sicherstellen etc.

- *Förderorientierter Aspekt:* Spiele entwicklungsangemessen einsetzen, gemäß den individuellen Voraussetzungen gezielt intervenieren, Fragen stellen, Tipps resp. Anregungen geben, Rückmeldungen formulieren, verbale Reflexion unterstützen, zu Diskussionen ermutigen, Anregungen der Kinder aufnehmen, Kinder von Vertrautem zu Neuem führen, Lernen im Spiel dokumentieren etc.

Für die vorliegende Studie, die sich im Kern mit dem Erwerb von mathematischen Kompetenzen im Kindergarten auseinandersetzt, ist aus diesem vielfältigen Aufgabenspektrum der Kindergartenlehrperson vorrangig der förderorientierte Aspekt der Begleitung von Interesse, wobei insbesondere die Frage im Zentrum steht, wie eine förderorientierte Spielbegleitung gestaltet werden kann. Steht der Aufbau mathematischer Kompetenzen im Vordergrund (Kap. 3) und wird von einem sozialkonstruktivistischen Verständnis von Lernen und Spielen ausgegangen (Kap. 4), dann bieten sich zur förderorientierten Begleitung der in diesem Kapitel vorgestellten mathematikhaltigen Regelspiele vor allem Formen der *individuell-adaptiven Lernunterstützung* an. In Kapitel 6 wird deshalb differenziert auf diese Art der Unterstützung eingegangen.

## 5.4 Resümee zu mathematischen Förderkonzepten im Kindergarten

In diesem Kapitel wurden ausgewählte Konzepte zur Förderung von Mengen-Zahlen-Kompetenzen im Kindergarten vorgestellt und kritisch beleuchtet. Dabei wurde deutlich, dass die vorgestellten und derzeit in Kindergärten eingesetzten Förderkonzepte meist einen stärker oder schwächer ausgeprägten schulischen Charakter aufweisen. Zugleich konnte jedoch auch aufgezeigt werden, dass die Entwicklung derselben Mengen-Zahlen-Kompetenzen mit einer ins Spiel integrierten Förderung, die zwar auf einem fundierten mathematischen Konzept beruht, aber nicht fachsystematisch aufgebaut ist, mindestens ebenso wirksam gefördert werden kann wie mit einem eher schulnahen instruktional-fachsystematischen Trainingsprogramm.

Mit dem spielintegrierten Förderkonzept, welches ausgehend vom SpiF-Projekt im Folgeprojekt spimaf entwickelt und erprobt wurde, kann somit sowohl der Forderung nach mathematischer Förderung bereits im Kindergarten als auch den Eigenheiten des kindlichen Lernens im Alter zwischen vier und sechs Jahren entsprochen werden. Der Versuch einer allgemeinen Herleitung des Begriffs der spielintegrierten Frühförderung wie auch die exemplarischen einzelspielspezifischen Analysen der spimaf-Regelspiele zeigen auf, was Regelspiele als Spiele zu produktiven mathematischen Frühförderinstrumenten macht. Es wurde ersichtlich, dass besonders die Motivation und die Zusammenarbeit, die durch das Spielen ausgelöst werden, das Bindeglied zwischen einer guten Lernaufgabe und einem guten Regelspiel darstellen. Dieser Aspekt führt dazu, dass sich Kinder in ihrer Zone der nächsten Entwicklung intensiv mit dem fachlichen Kern der Lernaufgabe auseinandersetzen. Bei einer spielintegrierten Förderung ist es somit zentral, dass Kinder einerseits eine authentische Spielsituation erleben und sich andererseits gleichzeitig intensiv mit Mathematik auseinandersetzen.

Eine spielintegrierte Frühförderung wird im Kontext des Kindergartens im Normalfall von der Kindergartenlehrperson begleitet. Diese Begleitung kann allerdings auf unterschiedliche Weise und in unterschiedlichem Ausmaß erfolgen. Ein aktives Eingreifen ist nicht immer erforderlich. Vielmehr hat eine Kindergartenlehrperson auf der Basis einer differenzierten Beobachtung zu entscheiden, ob, wann, wie stark und wie sie sich ins kindliche Spiel einschalten möchte. Im Kontext der vorliegenden Studie interessieren dabei vor allem diejenigen Interventionen, welche die Kinder in ihrem mathematischen Lernen unterstützen und individuell-adaptiv erfolgen. Dieser Art an Lernunterstützung wird daher im folgenden Kapitel 6 vertieft nachgegangen.

# 6 Individuell-adaptive Lernunterstützung

Wie im Resümee des vorhergehenden Kapitels festgehalten wurde, spielt die Kindergartenlehrperson bei der mathematischen Frühförderung im Allgemeinen wie auch bei der Umsetzung spielintegrierter Förderkonzepte im Speziellen eine zentrale Rolle. Die Lernprozesse der Kinder können – beispielsweise während sie sich mit den spimaf-Regelspielen beschäftigen – wirksam unterstützt werden, wenn die Kindergartenlehrperson die Lerneinheiten ausgehend von den individuellen Lernvoraussetzungen der einzelnen Kinder adaptiv gestaltet. Dieser Art der Lernunterstützung wird von vielen Forscherinnen und Forschern hinsichtlich verschiedener Aspekte eine zentrale Bedeutung für das Lernen der Kinder beigemessen.

So stellt sie *erstens* eine wichtige Bedingung für das Zustandekommen von produktiven mathematischen Lerngelegenheiten dar. Die Studien von Osana und Rayner (2010) und Schuler (2013), die sich mit Bedingungen befasst haben, unter denen produktives mathematisches Lernen in Vorschuleinrichtungen zustande kommt, ermittelten diesbezüglich bedeutsame Faktoren wie die Orientierung an fachlichen Lernzielen, die darauf bezogene Planung, die Qualität des Materials, den positiven Einfluss von Mitspielenden und die Involviertheit des Individuums. Als besonders wichtig heben beide Studien die Interaktion mit der Kindergartenlehrperson hervor, bei welcher mathematische Inhalte im Fokus stehen.

Eine individuell-adaptive Lernunterstützung trägt *zweitens* dazu bei, dass Lernende ein Lernangebot besser nutzen können. In der vorliegenden Studie besteht das Lernangebot in den mathematikhaltigen Regelspielen des spimaf-Projekts (Kap. 5.2.3), mittels welcher der angestrebte Aufbau von Mengen-Zahlen-Kompetenzen (Kap. 3) erreicht werden soll. Ob überhaupt und wie dieses Angebot tatsächlich genutzt wird, hängt allerdings von vielschichtigen Faktoren ab (Reusser & Pauli, 2010). Eine am Lernstand des Individuums ausgerichtete und adaptiv abgestimmte Lernunterstützung der Kindergartenlehrperson stellt hierbei eine zentrale Größe dar.

*Drittens* kann die Kindergartenlehrperson in einem Spielsetting über gezielte Impulse anspruchsvollere Spielhandlungen anstoßen. Gerade beim spielerischen Tätigsein verbleiben Kinder oftmals bei einfachen, bereits bekannten Formen (Einsiedler, 1999). Schon Piaget (1969) (Kap. 4.3) sprach dem Spiel mit Blick auf Lern- und Entwicklungsprozesse hauptsächlich eine Assimilationsfunktion zu. Dabei wird insbesondere bereits Erlerntes konsolidiert, das heißt, es werden Kenntnisse wiederholt und Beziehungen zwischen bereits bekannten Begriffen gestiftet (Kluge, 1981). Erst in der sozialen Interaktion mit weiter fortgeschrittenen Partnerinnen und Partnern, in welcher die Zone der nächsten Entwicklung (Vygotsky, 1978) angesprochen wird, wird im spielenden Lernen auch Akkommodation in größerem Umfang möglich (Krappmann, 1999; Oerter, 1993).

Bei der Förderung im Kindergartenalter wird eine solche auf die Zone der nächsten Entwicklung ausgerichtete Interaktion mit der Kindergartenlehrperson als Schlüsselvariable für die Qualität von Bildungsprozessen erachtet. Eine viel zitierte Studie in diesem Bereich ist die englische EPPE-Studie („The Effective Provision of Pre-School Education") inklusive ihrer Fallstudienvertiefung (Sylva, Melhuish, Sammons, Siraj-Blatchford & Taggart, 2010). In der EPPE-Studie zeigte sich unter anderem, dass eine hohe Vorschulqualität zu besseren kognitiven und sozialen Leistungen der Kinder führt. In Einrichtungen, welche die Entwicklung der von ihnen betreuten Kinder signifikant effektiver fördern als andere, wurde unter anderem die Qualität der Interaktion zwischen den Pädagoginnen resp. Pädagogen und den Kindern als zentraler Faktor identifiziert: Pädagoginnen und Pädagogen involvierten die Kinder deutlich öfter in Interaktionen, in denen gemeinsam geteilte Denkprozesse stattfanden (Kap. 6.1.4), und verstanden es, von Kindern initiierte Interaktionen mit Förderpotenzial aufzugreifen und auszuweiten.

Diese einleitenden Punkte zusammenfassend kann festgehalten werden, dass sich die Bedeutung der individuell-adaptiven Lernunterstützung dadurch begründen lässt, dass auf diese Weise produktive mathematische Lerngelegenheiten in der Zone der nächsten Entwicklung eines Kindes gestaltet werden können, die zur aktiven Nutzung des Lernangebots beitragen und somit die Entwicklung von mathematischen Kompetenzen anzuregen vermögen. Nach dieser allgemein gehaltenen Herausstellung der Bedeutung der individuell-adaptiven Lernunterstützung werden nachfolgend die entsprechenden theoretischen Grundlagen vorgestellt, welche schließlich in konkrete Möglichkeiten praxisbezogener Handlungsweisen münden (Kap. 6.1). Danach werden Befunde zur Lernunterstützung sowohl fachübergreifend als auch fachspezifisch berichtet (Kap. 6.2), bevor das Kapitel wiederum mit einem kurzen Resümee abgeschlossen wird (Kap. 6.3).

## 6.1 Grundlagen individuell-adaptiver Lernunterstützung

Um den Begriff der individuell-adaptiven Lernunterstützung fundiert erörtern zu können, wird ein systematisch immer detaillierter werdendes Vorgehen gewählt. Zu Beginn geht es um die Basis einer individuell-adaptiven Lernunterstützung und somit um die Diagnose des Lern- und Entwicklungsstandes der Kinder (Kap. 6.1.1). Im Anschluss daran werden die Begriffe „individuell" und „adaptiv" näher betrachtet, um aufzeigen zu können, was eine individuell-adaptive Lernunterstützung im Kern ausmacht (Kap. 6.1.2). Darauf aufbauend steht sodann die praktische Umsetzung einer individuell-adaptiven Lernunterstützung im Zentrum, wozu das Konzept des Scaffoldings herangezogen wird (Kap. 6.1.3). Dieses wiederum wird anhand von konkreten Unterstützungsstrategien präzisiert (Kap. 6.1.4).

### 6.1.1 Prozessbegleitend Diagnostizieren

Die Kenntnis des Lern- und Entwicklungsstandes der einzelnen Kinder und damit einhergehend die dieser Kenntnis vorgelagerte Diagnose stellen eine unabdingbare Voraussetzung für individuell-adaptives Arbeiten im Kindergarten dar. Die wissenschaftliche Basis für das Diagnostizieren im Kindergarten- wie auch im Schulalltag ganz allgemein bildet die Pädagogische Diagnostik. Sie umfasst

> ... alle diagnostischen Tätigkeiten, durch die bei einzelnen Lernenden und den in einer Gruppe Lernenden Voraussetzungen und Bedingungen planmäßiger Lehr- und Lernprozesse ermittelt, Lernprozesse analysiert und Lernergebnisse festgestellt werden, um individuelles Lernen zu optimieren. Zur Pädagogischen Diagnostik gehören ferner die diagnostischen Tätigkeiten, die die Zuweisung zu Lerngruppen oder zu individuellen Förderungsprogrammen ermöglichen sowie die mehr gesellschaftlich verankerten Aufgaben der Steuerung des Bildungsnachwuchses oder der Erteilung von Qualifikationen zum Ziel haben. (Ingenkamp & Lissmann, 2008, S. 13)

Aus dieser Definition geht hervor, dass zwischen zwei Funktionen der Diagnose unterschieden werden kann: einer den Lernprozess begleitenden (formativen) und einer den Lernprozess abschließenden (summativen) Funktion (Schrader, 2012). Während es bei der summativen Diagnose darum geht, am Ende von Lernprozessen Bilanz über das Gelernte zu ziehen, werden mit der formativen resp. prozessbegleitenden Beurteilung Lernfortschritte fortlaufend registriert und den Lernenden transparent gemacht. Es handelt sich somit um eine Beurteilung des Lernprozesses mit dem Ziel, noch bestehende Wissenslücken oder Schwierigkeiten zu erkennen und diese in der Folge anzugehen (Ruiz-Primo & Furtak, 2007).

Shavelson et al. (2008) differenzierten die formative Diagnose unter Rückgriff auf ein Kontinuum zwischen stärker formellen und stärker informellen Formen weiter aus. Das informell-formative Diagnostizieren bezeichnen die Autorinnen und Autoren als „On-the-Fly Formative Assessment". Diese Art des Diagnostizierens findet während des Unterrichts statt, zum Beispiel dann, wenn eine Lehrperson im Klassenzimmer zirkuliert und die Lernenden beobachtet resp. ihren Gesprächen zuhört. Zwischen den Polen „informell" und „formell" ordnen Shavelson et al. (2008) das „Planned-for-Interaction Formative Assessment" an. Hierbei plant eine Lehrperson vor dem Unterricht bewusst Gelegenheiten, um den aktuellen Lernstand der Lernenden zu diagnostizieren, beispielsweise indem sie zentrale inhaltliche Fragen vorbereitet, die sie in passenden Momenten während des Unterrichts stellt und die ihr Einblicke in die individuellen Lernprozesse geben. Als formelle Form nennen Shavelson et al. (2008) schließlich das „Embedded-in-the-Curriculum Formative Assessment". Hierbei führt die Lehrperson formative Lernkontrollen durch, die in das Curriculum integriert sind.

Zur Bewältigung der genannten diagnostischen Aufgaben muss eine (Kindergarten-) Lehrperson über entsprechende Diagnosekompetenzen verfügen. Diese können mit Karst (2012) unter Berücksichtigung des Diagnoseanlasses genauer aufgeschlüsselt werden. Wird *klassen- resp. gruppenbezogen* diagnostiziert, dann ermittelt die (Kindergarten-)Lehrperson das Leistungsniveau der Klasse resp. der Lerngruppe als Ganzes und gestaltet ihre Lerneinheiten darauf bezogen. Wird demgegenüber *schülerglobal* diagnostiziert, bestimmt die (Kindergarten-)Lehrperson die verschiedenen Lernstände der Lernenden ihrer Klasse resp. Lerngruppe und gestaltet die Lerneinheiten binnendifferenziert. Wird darüber hinausgehend *schülerspezifisch* diagnostiziert, dann werden die Lernvoraussetzungen eines einzelnen Kindes eingeschätzt, um dieses danach auf dieser Basis individuell, beispielsweise bezogen auf Erklärungsformen oder Vorgehensweisen, unterstützen zu können.

Im Kontext des Kindergartens steht hauptsächlich die formativ-prozessbegleitende Diagnose der Formen „on-the-fly" und „planned-for-interaction" bezogen auf alle drei von Karst (2012) beschriebenen Diagnoseanlässe im Vordergrund. Umgesetzt wird diese Art der Diagnose auf der Grundlage von *Beobachtungen und Dokumentationen*, wobei grob einteilend drei verschiedene Verfahrensweisen unterschieden werden können: (1) eher offene Verfahren, mit denen kindliche Aktivitätsmuster beobachtet und dokumentiert werden, (2) inhaltlich stärker strukturierte Verfahren zur Beobachtung und Dokumentation von lehrplanbezogenen Kompetenzen und (3) stark strukturierte Verfahren zur Erkennung von Entwicklungsrisiken (Bruns, 2014).

Die Diagnose des Lern- und Entwicklungsstandes allein wirkt sich jedoch noch nicht direkt auf den Kompetenzaufbau der Lernenden aus, sondern stellt lediglich die Voraussetzung für eine darauf aufbauende individuell-adaptive Gestaltung von Lerneinheiten dar (Lorenz & Artelt, 2009), wie sie im Folgenden näher ausgeführt wird.

### 6.1.2 Individuell-adaptiv Unterstützen

In Anbetracht der stark ausgeprägten Heterogenität der Lern- und Entwicklungsstände beim Eintritt in den Kindergarten (Kap. 2.2.1) stellt sich unweigerlich die Frage, wie mit dieser Situation am besten umgegangen werden kann, damit jedes Kind am Ende seiner Kindergartenzeit optimal auf den Übertritt in die Schule vorbereitet ist. Eine Antwort auf diese Frage lautet „Adaptivität" (Schwarzer & Steinhagen, 1975). Der Begriff entstammt der Pädagogischen Psychologie und bedeutet so viel wie „Anpassungsfähigkeit". Das dem Adaptivitätsbegriff inhärente Prinzip bezieht sich dabei auf die Passung zwischen den individuellen Lernvoraussetzungen der Lernenden und dem Lernangebot (Bohl, Batzel & Richey, 2011). Eine solche Passung kann dadurch erreicht werden, dass Lerneinheiten so gestaltet werden, dass Methoden, Medien und Organisationsformen auf die individuellen Voraussetzungen der Lernenden abgestimmt sind. Dieses Verständnis von Adaptivität wird in der folgenden Definition auf den Punkt gebracht:

> The general concept of adaptive instruction, that is, the use of alternative instructional strategies and resources to meet the learning needs of individual students, has now become widely accepted. ... Providing adaptive instruction requires that alternate means of instruction are matched to students on the basis of knowledge about each individual's background, talents, interests, and past performance. (Wang, 1980, S. 122)

Damit (Kindergarten-)Lehrpersonen dieser Definition entsprechende Lerneinheiten gestalten können, müssen sie über *adaptive Lehrkompetenz* verfügen. Beck et al. (2008, S. 38) verstehen darunter die Fähigkeit, Lerneinheiten unter Berücksichtigung der Individualität und Heterogenität der Lernenden auf der Basis eines tiefen Verständnisses des Lerngegenstandes, eines breiten Methodenwissens sowie einer feinfühligen Leitung und Begleitung von einzelnen Lernenden oder Lerngruppen auf solche Art zu gestalten, „dass möglichst viele Schülerinnen und Schüler ihren Voraussetzungen und Möglichkeiten entsprechend lernen und verstehen können".

Gestaltet eine Lehrperson adaptive Lerneinheiten, kommen *makroadaptive und mikroadaptive Maßnahmen* zum Einsatz (Corno & Snow, 1986). Makroadaptive Maßnahmen werden bei der Planung einer Lerneinheit erarbeitet (Schrader, 2012). Beck et al. (2008) sprechen diesbezüglich von „adaptiver Planungskompetenz": Die Lehrperson versucht die zu erwerbenden Inhalte auf die Voraussetzungen und den Lernstand der Lernenden abzustimmen, beispielsweise im Hinblick auf die Lernziele, die Lernmethoden oder die Lernzeit. Solche makroadaptiven Maßnahmen bilden eine Voraussetzung für mikroadaptive Maßnahmen (Martschinke, 2015), welche während der Lerneinheit umgesetzt werden (Schrader, 2012). In diesem Zusammenhang sprechen Beck et al. (2008) von „adaptiver Handlungskompetenz". Beim adaptiven Handeln nimmt die Lehrperson während der Lerneinheit je nach Situation flexibel weitere Anpassungen an die situativ-individuellen Lerngegebenheiten vor. Für dieses mikroadaptive Handeln während der Lerneinheit haben zuerst Ruiz-Primo und Furtak (2007) und darauf aufbauend Van de Pol, Volman, Elbers und

Beishuizen (2012) ein Modell entwickelt, welches den zyklischen Prozess von Diagnostizieren und adaptivem Unterstützungshandeln schematisch nachbildet. Ruiz-Primo und Furtak (2007, S. 61) beschrieben sogenannte *ESRU cycles* wie folgt: „the teacher Elicits a question; the Student responds; the teacher Recognizes the student's response; and then Uses the information collected to support student learning." Davon ausgehend entwickelten Van de Pol et al. (2012) ein weiter ausdifferenziertes zyklisches Modell das in Abbildung 13 dargestellt ist. Das Modell zeigt die Lehrhandlungen der Lehrperson und die darauf bezogenen Lernhandlungen der Lernenden detailliert auf: Am Anfang stehen diagnostische Strategien, die im Prozessverlauf von adaptiven Interventionsstrategien abgelöst werden und schließlich über die Überprüfung des Lernens der Schülerinnen und Schüler wieder in diagnostische Strategien münden.

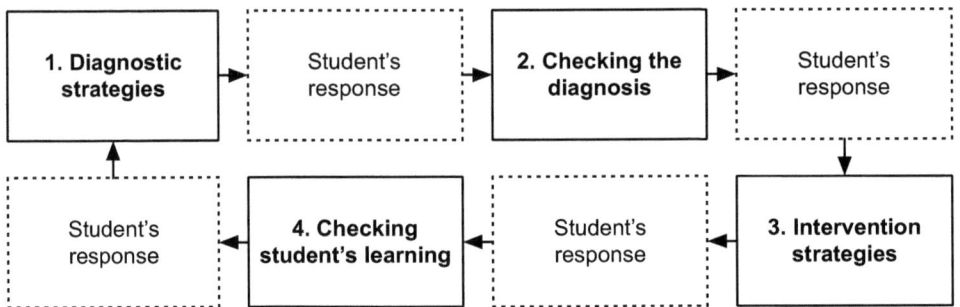

Abbildung 13: Modell der Verbindung von Diagnose und Adaptivität (Van de Pol et al., 2012, S. 85).

Um auf der Makro- und der Mikroebene Adaptivität herzustellen, können verschiedene didaktische Mittel eingesetzt werden. Es sind dies vornehmlich innere Differenzierung, Individualisierung und offener Unterricht (Bohl et al., 2011; Lipowsky & Lotz, 2015). Unter innerer Differenzierung wird eine Anpassung der Lernangebote an merkmalsbezogene Gruppen von Lernenden innerhalb einer Klasse verstanden. Die Lehrperson passt das Lernangebot an Gruppen mit ähnlichen Voraussetzungen an, indem sie zum Beispiel Lernmaterial für starke, mittelstarke und schwächere Lernende zur Verfügung stellt. Individualisierung geht darüber hinaus, da individuelle Lernangebote für einzelne Lernende bereitgestellt werden, beispielsweise indem die Lehrperson für jedes Kind unterschiedliche Lernaufgaben vorbereitet. In Formen des offenen Unterrichts schließlich steht die Mitbestimmung der Lernenden im Fokus, weil diese mitbestimmen können, welches Lernangebot am besten zu ihnen passt.

Aus diesen Ausführungen wird deutlich, dass Adaptivität stark mit der *Zone der nächsten Entwicklung* (Vygotsky, 1978) (Kap. 4.1.2) in Verbindung steht: Ausgehend von der Diagnose des aktuellen Lern- und Entwicklungsstandes eines Kindes im zum betreffenden Zeitpunkt fokussierten Fachbereich schätzen die (Kindergarten-)Lehrpersonen den nächstfolgenden Lern- resp. Entwicklungsschritt ab. Darauf basierend planen sie an der Zone der nächsten Entwicklung ausgerichtet weiterführende Lerneinheiten (Makroadaption) und unterstützen die Lernenden während der Durchführung dieser angepassten Lerneinheiten (Mikroadaption) (Reusser et al., 2013; Shepard, 2005).

Die Begriffskombination „individuell-adaptiv" bedeutet zusammengefasst also, dass eine (Kindergarten-)Lehrperson vom jeweiligen Lernstand der einzelnen Kinder ihrer Lerngruppe ausgeht und diese in ihrer Zone der nächsten Entwicklung mithilfe von makro- und mikroadaptiven Maßnahmen gezielt fördert. Zu diesem Zweck legt die (Kindergarten-)Lehrperson für einzelne Lernende oder für verschiedene Lerngruppen zu erreichende Ziele und Kompetenzen fest, wählt Inhalte aus, erstellt entsprechende Lernangebote und plant Unterstützungsmöglichkeiten während der Lerneinheit. Im Verlauf der Lerneinheit wird die Lernunterstützung je nach gegebener Situation den Bedürfnissen der Lernenden angepasst.

Im nächsten Kapitel wird nun detaillierter dargelegt, wie (Kindergarten-)Lehrpersonen den kindlichen Lernprozess und die Lernerträge in Lerneinheiten konkret diagnostizieren und individuell-adaptiv unterstützen können. Das Herzstück bildet diesbezüglich das Konzept des Scaffoldings (Hogan & Pressley, 1997).

### 6.1.3 Dem Kind ein Gerüst bauen – Scaffolding

Der aus dem Englischen übernommene Begriff des Scaffoldings geht auf das Nomen „scaffold" zurück und bedeutet im Deutschen wörtlich übersetzt so viel wie „(Bau-)Gerüst". Im Zusammenhang mit Lehren und Lernen verweist es metaphorisch auf ein kognitives Gerüst, das von einer Person, die in ihrem Lernprozess (weiter) fortgeschritten ist, für eine andere Person, die in demselben Lernprozess noch weniger weit fortgeschritten ist, „aufgebaut" wird und möglichst passgenau auf den Lern- und Entwicklungsstand der weniger kompetenten Person abgestimmt sein sollte (Zone der nächsten Entwicklung). Scaffolding als Tätigkeit der Lernunterstützung vollzieht sich daher vornehmlich in der Interaktion zwischen einer (Kindergarten-)Lehrperson und einem Kind resp. mehreren Kindern, also dann, „wenn sich Lehrer und Schüler in ihrem Handeln aufeinander beziehen" (Hofer & Haimerl, 2008, S. 223). Ebenfalls zum Konzept des Scaffoldings gehört, dass die Unterstützung stets in dem Maße, in dem die Kompetenz der Lernenden steigt, verringert wird. Das zunächst notwendige kognitive Gerüst wird somit allmählich wieder abgebaut, wodurch die weniger kompetente Person dazu befähigt wird, das neu Gelernte fortan selbstständig anzuwenden (Krammer, 2009).

Wood, Bruner und Ross (1976) prägten den Begriff des Scaffoldings erstmals im Zusammenhang mit dem Tutoring des Problemlösens, als sie das Unterstützungsverhalten einer Expertin, welche drei- bis fünfjährige Kinder beim Zusammensetzen einer Holzpyramide unterstützte, untersuchten. Davon ausgehend formulierten die beiden Autoren und die Autorin die folgenden Merkmale und Funktionen eines Scaffoldingprozesses:

- Interesse für ein Problem wecken,
- Lösungsmöglichkeiten einschränken,
- Motivation zur Aufgabenbearbeitung aufrechterhalten,
- Hinweise auf bedeutende Merkmale der Aufgabe geben,
- Frustration minimieren sowie
- Lösungsschritte demonstrieren.

Die aufgelisteten Merkmale und Funktionen wurden von Krammer (2009) drei Ebenen zugeordnet: einer *emotionalen Ebene*, auf welcher die Motivation geweckt und aufrechterhalten wird, einer *prozeduralen Ebene*, auf welcher Lösungsprozesse strukturiert und fortgeführt werden, und schließlich einer *inhaltlichen Ebene*, auf welcher beispielsweise Hinweise zu bedeutsamen Aufgabenmerkmalen gegeben oder zentrale Lösungsschritte vorgezeigt werden.

Zur konkreten Umsetzung von Scaffolding in Lehr-Lern-Prozessen wurde vielfach auf das Konzept der *Cognitive Apprenticeship* nach Collins et al. (1989) Bezug genommen, das einen Prozess des schrittweisen Übergangs von fremd- zu selbstgesteuertem Lernen beschreibt, der das Ziel verfolgt, die Lernenden kompetenter werden zu lassen. Die Autorinnen und Autoren nannten diesbezüglich die folgenden Schritte:

1. *Modellieren:* Das zu erreichende Expertenverhalten wird demonstriert, indem Lösungsverfahren laut denkend vorgezeigt werden.

2. *Coaching:* Die Lernenden setzen sich im Anschluss an die Modellierung selbstständig mit der Aufgabe resp. dem Problem auseinander. Dabei werden sie von der Expertin resp. vom Experten beobachtet und, wenn nötig, unterstützt.

3. *Scaffolding und Fading:* Die Expertin resp. der Experte und die Lernenden lösen Probleme gemeinsam, indem die Expertin oder der Experte anfänglich diejenigen Lösungsschritte ausführt, welche die Lernenden noch nicht allein bewältigen können. Mit der Zeit nimmt sich die Expertin resp. der Experte immer stärker zurück (Fading), bis die Lernenden das Problem selbstständig lösen können.

Während all dieser Schritte werden die Lernenden zum Verbalisieren, Reflektieren und Explorieren aufgefordert.

Das Konzept des Scaffoldings wurde über die Jahre hinweg in vielen Arbeiten aufgenommen und weiterentwickelt. Infolge seiner wachsenden Popularität verlor es allerdings mit der Zeit an Klarheit und begrifflicher Schärfe, was eine sehr facettenreiche Verwendung nach sich zog (Pea, 2004). Aus diesem Grund erarbeiteten Van de Pol, Volman und Beishuizen (2010) eine Übersicht zu Forschungsarbeiten, die sich in den letzten zehn Jahren mit Scaffolding im Klassenzimmer befasst hatten. Trotz unterschiedlicher Definitionen konnten die Autorinnen und der Autor als Ergebnis ihres Reviews drei weitverbreitete Kernelemente von Scaffolding herausschälen, welche sie wie in Abbildung 14 illustriert modellierten.

Ausgehend von der begrifflichen Festsetzung, dass unter „Scaffolding" die Lernunterstützung durch die Lehrperson (Support) verstanden wird, mit deren Hilfe Lernende eine Aufgabe bearbeiten, der sie ohne diese Unterstützung nicht gewachsen wären, lassen sich die drei Kernelemente des Modells wie folgt beschreiben:

1. *Situationsanpassung („Contingency"):* Dieses Element bezieht sich auf die Anpassung der Lernunterstützung an den aktuellen Lernstand der Lernenden in einer spezifischen Lernsituation. Die Lernunterstützung der Lehrperson kann sich exakt am diagnostizierten Lernstand oder aber an einem etwas höheren Leistungsniveau orientieren und wird unter Beizug von unterschiedlichen diagnostischen und unterstützenden Strategien umgesetzt.

# 6 Individuell-adaptive Lernunterstützung

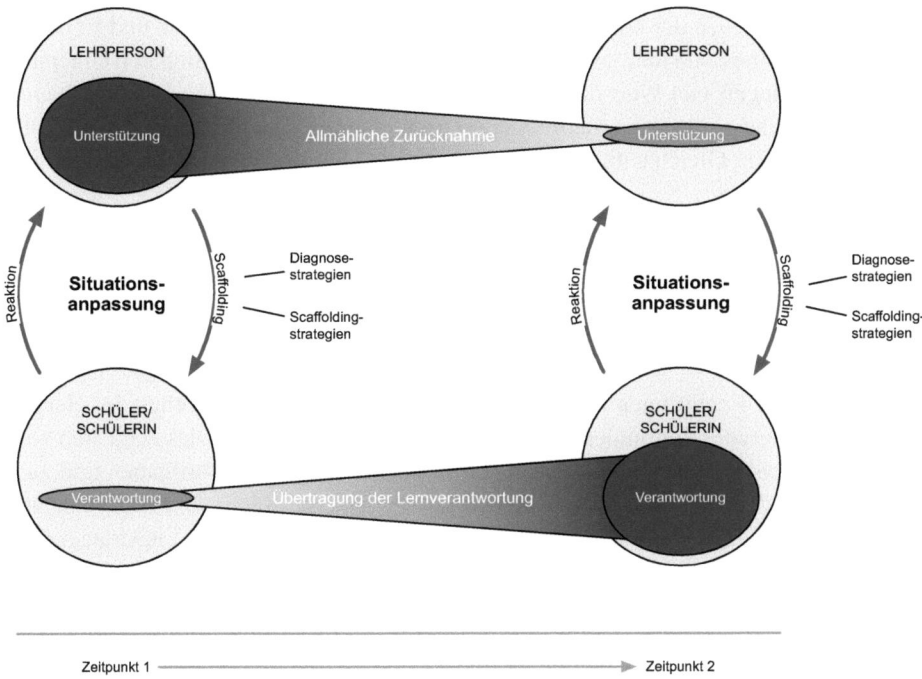

Abbildung 14: Scaffolding-Modell (Van de Pol et al., 2010, S. 274, übers. v. Verf.).

2. *Allmähliche Zurücknahme („Fading"):* Dieses Element beschreibt den graduellen Abbau der Lernunterstützung durch die Lehrperson.

3. *Übertragung der Lernverantwortung („Transfer of responsibility"):* Eng mit dem Fading verbunden ist die allmähliche Übertragung der Verantwortung für das Lernen auf die Lernenden selbst. Diese Verantwortungsübergabe wird von den Autorinnen und dem Autor sehr breit gefasst und kann sowohl kognitive als auch metakognitive Aktivitäten beinhalten.

An diese theoretischen Ausführungen anschließend stellt sich nun die Frage, wie es einer Lehrperson gelingen kann, einen so konzipierten Scaffoldingprozess erfolgreich durchzuführen. Ein diesbezüglich aufschlussreicher Ansatz stammt beispielsweise von Lepper, Drake und O'Donnell-Johnson (1997). Die Forschenden analysierten das Verhalten von Expertinnen und Experten beim Unterstützen von Grundschulkindern, die im mathematischen Bereich Schwierigkeiten aufwiesen, und fassten danach Charakteristika und Strategien von erfolgreich unterstützenden Lehrpersonen in einem Modell, dem sogenannten INSPIRE-Modell, zusammen:

- *Intelligent:* Expertinnen und Experten bringen ein umfangreiches Wissen in Bezug auf den zu unterrichtenden Inhalt, die inhaltsspezifische Pädagogik sowie die generelle Pädagogik in die Lernunterstützung mit.

- *Nurturant:* Neben der kognitiven Unterstützung zeigen Expertinnen und Experten auch ein hohes Ausmaß an warmherziger und herzlicher emotionaler Unterstützung und legen viel Wert darauf, eine Beziehung zu den Lernenden aufzubauen. Entsprechend sind sie sehr aufmerksam und können sich gut in die Lernenden hineinversetzen. Gleichzeitig zeigen sie ein großes Interesse an den Lernenden und ihrem Vorgehen.

- *Socratic:* Ein sokratischer Stil der Unterstützung zeichnet sich dadurch aus, dass Lernen als aktiver und konstruktiver Prozess gestaltet wird. Bei erfolgreichen Expertinnen und Experten ließ sich beobachten, dass sie deutlich mehr Fragen stellten oder Hinweise gaben als zu erklären oder anzuweisen.

- *Progressive:* Expertinnen und Experten stellen Lernenden hinsichtlich des Herausforderungsgrades kontinuierlich zunehmende Anforderungen. Dies zeigt sich zum einen im systematischen Aufbau von Problemstellungen und Aufgaben und zum anderen in der fortschreitenden Strategieverwendung, beispielsweise beim Umgang mit Fehlern. Sie verwenden dabei ein breites Spektrum an Scaffoldingstrategien.

- *Indirect:* Hohe Erwartungen an Lernende werden von Expertinnen und Experten auf indirekte und unscheinbare Art und Weise formuliert. Selten geben sie negatives Feedback und wenn, dann über indirekte Hinweise, die andeuten, dass etwas nicht stimmen kann. Auch positives Feedback wird indirekt formuliert, indem die Richtigkeit der Lösung nur angedeutet wird.

- *Reflective:* Expertinnen und Experten legen viel Wert auf Reflexion, beispielsweise indem sie von den Lernenden verlangen, ihre Strategien zu erklären oder ihren Problemlösungsprozess zusammenzufassen.

- *Encouraging:* Ein letzter Aspekt des Verhaltens von Expertinnen und Experten besteht darin, Lernende dazu zu ermuntern und zu motivieren, hart zu arbeiten und diese Arbeit gleichzeitig zu genießen. Sie schaffen es, dass sich Lernende herausgefordert und fähig fühlen und in Bezug auf eine Problemstellung Neugier entwickeln.

Aus dieser Aufzählung wird ersichtlich, dass Scaffolding ein komplexer Prozess ist (Van de Pol et al., 2012). Gleichzeitig geht daraus aber auch hervor, dass es trotz einiger spezifischer Charakteristika keinen „Königsweg" gibt: Scaffolding kann und muss situationsspezifisch adäquat in verschiedenen Formen umgesetzt werden. Dies ist insbesondere auch deshalb unabdingbar, weil Lerngruppen in vielerlei Hinsicht stark heterogen sind und einzelne Lernende dementsprechend unterschiedlich stark resp. auf unterschiedliche Art unterstützt werden müssen. Diese angepasste Unterstützung unterscheidet sich allerdings nicht nur zwischen den Lernenden, sondern auch von Aufgabe zu Aufgabe (Hogan & Pressley, 1997). Aus diesem Grund wird nachfolgend auf eine Auswahl von verschiedenen Unterstützungsstrategien eingegangen, die im Zusammenhang mit Scaffolding eingesetzt und daher als Scaffoldingstrategien aufgefasst werden können.

### 6.1.4 Unterstützungsstrategien

Bei diversen Autorinnen und Autoren findet sich jeweils ein breites Repertoire an Strategien, die eine Lehrperson anwenden kann, um den Lernprozess ihrer Lernenden zu unterstützen. In einer bereits etwas älteren Arbeit beschrieben Tharp und Gallimore (1988) beispielsweise folgende sechs Unterstützungsstrategien: modellieren, Anpassungsmanagement, Feedback geben, Anweisungen geben, Fragen stellen und kognitiv strukturieren. Neuere Arbeiten gehen nach wie vor in eine ähnliche Richtung. Van de Pol, Volman und Beishuizen (2011) etwa nennen Feedback geben, Hinweise geben, anleiten, erklären, modellieren und Fragen stellen. Spezifisch bezogen auf den Kindergarten, dies allerdings im naturwissenschaftlichen Bereich, führen Eshach, Dor-Ziderman und Arbel (2011) eine ganze Reihe von unterschiedlichen Strategien auf, die sie den Kategorien „Clarification and goal orientation", „Task reduction", „Diagnosis and calibration", „Encouraging higher-order thinking language" und „Withdrawal techniques" zuordnen.

Angesichts dieser großen Vielfalt wurde für die nachfolgende Zusammenstellung eine systematische Auswahl getroffen, sodass ausschließlich diejenigen Unterstützungsstrategien detailliert beschrieben werden, die für die individuell-adaptive Lernunterstützung bei der spielintegrierten mathematischen Förderung im Kindergarten als relevant erachtet werden. Als Ausgangspunkt und Basis werden die beiden Begriffe der kognitiven Aktivierung und der kognitiven Strukturierung thematisiert, da alle darauffolgend beschriebenen Unterstützungsstrategien im Kern darauf abzielen, Lernende kognitiv zu aktivieren und den angeregten Denkprozess unterstützend zu strukturieren, damit sie ein vertieftes Verständnis, beispielsweise im speziell interessierenden Bereich von Mengen-Zahlen-Kompetenzen, aufbauen können.

*Kognitive Aktivierung und Strukturierung*

Kognitive Aktivierung steht in Verbindung mit Lerngelegenheiten, „durch die alle Lernenden zur aktiven Auseinandersetzung mit den Lerninhalten auf einem für sie angemessenen Niveau angeregt werden" (Leuders & Holzäpfel, 2011, S. 213). Dies kann vor allem dadurch erreicht werden, dass bei Lernenden ein kognitiver Konflikt ausgelöst wird, dass also die Denkordnung der Lernenden aus der Balance gebracht wird, indem sie beispielsweise mit anderen Standpunkten, spezifischen Hinweisen oder Fragen konfrontiert werden. Auf diese Weise werden die Lernenden dazu angeregt, das, was sie bisher zu wissen glaubten, zu überdenken und gegebenenfalls anzupassen (vgl. Äquilibrationsgesetz nach Piaget, Kap. 3.2.1). Weil solche kognitiven Konflikte nicht nur in der Auseinandersetzung mit Lerngegenständen, sondern im Besonderen auch in der Interaktion mit anderen Lernenden oder der Lehrperson angestoßen werden können, stehen sie in engem Zusammenhang mit der sozialkonstruktivistischen Lerntheorie.

Bei Lehrpersonen, die kognitiv aktivierend arbeiten, lassen sich vor allem die folgenden Vorgehensweisen feststellen (Lipowsky, 2009, S. 93): Sie

- konfrontieren die Lernenden mit kognitiv herausfordernden Aufgaben,
- provozieren kognitive Konflikte,

- weisen auf Unterschiede in inhaltsbezogenen Ideen, Konzepten, Positionen, Interpretationen und Lösungen hin,

- regen die Lernenden dazu an, ihre Gedanken, Konzepte, Ideen und Lösungswege darzulegen und zu erläutern,

- stellen anregende, wohlüberlegte Fragen und

- pflegen allgemein gesprochen eine diskursive Unterrichtskultur, in der sich die Lernenden intensiv über inhaltliche Konzepte und Ideen austauschen.

Wurden die Lernenden kognitiv aktiviert, geht es in der Folge darum, sie darin zu unterstützen, ihren kognitiven Lernprozess zu steuern resp. zu strukturieren, was wie folgt expliziert werden kann: „Unter Kognitiver Strukturierung im Unterricht soll eine prozessorientierte Unterstützung individueller Wissenskonstruktionen verstanden werden, die – unter der Prämisse der Förderung möglichst selbstständigen Denkens – auf spezifische kognitive Operationen und auf konzeptuelles Verständnis der Schüler im Sinne einer Integration von Lernvoraussetzungstheorien und Inhaltstheorien zielt" (Einsiedler & Hardy, 2010, S. 201). Vor diesem Hintergrund haben Lehrpersonen ihren Unterricht folglich so zu gestalten, dass Lernende die zu erwerbenden Inhalte aktiv kognitiv konstruieren können. Dies wird erreicht, indem beispielsweise Aufgaben, Material, Impulse und fachspezifische Gespräche strukturiert aufbereitet werden, die Aufmerksamkeit der Lernenden während einer problemlösenden Interaktion auf die entscheidenden Begriffe, Größen und Beziehungen gelenkt wird und Lösungsschritte auf höherem Niveau modelliert werden (Hardy, 2012).

Die nachstehend aufgeführten und erläuterten Unterstützungsstrategien stellen Möglichkeiten dar, die aufzeigen, wie es gelingen kann, Lernende kognitiv zu aktivieren und ihren Lern- und Denkprozess sinnvoll zu strukturieren.

*Erklären*

Im Kontext von Lehren und Lernen wird eine Erklärung generell als pädagogische Handlung verstanden, die dazu dient, implizite oder explizite Fragen von Lernenden oder der Lehrperson zu beantworten. Erklärungen werden meistens als Ergänzung zu anderen Unterstützungsstrategien eingesetzt und kommen im Verlauf des Lernprozesses in unterschiedlichem Ausmaß vor. So werden Erklärungen in einer frühen Phase des Lernprozesses in der Regel häufiger eingesetzt, beispielsweise um ein neues Wissenskonzept einzuführen, während sie in einer späteren Phase, in der die Lernenden bereits erstes Basiswissen erlangt haben, nur noch punktuell auftreten, etwa bei Verständnisschwierigkeiten. In der abschließenden Phase eines Lernprozesses spielen Erklärungen dann meist nur noch eine untergeordnete Rolle (Wittwer & Renkl, 2008).

Obwohl Erklärungen bei vielen Lehrpersonen zum Basisrepertoire des Unterrichtens zählen dürften, wird deren Einsatz als Unterstützungsstrategie in der Literatur kontrovers diskutiert. Besonders vor dem Hintergrund eines sozialkonstruktivistischen Verständnisses von Lehren und Lernen wird der Erklärung oftmals nur eine Nebenrolle eingeräumt, unter anderem weil ihr wenig Potenzial für die kognitive Aktivierung zugesprochen wird. Um diese kritische Sichtweise zu relativieren, werden nachfolgend einige Punkte aufgeführt, die aufzeigen sollen, wie Erklärungen auch auf der Grundlage eines sozialkonstruktivistischen

Lehr-Lern-Verständnisses produktiv zur kognitiven Aktivierung eingesetzt werden können. Wittwer und Renkl (2008) nennen diesbezüglich vier zentrale Merkmale von effektiven Erklärungen:

- Erklärungen müssen am Vorwissen und an den Fähigkeiten der Lernenden ausgerichtet werden. Befindet sich eine Erklärung über dem momentanen Verständnisniveau der Lernenden, kann sie den Verständnisprozess beeinträchtigen. Liegt sie unter dem momentanen Verständnisniveau, kann sie Ressourcen in Anspruch nehmen, die für weiter fortgeschrittene Informationen hätten verwendet werden können.

- Erklärungen müssen auf zentrale Konzepte und Prinzipien abzielen, weil dies den Aufbau vertieften, auf Verständnis ausgerichteten Wissens ermöglicht. So kann eine Erklärung beispielsweise den praktischen Nutzen von Konzepten und Prinzipien anhand von alltagsnahen Beispielen verdeutlichen oder verschiedene Konzepte miteinander in Beziehung setzen. Weniger hilfreich für tiefes Verstehen sind demgegenüber Erklärungen, welche Lösungen zu einem Problem direkt erläutern oder oberflächliche Eigenschaften des betreffenden Problems benennen.

- Erklärungen müssen in die laufenden kognitiven Aktivitäten der Lernenden eingebettet sein. Das heißt, dass es den Lernenden ermöglicht werden muss, sich mit den in einer Erklärung vermittelten Informationen auseinanderzusetzen und diese anzuwenden, beispielsweise in einer Problembearbeitung. Ohne diese aktive Umsetzung des Erklärten erlangen Lernende höchstens oberflächliches Verständnis des Inhalts und können diesen kaum in ihr Vorwissen integrieren.

- Erklärungen dürfen die Aktivitäten der Wissenskonstruktion von Lernenden nicht ersetzen. Dabei ist es von zentraler Bedeutung, das Verständnisniveau der Lernenden zu berücksichtigen und abzuschätzen, für welche Lernenden eine Erklärung gewinnbringend ist und für welche eher nicht. Bringen Lernende bereits ein Basiswissen mit, können sie sich mit Aktivitäten der Wissenskonstruktion eigenständig auseinandersetzen. Bringen sie hingegen noch kein Vorwissen mit, sind Erklärungen in einer ersten Phase hilfreich, um die darauf aufbauende Wissenskonstruktion anzustoßen.

Des Weiteren stellt sich in diesem Zusammenhang die Frage, ob Erklärungen stets von der Lehrperson abgegeben werden müssen, um für das Lernen produktiv zu sein. Aus Forschungsarbeiten geht diesbezüglich hervor, dass Erklärungen dann besonders effektiv für den Lernprozess sind, wenn es sich um Selbsterklärungen der Lernenden handelt, dabei jedoch die Möglichkeit besteht, von der Lehrperson (ergänzende) Erklärungen zu erhalten, falls die Lernenden allein nicht weiterwissen. Als weniger produktiv für den Lernprozess erwiesen sich reine Selbsterklärungen der Lernenden, von der Lehrperson vorgebrachte Erklärungen und schließlich das gänzliche Ausbleiben von Erklärungen (VanLehn, Siler & Murray, 2003). Aus diesen Befunden wird deutlich, dass gezielt eingesetzte resp. angeregte Erklärungen als Unterstützungsstrategie durchaus Potenzial aufweisen, wenn es darum geht, vertieftes Verstehen zu erlangen.

*Modellieren*

Unter Modellieren wird mit Blick auf Unterstützungsstrategien in Lehr-Lern-Prozessen allgemein das Vorzeigen, zum Beispiel der Anwendung einer Lösungsstrategie durch eine Expertin oder einen Experten, verstanden. Die vorzeigende Person denkt dabei laut und macht den Zuhörenden die einzelnen Schritte der Problemlösung oder der Aufgabenbewältigung auf diese Weise zugänglich (Collins et al., 1989). In Bezug auf den Einsatz verhält es sich beim Modellieren gleich wie beim Erklären: Nur wenn die Strategie gezielt und im richtigen Moment im Lernprozess eingesetzt wird, weist sie Potenzial zur kognitiven Aktivierung auf. Das Vorzeigen als Modell kann beispielsweise bei der Einführung in ein Spiel, bei der Einführung einer neuen Spielvariante oder beim Darlegen eines mathematischen Verfahrens angewandt werden.

Wird diese allgemeine Begriffsbestimmung mit derjenigen der Mathematikdidaktik verglichen, dann lässt sich ein deutlicher Unterschied erkennen: Im letzteren Kontext kommt dem Modellieren eine andere Funktion zu, da es sich im Zusammenhang mit mathematischen Aufgaben auf das Überführen von Realsituationen in ein mathematisches Modell bezieht. Auf diese Weise wird es möglich, die betreffende Problemstellung mit mathematischen Mitteln zu bearbeiten und die Lösung danach wieder in die Realsituation zurückzuführen (Leiss, 2010). Dieses mathematikdidaktische Verständnis von Modellieren lässt sich jedoch ebenfalls als Unterstützungsstrategie interpretieren und entsprechend einsetzen. Auf den Untersuchungsbereich der vorliegenden Arbeit bezogen könnte dies etwa so aussehen, dass eine mathematisch schwierige Spielsituation, in welcher beispielsweise eine Menge in zwei Teilmengen zerlegt werden muss, in ein mathematisches Modell überführt wird, indem die Situation mithilfe von Material, zum Beispiel verschiedenfarbigen Legeplättchen, mathematisch verdeutlicht wird. Im Anschluss daran wird das auf diese Weise generierte mathematische Modell wieder auf die konkret vorliegende Spielsituation bezogen.

*Fragen stellen*

Im Bereich des Fragenstellens wird üblicherweise zwischen geschlossenen und offenen Fragen unterschieden. Erstere rufen in der Regel kurze, klar feststehende faktenbetreffende Antworten hervor. Wird eine entsprechende Frage nicht auf Anhieb korrekt beantwortet, werden oftmals so lange Anhaltspunkte gegeben, bis die gesuchte Antwort gefunden wird. Auf offene Fragen gibt es demgegenüber keine von vornherein eindeutig festgelegte Antwort, sondern es bestehen stets mehrere Antwortmöglichkeiten. Diese Offenheit macht diese Art von Fragestellung besonders produktiv für das Lernen, weil sie die Lernenden kognitiv aktiviert und dadurch Denkprozesse höherer Ordnung anregt.

Was den Einsatz offener Fragen in Kindergärten anbelangt, so zeigt sich allerdings eine eher ernüchternde Situation. In der Studie von Siraj-Blatchford und Manni (2008) beispielsweise konnten in zwölf Vorschuleinrichtungen, die grundsätzlich eine effektive Frühförderung umsetzten, bei je vier halbtägigen Beobachtungen insgesamt 1967 Fragen von Erwachsenen identifiziert werden. 94.5% davon wurden als geschlossen und lediglich 5.5% als offen klassifiziert.

*Hinweise geben*

Das Geben von Hinweisen besteht darin, dass die Lehrperson Anhaltspunkte gibt oder Vorschläge unterbreitet, welche den Lernenden dabei helfen, in ihrem Lösungsprozess weiterzukommen. Wichtig ist diesbezüglich, dass die Lehrperson bewusst keine vollständigen Lösungen oder detaillierten Anleitungen präsentiert (Van de Pol et al., 2010). Eine weitere Funktion von gezielten Hinweisen besteht überdies darin, Sackgassen im Lernprozess aufzuzeigen. Dies geschieht, indem Lernende absichtlich an einen Punkt geführt werden, an dem ihnen bewusst wird, dass sie in einem bestimmten Bereich eine Wissenslücke haben, die es zu schließen gilt, um eine Aufgabe oder ein Problem lösen zu können. Sackgassen sollen Lernende dazu motivieren, bei der Konstruktion eines besseren Verständnisses der zu bearbeitenden Inhalte eine aktive Rolle einzunehmen (VanLehn et al., 2003).

*Feedback geben*

Im Lehr-Lern-Kontext versteht man unter Feedback eine Rückmeldung, welche die Lernenden über die Korrektheit ihrer Arbeit informiert, beispielsweise bezogen auf eine Antwort oder eine Aufgabenlösung. Ein Feedback kann aber auch Informationen zur inhaltlichen resp. strategischen Unterstützung des Lösungsprozesses enthalten. Grundsätzlich werden zwei Arten von Feedback unterschieden, nämlich einfache und elaborierte Formen: Während Erstere Richtig-/Falsch-Rückmeldungen sind und gegebenenfalls Angaben zur Lösung beinhalten, gehen Letztere einen Schritt weiter und informieren die Lernenden darüber hinausgehend über weitere Aspekte der Problemlösung, etwa indem sie einen für die Lösung des Problems hilfreichen Hinweis geben.

Die Lernwirksamkeit von Feedbacks hängt von verschiedenen Faktoren ab. Neben der Art des Feedbacks spielen beispielsweise auch die Aufgabenschwierigkeit oder das Vorwissen der Lernenden eine Rolle. Wirksam sind grundsätzlich vor allem elaborierte Feedbacks, welche bei komplexen Aufgaben das Denken anregen und in Passung zum Vorwissen der Lernenden stehen. Lernende mit wenig Vorwissen bedürfen eher eines ausführlichen Feedbacks, wohingegen Lernende mit breitem Vorwissen mehr von unvollständigem oder suggestivem Feedback profitieren (Lipowsky, 2009).

*Produktiv mit Fehlern umgehen*

Fehler können definiert werden als Sachverhalte oder Prozesse, die von einer zuvor festgelegten oder geltenden Norm abweichen. Im Kontext von Lehren und Lernen stehen dabei vor allem inhaltlich-fachspezifische Fehler im Fokus (Oser, Hascher & Spychiger, 1999), auf die Lehrpersonen angemessen zu reagieren resp. einzugehen haben. Lepper et al. (1997) haben in diesem Zusammenhang vier den Lernprozess unterstützende Reaktionen von Tutorinnen und Tutoren auf erfolgte wie auch antizipierte Fehler von Schülerinnen und Schülern beschrieben:

- *Ignorieren:* Geringfügige und irrelevante Fehler werden ignoriert.
- *Vorwegnehmen:* Fehler, welche den Lösungsprozess behindern könnten, werden möglichst vorweggenommen. Dies geschieht, indem mögliche Fehlerquellen oder

sich andeutende Fehler sofort erkannt und mithilfe von leitenden Fragen oder Hinweisen verhindert werden. Gleichzeitig werden jedoch Fehler, welche als produktiv für den Lernprozess erachtet werden, zugelassen.

- *Eingreifen:* Kann ein geringer, aber den Lernprozess beeinträchtigender Fehler nicht vorweggenommen werden, wird direkt mit einer Korrektur interveniert, damit der Fokus danach wieder auf unmittelbar relevante Aspekte des Lösungsprozesses gerichtet werden kann.

- *Fehlerbehebung:* Sind Fehler geschehen oder bewusst zugelassen worden, wird ein Prozess der Fehlerbehebung eingeleitet. Dieser verläuft erneut über das Stellen von Fragen oder das Geben von Hinweisen und verfolgt das Ziel, die Lernenden den Fehler möglichst selbst identifizieren und beheben zu lassen. Wenn dies nicht möglich ist, werden die Lernenden schrittweise durch den Fehlerbehebungsprozess geführt.

Der letztgenannte Punkt wird oft auch als „Lernen aus Fehlern" bezeichnet, womit der Gedanke verbunden ist, dass die betreffenden Fehler künftig nicht mehr gemacht werden sollten. Des Weiteren lässt sich aus Fehlern auch sogenanntes „negatives Wissen" aufbauen. Dieses besteht darin, sich darüber im Klaren zu sein, welche Aspekte nicht zu einem Sachverhalt gehören resp. welche Vorgehensweisen nicht angewendet werden können. Um aus Fehlern zu lernen oder negatives Wissen aufbauen zu können, bedarf es einer positiven Fehlerkultur, in welcher sich Lernende weder schämen noch schlecht fühlen, wenn ihnen ein Fehler unterläuft (Oser et al., 1999).

*Gemeinsam geteilte Denkprozesse*

Bei gemeinsam geteilten Denkprozessen (Sylva et al., 2004) – bekannt geworden unter der Bezeichnung „Sustained Shared Thinking" (Siraj-Blatchford, Sylva, Muttock, Gilden & Bell, 2002) – handelt es sich um Situationen, in denen zwei oder mehrere Personen gemeinsam zusammenarbeiten, um ein Problem zu lösen, eine Aufgabe zu verstehen, Konzepte zu klären, Aktivitäten auszuhandeln etc. Meistens konnte diese Art des gemeinsamen Arbeitens in Eins-zu-eins-Situationen zwischen einer Pädagogin oder einem Pädagogen und einem Kind beobachtet werden. Dabei sollten beide Beteiligten in eine aktive Ko-Konstruktion von Ideen und Fähigkeiten involviert sein und, abhängig von der jeweiligen Konstellation, zu gleichen oder ungleichen Anteilen zum gemeinsamen Denkprozess beitragen, der sich dadurch kontinuierlich weiterentwickelt. Als Voraussetzung für gemeinsam geteilte Denkprozesse genannt wird gemeinhin, dass die (Kindergarten-)Lehrperson den aktuellen Lern- und Entwicklungsstand des Kindes in Bezug auf den zu behandelnden Inhalt kennen und ihre Äußerungen und Handlungen darauf abstimmen sollte. Zudem muss dem Kind selbst bewusst sein, was es zu lernen gilt. Interaktionen, die gemeinsam geteilte Denkprozesse beinhalten, können von Unterstützung, Erweiterung, Diskussion, Modellierung oder Spiel geprägt sein (Siraj-Blatchford et al., 2002).

*Unterstützungsstrategien im Überblick*

Die verschiedenen im Vorhergehenden erläuterten Unterstützungsstrategien kommen während der unterschiedlichen Phasen des Scaffoldingprozesses verschieden stark zum Einsatz. Zu Beginn der Lernbegleitung, wenn die Lernenden noch stark unterstützt werden müssen, lassen sich eher Unterstützungsstrategien wie Erklären oder Modellieren beobachten. Mit der allmählichen Zurücknahme der Lehrperson und der gleichzeitigen kontinuierlichen Übertragung der Lernverantwortung auf das Kind gelangt besonders das Fragenstellen zur Anwendung, während gegen Ende des Prozesses, wenn nur noch ganz wenig Unterstützung geboten werden muss, vor allem das Geben von Hinweisen oder Feedback im Vordergrund steht (Radford, Bosanquet, Webster, Blatchford & Rubie-Davies, 2014).

Nachdem in diesem Teilkapitel die theoretisch-konzeptuellen Grundlagen der individuell-adaptiven Lernunterstützung unter Bezugnahme auf Scaffoldingprozesse und unterschiedliche dabei einsetzbare Unterstützungsstrategien behandelt wurden, wird nachfolgend auf eine Auswahl aktueller Forschungsbefunde zu diesem Bereich eingegangen.

## 6.2 Empirische Befunde zur individuell-adaptiven Lernunterstützung

Nach wie vor liegen erst relativ wenige Forschungsarbeiten zur individuell-adaptiven Lernunterstützung im Allgemeinen vor (Krammer, 2009). Noch dünner gesät sind solche Studien im Kindergartenbereich, wovon wiederum nur ganz wenige die mathematikbezogene Lernunterstützung fokussiert haben. An dieser Stelle werden ausgewählte Untersuchungen zusammengetragen, welche diejenigen Facetten beleuchten, die für die vorliegende Studie direkt relevant sind. Das Ziel dieser Übersicht besteht darin, aufzuzeigen, dass im interessierenden Bereich noch Forschungslücken bestehen, welche mittels der vorliegenden Studie zumindest teilweise geschlossen werden sollen.

Zuerst werden Untersuchungen präsentiert, die sich fachübergreifend mit förderorientierten Interaktionen im Kindergartenkontext beschäftigten (Kap. 6.2.1). Danach stehen fachdidaktische Forschungsarbeiten im mathematischen Bereich (Kap. 6.2.2) im Zentrum, bevor der Blick in einem weiteren Schritt auch auf Studien aus dem naturwissenschaftlichen (Kap. 6.2.3) und dem sprachlichen Bereich (Kap. 6.2.4) gerichtet wird. Die Untersuchungen aus anderen Fachrichtungen werden ergänzend herangezogen, weil sie trotz ihres anders gesetzten fachlichen Schwerpunkts zu ähnlichen Ergebnissen gekommen sind. Abgeschlossen wird die Zusammenstellung mit einem kurzen Fazit zur aktuellen Befundlage im Bereich der individuell-adaptiven Lernunterstützung (Kap. 6.2.5).

### 6.2.1 Interaktionen im Kindergartenalltag

In diesem Kapitel werden zwei Studien berichtet, die sich mit alltäglichen Interaktionen im Kindergartenkontext befassten. Obwohl sie in unterschiedlichen Ländern durchgeführt wurden, fielen ihre Ergebnisse sehr ähnlich aus.

Eine der für den deutschsprachigen Raum zentralen Untersuchungen wurde von König (2009) durchgeführt. Um alltägliche Interaktionsprozesse zwischen Erziehenden und Kindern zu untersuchen, videografierte die Forscherin 61 erziehende Personen während einer Stunde ihres Arbeitstages und codierte deren Aussagen danach mithilfe eines Beobachtungsrasters mit acht Grobkategorien und 33 Items. Ausgewählte, für die vorliegende Studie als relevant erachtete Ergebnisse werden nachfolgend aufgeführt.

Im Bereich „Motivieren" zeigte sich, dass die Erziehenden relativ selten an das Wissen und die Erfahrungen der Kinder anknüpften. Im Bereich „Reagieren" nahm die Kategorie „Kommentieren" die zentrale Rolle ein, während nur selten ein Feedback mit Bestätigung gegeben wurde. Im Bereich „Erweitern/Differenzieren" kam die Kategorie „Erklären" am häufigsten vor, wobei die Form „Begründungen bzw. Rechtfertigungen" dominierte. Nur selten konnten konstruktive Hinweise wie „Ermutigung zum Ausprobieren" oder „Geben von konstruktiven Hinweisen" festgestellt werden. Zudem wurden Problemlöseprozesse kaum zum Anregen eines wechselseitigen Austauschs genutzt und Ideen der Kinder nur selten aufgegriffen. Auch positives Feedback war nicht oft auszumachen. Das Item „Dialogisch-entwickelnder Interaktionsprozess" konnte lediglich einer einzigen Sequenz zugeordnet werden. Die erziehenden Personen dominierten die Interaktionen somit weitestgehend. Gesamthaft zeigte sich dementsprechend, dass in den analysierten Interaktionsprozessen kaum stimulierender Austausch initiiert wurde. Die Interaktionen waren stark von Alltäglichem geprägt (z.B. Handlungsanweisungen), wobei vorwiegend instruiert und nur am Rande konstruiert wurde. Die Kernschlussfolgerung aus diesen Ergebnissen lautet König (2009) zufolge, dass die Erziehenden zwar oft Kontakt zu den Kindern hätten, diesen jedoch nicht für differenzierte Auseinandersetzungen nutzen würden.

Eine thematisch ähnliche Studie, allerdings in viel größerem Rahmen, wurde in England von Forschenden der Universitäten London und Oxford durchgeführt. In der bereits in der Kapiteleinleitung erwähnten längsschnittlich angelegten EPPE-Studie („Effective Provision of Pre-school Education") wurden über 3000 Kinder in 141 Vorschuleinrichtungen mit dem Ziel untersucht, effektive pädagogische Strategien in der Frühpädagogik zu identifizieren (Sylva et al., 2010). Im Rahmen der Studie wurden zwölf Einrichtungen, deren Pädagogik in Bezug auf die Entwicklungsförderung der Kinder als besonders effektiv erachtet worden war, einer differenzierten Fallanalyse unterzogen (Siraj-Blatchford et al., 2002). Mittels der Fallstudien konnten Bereiche der pädagogischen Praxis ermittelt werden, welche als mögliche Erklärung für die höhere Effektivität der untersuchten Einrichtungen gelten können. Einen der fünf diesbezüglich infrage kommenden Bereiche bildete die Qualität der verbalen Interaktion zwischen Erwachsenen und Kindern. Als besonders effektiv stellten sich gemeinsam geteilte Denkprozesse („Sustained Shared Thinking") zwischen Erwachsenen und Kindern heraus (Sylva, Melhiush, Sammons, Siraj-Blatchford & Taggart, 2004). Allerdings wurde festgestellt, dass solche gemeinsam geteilten Denkprozesse generell nur selten auszumachen waren. In denjenigen Fällen, in denen diese Form der Interaktion beobachtet werden konnte, zeigte sich jedoch, dass sie das kindliche Denken zu erweitern vermochte. Entsprechend folgerten die Forschenden, dass gemeinsam geteilte Denkprozesse eine notwendige Voraussetzung für eine effektive Betreuung in Vorschulinstitutionen darstellen würden (Sylva et al., 2003).

Diesen beiden Studien kann deutlich entnommen werden, dass alltägliche Interaktionen zwischen der Kindergartenlehrperson und den Kindern nur in den wenigsten Situationen von hoher Förderqualität im Sinne einer kognitiven Aktivierung, die zu vertieftem Verständnis führen würde (Kap. 6.1.4), geprägt sind.

## 6.2.2 Mathematischer Bereich

Im mathematischen Bereich liegen einerseits fachdidaktische Studien vor, welche sich vor allem mit dem Ausmaß an mathematikbezogenen Interaktionen in Vorschuleinrichtungen auseinandersetzten, und andererseits solche, welche die Gestaltung dieser mathematikbezogenen Interaktionen betrachteten.

*Ausmaß an mathematikbezogenen Interaktionen*

Mit dem Ausmaß an mathematikbezogenen Interaktionen in Vorschuleinrichtungen beschäftigten sich beispielsweise Klibanoff, Levine, Huttenlocher, Vasilyeva und Hedges (2006) oder Boonen et al. (2011). Nachstehend wird auf die neuere Studie von Boonen et al. (2011) eingegangen, die den Einfluss des Ausmaßes an mathematikbezogenen Interaktionen zwischen der Kindergartenlehrperson und den Kindern auf die mathematische Kompetenz der Kinder im Bereich „number sense" in den Blick nahm. Dazu untersuchten die Forschenden in 15 niederländischen Kindergärten bei 35 Kindergartenlehrpersonen und insgesamt 251 im Durchschnitt ca. fünfjährigen Kindern einstündige Sequenzen im Klassenkreis, von denen je 30 Minuten einer selbst gewählten mathematisch orientierten Aktivität gewidmet wurden. Die videografierten Einheiten wurden bezüglich neun unterschiedlicher mathematischer Inputarten codiert („Zählen", „Kardinalität", „Gleichwertigkeit", „Ungleichwertigkeit", „Zahlensymbole", „Zahlen zu Alter, Datum und Zeit", „Ordnen", „Rechnen" sowie „Angaben zu Tagen und Wochen") und in Beziehung zu den mathematischen Kompetenzen in den Bereichen „Mengenvergleich", „Verbale Zählfertigkeit", „Ziffernkenntnis" und „Zahlenreihenfolge" gesetzt.

Die Resultate verweisen grundsätzlich auf einen Zusammenhang zwischen dem von der Kindergartenlehrperson initiierten mathematischen Gespräch und der mathematischen Kompetenz der Kinder, wobei insbesondere die Testergebnisse im Bereich „Verbale Zählfertigkeit" beeinflusst wurden. Allerdings zeigte nur die Kategorie „Zahlen zu Alter, Datum und Zeit" einen positiven Effekt auf die Zählfertigkeit der Kinder, während die Kategorien „Zählen", „Zahlensymbole" und „Ordnen" einen negativen Effekt aufwiesen. Das mathematische Gespräch wirkte sich auch auf die Bereiche „Mengenvergleich", „Ziffernkenntnis" und „Zahlenreihenfolge" aus, jedoch etwas weniger stark. Positive Effekte auf die generelle mathematische Fähigkeit der Kinder („number sense") zeigten die Gesprächsinputs der Kategorien „Kardinalität" und „Zahlen zu Alter, Datum und Zeit". Diesbezüglich negative Effekte ergaben sich unter anderem für die Kategorie „Rechnen".

Aus diesen Befunden folgerten die Autorinnen und Autoren hypothetisch, dass eine große Vielfalt von mathematischen Gesprächsinputs wie auch ein Fokus auf Aktivitäten mit einem hohen Anspruch an kognitive Operationen, zum Beispiel das Rechnen, im Kindergartenalter wenig nutzbringend seien oder sich gar negativ auf den mathematischen Kompetenzaufbau von Kindergartenkindern auswirken könnten. Diese datengestützte Hypothese begründeten sie wie folgt: „If children are not prepared to deal with specific higher level mathematical activities ..., it can cause confusion, which has a negative influence on children's number sense acquisition. Teachers should therefore be careful and selective with the amount and diversity of math talk they provide" (Boonen et al., 2011, S. 297).

*Gestaltung von mathematikbezogenen Interaktionen*

In der PRIMEL-Studie („Professionelles Handeln im Elementarunterricht") (Kucharz et al., 2014) stand im Gegensatz zur Studie von Boonen et al. (2011) nicht das Ausmaß der mathematikbezogenen Interaktionen im Zentrum, sondern deren Gestaltung. Im Rahmen der Studie wurden Fachkräfte des Kindergartens mit unterschiedlichem Ausbildungshintergrund im Hinblick auf die Qualität ihres pädagogischen Handelns im Freispiel wie auch in domänenspezifischen Bildungsangeboten vergleichend untersucht, unter anderem mit Blick auf die Lernprozessgestaltung. Im Freispiel ließen sich gesamthaft nur wenige den Lernprozess gestaltende Impulse beobachten, wobei anspruchsvollere Interventionen zur kognitiven Aktivierung besonders selten vorkamen. Die Fachkräfte waren vorwiegend damit beschäftigt, einen reibungslosen Ablauf des Freispiels zu gewährleisten, meist jedoch ohne die dadurch entstandenen Freiräume für die Anregung von Lernprozessen zu nutzen (Tournier, Wadepohl & Kucharz, 2014).

Im Zusammenhang mit mathematischen Bildungsangeboten wurde der Lernprozess demgegenüber deutlich öfter angeregt. In diesem Teil der Studie wurden zwei Dimensionen unterschieden und einander gegenübergestellt: Items zur Codierung von kognitiv aktivierenden Impulsen und Items mit niedriger Anregungsqualität. Bei der Auswertung des Datenmaterials ließen sich Unterschiede in verschiedenen Inhaltsbereichen ausmachen: So waren in den Bereichen „Raum und Form" und „Muster und Strukturen" mehr kognitiv aktivierende Impulse zu beobachten als in anderen Inhaltsbereichen, wohingegen bei Aktivitäten zu den Bereichen „Zahlen und Operationen" und „Größen und Messen" Impulse niedriger Anregungsqualität vorherrschten. Insgesamt wurden bei den Fachkräften in überwiegender Zahl Impulse mit niedriger Anregungsqualität beobachtet. Die Kinder wurden während ihres mathematischen Tuns somit nur selten kognitiv aktivierend unterstützt (Hüttel & Rathgeb-Schnierer, 2014). Allerdings lag die Übereinstimmung der Beurteilenden im Bereich der mathematischen Bildungsangebote mit 41.65% sehr tief. Ebenfalls diskutieren ließe sich, ob die Items zum Aspekt „Niedrige Anregungsqualität" diese Dimension tatsächlich in Abgrenzung zu kognitiver Aktivierung abzubilden vermögen. Und nicht zuletzt merkten die Forschenden selbst kritisch an, dass es aus mathematikdidaktischer Sicht weiterer Items, insbesondere zur kognitiven Aktivierung, bedurft hätte.

Auch Bruns (2014) befasste sich in ihrer Studie mit der Gestaltung von mathematikbezogenen Interaktionen. Sie legte den Fokus allerdings nicht auf die kognitive Aktivierung, sondern auf die Adaptivität der Unterstützung von pädagogischen Fachpersonen im Elementarbereich. In einer quasiexperimentellen Querschnittstudie, welche in Deutschland und in der Schweiz durchgeführt wurde, untersuchte sie mit einem multimethodischen Design 31 elementarpädagogische Fachpersonen in Bezug auf ihre adaptive Förderleistung. Von einer sehr breiten und vielfältigen Datengrundlage ausgehend teilte die Forscherin die pädagogischen Fachpersonen hinsichtlich der adaptiven Förderleistung fünf Profilgruppen zu. Gesamthaft zeigte sich, dass pädagogische Fachpersonen Kinder eher unangemessen adaptiv förderten. Entsprechend konnte keine der Fachpersonen der Profilgruppe optimaler adaptiver Unterstützung zugeteilt werden. Mit abnehmendem adaptivem Förderverhalten fanden sich neun Fachpersonen in der zweiten Gruppe, dreizehn in der dritten, acht in der vierten und eine Fachperson schließlich in der fünften Gruppe, in welcher das adaptive Verhalten am niedrigsten ausgeprägt war.

Aus mathematikdidaktischer Perspektive kann aus diesen Befunden geschlossen werden, dass das Ausmaß an mathematikbezogenen Interaktionen grundsätzlich eine Tendenz aufweist, sich positiv auf die Kompetenzentwicklung auszuwirken, diese Interaktionen gleichzeitig jedoch nur relativ geringfügig von kognitiver Aktivierung und Adaptivität geprägt sind.

### 6.2.3 Naturwissenschaftlicher Bereich

Zum naturwissenschaftlichen Bereich werden zwei aktuelle fachdidaktische Studien berichtet, deren eine die Art von verbalen Unterstützungsmaßnahmen untersuchte, während die andere spezifisch das „Sustained Shared Thinking" vertieft analysierte.

Leuchter und Saalbach (2014) untersuchten verbale Unterstützungsmaßnahmen von Kindergarten- und Grundschullehrpersonen aus 13 Kindergarten- und 14 Grundschulklassen in der Schweiz im Zusammenhang mit einem naturwissenschaftlichen Lernangebot im Bereich „Schwimmen und Sinken", wobei sie unter anderem die Art der verbalen Unterstützungsmaßnahmen in den Blick nahmen. Deren Anspruchsgehalt wurde mit fachlichem und fachdidaktischem Wissen in Beziehung gesetzt; anspruchsvollere Inputs verwiesen dabei auf ein höheres Maß an fachlichem und fachdidaktischem Wissen als weniger anspruchsvolle. Wie sich bei der Datenanalyse herausstellte, waren die Kinder vor allem mit jenen Maßnahmen unterstützt worden, die von der Autorin und dem Autor als wenig anspruchsvoll eingeschätzt wurden, beispielsweise indem Aufgaben gezeigt resp. angeleitet wurden und Vorwissen aktiviert wurde. Als anspruchsvoller bewertete Maßnahmen wie das Einfordern von Begründungen und das Anregen von Vergleichen oder kognitiven Konflikten konnten demgegenüber seltener beobachtet werden. Leuchter und Saalbach (2014) halten jedoch kritisch fest, dass auch die Adaptivität der Interaktion zwischen dem Kind und der Lehrperson einen wichtigen Faktor der Unterstützungsqualität darstelle, dieser in der vorliegenden Studie aber nicht berücksichtigt worden sei.

Im deutschen Forschungskontext untersuchte auch Hopf (2012) Interaktionen zwischen Pädagoginnen und Kindern im Rahmen von Lehr-Lern-Einheiten im frühen naturwissenschaftlich-technischen Bereich. Dabei fokussierte sie diejenigen Interaktionsformen, welche „Sustained Shared Thinking" beinhalteten und deshalb als besonders entwicklungsfördernd betrachtet wurden. In zwei Kindertageseinrichtungen wurden von wissenschaftlichen Projektmitarbeitenden während sechs Monaten wöchentlich 30 bis 40 Minuten dauernde naturwissenschaftlich-technische Lehr-Lern-Einheiten umgesetzt, die jeweils videografiert wurden. Insgesamt nahmen 39 Kinder im Alter von fünf und sechs Jahren an der Studie teil. Zur Datenanalyse wurden verschiedene Verfahren kombiniert. Die Ergebnisse der quantitativen Analysen zeigten, dass „Sustained Shared Thinking" relativ häufig vorkam. In 33.8% der Turns, welche kognitiven Interaktionen zugeteilt worden waren, fand „Sustained Shared Thinking" statt. In mehr als doppelt so vielen Turns fand eine direkte Unterweisung statt und in ganz wenigen Turns wurden die Kinder von der Kindergartenlehrperson begleitend beobachtet.

Mittels der dokumentarischen Methode wurde die Gestaltung der als „Sustained Shared Thinking" codierten Einheiten danach auch noch qualitativ untersucht. Dabei wurde zunächst die Struktur rekonstruiert, woraus deutlich wurde, dass diese Art der Interaktion meistens von der Pädagogin ausgehend über eine offene Fragestellung eingeleitet wurde.

Im Verlauf der Interaktion ließ sich dann ein „Versinken" in der Interaktion beobachten, während die Beendigung der Interaktion oftmals durch eine direkte Unterweisung erfolgte. Des Weiteren arbeitete die Autorin drei charakteristische Merkmale von „Sustained Shared Thinking" heraus, die sie als konstruktive Elemente erachtete: das Aushandeln eines gemeinsamen Themas zwischen der Pädagogin und dem Kind, die sprachlich-kognitive Interaktionsorientierung der Pädagogin gegenüber der handlungspraktischen Interaktionsorientierung des Kindes sowie curriculare Interaktionsstrategien der Pädagogin gegenüber situativen Interaktionsstrategien des Kindes.

Die Ergebnisse der beiden Studien zeigen tendenziell gegensätzliche Ergebnisse. Wurden bei Leuchter und Saalbach (2014) vor allem wenig anspruchsvolle Unterstützungsmaßnahmen beobachtet, zeigte sich bei Hopf (2012) ein relativ großer Anteil an Interaktionen mit „Sustained Shared Thinking". Allerdings wurden die Lehr-Lern-Einheiten bei Hopf (2012) von wissenschaftlichen Projektmitarbeitenden durchgeführt, was die These von Leuchter und Saalbach (2014) stützt, welche besagt, dass der Anspruchsgehalt der Interaktionen stark vom fachlichen und fachdidaktischen Wissen der Lehrperson abhänge.

### 6.2.4 Sprachlicher Bereich

Im sprachlichen Bereich lassen sich kaum fachdidaktische Studien finden, welche spezifisch der individuellen Lernunterstützung im Kindergarten nachgehen. Eine bereits etwas ältere Studie stammt von Fliedner (2004), die sich mit Interaktionen von Kindergartenkindern mit ihren Hauptbezugspersonen (Erziehende und Mütter) bei gemeinsamen Bilderbuchbetrachtungen befasste. Dabei standen einerseits das Sozialverhalten und andererseits der kognitive Austausch im Fokus. Mithilfe von Videoanalysen untersuchte und bewertete die Forscherin die von den Kindern erfahrene Interaktionsqualität, was zu den folgenden Hauptergebnissen führte: Fliedner (2004) stellte beim Verhalten während der Interaktion mit dem Kind einen signifikanten Unterschied zwischen erziehenden Personen und Müttern fest, wobei sich der Hauptunterschied in der kognitiven Aktivierung manifestierte. Erziehende verbrachten im Gegensatz zu Müttern mehr Zeit mit der gemeinsamen Betrachtung von Bilderbüchern und regten die Kinder vermehrt zum Gespräch über das Buch an. Während der Bilderbuchbetrachtung zeigten Erziehende laut Fliedner (2004) tendenziell ein „interaktives Frage-Antwort-Verhalten", Mütter hingegen eher ein erklärendes. Die Forscherin bewertete zwei Drittel aller beobachteten Interaktionen als fördernd, wobei zwei der 52 beobachteten Kinder eine optimale Förderung erfuhren. Ein Drittel der beobachteten Interaktionen wies im Gegensatz dazu Verbesserungsbedarf auf.

### 6.2.5 Fazit zur aktuellen Befundlage

Zusammenfassend kann festgehalten werden, dass die Mehrheit der berichteten Studien über alle berücksichtigten Fachbereiche hinweg zum Schluss gelangte, dass förderorientierte Interaktionen zwischen Kindergartenlehrpersonen und Kindern einen relativ geringen Anteil an stimulierendem, kognitiv aktivierendem resp. konstruktivem Austausch aufweisen. Zugleich wird im Zusammenhang mit der kindlichen Kompetenzentwicklung nachdrücklich auf die zentrale Bedeutung solcher förderorientierten Interaktionen hingewiesen.

## 6.3 Resümee zur individuell-adaptiven Lernunterstützung

Kinder individuell und adaptiv in ihrem Lernen zu unterstützen, ist besonders deshalb von Bedeutung, weil dadurch produktive mathematische Lerngelegenheiten in der Zone der nächsten Entwicklung angeregt werden können. Die Basis dafür bildet im Kontext des Kindergartens eine formativ-prozessbegleitende Diagnose der Formen „on-the-fly" und „planned-for-interaction". Ausgehend von der Kenntnis des individuellen Lern- und Entwicklungsstandes der zu fördernden Kinder kommen bei der Gestaltung von Lerneinheiten sodann makro- und mikroadaptive Maßnahmen zum Einsatz. Werden Kinder im Rahmen eines Scaffoldingprozesses mithilfe von geschickt eingesetzten Strategien individuell-adaptiv unterstützt, können sie in ihrem Kompetenzaufbau weitergebracht werden.

Die Befunde zur individuell-adaptiven Lernunterstützung deuten insgesamt darauf hin, dass in der Praxis des Kindergartens diesbezüglich noch großes Potenzial vorhanden ist. Für die vorliegende Studie ist in diesem Zusammenhang besonders der mathematische Bereich von Interesse. Bereits in Kapitel 2 wurde auf die große Relevanz der mathematischen Förderung im Kindergarten hingewiesen. Anhand der im vorliegenden Kapitel berichteten Forschungsergebnisse konnte darüber hinaus aufgezeigt werden, dass eine individuell-adaptive mathematikbezogene Lernunterstützung einen wesentlichen Beitrag zur mathematischen Förderung im Kindergarten leisten könnte. Allerdings ist die Forschung in diesem Bereich zurzeit noch wenig fortgeschritten und aussagekräftig. In bisher durchgeführten Studien wurden nur einzelne Aspekte der mathematischen Lernunterstützung in den Blick genommen. So untersuchten beispielsweise Boonen et al. (2011) das Ausmaß an mathematikbezogenen Gesprächen, hielten aber selbstkritisch fest, dass die Quantität der Interaktionen nichts über deren Qualität auszusagen vermöge. In der PRIMEL-Studie wurde diesem Desiderat zwar ein Stück weit nachgekommen, die Qualität der Interaktionen wurde jedoch lediglich sehr spezifisch auf die kognitive Aktivierung bezogen beurteilt. Die gleiche Einschränkung gilt auch für die Arbeit von Bruns (2014), die nur einen bestimmten Aspekt von Qualität, nämlich die Adaptivität, fokussierte.

Vor diesem Hintergrund soll die Umsetzung der individuell-adaptiven mathematikbezogenen Lernunterstützung in der vorliegenden Studie umfassender und mit Blick auf die Ausprägung verschiedener, in diesem Kapitel erörterter Aspekte der Lernunterstützung untersucht werden. Dabei sollen diagnostische, makro- und mikroadaptive Elemente einer individuell-adaptiven Lernunterstützung in die Untersuchung miteinbezogen werden. Diese ganzheitliche Herangehensweise erlaubt es, die Ergebnisse der Analysen später konstruktiv in die Aus- und Weiterbildung von Kindergartenlehrpersonen einfließen zu lassen, damit das Potenzial, welches die individuell-adaptive Lernunterstützung eigentlich aufwiese, künftig (noch) besser ausgeschöpft werden kann.

Mit dem Ende von Kapitel 6 sind die theoretisch-konzeptuellen und empirisch abgestützten Grundlagen der vorliegenden Arbeit nun aufbereitet und dargelegt worden. Um sämtliche bis anhin erfolgten Ausführungen abschließend zu einem kohärenten und tragfähigen Ganzen zusammenzufügen, werden die bisherigen Erkenntnisse im nachfolgenden Kapitel 7 in einer Synthese verbunden und in einem Modell verdichtet.

# Teil IV
# Synthese

# 7 Synthese: Modellierung der individuell-adaptiven Lernunterstützung

Unter Einbezug aller bisherigen theoretischen und empiriebasierten Ausführungen wird in diesem den Grundlagenteil abschließenden Kapitel das für die vorliegende Studie konstitutive Verständnis von individuell-adaptiver Lernunterstützung im Sinne einer Synthese erläutert und in einem selbst entwickelten Modell dargestellt (Kap. 7.1). Dieses Modell wird danach in Kapitel 7.2 zu Illustrationszwecken auf eine konkrete Spielsituation im Kindergarten angewandt.

## 7.1 Modell individuell-adaptiver Lernunterstützung in mathematischen Regelspielsituationen

Basierend auf den drei Grundlagenteilen der vorliegenden Arbeit kann der Begriff der individuell-adaptiven mathematischen Lernunterstützung, welcher das theoretisch-konzeptuelle Fundament dieser Studie bildet, wie folgt definiert werden: *Individuell-adaptive Lernunterstützung bezieht sich auf das auf eine differenzierte Diagnose folgende, im Voraus geplante oder spontane Eingreifen der Kindergartenlehrperson in das Spiel der Kinder, um ein Kind (resp. mehrere Kinder) unter Berücksichtigung seines individuellen Lernstands und mit Blick auf seinen individuellen Aufbau von mathematischen Kompetenzen durch eine passgenaue und graduell abnehmende Unterstützung in der Zone der nächsten Entwicklung so zu fördern, dass es sein mathematisches Verständnis vertieft und die im Fokus stehende neue Teilkompetenz selbstständig anwenden kann.*

Das in Abbildung 15 aufgeführte Modell visualisiert eine Möglichkeit, den zyklischen Prozess einer individuell-adaptiven Lernunterstützung im Kontext einer Spielsituation mit mathematikhaltigen Regelspielen im Kindergarten schematisch darzustellen. Das Modell umfasst die Handlungen der Kindergartenlehrperson vor der Spielsituation, das heißt die Vorbereitungs- und Planungsphase, die Handlungen während der Spielsituation, das heißt die Durchführungsphase, sowie die Handlungen nach der Spielsituation, welche mit einer erneuten Vorbereitungs- und Planungsphase zusammenfallen, womit der Förderzyklus wieder von vorn beginnt.

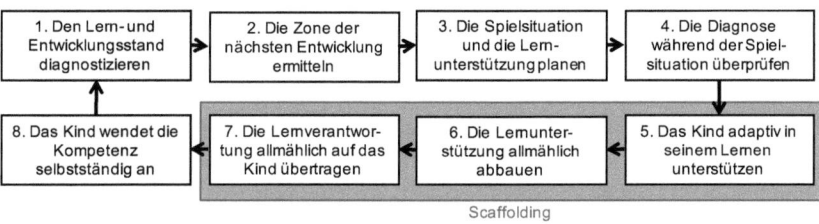

Abbildung 15: Modell individuell-adaptiver Lernunterstützung in Regelspielsituationen.

Die ersten drei Felder des Modells beziehen sich auf Handlungen der Kindergartenlehrperson *vor der Spielsituation*. Unter Berücksichtigung vorangehender Spiel- und Lernaktivitäten beobachtet und dokumentiert (Bruns, 2014) sie den aktuellen Lern- und Entwicklungsstand der einzelnen Kinder, zum Beispiel im in der vorliegenden Studie fokussierten Bereich der Mengen-Zahlen-Kompetenzen. Von dieser Bestimmung der verschiedenen Lernstände der Kinder ihrer Lerngruppe ausgehend leitet sie sodann eine schülerglobale Diagnose (Karst, 2012) ab und bestimmt die Zone der nächsten Entwicklung (Vygotsky, 1978) einzelner Kinder oder Kindergruppen. Auf dieser Basis und unter Bezugnahme auf ihre Diagnose plant die Kindergartenlehrperson danach makroadaptive Maßnahmen (Schrader, 2012), beispielsweise die Zuteilung der Regelspiele resp. der Regelspielvarianten in Abstimmung mit den damit angesprochenen Mengen-Zahlen-Kompetenzen oder die kompetenzstandbezogene Gruppierung der Kinder, die gemeinsam spielen. Des Weiteren kann sie im Rahmen eines „Planned-for-Interaction Formative Assessment" (Shavelson et al., 2008) Interaktionen zur Diagnose oder Förderung von Mengen-Zahlen-Kompetenzen planen, indem sie sich beispielsweise Fragen, die den Kern einer spezifischen Kompetenz betreffen, überlegt oder Material resp. gute Erklärungen für antizipierbare Schwierigkeiten der Kinder vorbereitet.

Die darauffolgenden Felder vier bis sieben des Modells umfassen Handlungen der Kindergartenlehrperson *während der Spielsituation*. Während die Kinder spielen, prüft die Kindergartenlehrperson ihre Diagnose sowie ihre auf dieser Grundlage erstellte Planung im Sinne eines „On-the-Fly Formative Assessment" (Shavelson et al., 2008). Daraufhin entscheidet sie, ob ein Eingreifen in das Spiel der Kinder notwendig ist, und wägt ab, ob der Spielfluss oder die Lernunterstützung Vorrang haben soll. Beobachtet die Kindergartenlehrperson eine Situation, welche eine Lerngelegenheit bietet, kann sie entweder ihrer vorgängigen Planung entsprechend oder aber spontan in das Spiel der Kinder eingreifen. Dabei stützt sie sich auf die Beobachtung der Aktivitäten und verwendet diese als Ausgangspunkt für die Anregung von individuellen Lernprozessen (Kucharz et al., 2014). Ginsburg und Ertle (2008, S. 59) bezeichnen dies treffend als „seize on the teachable moment". Entscheidet sich die Kindergartenlehrperson für eine Intervention, dann kann sie ein Kind oder auch mehrere Kinder mittels Scaffolding fördern (Wood et al., 1976), wobei sie ihre Unterstützungsstrategien mikroadaptiv an den Lern- und Entwicklungsstand der Kinder und an die Spielsituation anpasst (Radford et al., 2014; Schrader, 2012). In dem Maße, in dem das jeweils geförderte Kind kompetenter wird, verringert die Kindergartenlehrperson allmählich die Unterstützung und übergibt die Lernverantwortung schrittweise dem Kind (Van de Pol et al., 2010). Kindergartenlehrpersonen müssen somit in der Lage sein, Lerngelegenheiten zu erkennen, produktiv aufzunehmen und weiterzuführen, damit diese in effektives Lernen münden können (VanLehn et al., 2003).

Das achte und letzte Feld des Modells markiert das Ziel jedes Zyklus, da das Kind nun in der Lage ist, eine zuvor über seinen Fähigkeiten liegende Handlung sicher und in verschiedenen Situationen durchzuführen resp. die fokussierte Kompetenz anzuwenden. Der Förderkreis schließt sich, sobald die Kindergartenlehrperson anhand fortlaufender Beobachtungen und Dokumentationen feststellt, dass der neue Kompetenzaspekt vom Kind vertieft verstanden und beherrscht wird und es daher erneut einen Schritt weitergeführt werden kann.

Dieser zyklisch modellierte Prozessablauf einer individuell-adaptiven Lernunterstützung in mathematischen Regelspielsituationen im Kindergarten soll nun zu Illustrationszwecken ganz konkret auf mathematische Kompetenzen und spezifisch auf Regelspiele bezogen werden.

## 7.2 Das Unterstützungsmodell in der konkreten Spielsituation

Das zuvor in seinen Grundzügen vorgestellte, auf der Grundlage von theoretischen Überlegungen und empirischen Erkenntnissen entwickelte Modell individuell-adaptiver Lernunterstützung in Regelspielsituationen (Abb. 15) wird nachfolgend anhand von Spielsituationen mit Regelspielen aus dem spimaf-Projekt exemplarisch konkretisiert. Zu diesem Zweck wird die individuell-adaptive Lernunterstützung beim Aufbau des Teil-Ganzes-Konzepts entlang der acht Felder Schritt für Schritt dargelegt.

*Feld 1: Den Lern- und Entwicklungsstand diagnostizieren*

Eine Kindergartenlehrperson beobachtet im Kindergartenalltag, dass insbesondere vier Kinder ihrer Gruppe die Anzahlen im Zahlenraum von eins bis zehn sicher bestimmen können. Kleinere Anzahlen bestimmen sie simultan, größere zählen sie systematisch und strukturiert ab. Anhand des in Kapitel 3.3.3 vorgestellten progressiven Kompetenzmodells diagnostiziert die Kindergartenlehrperson den momentanen Lern- und Entwicklungsstand der Kinder und stellt fest, dass diese die Kompetenz „Anzahlen bestimmen im Zahlenraum bis zehn" auf allen Kompetenzstufen bereits beherrschen (in Abb. 16 hellgrau schattiert).

*Feld 2: Die Zone der nächsten Entwicklung ermitteln*

Die Kindergartenlehrperson möchte mit den betreffenden Kindern im Kompetenzbereich „Mengen und Zahlen" einen Schritt weitergehen. Sie entscheidet sich, angesichts der guten Anzahlbestimmungskompetenzen der Kinder das Zerlegen und Zusammensetzen von Mengen zu thematisieren. Anhand des progressiven Kompetenzmodells verschafft sie sich einen Überblick über den Aufbau dieser Kompetenz. Aufgrund der beobachtbaren Fähigkeiten geht die Kindergartenlehrperson davon aus, dass die Kinder die zweite Kompetenzstufe im Bereich des Zerlegens und Zusammensetzens von Mengen bereits erreicht haben (in Abb. 16 hellgrau schattiert), und bestimmt die drei darauffolgenden Kompetenzschritte (in Abb. 16 dunkelgrau schattiert) als Zone der nächsten Entwicklung.

*Feld 3: Die Spielsituation und die Lernunterstützung planen*

Die Kindergartenlehrperson beschließt, die zuvor festgelegten Kompetenzschritte mithilfe des Regelspiels „Halli Galli" anzugehen. „Halli Galli" ist ein bekanntes Kartenspiel, auf dessen Karten verschieden viele Früchte (bis fünf Stück) einer Sorte (Bananen, Erdbeeren, Pflaumen oder Limonen) abgebildet sind. Zwei bis vier Kinder spielen gemeinsam und decken reihum eine Karte ihres Stapels auf. Sobald fünf Früchte derselben Sorte offen auf dem Tisch liegen, kann die in der Mitte platzierte Klingel betätigt werden. Dasjenige Kind, das zuerst klingelt, darf alle aufgedeckten Karten einsammeln. Gewonnen hat schließlich, wer die meisten Karten einsammeln konnte. Das Regelspiel fördert neben anderen Kompetenzen besonders das Zerlegen und Zusammensetzen der Zahl Fünf, weil nur dann geklingelt werden darf, wenn auf einer oder mehreren Karten zusammen fünf Früchte derselben Sorte zu sehen sind. Die Kindergartenlehrperson wählt das Spiel vor allem deshalb, weil die neue Kompetenz zunächst anhand einer Zahl aufgebaut werden kann. Gleichzeitig ist „Halli Galli" ein Spiel, das vom Spielcharakter her besonders dann gut funktioniert, wenn eine leistungshomogene Gruppe zusammen spielt. Die Kindergartenlehrperson macht sich des Weiteren Gedanken dazu, wie sie den Aufbau der Kompetenz „Mengen zerlegen und zusammensetzen" in der Spielsituation anregen könnte, wenn die Kinder Mühe damit bekunden würden, und überlegt sich für diesen Fall drei mögliche Reaktionen: In einem ersten Schritt könnte sie die Kinder danach fragen, wann denn geklingelt werden dürfe. Mit dieser Frage möchte sie die Kinder dazu anregen, mit den Früchtekarten die verschiedenen Möglichkeiten, eine Fünf zu bilden, gemeinsam auszulegen. Sind die Zerlegungsmöglichkeiten bekannt, möchte sie mit den Kindern in einem zweiten Schritt mögliche Strategien diskutieren, die es erlauben, die Zerlegungen während des Spiels möglichst schnell zu erkennen. Dazu würde sie eine offene Frage stellen, zum Beispiel die Folgende: „Wie könnten wir nun vorgehen, um fünf Früchte der gleichen Sorte im Spiel besonders schnell zu bestimmen?" Im Rahmen dieser Diskussion möchte sie den Kindern deutlich machen, dass sie die Fünf besonders schnell bestimmen können, wenn sie die Anzahlen auf den Früchtekarten simultan erfassen und die möglichen Zerlegungen der Fünf auswendig kennen. Diese Kompetenz möchte die Kindergartenlehrperson mit den Kindern je nach Situation in einem dritten Schritt üben, indem sie einzelne Spielkarten aufdeckt und die Kinder danach fragt, welche Karte nun aufgedeckt werden müsste, damit sie klingeln könnten.

*Feld 4: Die Diagnose während der Spielsituation überprüfen*

Die Kindergartenlehrperson schlägt den vier Kindern, welche ihren Beobachtungen zufolge über die Kompetenz, Anzahlen im Zahlenraum sicher zu bestimmen, verfügen, am darauffolgenden Vormittag vor, gemeinsam „Halli Galli" zu spielen. Die Kinder kennen das Spiel bereits und machen gern mit. Während des ersten Spieldurchgangs beobachtet die Kindergartenlehrperson die Kinder von außen und überprüft auf diese Weise ihre Diagnose. Die Beobachtungen ergeben, dass alle vier Kinder fast ausschließlich bei den Fünferkarten klingeln. Setzt sich eine Fünf hingegen aus mehreren Karten zusammen, wird sie in fast allen Fällen übersehen. Die Kindergartenlehrperson stellt somit fest, dass ihre Diagnose zutrifft: Das Bestimmen der Anzahlen gelingt den Kindern sehr gut, das Zusammensetzen zweier Anzahlen hingegen noch nicht. Sie beschließt deshalb, wie am Vortag geplant einzugreifen. Da die Kinder allerdings sehr eifrig spielen, entscheidet sie sich, den Spielfluss vorerst nicht zu stören, und wartet ab, bis der erste Spieldurchgang beendet ist, um sich erst dann zu den Kindern zu gesellen.

*Feld 5: Das Kind adaptiv in seinem Lernen unterstützen*

Die Kindergartenlehrperson setzt sich gegen Ende des Spiels zur „Halli-Galli"-Gruppe und hilft ihr dabei, das Gewinnerkind zu ermitteln. Anschließend gibt sie den Kindern ein Feedback zu ihrem Spiel. Sie macht die Kinder auf ihre Beobachtung aufmerksam, dass sie vor allem bei der Fünferkarte die Klingel betätigt hätten, und stellt sodann die Frage, ob denn nicht auch bei anderen Karten geklingelt werden könne. Gemeinsam mit den Kindern werden nun die verschiedenen Möglichkeiten ermittelt. Dabei regt die Kindergartenlehrperson die Kinder wie geplant dazu an, die Möglichkeiten mit den Karten in Form von Beispielen auf den Tisch zu legen. Die von den Kindern vorgeschlagenen Möglichkeiten werden gesammelt und danach mit der Unterstützung der Kindergartenlehrperson strukturiert und komplettiert. Nun bringt die Kindergartenlehrperson ihre offene Frage ein, mit der sie von den Kindern erfahren möchte, wie fünf gleiche Früchte im Spiel besonders schnell bestimmt werden könnten. Eines der Kinder meint dazu: „Man muss halt sehr schnell zählen", während ein anderes Kind entgegnet: „Nein man muss es grad wissen." Dieses „grad wissen" nimmt die Kindergartenlehrperson auf und bespricht mit den Kindern, was das im Spiel genau bedeutet. Schließlich übt sie mit den Kindern, einzelne Spielkarten zur Fünf zu ergänzen. Im Anschluss daran ermuntert die Kindergartenlehrperson die Kinder zu einem weiteren Spieldurchgang, worauf die Gruppe beschließt, die gemeinsam erarbeiteten Möglichkeiten als Beispiele auf dem Tisch liegen zu lassen, und daraufhin einen neuen Spieldurchgang beginnt.

*Feld 6 und Feld 7: Die Lernunterstützung allmählich abbauen und die Lernverantwortung auf das Kind übertragen*

Die Kindergartenlehrperson bleibt beim Tisch und begleitet die ersten Spielzüge der Kinder sehr intensiv, indem sie jedes Mal unterbricht, wenn die Kinder eine Klingelmöglichkeit übersehen, und dabei immer wieder auf die erarbeiteten Beispiele verweist. Mit der Zeit nimmt sie sich jedoch immer mehr zurück und gibt nur noch Hinweise wie „Schaut genau!".

*Feld 8: Das Kind wendet die Kompetenz selbstständig an*

Nachdem die Kindergartenlehrperson sich vergewissert hat, dass die Kinder die Zahl Fünf flexibel zerlegen und zusammensetzen und diese Kompetenz beim Spielen von „Halli Galli" auch anwenden können, lässt sie die Kindergruppe selbstständig weiterspielen. In den darauffolgenden Tagen spielen die vier Kinder das Spiel erneut und festigen auf diese Weise die neue Kompetenz. Die Kindergartenlehrperson beobachtet die Kinder nach wie vor und nimmt sich vor, die neu erworbene Kompetenz auf andere Zahlen zu übertragen, sobald die Kinder sie sicher beherrschen. Gut geeignet für dieses Vorhaben wäre beispielsweise das Regelspiel „Dreh", bei dem die Kinder, wie der Name bereits sagt, abwechselnd an einer Drehscheibe drehen. Diese bleibt bei einem Sektor mit verschiedenen Anzahlen von Tieren stehen, wonach die beim Würfeln erzielten Augen der Anzahl der Tiere zugeordnet werden müssen. Das Spiel kann so gespielt werden, dass die Augenzahlen der beiden Würfel einer Menge zugeordnet werden müssen. Dazu haben die Kinder die Anzahlen der Würfelaugen zusammenzusetzen resp. die Anzahl der Tiere zu zerlegen.

Wie die theoretischen Ausführungen in Kapitel 6 sowie das konkrete Beispiel aus der Praxis in diesem Kapitel aufzeigen sollten, findet individuell-adaptive Lernunterstützung nicht ausschließlich nur während der Interaktion zwischen der Kindergartenlehrperson und den Kindern statt, sondern sie vollzieht sich vielmehr in einem zyklischen Prozess, welcher auf den Schritten der Lernstandsdiagnose, der Planung, der Adaptivität, der didaktisch-pädagogischen Gestaltung der Interaktion, der allmählichen Zurücknahme mit Übertragung der Lernverantwortung sowie des Folgeverhaltens der Kinder nach der Interaktion beruht. Auf der Basis dieser Modellierung individuell-adaptiver Lernunterstützung können im nun folgenden Kapitel 8 die der vorliegenden Studie zugrunde gelegten Fragestellungen ausgeführt werden.

**Die Kinder können ...**

| | Kompetenzstufe 1 | Kompetenzstufe 2 | Kompetenzstufe 3 | Kompetenzstufe 4 | Kompetenzstufe 5 | Kompetenzstufe 6 |
|---|---|---|---|---|---|---|
| **... Mengen vergleichen** | ... klar unterschiedliche Mengen über einen Globaleindruck vergleichen und dazu Ausdrücke wie „größer" und „kleiner" oder „mehr" und „weniger" verwenden. | ... Veränderungen von Mengen interpretieren, indem sie Ausdrücke wie „mehr werden" resp. „weniger werden" oder „gleich viel wie vorher bleiben" verwenden. | ... Mengen durch die Eins-zu-eins-Zuordnung der Objekte der Mengen vergleichen. | ... Mengen durch deren Strukturierung vergleichen. | | ... Mengen durch die Anzahlbestimmung vergleichen. |
| **... die Zahlwortreihe aufsagen** | ... die Zahlwortreihe bei der Eins beginnend reproduzieren. | ... bei jedem beliebigen Zahlwort mit dem Aufsagen der Zahlwörter vorwärts beginnen. | ... die Zahlwortreihe rückwärts aufsagen. | ... flexibel von verschiedenen Zahlwörtern vor- und rückwärts zählen. | | ... in Schritten (z.B. Zweier- oder Fünferschritte) zählen. |
| **... die Zahlenreihenfolge aufbauen, herstellen und untersuchen** | ... Zahlen der Größe nach ordnen. | ... einzelne Zahlen in die Zahlenreihenfolge einordnen. | ... die genaue Position einzelner Zahlen in der Zahlenreihenfolge bestimmen und zu einer vorgegebenen Zahl die Nachbarzahlen nennen. | ... das „Eins-mehr-Prinzip" nachvollziehen. | | ... aufsteigende Zahlen exakt aufsteigenden Mengen zuordnen. |
| **... Anzahlen bestimmen** | ... jedem zu zählenden Objekt ein Zahlwort zuordnen und dabei die Abfolge der Zahlnamen stabil anwenden. | ... das letztgenannte Zahlwort des Zählprozesses als Repräsentanten der Anzahl aller Elemente der gezählten Menge erfassen. | ... Mengen strukturieren, um sie leichter zu zählen. | ... kleine Mengen simultan, größere Mengen quasisimultan erfassen. | | |
| **... Anzahl- und Zahldarstellungen zuordnen** | ... Anzahlen mit Hilfsmitteln einander zuordnen. | ... Anzahlen direkt den Ziffern zuordnen. | | | | |
| **... Mengen zerlegen und zusammensetzen** | ... die Objekte von Mengen zusammensetzen, indem sie alle Objekte abzählen. | ... die Objekte von Mengen zusammensetzen, indem sie von der Anzahl der ersten Menge und mit der Zeit von der Anzahl der größeren Menge aus weiterzählen. | ... die Objekte von Mengen zusammensetzen, indem sie beide Mengen simultan erfassen und das Resultat der Addition auswendig wissen. | ... Mengen flexibel in kleinere Teilmengen zerlegen und wieder zusammensetzen. | ... eine Menge auf unterschiedliche Weise in kleinere Teilmengen zerlegen und verstehen, dass sich dabei ihre Mächtigkeit nicht verändert. | ... die Differenz zwischen zwei Mengen durch eine dritte Menge repräsentieren. |
| **... einfache Additionen und Subtraktionen durchführen** | ... einfache Additions- und Subtraktionsaufgaben auf der symbolischen Ebene lösen. | | | | | |

Abbildung 16: Diagnostizieren des Lernstandes und Ermitteln der Zone der nächsten Entwicklung.

# 8 Fragestellungen

Bereits Kindergartenkinder verfügen in der Regel über beachtliches mathematisches Wissen und Können (Hengartner & Röthlisberger, 1995). Allerdings fallen die interindividuellen Unterschiede dabei sehr groß aus (Stamm, 2004; Weinhold Zulauf et al., 2003). Mehrere Studien belegen, dass frühe mathematische Kompetenzen eine bedeutsame Grundlage für späteres schulisches Lernen in Mathematik darstellen (Dornheim, 2008; Duncan et al., 2007; Jordan & Kaplan, 2009), weshalb eine gezielte frühe Mathematikförderung entsprechend wichtig und erwiesenermaßen auch wirksam ist (Hauser et al., 2014; Krajewski et al., 2008) (Kap. 2.2). Wie in Kapitel 4.3 dargelegt wurde, eignet sich spielintegriertes Lernen für die individuellen Bedürfnisse in heterogenen Lerngruppen besonders gut (Heimlich, 2015). Vor diesem Hintergrund wurde im Projekt spimaf (Hauser et al., 2015) (Kap. 5.2.3) ein spielintegriertes Förderkonzept entwickelt, in dessen Rahmen Kinder eine authentische Spielsituation erleben und sich gleichzeitig intensiv mit Mathematik auseinandersetzen. Das Bereitstellen von gutem Material allein bietet jedoch noch keine Garantie für eine adäquate Förderung (Schuler, 2013). Um die mit der spielintegrierten Förderung angestrebten Kompetenzen, im vorliegenden Fall Mengen-Zahlen-Kompetenzen, kontinuierlich aufbauen zu können, bedarf es auch des Austauschs mit der Kindergartenlehrperson (Vygotsky, 1978) (Kap. 4.1.2). Wird das Lernen der Kinder während des Spielens von der Kindergartenlehrperson individuell-adaptiv unterstützt, können produktive mathematische Lerngelegenheiten in der Zone der nächsten Entwicklung gestaltet werden, die zur aktiven Nutzung des Lernangebotes beitragen und die Entwicklung mathematischer Kompetenzen anzuregen vermögen (Kap. 6).

Die vorliegende Arbeit, die im Rahmen des spimaf-Projekts (Hauser et al., 2015) entstanden ist, verfolgte im Kern das Ziel, ebendiese individuell-adaptive Lernunterstützung durch Kindergartenlehrpersonen bei der spielintegrierten Förderung von Mengen-Zahlen-Kompetenzen zu untersuchen. Die Forschung in diesem Bereich ist noch relativ wenig fortgeschritten und entsprechend wenig aussagekräftig. Bisherige Studien fokussierten entweder das Ausmaß an mathematikbezogenen Gesprächen oder einzelne Aspekte der Lernunterstützung (Kap. 6.2). Diese Arbeit ging darüber hinaus, indem sie eine ganzheitliche Perspektive einnahm und auf der Basis des eigens entwickelten Modells individuell-adaptiver Lernunterstützung (Kap. 7.1) eine Vielzahl von Aspekten der Lernunterstützung untersuchte. Entsprechend lautete die erste Hauptfragestellung wie folgt:

1. Wie unterstützen Kindergartenlehrpersonen Kinder beim Aufbau von Mengen-Zahlen-Kompetenzen in Regelspielsituationen?

Um diese ganzheitliche Herangehensweise methodisch und forschungstechnisch umsetzen zu können, wurde für die Videoaufnahmen ein bisher kaum eingesetztes Kamerasetting genutzt, welches die Analyse von drei bis vier synchronisierten Kameraansichten erlaubte und daher zu differenzierteren Beobachtungen führte, als dies in bisherigen Forschungsarbeiten der Fall war. Darüber hinaus wurde ein reliables Ratinginstrument zur Videoanalyse entwickelt, welches eine ganzheitliche Analyse der Lernunterstützung ermöglichte und in weiteren Forschungsarbeiten zum Einsatz gelangen kann (Kap. 9). Auf diese Weise konnte das in Kindergärten gegenwärtig anzutreffende individuell-adaptive Lernunterstützungsverhalten differenziert abgebildet werden.

Bisherige Forschungsarbeiten in diesem Bereich vermochten aufzuzeigen, dass förderorientierte Interaktionen zwischen Kindergartenlehrpersonen und Kindern einen geringen Anteil an stimulierendem, kognitiv aktivierendem Austausch aufweisen. Gleichzeitig wurde aber jeweils die zentrale Bedeutung entsprechender förderorientierter Interaktionen für die kindliche Kompetenzentwicklung hervorgehoben (Kap. 6.2). Aufgrund dieser Diskrepanz verfolgte die vorliegende Arbeit des Weiteren das Ziel, aus den Befunden Empfehlungen für die mathematische Förderung in der Praxis abzuleiten, welche in der Aus- und Weiterbildung von Kindergartenlehrpersonen thematisiert werden können. Entsprechend lautete die zweite Hauptfragestellung folgendermaßen:

2. Welche Empfehlungen für eine kompetenzorientierte mathematische Förderung im Kindergarten lassen sich aus den Befunden ableiten?

Im Folgenden werden die Teilfragestellungen der vorliegenden Studie vorgestellt. Diese werden in drei Unterkapiteln behandelt und entsprechen dem forschungsmethodischen Aufbau der Studie (Kap. 9).

## 8.1 Vorkommen und Art von Kindergartenlehrperson-Kind-Kontakten

Als Ausgangspunkt der Analyse der individuell-adaptiven Lernunterstützung wurden die Videodaten mittels Basiscodierung strukturiert, indem das Vorkommen von Kindergartenlehrperson-Kind-Kontakten (KL-K-Kontakten) registriert wurde. Dabei standen die Häufigkeit und die Dauer der Spieleinheiten und der darin vorkommenden KL-K-Kontakte insgesamt, je Kindergartenlehrperson und je Regelspiel im Fokus. Die bearbeiteten Fragen zum Vorkommen von KL-K-Kontakten lauteten wie folgt:

- Wie oft und wie lange haben Kindergartenlehrpersonen während der Spieleinheiten Kontakt zu den Kindern?

- Wie oft kommen diese KL-K-Kontakte während des Spielens der verschiedenen Regelspiele vor resp. wie lange dauern diese KL-K-Kontakte während des Spielens der verschiedenen Regelspiele?

Auf dieser Basiscodierung aufbauend wurden die KL-K-Kontakte hinsichtlich der Art des Kontaktes kategorial codiert. Mit diesem Schritt wurde in erster Linie das Ziel verfolgt, KL-K-Kontakte mit mathematischem Bezug zu identifizieren. Bei diesem Analyseschritt war grundsätzlich das Vorkommen verschiedener Arten von KL-K-Kontakten von Interesse, insbesondere aber dasjenige von KL-K-Kontakten mit Mathematikbezug. Im letzteren Falle interessierten zusätzlich Unterschiede zwischen den Kindergartenlehrpersonen und zwischen den Regelspielen sowie in Ergänzung dazu Zusammenhänge zwischen KL-K-Kontakten mit Mathematikbezug und Kontextvariablen wie dem Land, der Berufserfahrung und besuchten Weiterbildungen. Die kategoriale Codierung der Art des KL-K-Kontaktes orientierte sich entsprechend an den folgenden vier Fragestellungen:

- Wie oft und wie lange haben Kindergartenlehrpersonen mathematischen, anleitenden, organisatorischen und sozial-emotionalen Kontakt zu den Kindern?

- Unterscheiden sich die Kindergartenlehrpersonen bezogen auf die Dauer der KL-K-Kontakte mit Mathematikbezug?
- Unterscheiden sich die Regelspiele bezogen auf die Dauer der KL-K-Kontakte mit Mathematikbezug?
- Inwiefern hängen die KL-K-Kontakte mit Mathematikbezug mit dem Land, in welchem die Kindergartenlehrpersonen tätig sind, mit ihrer Berufserfahrung sowie mit dem Besuch von mathematischen Weiterbildungen zusammen?

Die Ergebnisse der von diesen Fragestellungen geleiteten Analysen werden in den Kapiteln 10.1.1 und 10.2.1 dargestellt.

## 8.2 Einschätzung der individuell-adaptiven Lernunterstützung

Die mathematikbezogenen KL-K-Kontakte wurden mithilfe eines Ratings hinsichtlich der individuell-adaptiven Lernunterstützung durch die Kindergartenlehrperson eingeschätzt. Mit diesem Analyseschritt wurde das Ziel verfolgt, die individuell-adaptive Lernunterstützung durch die Kindergartenlehrperson während KL-K-Kontakten mit Mathematikbezug ganzheitlich abzubilden. Zu diesem Zweck wurden die Elemente des eigens entwickelten Modells der individuell-adaptiven Lernunterstützung (Abb. 15) in ein Analyseinstrument überführt. Mit Fokus auf die Kindergartenlehrpersonen standen bei den Analysen die folgenden Fragen im Zentrum des Forschungsinteresses:

- Wie stark sind die verschiedenen Elemente einer individuell-adaptiven Lernunterstützung über alle Kindergartenlehrpersonen und alle Regelspiele hinweg ausgeprägt? Wie lassen sich diese Ausprägungen interpretieren?
- Inwiefern lassen sich die Kindergartenlehrpersonen bezogen auf ihr Unterstützungsverhalten in ähnliche Gruppen einteilen?
- Wie ähnlich resp. unähnlich fällt das Unterstützungsverhalten dieser Gruppen im Vergleich aus?
- Inwiefern hängt die Qualität der individuell-adaptiven Lernunterstützung durch die Kindergartenlehrpersonen mit dem prozentualen zeitlichen Anteil der KL-K-Kontakte mit Mathematikbezug, mit dem Land, in dem die Kindergartenlehrpersonen tätig sind, mit ihrer Berufserfahrung sowie mit dem Besuch von mathematischen Weiterbildungen zusammen?

Die Ergebnisse der auf die Kindergartenlehrpersonen fokussierten Ratinganalyse werden in den Kapiteln 10.1.2 und 10.1.3 aufgeführt.
Mit Blick auf die Regelspiele galt es schließlich, die folgenden Fragen zu beantworten:

- Inwiefern lassen sich die Regelspiele bezogen auf das Unterstützungsverhalten der Kindergartenlehrpersonen in ähnliche Gruppen einteilen?
- Wie ähnlich resp. unähnlich fällt das Unterstützungsverhalten beim Spielen der Regelspiele in diesen Gruppen im Vergleich aus?

Die Ergebnisse der Ratinganalyse zu den Regelspielen finden sich in Kapitel 10.2.2.

## 8.3 Merkmale hoch ausgeprägten Unterstützungsverhaltens

Um aus den bisherigen Befunden Empfehlungen für die mathematische Förderung in der Praxis und damit für die Aus- und Weiterbildung von Kindergartenlehrpersonen ableiten zu können, wurde das Unterstützungsverhalten derjenigen Kindergartenlehrpersonen, die in der Ratinganalyse die höchsten Ausprägungen aufwiesen, in einer ergänzenden qualitativen Analyse differenziert untersucht. Das Ziel dieses Analyseschrittes bestand darin, noch weiter in die Tiefe gehende Merkmale einer qualitativ guten individuell-adaptiven mathematischen Lernunterstützung herauszuarbeiten. Bei diesem Analyseschritt wurden die folgenden Fragen als leitend betrachtet:

- Welche Merkmale hoch ausgeprägter individuell-adaptiver Lernunterstützung lassen sich induktiv aus dem Datenmaterial ableiten?

- Wie oft kommen diese Merkmale in den KL-K-Kontakten der analysierten Kindergartenlehrpersonen vor?

Die Ergebnisse dieser qualitativen Vertiefung werden in Kapitel 10.1.4 präsentiert.

Teil V
# Die Studie

# 9 Methodisches Vorgehen

Die vorliegende Studie ist Teil des spimaf-Projektes (Hauser et al., 2015), in dessen Rahmen Regelspiele zur Förderung von Mengen-Zahlen-Kompetenzen entwickelt und erprobt wurden (Kap. 5.2.3). Im Zusammenhang mit der Erprobung der Regelspiele wurden unter anderem Spielsituationen gefilmt. Diese Aufnahmen bildeten den Kern der Datenbasis der vorliegenden Studie. Weil die Analyse von Videos im Mittelpunkt der empirischen Untersuchung stand, wird in diesem Kapitel zuerst die Wahl der Methode begründet, wobei auch deren Vor- und Nachteile kritisch aufgezeigt werden sollen (Kap. 9.1). Darauf folgt eine detaillierte Beschreibung der Datenerhebung (Kap. 9.2), der Datenaufbereitung (Kap. 9.3) sowie der Datenauswertung (Kap. 9.4). In Anbetracht dessen, dass es sich bei der vorliegenden Studie um ein Teilprojekt eines groß angelegten Forschungsprojekts handelt, lässt sich das methodische Vorgehen nicht ohne Bezugnahme auf das spimaf-Projekt als Ganzes (Kap. 5.2) darlegen. Zur klaren Abgrenzung wird von „spimaf-Projekt" gesprochen, wenn es sich um das „Mutterprojekt" handelt, und von „vorliegende Studie", wenn sich die Ausführungen auf das „Tochterprojekt" beziehen.

## 9.1 Videogestützte Analyse von Lehr- und Lernprozessen

Infolge des technischen Fortschritts in den letzten Jahrzehnten wurde es möglich, größere Mengen an Videodaten zu generieren und zu verarbeiten, wodurch die Methode der Videoanalyse zunehmend an Bedeutung gewann (Dinkelaker & Herrle, 2009). Nachfolgend wird zum einen aufgezeigt, welche Vorteile der videogestützten Forschung dazu führten, dass sie in der Erziehungswissenschaft immer breitere Verwendung erfuhr und auch in der vorliegenden Studie zum Einsatz gelangte (Kap. 9.1.1). Zum anderen sollen aber auch mit der Analysemethode verbundene Herausforderungen thematisiert werden (Kap. 9.1.2).

### 9.1.1 Vorteile videogestützter Forschung

Die Anzahl der Vorteile videogestützter Forschung ist beträchtlich. In diesem Kapitel werden deshalb nur die wichtigsten davon in Anlehnung an Dinkelaker und Herrle (2009), Flick (2007), Knoblauch, Tuma und Schnetter (2010), König (2013), Krammer (2009) sowie Petko, Waldis, Pauli und Reusser (2003) zusammengestellt.

Für die Erziehungswissenschaft ist es hinsichtlich der Arbeit mit Videos zentral, dass diese neue Möglichkeiten zur differenzierten Untersuchung von Lehr-Lern-Interaktionen eröffnen, beispielsweise indem verschiedenste Aspekte des komplexen Interaktionsgeschehens wie Sprache, Gestik, Mimik, Körperhaltung oder das Setting in den Blick genommen werden können. Auf diese Weise wird es möglich, bestimmte Details oder Prozesse festzuhalten, die das menschliche Auge allein nicht in demselben Umfang zeitgleich erfassen könnte. Noch differenzierter lässt sich die Komplexität von pädagogischen Interaktionen abbilden, wenn videogestützte Forschung mit anderen Verfahren, zum Beispiel mit Fragebogen oder Interviews, kombiniert wird und somit qualitative und quantitative Analyseverfahren produktiv verbunden werden.

Gegenüber anderen Methoden hat die videogestützte Forschung zudem den Vorteil, dass der Zugang zum Datenmaterial dauerhaft sichergestellt ist und die generierten Daten durch die Erhebung und die theoretischen Vorüberlegungen nicht allzu stark vorstrukturiert werden. Weniger subjekt- und theoriegebunden sind die Daten deshalb, weil Fragestellungen oder Kategorien nicht bereits vor der Erhebung festgelegt werden müssen. Die Funktionen des Spulens und der Zeitlupe gestatten es überdies, den Fokus zielgerichtet auf interessierende Aspekte zu richten. Dies führt zu einem weiteren beträchtlichen Vorteil: Videodaten können beliebig oft beigezogen werden und ermöglichen deshalb wiederholte Analysen entlang verschiedener Fragestellungen oder Kategorien. Aufgrund dessen können kumulative und zeitverzögerte Analysen auch von verschiedenen Forschenden durchgeführt werden. Schließlich soll noch ein letzter, ebenfalls nicht zu vernachlässigender Vorteil genannt werden: Videodaten weisen eine hohe Anschaulichkeit auf und vermögen Forschungsergebnisse daher eindrücklich zu illustrieren.

Die genannten Vorteile konnten auch im Rahmen der vorliegenden Studie als sehr zweckdienlich angesehen werden, insbesondere deshalb, weil mit der individuell-adaptiven Lernunterstützung Lehr-Lern-Interaktionen untersucht wurden. Zudem wird der videogestützten Forschung gerade mit Blick auf die vorschulische Bildung besonderes Potenzial zugesprochen, weil die Lehr- und Lernsituationen in diesem Kontext weniger strukturiert sind als im schulischen Unterricht (König, 2013). Gleichwohl gehen mit einem videogestützten Vorgehen auch einige Herausforderungen einher, die nachfolgend dargelegt werden.

### 9.1.2 Herausforderungen videogestützter Forschung

Forschenden, die mit Videoanalysen arbeiten, muss bewusst sein, dass auch diese Form der Datenerhebung kein vollständiges Abbild von Lehr-Lern-Interaktionen generieren kann. Denn bei der Datenerhebung werden die Kameras stets auf einen spezifischen Ausschnitt des Geschehens gerichtet, während andere Aspekte nicht aufgezeichnet werden. Zudem reduzieren Videos die reale Situation auf eine zweidimensionale Bildschirmfläche, was den natürlichen Sehwinkel ebenfalls limitiert. Eine weitere Einschränkung zeigt sich darin, dass das subjektive Erleben der Interaktionsteilnehmenden über Videoaufzeichnungen nicht erfasst werden kann. Deshalb empfiehlt es sich, die Teilnehmenden nach den videografierten Interaktionen dazu zu befragen. Dieser Empfehlung wurde in der vorliegenden Studie nachgekommen (Kap. 9.2.4).

Darüber hinaus stellen Videoerhebungen einen relativ großen Eingriff in das zu erforschende Geschehen dar. So kann bei den Interaktionsteilnehmenden durch die Präsenz von Kameras beispielsweise ein verändertes Verhalten hervorgerufen werden (Reaktanz) (Knoblauch et al., 2010). Aufgrund von Erfahrungen in anderen Forschungsprojekten, Aussagen der teilnehmenden Kindergartenlehrpersonen sowie eigenen Beobachtungen während der Videografierung kann jedoch in der vorliegenden Studie davon ausgegangen werden, dass die Kameras einen vernachlässigbaren Effekt hatten und die Kinder wie auch die Kindergartenlehrpersonen deren Präsenz während des Spiels sehr schnell vergaßen. Reaktanz war vorab vor allem hinsichtlich eines Aspekts erwartet worden: Die Kindergartenlehrpersonen trugen während der Aufnahmen eine Kopfkamera (Kap. 9.2.3). Um damit zusammenhängende Reaktanz so weit wie möglich zu vermeiden, bereiteten die Kindergartenlehrpersonen ihre Gruppen darauf vor, indem sie bereits im Vorfeld der Aufnahmen ein Stirnband oder eine Stirnlampe trugen und den Kindern erklärten, dass sie während der Aufnahmen ebenfalls ein Stirnband mit einer Kamera tragen würden.

Abschließend soll an dieser Stelle noch auf eine letzte Herausforderung verwiesen werden, die nicht zuletzt auch bei der Planung von Studien berücksichtigt werden muss: Beim Einsatz von Videoanalysen ist sowohl bei der Datenerhebung, -aufbereitung und -auswertung als auch bei der Ergebnisdarstellung mit einem deutlich höheren Aufwand zu rechnen als bei anderen Verfahren. Deshalb muss vorgängig stets sorgfältig abgewogen werden, ob entsprechende zeitliche und finanzielle Ressourcen bereitgestellt werden können (Dinkelaker & Herrle, 2009; Knoblauch et al., 2010).

Nach diesen einleitenden allgemeinen Überlegungen und Erläuterungen zur Methode und zu deren Vorteilen resp. Herausforderungen wird im nächsten Kapitel das Vorgehen beim in der vorliegenden Studie durchgeführten Erhebungs-, Aufbereitungs- und Auswertungsprozess im Detail dargestellt.

## 9.2 Datenerhebung

Für die Datenerhebung der vorliegenden Studie wurde der Vorteil genutzt, dass sich Videoanalysen ausgezeichnet mit anderen qualitativen und quantitativen Verfahren kombinieren lassen. Entsprechend gelangte eine Methodentriangulation zur Anwendung, mit der unterschiedliche Instrumente unter einem gemeinsamen Wissenschaftsverständnis in einen spezifischen Ablauf integriert werden können (Mayring, 2012). Konkret wurden als Ergänzung zur Videoanalyse Fragebogen- und Interviewdaten der Kindergartenlehrpersonen in den Forschungsprozess einbezogen.

Bei der Darstellung der Datenerhebung wird zunächst auf den Feldzugang und die Stichprobe eingegangen (Kap. 9.2.1). Im Anschluss daran wird eine Übersicht über den Verlauf der Datenerhebung des spimaf-Projekts und die darin integrierte Datenerhebung der vorliegenden Studie gegeben (Kap. 9.2.2). Kapitel 9.2.3 erläutert danach die Erhebung der Videodaten im Einzelnen, während Kapitel 9.2.4 die Interviewdaten und Kapitel 9.2.5 schließlich die Befragungsdaten beschreibt.

### 9.2.1 Feldzugang und Stichprobe

Um Kindergartenlehrpersonen für die Teilnahme am spimaf-Projekt zu gewinnen, wurde ein Projekt-Flyer angefertigt und an die Kindergärten der drei einbezogenen Länderregionen versandt. Über diesen ersten Feldzugang konnten allerdings zu wenige Kindergartenlehrpersonen angeworben werden. Der Grund dafür lag insbesondere darin, dass eine Teilnahme am spimaf-Projekt mit großem Aufwand für die Kindergartenlehrpersonen verbunden war. Deshalb wurden im Nachgang zur Verteilung des Flyers zusätzliche telefonische Anfragen vorgenommen. Um die Bereitschaft zur Teilnahme zu erhöhen, erhielten die interessierten Kindergartenlehrpersonen als Gegenleistung eine vollständige Spielkiste geschenkt. Zudem wurden Reisekosten übernommen und die Veranstaltungen als Weiterbildung angerechnet. Angesichts dieser Umstände kann die Stichprobe des spimaf-Projekts nicht als repräsentativ betrachtet werden.

Am spimaf-Projekt nahmen schließlich 58 Kindergartenlehrpersonen teil. Die meisten von ihnen arbeiteten im Zweierteam als Stellenpartnerinnen und leiteten ihre Kindergartengruppe gemeinsam, sodass insgesamt 30 Kindergartengruppen aus 30 Kindergarteneinrichtungen am spimaf-Projekt beteiligt waren, die zu gleichen Anzahlen aus drei Regionen stammten: aus dem Schweizer Kanton St. Gallen, dem deutschen Bundesland Baden-Württemberg sowie dem österreichischen Bundesland Vorarlberg.

Die Stichprobe der vorliegenden Studie umfasste 30 der 58 untersuchten Kindergartenlehrpersonen, da der Fokus auf den Videodaten lag und aus jeder Kindergarteneinrichtung jeweils nur eine der beiden zuständigen Kindergartenlehrpersonen, nämlich die Hauptbezugsperson der Kinder, an der Videografierung teilnahm. Während der Laufzeit des spimaf-Projekts stieg ein Kindergarten aus Vorarlberg aus dem Projekt aus. Des Weiteren musste ein Kindergarten aus Deutschland infolge nicht verwendbaren Datenmaterials ausgeschlossen werden. Entsprechend belief sich die Stichprobe für die vorliegende Studie letzten Endes auf 28 Kindergartenlehrpersonen ($n_{CH}$ = 10; $n_D$ = 9; $n_A$ = 9).

Die Kindergartenlehrpersonen, welche für die vorliegende Studie ausgewählt wurden, waren im Jahr 2013 durchschnittlich 41 Jahre alt (min. = 21, max. = 61) und wiesen eine durchschnittliche Berufserfahrung von 15 Jahren auf (min. = 0.5, max. = 31). Die Teilnehmerinnen aus der Schweiz hatten ihre Ausbildung an einem Kindergartenseminar oder an einer pädagogischen Hochschule absolviert, während die Teilnehmerinnen aus Deutschland hauptsächlich an Fachschulen und diejenigen aus Österreich vornehmlich an der Bildungsanstalt für Kindergartenpädagogik (BAKiP) ausgebildet worden waren.

Die 28 Kindergärten wurden von insgesamt 547 Kindern im Alter von vier bis sechs Jahren besucht ($n_{CH}$ = 199; $n_D$ = 174; $n_A$ = 174), wobei 462 Erziehungsberechtigte ihre Einwilligung zur Teilnahme ihres Kindes an der Videografierung gaben ($n_{CH}$ = 174; $n_D$ =132; $n_A$ = 156).

### 9.2.2 Übersicht über die Datenerhebung

In den folgenden Abschnitten wird der Verlauf der Datenerhebung im spimaf-Projekt im Überblick aufgezeigt. Die Datenerhebung der vorliegenden Studie fand in diesen Verlauf integriert statt. Auf diejenigen Teile der Erhebung, die in der vorliegenden Studie von Bedeutung sind, wird in den auf diese allgemeine Übersicht folgenden Kapiteln ausführlich eingegangen.

*Einführungsveranstaltung*

Die Datenerhebung des spimaf-Projekts begann im Januar 2013 mit einer zweitägigen Einführungsveranstaltung für die Kindergartenlehrpersonen, die am Projekt teilnahmen. An dieser Veranstaltung wurden sie hauptsächlich in die Regelspiele eingeführt, erhielten zusätzlich aber auch kurze Inputs zu folgenden Themen: einen mathematikdidaktischen Input mit Fokus auf die mathematischen Schwerpunkte der Regelspiele, einen Input zur Bedeutung des Spiels im Kindergarten sowie einen Input zur Spielbegleitung. Zudem fanden geleitete ländergemischte Gruppendiskussionen statt, in deren Rahmen Ansichten und Erfahrungen im Zusammenhang mit mathematischer Förderung im Kindergarten ausgetauscht wurden. Des Weiteren wurden die Teilnehmerinnen detailliert über den Projektablauf und ihre diesbezüglichen Aufgaben informiert.

Im Zuge erster Datenerhebungen füllten die Kindergartenlehrpersonen bei dieser Veranstaltung drei Fragebogen aus: (1) einen Fragebogen zu Personalien und zur beruflichen Tätigkeit, (2) einen Fragebogen zu Einschätzungen zum mathematischen Lernen im Kindergarten und (3) einen videobasierten Fragebogen zur Diagnose- und Unterstützungskompetenz. Darüber hinaus erhielten sie den Auftrag, bis zur nächsten Veranstaltung die folgenden Aufgaben zu erledigen, damit die entsprechenden Daten ebenfalls ins spimaf-Projekt einfließen konnten:

- Einholen von Einwilligungen der Erziehungsberechtigten zur Teilnahme der Kinder am spimaf-Projekt und besonders an der Videografierung. Bei dieser Gelegenheit wurden von den Erziehungsberechtigten ergänzende Daten erfragt: Alter des Kindes, Geschlecht, zu Hause gesprochene Sprache(n), höchster Bildungsabschluss der Eltern (fakultativ);
- Einschätzung der Kinder ihrer Lerngruppen bezogen auf deren Mathematikkenntnisse, deren Sprachkenntnisse sowie das Engagement der Erziehungsberechtigten;
- Durchführen einer Lernstandsdiagnose mit zwei Kindern der Lerngruppe (mit einem, das sie als mathematisch eher stark einschätzten, und einem, das sie als mathematisch eher schwach ansahen);
- Führen von Protokollen gemeinsam mit den Kindern, in welchen festgehalten wurde, welche Regelspiele wie oft und wann gespielt worden waren.

*Beginn Spielerprobung*

Anfang Februar 2013, direkt im Anschluss an den Winterurlaub, begannen die Kindergartenlehrpersonen mit der Spielerprobung. Als Richtlinie waren während gesamthaft zwölf Wochen pro Woche zwei bis vier ca. 30 Minuten dauernde Spieleinheiten durchzuführen, wobei deren Gestaltung freigestellt war.

*Erste Videografierung*

Im März 2013 fand die erste Videografierung statt, bei welcher Spieleinheiten von sechs Regelspielen aufgenommen wurden. Diese waren vom Projektteam vorgegeben worden und den Kindergartenlehrpersonen somit bekannt. Die Kinder sollten die betreffenden Spiele bereits kennen, allerdings noch nicht im Detail beherrschen. Direkt im Anschluss an die Videografierung wurde mit den Kindergartenlehrpersonen ein ca. 30 Minuten dauerndes Interview mit Fokus auf handlungsleitende Überlegungen während der Spieleinheit geführt.

*Erstes Austauschtreffen*

Ende April 2013 fand ein länderspezifisches Austauschtreffen statt, an dem Erfahrungen mit den Spielen, den Handreichungen und der Motivation der Kinder besprochen wurden. Des Weiteren wurden von den Kindergartenlehrpersonen Rückmeldungen zur Optimierung der Spiele und der Handreichung eingeholt.

*Zweite Videografierung*

Im Mai 2013 fand die zweite Videografierung statt, bei der Spieleinheiten mit sechs weiteren Regelspielen aufgenommen wurden. Auch diesmal fand anschließend ein Interview mit den Kindergartenlehrpersonen statt.

*Zweites Austauschtreffen*

Ende Juni 2013 war die Spielerprobung in den Kindergärten abgeschlossen. Es gab ein zweites länderspezifisches Austauschtreffen, an dem erneut Erfahrungen mit den Spielen diskutiert und Rückmeldungen zu den Spielen eingeholt wurden.

*Abschlussveranstaltung*

Im September des darauffolgenden Jahres 2014 wurde das spimaf-Projekt im Rahmen einer Abschlussveranstaltung beendet. Bei dieser Gelegenheit wurden die überarbeiteten Regelspiele sowie erste Ergebnisse aus den Forschungsprojekten vorgestellt.

Von den im Rahmen des in der Übersicht dargestellten Ablaufs des spimaf-Projekts erhobenen Daten wurden für die vorliegende Studie die folgenden verwendet: die Videodaten der beiden Videografierungen, die Interviews mit den Kindergartenlehrpersonen im Anschluss an die beiden Videografierungen sowie der Fragebogen zu den Personalien und zur beruflichen Tätigkeit der Kindergartenlehrpersonen. Auf diese drei Elemente wird nachfolgend im Detail eingegangen.

### 9.2.3 Videodaten

Bei der Erhebung von Videodaten bedarf es grundsätzlich einer standardisierten und theoretisch fundierten Methode, welcher alle beteiligten Forschenden folgen, da nur unter dieser Voraussetzung eine wissenschaftliche Auswertung vorgenommen werden kann (Lipowsky & Faust, 2013; Petko, 2006). Gleichzeitig ist es wichtig, eine möglichst natürliche Situation zu erhalten, in welcher die Teilnehmenden, im konkreten Fall die Kindergartenlehrpersonen und die Kinder, wie im gewohnten Alltag handeln (Knoblauch et al., 2010). In diesem Kapitel werden deshalb die Videografierung und die damit verbundenen Maßnahmen zur Standardisierung dargelegt. Dazu wird auf die Zielsetzungen, die Aufnahmesituation, das Kameraskript, die Kamerasituation, die Pilotierung und die technische Schulung der Aufnehmenden eingegangen.

*Zielsetzungen der Videografie*

Mit der Videografierung im spimaf-Projekt wurden mehrere Ziele verfolgt, einerseits in Bezug auf das spimaf-Projekt an sich und andererseits mit Blick auf zwei darin integrierte Forschungsarbeiten:

- spimaf-Projekt (mikrogenetische Analyse des Spielverhaltens der Kinder): Es wurde untersucht, inwiefern sich die Regelspiele für die mathematische Förderung von vier- bis sechsjährigen Kindern im Kindergarten eignen. Im Zentrum standen dabei in erster Linie die mathematischen Aktivitäten der Kinder während des Spiels.

*9 Methodisches Vorgehen*

- Vorliegende Studie (mikrogenetische Analyse der mathematischen Lernunterstützung durch die Kindergartenlehrperson): Untersucht wurde, wie die Kindergartenlehrpersonen die einzelnen Kinder beim Spielen mathematisch unterstützen.
- Vertiefungsstudie zu mathematischen Interaktionen zwischen Kindern (mikrogenetische Analyse von Interaktionen der Kinder beim Spielen): Untersucht wurden die Inhalte der Kommunikation, die Auslöser für mathematische Gespräche, der Verlauf der Aushandlungsprozesse bezüglich mathematischer Sachverhalte sowie die Qualität der mathematischen Interaktionen.

Der Fokus der Videoaufnahmen musste diesen Zielen entsprechend auf den Regelspielen, auf der Kindergartenlehrperson und auf den spielenden Kindern liegen. Den Kontext bilden der Kindergarten und darin die Situation einer geplanten Spieleinheit, welche von der Kindergartenlehrperson begleitet wurde.

*Aufnahmesituation*

Für die aufzunehmenden Spieleinheiten wurden vom spimaf-Team zwölf Regelspiele bestimmt, welche möglichst alle mathematischen Kompetenzen und alle Lernstände abdecken sollten. Es handelte sich dabei um folgende Regelspiele: „Bohnenspiel", „Dreh", „Fünferraus", „Halli Galli", „Klipp-Klapp", „Mehr ist mehr", „Steine sammeln", „Verflixte 5", „Quartett", „Pinguinspiel", „Schüttelbecher" und „Früchtespiel" (Kap. 5.2.3, Kap. 5.2.4). Drei davon, nämlich „Pinguinspiel", „Schüttelbecher" und „Früchtespiel", wurden aus verschiedenen Gründen als ungeeignet befunden und nicht in die abschließende Spielesammlung des spimaf-Projekts aufgenommen.

Beim ersten Aufnahmezeitpunkt ($T_1$) wurden in allen 30 Kindergärten Spieleinheiten derselben sechs vorgegebenen Regelspiele gefilmt (Serie A). Beim ersten Durchgang wurden parallel drei Spiele gefilmt (Serie A1), beim zweiten Durchgang die drei anderen Spiele (Serie A2). Dasselbe Vorgehen wurde beim zweiten Aufnahmezeitpunkt ($T_2$) mit den sechs Regelspielen der Serie B wiederholt. Der zeitliche Rahmen belief sich auf zwei ca. 20 Minuten dauernde Durchgänge je Aufnahmezeitpunkt. In dieser Zeit ließen sich alle Regelspiele mindestens einmal vollständig durchführen. Des Weiteren entspricht diese Zeiteinheit in etwa der Konzentrationsspanne von Kindergartenkindern. Tabelle 8 stellt die Organisation der Videoaufnahmen in der Übersicht zusammen.

Tabelle 8: Organisation der Aufnahmen

| Aufnahmezeitpunkt | Kindergärten pro Land | Regelspiele | Dauer der Durchgänge | Regelspiele pro Durchgang |
|---|---|---|---|---|
| $T_1$ | 10 | 6 (Serie A) | 1. Durchgang = ca. 20 min | 3 (Serie A1) |
|  |  |  | 2. Durchgang = ca. 20 min | 3 (Serie A2) |
| $T_2$ | 10 | 6 (Serie B) | 1. Durchgang = ca. 20 min | 3 (Serie B1) |
|  |  |  | 2. Durchgang = ca. 20 min | 3 (Serie B2) |
| Total | 30 | 12 Spiele | Pro Spiel 30 Aufnahmen à 20 min aus 30 Kindergärten |  |

*Kameraskript*

Das Kameraskript ist das zentrale Element einer standardisierten videobasierten Datenerhebung, da es klare Richtlinien vorgibt und die Basis für das Training der Kamerapersonen darstellt (Pauli, 2012b). Dessen Entwicklung erfolgte in Anlehnung an bereits bestehende Kameraskripts anderer Forschungsprojekte, z.B. der schweizerisch-deutschen Videostudie „Unterrichtsqualität, Lernverhalten und mathematisches Verständnis" (Hugener, Pauli & Reusser, 2006), des Projekts „Persönlichkeits- und Lernentwicklung von Grundschulkindern" (PERLE) (Lipowsky & Faust, 2013) und der schweizerisch-deutschen Unterrichtsstudie „Pythagoras" (Reusser & Petko, 2002).

Das Kameraskript des spimaf-Projekts reglementierte die folgenden Punkte:

- die *Kontaktaufnahme* zur Vereinbarung der Videografietermine, in deren Zuge nicht nur die Termine festgelegt wurden, sondern auch die Situation vor Ort geklärt wurde und wichtige Informationen gegeben wurden;

- die *Arbeiten im Vorfeld der Aufnahme*, welche die Vorbereitung des technischen Equipments und aller notwendigen Materialien umfassten;

- die *Arbeiten am Aufnahmetag vor der Aufnahme*, die von den beiden Aufnahmepersonen durchzuführen waren. Die erste Person war für den Kontakt zur Kindergartenlehrperson verantwortlich und organisierte mit ihr zusammen die Nummerierung der Kinder, klärte ab, welche Kinder nicht an den Aufnahmen teilnehmen durften, ging mit der Kindergartenlehrperson nochmals den Ablauf durch, erbat von dieser benötigte Dokumente, installierte die Kopfkamera, bereitete die Verfolgerkamera vor und beantwortete Fragen der Kindergartenlehrperson. Die zweite Person war für die Positionierung der Tischkameras und der Mikrofone, die Nummerierung der Tische, den Testlauf aller Kameras und Mikrofone sowie das Festhalten der Situation mit einer Fotokamera zuständig;

- die *Arbeiten am Aufnahmetag beim Aufnahmestart* beider Aufnahmepersonen, die das Einschalten aller Kameras und das Bedienen der Synchronisationsklappe beinhalteten;

- die *Arbeiten am Aufnahmetag während der Aufnahme* beider Aufnahmepersonen, die im Führen der Verfolgerkamera, im Verfassen des Protokolls und in der regelmäßigen Überprüfung der Kameras bestanden;

- die *Arbeiten am Aufnahmetag nach der Aufnahme* beider Aufnahmepersonen, die das Stoppen aller Kameras, das Einpacken des Equipments und das Führen des Interviews mit der Kindergartenlehrperson umfassten;

- die *Arbeiten nach dem Besuch im Kindergarten*, die sich auf Aspekte der Datenaufbereitung bezogen, auf welche in Kapitel 9.3 detailliert eingegangen wird.

*Kamerasituation*

Die Kamerasituation bestand aus insgesamt sechs Kameras, welche drei Perspektiven aufzeichneten:

- Eine von der Kindergartenlehrperson getragene Kopfkamera hielt fest, worauf ihre Aufmerksamkeit während der Spielsequenz gerichtet war.

- Eine Tischkamera pro Spieltisch nahm jeweils den Spielverlauf einer Spielgruppe auf. Je nach Spiel wurden eine oder zwei Kameras positioniert, damit sichergestellt werden konnte, dass sowohl die Spielhandlung, die Gestik und die Gesichter der Kinder als auch die Spielmaterialien sichtbar waren.

- Eine Verfolgerkamera, welche der Kindergartenlehrperson folgte, hielt die Interaktionssequenz der Kindergartenlehrperson mit einer Kindergruppe als Außensicht fest.

Abbildung 17 illustriert die Kamerasituation.

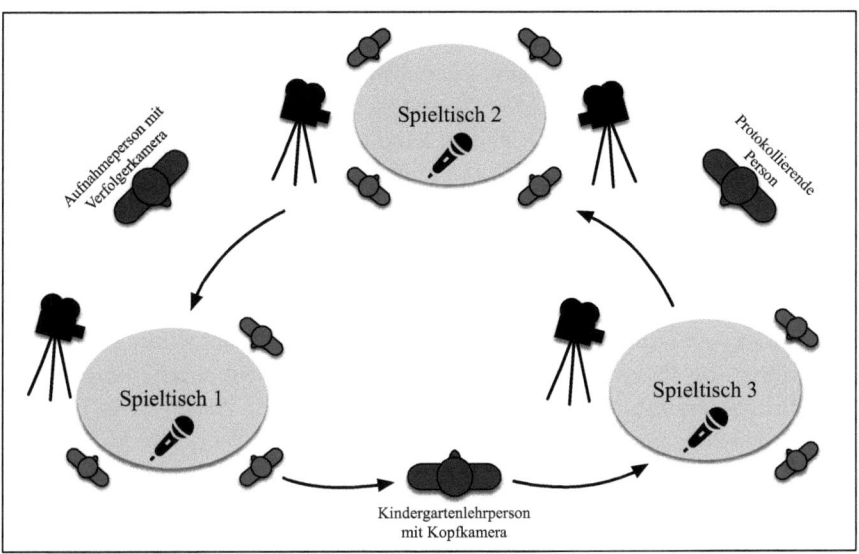

Abbildung 17: Die Kamerasituation.

*Pilotierung*

Nachdem die Aufnahmesituation, das Kameraskript und die Kamerasituation in einer ersten Version vorlagen, wurden die diesbezüglichen Vorgaben im Rahmen einer Pilotierung auf ihre Tauglichkeit hin geprüft. Zu diesem Zweck wurde der gesamte Ablauf in einem nicht am Projekt teilnehmenden Kindergarten getestet. Infolge dieser Pilotierung wurden einzelne Aspekte der Aufnahmesituation, des Kameraskripts und der Kamerasituation angepasst.

*Technische Schulung aller Aufnehmenden*

In den drei Länderregionen waren drei unterschiedliche Aufnahmeteams in den Kindergärten unterwegs. Zur Gewährleistung einer hohen Qualität der Videodaten war es wichtig, eine gemeinsame technische Schulung durchzuführen, sodass alle drei Teams exakt dasselbe Vorgehen umsetzten. Diese technische Schulung wurde vom Team der Medienwerkstatt der Pädagogischen Hochschule St. Gallen begleitet und bot die Gelegenheit, die Dokumente sowie die Bedienung und die Handhabung der Geräte zu besprechen und auszuprobieren. Daraufhin konnten die beiden Datenerhebungen in allen Kindergärten standardisiert durchgeführt werden. Die Teams waren während der Aufnahmezeit stetig in Kontakt und tauschten sich zu den Erhebungen und allfälligen Schwierigkeiten oder Unklarheiten aus.

Nachdem die Erhebung der Videodaten, welchen in der vorliegenden Studie das Hauptgewicht zukommt, dargestellt wurde, geht es im nächsten Kapitel nun um die Erhebung der ebenfalls miteinbezogenen Interviewdaten.

### 9.2.4 Interviewdaten

Direkt im Anschluss an die Videotermine wurde mit den Kindergartenlehrpersonen ein leitfadengestütztes Interview geführt. Diese Leitfadeninterviews dienten dazu, die Videodaten mit Informationen der Kindergartenlehrpersonen, insbesondere zu didaktischen Überlegungen im Vorfeld der Spieleinheit und zu handlungsleitenden Überlegungen während der Spieleinheit, zu ergänzen. Methodisch zum Einsatz gelangte dabei ein fokussiertes Leitfadeninterview, das die Offenheit eines Leitfadeninterviews eingrenzt und den Fokus auf einen Stimulus, in der vorliegenden Studie auf die vorausgehende Spieleinheit, richtet. Das fokussierte Leitfadeninterview zielt darauf ab, aufzudecken, wie eine spezifische Situation von den daran Teilnehmenden subjektiv wahrgenommen wird (Helfferich, 2014). Zu diesem Zweck werden unstrukturierte, halbstrukturierte und strukturierte Frageformen kombiniert. Im Verlaufe des Interviews folgen auf unstrukturierte Fragen zunächst halbstrukturierte und schließlich strukturierte Fragen (Flick, 2007). Beim Formulieren der verschiedenen Fragen wurde darauf geachtet, einfache Wörter zu verwenden und die Fragen kurz, konkret sowie neutral in Bezug auf einen Sachverhalt zu formulieren (Atteslander, 2006).

Das Interview war in drei Teile gegliedert, einen Einstiegsteil und zwei thematische Blöcke. Beim *Einstieg* in das Interview standen offene Fragen zur Spieleinheit im Vordergrund, zu denen sich die Kindergartenlehrpersonen frei äußern konnten (z.B. „Wie erging es dir während der Spieleinheit?").

Im *ersten thematischen Block* ging es um Fragen zu didaktischen Überlegungen im Vorfeld der Spieleinheit. Hier wurde mit halbstrukturierten Fragen begonnen (z.B. „Wie hast du dich auf diese Spieleinheit vorbereitet?"), die dann mit strukturierten Fragen ergänzt wurden. Die strukturierten Fragen bezogen sich auf die beiden Zielkinder, von denen die Kindergartenlehrperson bereits vor den Aufnahmen eine detaillierte Lernstandsdiagnose angefertigt hatte (Kap. 9.2.2), und fokussierten spezifisch auf die didaktischen Überlegungen, die im Zusammenhang mit diesen beiden Kindern angestellt worden waren (z.B. „Zielkind 1 hat die Spiele x und y gespielt. Hast du ihm diese Spiele zugeteilt? Wenn ja, welche Überlegungen hast du dabei angestellt?").

Im *zweiten thematischen Block* ging es um Fragen zu handlungsleitenden Überlegungen während der Spieleinheit. Auch hier folgten strukturierte auf halbstrukturierte Fragen. Zu Beginn wurden die Kindergartenlehrpersonen generell danach gefragt, worauf sie besonders geachtet hätten, als sie die Spieleinheit begleiteten. Danach wurde erneut spezifisch auf die beiden Zielkinder eingegangen, indem die mathematischen Interaktionen mit ihnen in Erinnerung gerufen wurden und zum Beispiel danach gefragt wurde, welches die Beweggründe für diese mathematischen Interaktionen gewesen seien. Schließlich wurde auch noch auf mathematische Interaktionen mit anderen Kindern eingegangen, die der interviewenden Person während der Spieleinheit besonders aufgefallen waren.

Als Ergänzung zu den Videodaten wurden nicht nur Interviewdaten erhoben, sondern auch Befragungsdaten, welche im folgenden Kapitel beschrieben werden.

### 9.2.5 Befragungsdaten

Aus den im spimaf-Projekt erhobenen Befragungsdaten wurden in der vorliegenden Studie die Daten des Fragebogens zu den Personalien und zur beruflichen Tätigkeit der Kindergartenlehrpersonen einbezogen. Dies erlaubte es, das Videorating und die ausgewerteten Interviews mit Kontextvariablen der Kindergartenlehrpersonen in Beziehung zu setzen. Der betreffende Fragebogen diente zur Erhebung der folgenden Daten:

- Personalien: Name, Vorname, Adresse, Telefonnummer, E-Mail-Adresse, Geburtsjahr.
- Berufliche Tätigkeit: Bildungsweg, Institution der Ausbildung zur Kindergartenlehrperson, Abschlussjahr, Anzahl Dienstjahre, besuchte Weiterbildungen im mathematischen Bereich.

Wie die drei in diesem Kapitel beschriebenen Elemente – Videodaten, Interviewdaten und Befragungsdaten – im Nachgang zur Erhebung aufbereitet wurden, wird im nächsten Kapitel erläutert.

## 9.3 Datenaufbereitung

Die Aufbereitung des erhobenen Datenmaterials stellt einen wichtigen Schritt zwischen der Datenerhebung und der Datenauswertung dar, bei dem insbesondere die Qualitätssicherung bei der Erstellung der Datenbasis und die Einhaltung des Datenschutzes von großer Bedeutung sind (Lipowsky & Faust, 2013). Diese beiden Aspekte werden im Folgenden thematisiert.

*Herstellung der Datenbasis*

Die *Videodaten* aller Kameras wurden im Anschluss an die Aufnahmen mit dem Programm „HandBrake" mit geringem Qualitätsverlust komprimiert (Medienwerkstatt der Pädagogischen Hochschule St. Gallen, 2013), in MP4-Format konvertiert und auf einer externen Festplatte gespeichert. Die komprimierten und konvertierten Daten wurden zudem auf einem Server der Pädagogischen Hochschule St. Gallen abgelegt, auf welchen nur die Projektmitarbeitenden Zugriff hatten. Weil drei verschiedene Teams Aufnahmen beigesteuert hatten, galt es, die Ordnerstruktur und die Beschriftung der verschiedenen Dokumente detailliert vorzugeben.

Für alle Spieleinheiten erstellte das Team der Medienwerkstatt der Pädagogischen Hochschule St. Gallen eine weitere Filmdatei im MP4-Format, in welcher die verschiedenen Kameraperspektiven der jeweilige Spieleinheit in einem Split-Screen synchronisiert wurden. In die synchronisierte Ansicht wurden eine oder zwei Tischkameraperspektiven, die Kopfkameraperspektive und die Verfolgerkameraperspektive sowie der Ton einbezogen. Auf diese Weise wurde es möglich, die verschiedenen Perspektiven bei der Datenauswertung zeitgleich auf einem Bildschirm zu betrachten, wie Abbildung 18 illustriert.

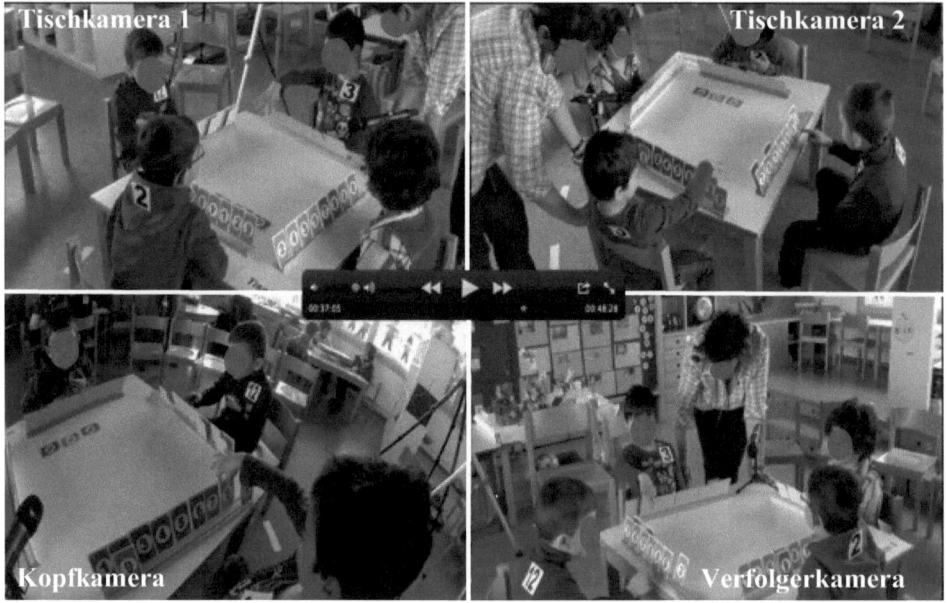

Abbildung 18: Synchronisierte Kameraperspektiven (Gesichter unkenntlich gemacht).

Die *Interviewdaten* wurden mit einem digitalen Audio-Rekorder erhoben und danach wiederum sowohl auf einer externen Festplatte als auch auf dem Server der Pädagogischen Hochschule St. Gallen gespeichert. Des Weiteren wurden sämtliche *schriftlichen Dokumente* wie Protokolle oder Fragebogen eingescannt und ebenfalls auf einer externen Festplatte und auf dem Server abgelegt.

*Einhaltung des Datenschutzes*

Wie einleitend bereits festgehalten wurde, kommt der Einhaltung des Datenschutzes bei der Arbeit mit Videodaten ein besonderer Stellenwert zu. Da Videodaten nicht wie beispielsweise Fragebogendaten auf einfache Weise anonymisiert werden können, bleiben die Personen in den Videos stets erkennbar. Gleichzeitig sind Videodaten als Anschauungsmaterial sehr wertvoll für die Aus- und Weiterbildung von Lehrpersonen. Entsprechend muss der Umgang damit sehr sorgfältig geplant werden (Pauli, 2006).

Vor diesem Hintergrund wurden zur Einhaltung des Datenschutzes insbesondere zwei Maßnahmen getroffen: Zum einen wurden die am Projekt teilnehmenden Personen anhand von ID-Nummern anonymisiert und zum anderen wurden Einwilligungen zur Verwendung der Videos sowohl für Forschungs- als auch für Lehr- und Präsentationszwecke eingeholt. Die Anonymisierung wurde vorgenommen, indem jeder Kindergartenlehrperson und jedem teilnehmenden Kind eine Identifikationsnummer zugeteilt wurde. Diese setzte sich aus einem Ländercode, einem Code für den Kindergarten sowie einer Nummer für die Kindergartenlehrpersonen resp. für die einzelnen Kinder zusammen. Letztere trugen während der Aufnahmen einen zu ihrer ID-Nummer passenden Nummernaufkleber. Die unterzeichneten Einwilligungsschreiben wurden von jeder Kindergartenlehrperson und allen Erziehungsberechtigten eingefordert. Im betreffenden Schreiben wurden die Teilnehmenden über die Projektziele und das Vorgehen informiert und gebeten, ihre Einwilligung für die Teilnahme am Projekt explizit festzuhalten.

Auf der Grundlage der wie erläutert aufbereiteten Daten konnte schließlich die Datenauswertung in Angriff genommen werden, auf welche im folgenden Kapitel näher eingegangen wird.

## 9.4 Datenauswertung

Zur Auswertung der erhobenen Daten wurde ein vierschrittiges Vorgehen mit aufeinander aufbauenden Schritten gewählt. In einem ersten Schritt wurden die Videodaten einer Codierung unterzogen, die das Ziel verfolgte, die Daten zu strukturieren und die Kindergartenlehrperson-Kind-Kontakte (KL-K-Kontakte) mit Mathematikbezug zu identifizieren (Kap. 9.4.2). Darauf fußend wurden im zweiten Schritt die identifizierten KL-K-Kontakte mit mathematischem Bezug sowie ergänzend dazu die Interviewdaten mittels eines Ratings analysiert, um die individuell-adaptive Lernunterstützung einschätzen zu können (Kap. 9.4.3). Im dritten Schritt wurden die Codierung und das Rating statistisch ausgewertet und mit den Kontextvariablen aus dem Fragebogen in Verbindung gebracht (Kap. 9.4.4). Und schließlich wurde im vierten Schritt das Unterstützungsverhalten derjenigen Kindergartenlehrpersonen, die bei der individuell-adaptiven Lernunterstützung eine hohe Ausprägung aufwiesen, einer vertiefenden qualitativen Analyse unterzogen.

Bevor im Einzelnen auf diese vier Auswertungsschritte eingegangen wird, werden nachfolgend zuerst einige allgemeine Grundsätze der Auswertung von Videodaten dargelegt (Kap. 9.4.1).

### 9.4.1 Grundlagen videogestützter Auswertungen

Zur Auswertung von Videodaten bietet sich gemeinhin die systematische Beobachtung an. Im Gegensatz zur alltäglichen Beobachtung werden der Beobachtungsgegenstand und die Beobachtungsart bei der systematischen Beobachtung differenziert und zielgerichtet auf einen Forschungszweck hin festgelegt (Seidel & Prenzel, 2010), wobei es verschiedene Möglichkeiten gibt, Videodaten auf diese Weise zu betrachten.

*Arten von Beobachtungsverfahren*

In diesem Zusammenhang werden insbesondere zwei Beobachtungsverfahren unterschieden: die Codierung und das Rating.

*Codierende Beobachtungsverfahren* registrieren das Auftreten und die Dauer des interessierenden Beobachtungsgegenstandes in den Videodaten und halten somit die Häufigkeit, die Verteilung oder die zeitlichen Anteile der im Fokus stehenden Aspekte fest (Basiscodierung) (Pauli, 2012a). Entsprechend zielen codierende Beobachtungsverfahren darauf ab, Lehr- und Lernprozesse möglichst genau zu beschreiben und diese übersichtlich in Einheiten zu gliedern (Hugener, Rakoczy, Pauli & Reusser, 2006). Mithilfe der Codierung kann des Weiteren erfasst werden, ob ein spezifisches Merkmal in den interessierenden Videoausschnitten vorkommt oder ob dies nicht der Fall ist (kategoriale Codierung). Zu diesem Zweck beinhalten Kategoriensysteme sich ausschließende Kategorien, welche den betrachteten Sequenzen zugeordnet werden (Rakoczy, 2007). Allerdings können über Codierungen keine oder nur rudimentäre Aussagen zur Qualität eines Merkmals gemacht werden (Hugener et al., 2006).

*Ratings (resp. Schätz-, Einstufungs- oder Beurteilungsverfahren)* werden dazu verwendet, den Beobachtungsgegenstand anhand einer Skala, die verschiedene Ausprägungen von Merkmalen umfasst, einzuschätzen oder zu beurteilen (Pauli, 2012a, 2014). Es kommt somit die Urteilsfähigkeit der Beobachtenden zum Einsatz, die es erlaubt, eine Vielzahl unterschiedlicher Aspekte simultan einzustufen (Hugener et al., 2006). Die von Langer und Schulz von Thun (2007) übernommene Abbildung 19 zeigt die Zusammenhänge zwischen Messobjekt, ratender Person und einzuschätzenden Merkmalen anschaulich auf.

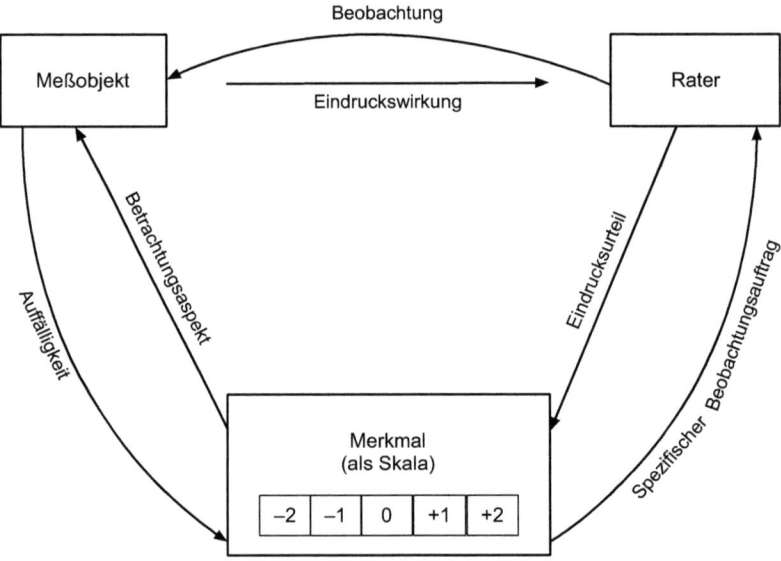

Abbildung 19: Beziehung zwischen Messobjekt, ratender Person und Merkmal im Ratingprozess (Langer & Schulz von Thun, 2007, S. 15).

Ratings waren lange Zeit umstritten. Verschiedene Methodikerinnen und Methodiker kritisierten unter anderem eine zu hohe Wertungskomponente (Faßnacht, 1995). Werden Ratings jedoch korrekt durchgeführt, kann diesem Kritikpunkt begegnet werden und die Methode kann ihr großes Potenzial entfalten. Denn kein anderes Verfahren vermag komplexe Untersuchungsgegenstände wie Interaktionen angemessener und differenzierter zu analysieren (Rakoczy, 2007).

Die Codierung und das Rating unterscheiden sich somit darin, dass Erstere hauptsächlich auf die Beschreibung von Lehr- und Lernprozessen abzielt, während Letzteres diese Prozesse qualitativ einschätzt (Hugener et al., 2006). Um einen vertieften, vielschichtigen Einblick in Lehr- und Lernprozesse zu erhalten, kombinieren viele Forschungsarbeiten die beiden Beobachtungsverfahren, indem sie über eine Codierung zunächst den Beobachtungsgegenstand und damit die Analyseeinheit bestimmen und diese Einheiten danach mittels eines Ratings einschätzen (Hugener et al., 2006; Krammer, 2009; Rakoczy, 2007). Werden Videodaten auf diese Weise beobachtet, gilt es zu beachten, dass die beiden Vorgehensweisen in unterschiedlich ausgeprägtem Maße Schlussfolgerungen der Beobachtenden erfordern. In diesem Zusammenhang spricht man von „Inferenzen" (Lipowsky & Faust, 2013). Der nachfolgende Abschnitt thematisiert den Umgang mit verschiedenen Graden von inferenten Beobachtungen.

*Der Grad der Inferenz*

Wenn eine Person Lehr- und Lernprozesse beobachtet und das Beobachtete daraufhin codiert oder ratet, dann ist bei der Auswertung entscheidend, wie stark sie das Beobachtete interpretieren musste. Diese Interpretationsleistung kann einen höheren oder niedrigeren Grad an Schlussfolgerungen aufweisen, das heißt ein niedriges resp. hohes Ausmaß an Inferenzen erfordern. Niedrig inferente Beobachtungen kommen dann vor, wenn die beobachtende Person nur wenig eigene Interpretationsleistung oder wenige Schlussfolgerungen einbringen muss. Ein bestimmtes Verhalten lässt sich auf dieser Stufe einfach und relativ objektiv beobachten, beispielsweise die Sozialform. Hoch inferente Beobachtungen liegen demgegenüber dann vor, wenn viele Interpretationsleistungen resp. Schlussfolgerungen notwendig sind. Sie beziehen sich folglich auf abstraktere und komplexere Sachverhalte wie etwa die Klassenführung (Clausen, Reusser & Klieme, 2003; Pauli, 2012a; Seidel & Prenzel, 2010).

Grundsätzlich sind Codierungen eher der niedrig inferenten Beobachtung zuzuordnen, während sich Ratings oftmals durch hohe Inferenz auszeichnen. Dies gilt jedoch nur tendenziell, da auch Codierungen einen hohen Inferenzgrad aufweisen können, beispielsweise wenn verschiedene Arten von Lehrpersonenfragen codiert werden. Umgekehrt können Ratings auf einer derart klar definierten Skala basieren, dass sie einen geringeren Grad an Schlussfolgerungen erfordern. Viele Forschende sprechen deshalb von einem Kontinuum zwischen „niedrig inferent" und „hoch inferent" (Clausen et al., 2003; Hugener, 2006; Pauli, 2012a).

Wird mit einer Codierung und/oder einem Rating gearbeitet, gilt es des Weiteren zu bedenken, welche Zeiteinheiten beobachtet werden sollen. Mit diesem Punkt befasst sich der nächste Abschnitt.

*Zu beobachtende Zeiteinheiten*

Werden über Codierungen Codes vergeben oder Einschätzungen in einem Rating anhand einer Skala dokumentiert, muss vorab geklärt worden sein, welche Zeiteinheiten der Beobachtung zugrunde liegen sollen. In diesem Zusammenhang werden in der Regel zwei Einheiten unterschieden: Zeitstichproben (Time-Sampling) und Ereignisstichproben (Event-Sampling) (Lipowsky & Faust, 2013; Pauli, 2012a; Seidel & Prenzel, 2010).

Wenn Forschende mit einem *Time-Sampling* arbeiten, dann teilen sie die Videoaufnahme in kleine, jeweils gleich lange Intervalle ein, die beispielsweise zehn Sekunden umfassen. Jedes dieser Intervalle kann danach mittels der festgelegten Kategorien codiert werden. Wird demgegenüber das Verfahren des *Event-Samplings* eingesetzt, beziehen sich die Zeiteinheiten auf spezifische Ereignisse und deren Dauer. Die Forschenden legen dazu zuerst den Anfangs- und den Endpunkt des zu beobachtenden Ereignisses fest und codieren oder raten danach mit Blick auf diese Einheit.

*Einhaltung von Gütekriterien*

Die Auswertung von Videodaten mithilfe von Beobachtungsverfahren, insbesondere mittels hoch inferenter Codierungen oder Ratings, ist kritischen Stimmen zufolge sehr anfällig für systematische wie auch unsystematische Beurteilungsfehler oder subjektive Verzerrungen (Pauli, 2012a). Um solche Probleme zu vermeiden, ist es wichtig, wissenschaftliche Qualitätskriterien strikt einzuhalten. Dieser Abschnitt geht deshalb auf drei zentrale Gütekriterien ein und macht deutlich, welche Maßnahmen zur Qualitätssicherung damit verbunden sind.

Das erste Gütekriterium stellt die *Objektivität* dar. Diese ist bei Beobachtungsverfahren dann gewährleistet, wenn unterschiedliche Beobachtende unter der Anwendung derselben Methode der Beschreibung oder Einschätzung des Beobachtungsgegenstandes unabhängig voneinander zu denselben Ergebnissen gelangen (König, 2013; Seidel & Prenzel, 2010). Die Hauptmaßnahme, die in diesem Zusammenhang getroffen werden kann, ist die transparente Darstellung des methodischen Forschungsvorgehens.

Das zweite Gütekriterium betrifft die *Reliabilität*. Diesbezüglich steht die Zuverlässigkeit einer wissenschaftlichen Messung, im vorliegenden Falle diejenige der Beobachtung, im Fokus. Zuverlässig ist eine Messung dann, wenn die Ergebnisse bei einer zweiten Messung unter denselben Bedingungen reproduzierbar sind. Bei Beobachtungen ist Reliabilität dann gegeben, wenn die Beobachtungsergebnisse zweier Beobachtender übereinstimmen. Um dies zu erreichen, werden insbesondere zwei Maßnahmen empfohlen: das Training der Beobachtenden sowie eine Kontrolle durch die Berechnung der Beobachterübereinstimmung (König, 2013; Seidel & Prenzel, 2010). Von *Beobachterübereinstimmung* wird im Zusammenhang mit der Codierung mittels eines (nominalskalierten) Kategoriensystems gesprochen, also dann, wenn die Beobachtenden einen Code aus einer Auswahl von Kategorien vergeben. Sie wird mithilfe von Verfahren für nominalskalierte Daten berechnet, und zwar anhand der prozentualen Übereinstimmung und/oder Cohens Kappa (Lipowsky & Faust, 2013). Der Rückgriff auf die prozentuale Übereinstimmung wird allerdings kritisch betrachtet, insbesondere dann, wenn beobachtete Ereignisse ungleich verteilt sind und einzelne Ereignisse selten vorkommen (Seidel & Prenzel, 2010).

Der Begriff der *Reliabilität oder Interraterreliabilität* wird dann gebraucht, wenn ein Rating zur Anwendung kommt. Hier wird nicht zwingend eine exakte Übereinstimmung angestrebt, sondern das Ziel besteht vielmehr darin, dass die Unterschiede so gering wie möglich ausfallen (Lipowsky & Faust, 2013). Als Reliabilitätsmaß werden Verfahren für ordinalskalierte Daten eingesetzt, die es erlauben, relative Rangordnungen der Codierung zu beachten. Als Reliabilitätsmaße werden in diesem Zusammenhang Spearmans Rho oder der Generalisierbarkeitskoeffizient berechnet (Seidel & Prenzel, 2010).

Das dritte Gütekriterium schließlich betrifft die *Validität*, womit die Gültigkeit der Beobachtung gemeint ist. Eine Beobachtung ist dann valide oder gültig, wenn die theoriebasierten Merkmale, die es zu beobachten gilt, auch tatsächlich beobachtet werden können (König, 2013; Seidel & Prenzel, 2010). Validität kann vorwiegend über zwei Maßnahmen sichergestellt werden: die theoretische Fundierung der Beobachtungsinstrumente und ein von den Beobachtenden geteiltes Verständnis der Kategorien des Beobachtungsinstruments (Hugener, 2006; Krammer, 2009).

Von den in diesem Kapitel erläuterten Grundlagen der videogestützten Auswertung ausgehend werden nun die vier Auswertungsschritte, die in der vorliegenden Studie konkret durchgeführt wurden, differenziert dargelegt.

### 9.4.2 Analyseschritt 1: Codierung

Die Codierung der Videos stellte den ersten Analyseschritt dar, wobei zwei Ziele verfolgt wurden: Erstens ging es darum, die Videodaten mithilfe einer Basiscodierung zu strukturieren und dadurch die Kindergartenlehrperson-Kind-Kontakte (KL-K-Kontakte) festzulegen. Zweitens sollten die KL-K-Kontakte hinsichtlich der Art des Kontaktes kategorial codiert werden, um auf diese Weise Kontakte mit mathematischem Bezug identifizieren zu können. Die folgenden Abschnitte beschreiben das Vorgehen bei der Umsetzung dieser beiden Zielsetzungen.

*Basiscodierung*

Über eine Basiscodierung erfolgte die Strukturierung des gesamten Videomaterials. Pro Spieleinheit wurden der Beginn und das Ende ermittelt. Die *Spieleinheit* steht somit für die Dauer, während deren sich eine Kindergruppe mit einem Spiel beschäftigt. Des Weiteren wurden die während der betreffenden Spieleinheit durchgeführten Spieldurchgänge sowie die Zeitfenster der Kontakte der Kindergartenlehrperson mit der Spielgruppe festgehalten. Ein KL-K-Kontakt wurde dann vermerkt, wenn im Minimum zwei aufeinander bezogene verbale Äußerungen unterschiedlicher Personen vorlagen. Tabelle 9 gibt eine Übersicht über die dabei angewendeten Kriterien.

Nach der Strukturierung des gesamten Videomaterials über die Basiscodierung konnte mit der kategorialen Codierung der Art der KL-K-Kontakte begonnen werden.

Tabelle 9: Kriterien zur Durchführung der Basiscodierung

1. Spieleinheit

| Spielstart | Spielende |
| --- | --- |
| Der Spielstart wird zu jenem Zeitpunkt vermerkt, bei welchem das Spiel auf dem Tisch vorbereitet ist und die erste spielbezogene Handlung oder Äußerung beobachtet werden kann, z.B. der erste Würfelwurf.<br>Bereits zum Spiel dazu gehören mathematische Handlungen wie das Austeilen der Karten, das Abzählen von Spielsteinen oder das Erwürfeln des Spielbeginners. | Das Spielende wird zu jenem Zeitpunkt vermerkt, bei welchem:<br>· ein Siegerkind resp. die Rangfolge festgestellt wurde,<br>· das Spiel abgebrochen wird, oder<br>· die letzte spielbezogene Handlung resp. Äußerung beobachtet werden kann.<br>Das Wegräumen des Spiels gehört nicht mehr zur Spieleinheit dazu. |

Spieldurchgänge

| Vollständiger Spieldurchgang | Unvollständiger Spieldurchgang |
| --- | --- |
| Der Spieldurchgang wird entsprechend dem in den Spielregeln definierten Ende abgeschlossen. | Der Spieldurchgang wird abgebrochen. |

2. Kindergartenlehrperson-Kind-Kontakt

| Kontaktstart | Kontaktende |
| --- | --- |
| Geht der Kontaktstart von der Kindergartenlehrperson aus, wird er vermerkt, sobald die Kindergartenlehrperson ihren Blick auf die Kindergruppe an einem Tisch richtet (Kopfkamera) und beginnt, auf diese zu zugehen (Verfolgerkamera).<br>Geht der Kontaktstart vom Kind aus, wird er bei derjenigen an die Kindergartenlehrperson gerichteten Äußerung/Handlung vermerkt, bei der die Kindergartenlehrperson ihre Aufmerksamkeit dem Kind zuwendet. | Das Kontaktende wird zu jenem Zeitpunkt vermerkt, bei welchem die Kindergartenlehrperson ihren Blick von der Kindergruppe abwendet (Kopfkamera). |

*Kategoriale Codierung der Art der Kindergartenlehrperson-Kind-Kontakte*

Abbildung 20 gibt einen Überblick über das Vorgehen bei der kategorialen Codierung der Art der KL-K-Kontakte. Als Erstes galt es, ein kategoriales Kategoriensystem zu entwickeln. Zu diesem Zweck wurde ein deduktiv-induktives Vorgehen gewählt (Lipowsky & Faust, 2013), das heißt, dass die Entwicklung sowohl theorie- und empirie- als auch datengeleitet erfolgte. Die Analyseeinheiten für die kategoriale Codierung mit dem kategorialen Kategoriensystem bilden die in der Basiscodierung identifizierten KL-K-Kontakte, weshalb es sich um ein Event-Sampling handelte. Für das kategoriale Kategoriensystem wurden Kategorien, Indikatoren und Ankerbeispiele beschrieben. Es wurde probehalber auf die pilotierten Videodaten angewandt, überarbeitet und schließlich fertiggestellt. Die niedrig inferenten kategorialen Kategorien werden in Tabelle 10 in der Übersicht zusammengestellt.

Die kategoriale Codierung führten die Entwicklerin des Kategoriensystems (Autorin) sowie eine Praktikantin am Institut für Erziehungswissenschaft der Universität Zürich durch. Die Praktikantin wurde von der Autorin geschult, indem sie mit dem Kategoriensystem vertraut gemacht wurde. Dabei standen vor allem die ausführliche Besprechung der Codierregeln sowie die gemeinsame Sichtung und Diskussion von Beispielen im Mittelpunkt. Die Codes wurden jeweils in ein Excel-Dokument eingetragen, das so angelegt war, dass es im Anschluss an die Codierung leicht in ein Datenblatt der Statistik-Software SPSS Statistics überführt werden konnte.

Die beiden Codiererinnen codierten 25% der Videodaten parallel. Die Beurteilerübereinstimmung wurde zu drei Zeitpunkten berechnet: nach der Schulung, bei der Hälfte der zu codierenden Daten sowie nach Abschluss der Doppelcodierung. Beim vorliegenden Kategoriensystem handelt es sich um ein nominalskaliertes, da sich die präzise beschriebenen Kategorien gegenseitig ausschließen. Zur Überprüfung dieser Art von Codierung wird überwiegend der Kappa-Koeffizient von Cohen angewendet (Schuster, 2010). Dieser geht insofern über die Berechnung der prozentualen Übereinstimmung hinaus, als das Verhältnis von beobachteter und zufälliger Übereinstimmung berücksichtigt wird. Der Kappa-Koeffizient liefert eine standardisierte Maßzahl zwischen -1 (keine Beurteilerübereinstimmung) und +1 (perfekte Beurteilerübereinstimmung). Zur Einschätzung des Koeffizienten gilt folgende Faustregel: $\kappa$ grösser als 0.75 verweist auf sehr gute und $\kappa$ zwischen 0.6 und 0.75 auf gute Übereinstimmung (Wirtz & Caspar, 2002). In der vorliegenden Studie wurde über alle gemeinsam codierten Videodaten ein Kappa-Koeffizient von 0.75 erreicht.

Auf der Grundlage der im ersten Analyseschritt vorgenommenen Codierung wurde im zweiten Analyseschritt ein Rating durchgeführt, das im nächsten Unterkapitel erläutert wird.

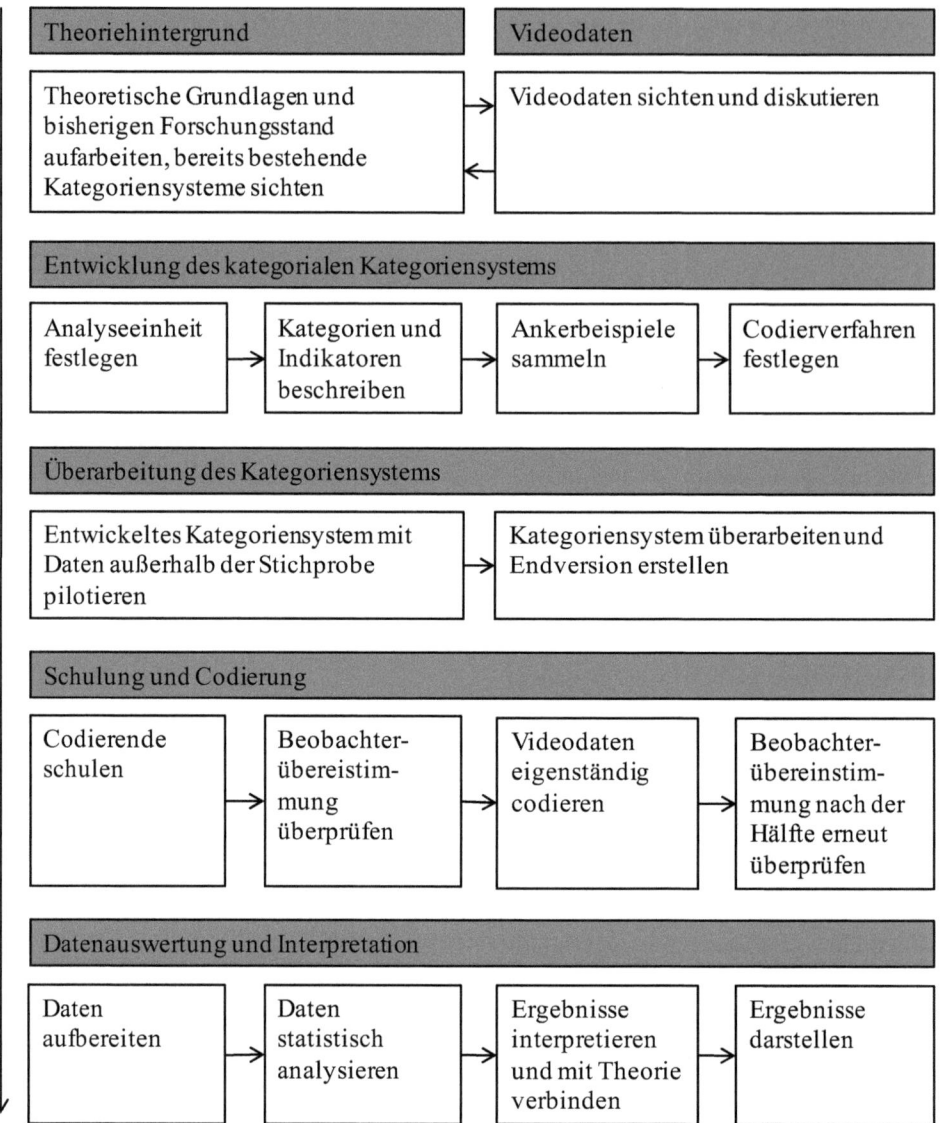

Abbildung 20: Modell des Vorgehens bei der kategorialen Codierung der Art der KL-K-Kontakte (angelehnt an Hugener, 2006; Krammer, 2009; Lipowsky & Faust, 2013; Seidel & Prenzel, 2010).

## 9 Methodisches Vorgehen

Tabelle 10: Kategoriensystem zur kategorialen Codierung der Art der Kindergartenlehrperson-Kind-Kontakte

| Kategorie 1: Mathematikbezogener KL-K-Kontakt | |
|---|---|
| Indikator: | Ankerbeispiel: |
| Äußerungen und Handlungen während des KL-K-Kontakts beziehen sich deutlich auf mathematische Kompetenzen, die mit dem Regelspiel gefordert sind. | KL: jetzt müesst=isch (.) <u>do</u> obe dra, weli Zahl muesch jetzä ha noch derä, (1)<br>K20: m: diä do;<br>KL: diä weli wie viel isch da, wiä viel isch das,<br>K20: Siebni |

| Kategorie 2: Spielanleitender KL-K-Kontakt | |
|---|---|
| Indikator: | Ankerbeispiel: |
| Äußerungen und Handlungen während des KL-K-Kontakts beziehen sich auf die Spielhandlungen und weisen keinen engeren mathematischen Bezug auf. Im Fokus des Kontaktes stehen die Spielregeln. | K12: Eins (nimmt einen Stein, legt ihn zu sich)<br>KL: was geschieht schon wieder (.) wenn man Eins würfelt, (3) darfst du <u>den</u> (zeigt auf den Stein) behalten,<br>K12: abgeben,<br>KL: an wen,<br>K7: wer am wenigsten hat |

| Kategorie 3: Spielorganisatorischer KL-K-Kontakt | |
|---|---|
| Indikator: | Ankerbeispiel: |
| Äußerungen und Handlungen während des KL-K-Kontakts beziehen sich auf organisatorische Aspekte der Spielsituation. Dazu gehört hauptsächlich die Organisation des Materials, solange diese keinen mathematischen Bezug aufweist. | K3: ich hab alles (.) bin bereit<br>KL: ach guck die fehlen noch,<br>K3: ich hab aber schon viele<br>KL: sobald du alle hast (.) könn=wir beginnen |

| Kategorie 4: Sozial-emotionaler KL-K-Kontakt | |
|---|---|
| Indikator: | Ankerbeispiel: |
| Äußerungen und Handlungen während des KL-K-Kontakts, welche eine ermutigende und positive Spielatmosphäre schaffen, zum Beispiel indem ein Konflikt oder Streit verhindert, gelobt oder motiviert wird. | KL: sind=ihr scho fertig,<br>K17: (weinend) ne (1) i (.) i weiss nid die Zahlen<br>KL: oh::: wart (.) i komm sofort (1) oh das hab=i jetzt ganz übersehn (.) dass ihr hier nid weiterkommt<br>K17: weisch i (1) i kann die Zahlen nimmer so guet<br>KL: eh da muesch nid traurig si (.) schau mal (.) i hilf dir |

Gemischte KL-K-Kontakte

Kommen während eines Kontakts mehrere Kategorien vor, werden alle vermerkt.

Spezialfälle

- Spielgewinner eruieren: Wird der Spielgewinner aufgrund einer mathematischen Handlung bestimmt, wird ein mathematischer Code vergeben. Wird der Spielgewinner lediglich genannt, wird der Code der Spielanleitung vergeben.
- Lob: Lob wird grundsätzlich als sozial-emotionaler Kontakt codiert. Wird es allerdings als Bestätigung der Richtigkeit einer mathematischen Handlung ausgesprochen, wird es als mathematikbezogener KL-K-Kontakt codiert.

## 9.4.3 Analyseschritt 2: Rating

Das Rating im zweiten Analyseschritt hatte zum Ziel, die mathematikbezogenen KL-K-Kontakte hinsichtlich der individuell-adaptiven Lernunterstützung durch die Kindergartenlehrperson einzuschätzen. Die folgenden Abschnitte beschreiben das dabei zum Einsatz gekommene Vorgehen und gehen nacheinander auf die Entwicklung und die Erprobung des Analyseinstruments, die Analyseeinheit, die einzelnen Dimensionen des Analyseinstruments, das Analyseverfahren sowie die Berechnung der Interraterreliabilität ein.

*Entwicklung und Erprobung des Analyseinstruments*

Die Entwicklung und die Erprobung des Ratinginstruments sind beinahe identisch mit dem oben ausgeführten Vorgehen bei der Codierung. Die größte Abweichung betrifft den Bereich der Überprüfung der Interraterreliabilität. Diese wurde während des Ratingprozesses mehrmals berechnet und schließlich noch einmal nach dem gesamten Ratingprozess. Abbildung 21 veranschaulicht das gewählte Vorgehen.

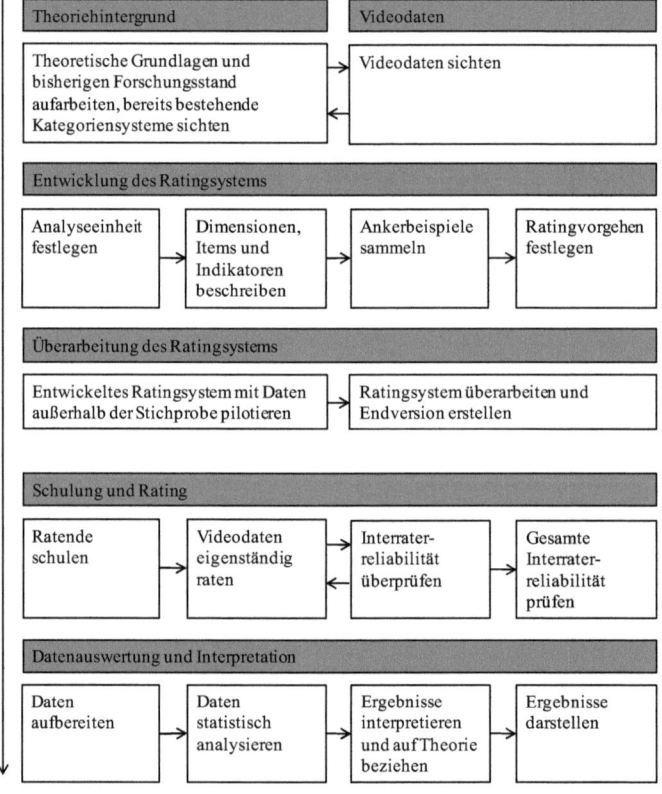

Abbildung 21: Modell des Vorgehens beim Rating (angelehnt an Hugener, 2006; Krammer, 2009; Lipowsky & Faust, 2013; Seidel & Prenzel, 2010).

Im Folgenden werden die verschiedenen Schritte dieses Prozesses beschrieben.

*Analyseeinheit*

Als Grundlage für das Rating dienten drei Analyseeinheiten: der mathematikbezogene KL-K-Kontakt, die Spieleinheit als Ganzes sowie die Interviewdaten. In allen Fällen handelt es sich um ein Event-Sampling. Je nach Ratingitem wurde mit einer anderen Analyseeinheit gearbeitet.

In einem ersten Schritt wurden mit Blick auf einzelne Kinder diejenigen *mathematikbezogenen KL-K-Kontakte* bestimmt, die sich für die Ratinganalyse eigneten. Konkret wurden diejenigen mathematikbezogenen KL-K-Kontakte ausgewählt, in welchen die Kindergartenlehrperson mit einem Kind mindestens vier mathematikbezogene Sprecherwechsel durchführte. Bei den ausgewählten mathematikbezogenen KL-K-Kontakten wurden zusätzlich die *Spieleinheiten*, also die gesamte Zeit, während deren sich eine Kindergruppe mit einem Spiel auseinandersetzte und dabei einen oder mehrere Durchgänge spielte, als Analyseeinheit hinzugezogen. Des Weiteren wurden die zur jeweils betreffenden Spieleinheit passenden Interviewdaten und daraus die Fragen aus den beiden thematischen Blöcken mitberücksichtigt. Abbildung 22 zeigt ein Beispiel für Analyseeinheiten.

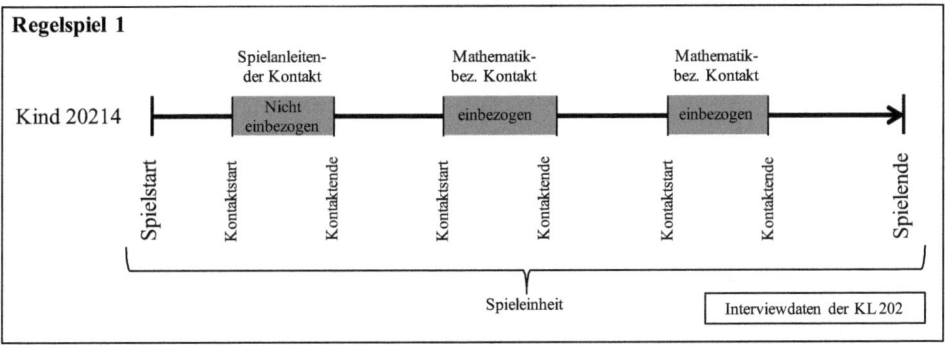

Abbildung 22: Beispiel Analyseeinheiten.

Die sieben einzuschätzenden Items (vgl. dazu den nächsten Abschnitt) wurden pro Kind während einer Spieleinheit je nach Item bezogen auf die mathematikbezogenen KL-K-Kontakte, die gesamte Spieleinheit oder das Interview vergeben. Diese Gesamtheit, das heißt die Unterstützung, die ein Kind während einer Spieleinheit erhält, wird im Folgenden als *„Kindunterstützung"* bezeichnet. Eine solche Kindunterstützung besteht somit darin, dass ein Kind während einer Spieleinheit während eines Kontakts oder während mehrerer Kontakte mit der Kindergartenlehrperson mathematisch individuell-adaptiv unterstützt wird. In die Ratinganalyse konnten insgesamt 230 Kindunterstützungen einbezogen werden. Die Dimensionen, Items und Indikatoren des Ratinginstruments zur Einschätzung der individuell-adaptiven Lernunterstützung werden nun im Detail beschrieben.

*Analyseinstrument*

Mittels des Ratings wurde die individuell-adaptive mathematische Lernunterstützung bei einzelnen Kindern durch die Kindergartenlehrperson (Kindunterstützung) eingeschätzt. Das Ratinginstrument bestand aus vier Dimensionen, anhand derer Ausprägungen von

Aspekten der Lernunterstützung beurteilt wurden, sowie aus einer Dimension, mit der die globale Qualität der Lernunterstützung bestimmt wurde. Es handelte sich hierbei vornehmlich um hoch inferente Ratings. Die Einschätzungen bezogen sich hauptsächlich auf die Videografiedaten. Bei einem Item wurden jedoch zusätzlich auch noch die Interviewaussagen der Kindergartenlehrpersonen zur entsprechenden Sequenz beigezogen. Tabelle 11 gibt im Sinne einer allgemeinen Orientierung eine Übersicht über das Ratinginstrument. Die eingeschätzten Dimensionen werden nachstehend einzeln beschrieben.

Tabelle 11: Übersicht über das Ratinginstrument zur Einschätzung der individuell-adaptiven Lernunterstützung

| Dimension | Item | Rating |
|---|---|---|
| 1 Lernstandsdiagnose | Verwendung der formativen Lernstandsdiagnose zur Planung der Spieleinheit | 3: deutlich<br>2: teilweise<br>1: nein |
| | Formative Lernstandsdiagnose während der Spieleinheit | 3: deutliche<br>2: teilweise<br>1: nein |
| 2 Adaptivität | Passung der von der Kindergartenlehrperson adressierten mathematischen Inhalte zu den vorausgehenden Äußerungen und Handlungen der Kinder | 3: deutlich<br>2: teilweise<br>1: nein (1–: unter der Kompetenz; 1+: über der Kompetenz des Kindes) |
| | Adaptivität innerhalb der Interaktion basierend auf den wechselseitigen Äußerungen und Handlungen der Kindergartenlehrperson und der Kinder | 3: deutlich<br>2: teilweise<br>1: nein (1–: Unterforderung; 1+: Überforderung) |
| 3 Zurücknahme und Übertragung | Allmähliche Zurücknahme der Kindergartenlehrperson und Übertragen der Lernverantwortung auf das Kind | 3: deutlich<br>2: teilweise<br>1: nein |
| 4 Folgeverhalten | Kinder zeigen nach der Interaktion das, was die Kindergartenlehrperson zuvor angeregt hatte und was vor der Interaktion noch nicht gezeigt wurden | 3: deutlich (3–: Rückschritt; 3+: Fortschritt)<br>2: teilweise (2–: Rückschritt; 2+: Fortschritt)<br>1: nein |
| 5 Gesamteindruck | Gesamthaft hohe Qualität der individuellen mathematischen Lernunterstützung | 3: deutlich<br>2: teilweise<br>1: nein |

Die erste Dimension bezieht sich auf die *Lernstandsdiagnose*. Auf der Grundlage der in Kapitel 6.1.1 aufgearbeiteten Theorie sowie der Sichtung der Daten wurden für das Rating zwei Items festgelegt. Diese beziehen sich auf eine formative, prozessbegleitende Diagnose in den Bereichen „*On-the-Fly*" und „*Planned-for-Interaction*". Zur Einschätzung dieser beiden Items wurden einerseits die Videodaten und andererseits die Aussagen aus den Interviews betrachtet. Das Rating der Dimension basierte auf den in Tabelle 12 und Tabelle 13 beschriebenen Regeln.

Tabelle 12: Regeln zur Einschätzung des ersten Items der Dimension „Lernstandsdiagnose"

| Dimension 1: formative, prozessbegleitende Lernstandsdiagnose | | |
|---|---|---|
| Item 1: Verwendung der formativen Lernstandsdiagnose zur Planung der Spieleinheit  Analyseeinheit: Aussagen der Kindergartenlehrperson im Interview | | |
| Rating | | Indikatoren |
| 3 | deutlich beobachtbar | Spielzuteilung: Die Regelspiele wurden den Kindern bewusst, mit Bezug auf die mathematische Förderung, zugeteilt. Die Kindergartenlehrperson begründet die Zuteilung eines Spiels resp. die gewählte Variante eines Spiels mit diagnostischen, auf die mathematische Förderung ausgerichteten Argumenten zu den damit spielenden Kindern. |
| | | Zusammensetzung der Kindergruppe: Die Zusammensetzung der Kindergruppe geschah bewusst, indem Überlegungen zur mathematischen Förderung einzelner Kinder angestellt wurden. |
| | | Kindergartenlehrperson-Kind-Kontakte mit Mathematikbezug, spielspezifisch: Die Kindergartenlehrperson begründet mathematische Kindergartenlehrperson-Kind-Kontakte mit einzelnen Kindern mit diagnostischem Wissen zu diesem Kind. |
| 2 | teilweise beobachtbar | Die Kindergartenlehrperson macht wenig differenzierte Angaben zu den unter „deutlich beobachtbar" genannten Indikatoren. |
| 1 | nicht beobachtbar | Die unter „deutlich beobachtbar" genannten Indikatoren kommen bei der Beantwortung der Interviewfragen nicht vor. |
| 0 | nicht einschätzbar | Zur Spielzuteilung, zur Gruppenzusammensetzung und zu den Interaktionen werden keine Informationen gegeben. |
| | | Es wird im Interview nicht spezifisch nach der Spielzuteilung, der Gruppenzusammensetzung und/oder den Interaktionen gefragt. |

Tabelle 13: Regeln zur Einschätzung des zweiten Items der Dimension „Lernstandsdiagnose"

| Dimension 1: formative, prozessbegleitende Lernstandsdiagnose | | |
|---|---|---|
| Item 2: Formative Lernstandsdiagnose während der Spieleinheit | | |
| Analyseeinheit: Kindergartenlehrperson-Kind-Kontakt | | |
| Rating | | Indikatoren |
| 3 | deutlich beobachtbar | Beobachtung: Die Kindergartenlehrperson beobachtet die spielenden Kinder und hört ihren Erläuterungen zu. |
| | | Fragen/Aufforderungen: Die Kindergartenlehrperson stellt eine diagnostische Frage oder äußert eine diagnostische Aufforderung. Aus den darauffolgenden Handlungen resp. Äußerungen des Kindes lässt sich schließen, dass die Kindergartenlehrperson Einblick in den Lernstand des Kindes erlangt hat. |
| | | Präzisierung diagnostische Frage/Aufforderung: Diese Fragen/Aufforderungen dienen dem Abschätzen des Verstehens oder des Erfassens des gegenwärtigen Lernstandes. Rückmeldungen, Erklärungen oder Hinweise zur Aufgabe gehören nicht dazu (Krammer, 2009). Oftmals handelt es sich um W-Fragen. Diagnostisch sind sie im Speziellen dann, wenn ausgehend von der Frage/Aufforderung der Kindergartenlehrperson und der Antwort des Kindes die folgenden Handlungen angepasst werden. |
| 2 | teilweise beobachtbar | Die Kindergartenlehrperson stellt eine diagnostische Frage, welche vom Kind so beantwortet wird, dass die Kindergartenlehrperson keinen oder nur geringen Einblick in den Lernstand des Kindes erlangt. |
| | | Die Kindergartenlehrperson stellt eine diagnostische Frage und nimmt deren Beantwortung oder Teile davon mit einer Äußerung oder Handlung vorweg. |
| | | Die Kindergartenlehrperson äußert eine diagnostische Aufforderung. Die damit verbundene mathematische Handlung wird vom Kind auf eine Art ausgeführt, welche der Kindergartenlehrperson keinen oder nur geringen Einblick in den Lernstand des Kindes gewährt. |
| 1 | nicht beobachtbar | Die unter „deutliche beobachtbar" und „teilweise beobachtbar" genannten Merkmale kommen nicht vor. |
| 0 | nicht einschätzbar | – |

Die zweite Dimension beinhaltet die *Adaptivität*. Unter Berücksichtigung der theoretischen Grundlagen (Kap. 6.1.2) und anhand der Sichtung der Daten wurden für das Rating zwei Items formuliert, die sich auf die Adaptivität der Unterstützung auf der *mikroadaptiven Ebene* beziehen. Zur Einschätzung dieser Items wurde mit den Videodaten gearbeitet. Das Rating dieser Dimension basierte auf den in Tabelle 14 und Tabelle 15 beschriebenen Regeln.

Tabelle 14: Regeln zur Einschätzung des ersten Items der Dimension „Adaptivität"

| Dimension 2: Adaptivität (mikroadaptive Ebene) | |
|---|---|
| Item 1: Adaptivität zu den vorausgehenden Äußerungen und Handlungen des Kindes | |
| Analyseeinheit: Spieleinheit vor dem Kontakt und Kindergartenlehrperson-Kind-Kontakt | |
| Rating | Indikatoren |
| 3 deutlich beobachtbar | Die von der Kindergartenlehrperson adressierten math. Inhalte entsprechen der math. Kompetenz des Kindes: <br><br>· Die Kindergartenlehrperson thematisiert während des Kontakts einen math. Inhalt oder eine math. Handlung, welche(r) ebenfalls vor dem Kontakt in den Handlungen/Äußerungen des Kindes beobachtet werden konnte.<br><br>· Die Handlungen/Äußerungen des Kindes vor dem Kontakt geben Hinweise darauf, dass das Kind den math. Inhalt bereits beherrscht, diesen aber noch festigen muss. Dies zeigt sich zum Beispiel daran, dass ein Kind eine Handlung noch langsam und unsicher, aber korrekt ausführt. Die Kindergartenlehrperson nimmt diesen Sachverhalt während des Kontakts auf.<br><br>Die von der Kindergartenlehrperson adressierten math. Inhalte sind leicht über der math. Kompetenz des Kindes:<br><br>· Die Kindergartenlehrperson thematisiert während des Kontakts einen math. Inhalt oder ein math. Thema, der/das für das Kind neu ist oder einen neuen Anteil aufweist in Bezug zu den Handlungen/Äußerungen, welche beim Kind vor dem Kontakt beobachtet werden konnten. Dieses neue Element schließt direkt am aktuellen Lernstand des Kindes an. |
| 2 teilweise beobachtbar | Der KL-K-Kontakt weist zu einem Teil adaptive und zu einem anderen Teil nicht adaptive Elemente auf. Einzelne Äußerungen/Handlungen während des Kontakts entsprechen demnach den vorausgehenden Äußerungen/Handlungen des Kindes wie unter „deutlich beobachtbar" beschrieben, andere nicht. |
| 1 nicht beobachtbar | Die von der Kindergartenlehrperson adressierten math. Inhalte sind deutlich unter der math. Kompetenz des Kindes:<br><br>· Die Kindergartenlehrperson thematisiert während des Kontakts einen math. Inhalt oder eine math. Handlung, welche(r) im Vergleich zu den vor dem Kontakt gezeigten Äußerungen/Handlungen des Kindes deutlich unter dessen math. Kompetenz liegt. (Unterforderung, Rating 1-)<br><br>Die von der Kindergartenlehrperson adressierten math. Inhalte sind deutlich über der math. Kompetenz des Kindes:<br><br>· Die Kindergartenlehrperson thematisiert während des Kontakts einen math. Inhalt oder ein math. Thema, der/das im Vergleich zu den vor dem Kontakt gezeigten Äußerungen/Handlungen des Kindes deutlich über dessen math. Kompetenz liegt. (Überforderung, Rating 1+) |
| 0 nicht einschätzbar | – |

Tabelle 15: Regeln zur Einschätzung des zweiten Items der Dimension „Adaptivität"

| Dimension 2: Adaptivität (mikroadaptive Ebene) | |
|---|---|
| Item 2: Adaptivität während des Kindergartenlehrperson-Kind-Kontakts | |
| Analyseeinheit: Kindergartenlehrperson-Kind-Kontakt | |
| Rating | Indikatoren |
| 3 deutlich beobachtbar | Die math. Äußerungen/Handlungen der Kindergartenlehrperson passen zu den math. Äußerungen/Handlungen des Kindes: <br> • Die Kindergartenlehrperson spricht die aktuelle Kompetenzstufe oder eine etwas höhere Kompetenzstufe des Kindes an. <br> • Bekundet ein Kind Mühe mit einem math. Inhalt/einer math. Handlung, erhöht die Kindergartenlehrperson die math. Unterstützung dieses Kindes. Ist das math. Verständnis des Kindes vorhanden, wird es von der Kindergartenlehrperson nur wenig unterstützt (van de Pol, 2011). <br> • Die didaktische Gestaltung des Kontaktes durch die Kindergartenlehrperson (eingesetzte Unterstützungsstrategien) passt zur Spielsituation/zum math. Problem des Kindes, sodass das Kind den Sachverhalt eigenständig nachvollziehen/lösen kann. |
| 2 teilweise beobachtbar | Die math. Äußerungen/Handlungen der Kindergartenlehrperson passen teilweise zu den math. Äußerungen/Handlungen des Kindes: <br> • Der KL-K-Kontakt weist zu einem Teil adaptive und zu einem anderen Teil nicht adaptive Elemente auf. Zum Beispiel startet die Kindergartenlehrperson adaptiv, gibt dann jedoch vorschnell Dinge vor oder nimmt Hilfestellungen vorweg. |
| 1 nicht beobachtbar | Die math. Äußerungen/Handlungen der Kindergartenlehrperson passen nicht zu den math. Äußerungen/Handlungen des Kindes: <br> • Die didaktische Gestaltung des Kontaktes durch die Kindergartenlehrperson (eingesetzte Unterstützungsstrategien) passt nicht zur Spielsituation/zum math. Problem des Kindes. Die Kindergartenlehrperson erschwert durch ihre Art der Kontaktgestaltung den Lernprozess des Kindes, z.B. durch vorschnelle Erklärungen, Verwirrungen. (Rating 1) <br> • Die Kindergartenlehrperson unterfordert das Kind durch die Art ihrer Unterstützung. Sie unterstützt ein Kind, welches die geforderte math. Handlung resp. den geforderten math. Inhalt bereits gut beherrscht, zu stark und spricht dadurch eine deutlich zu tiefe Kompetenzstufe an. (Unterforderung, Rating 1-) <br> • Die Kindergartenlehrperson überfordert das Kind durch die Art ihrer Unterstützung. Sie unterstützt ein Kind, welches mit den geforderten math. Inhalten/Handlungen überfordert ist, zu wenig und spricht dadurch eine deutlich zu hohe Kompetenzstufe an. (Überforderung, Rating 1+) |
| 0 nicht einschätzbar | – |

Die dritte Dimension fokussiert *Zurücknahme und Übertragung*. Von den theoretischen Grundlagen in Kapitel 6.1.3 sowie der Sichtung der Daten ausgehend wurde für das Rating ein Item konzipiert, das sich auf die graduell abnehmende Lernunterstützung durch die Kindergartenlehrperson (Fading) verbunden mit der allmählichen Übertragung der Verantwortung für das Lernen auf das Kind (Transfer of Responsibility) bezieht. Zur Einschätzung dieses Items wurde mit den Videodaten gearbeitet. Das Rating dieser Dimension basierte auf den in Tabelle 16 festgehaltenen Regeln.

Tabelle 16: Regeln zur Einschätzung des Items der Dimension „Zurücknahme und Übertragung"

| Dimension 3: Zurücknahme und Übertragung | | |
|---|---|---|
| Item 1: Allmähliche Zurücknahme und Übertragung der Lernverantwortung | | |
| Analyseeinheit: Kindergartenlehrperson-Kind-Kontakt | | |
| Rating | | Indikatoren |
| 3 | deutlich beobachtbar | Die Kindergartenlehrperson reduziert die Lernunterstützung allmählich und deutlich beobachtbar während eines KL-K-Kontakts oder über mehrere Kontakte hinweg. Dies zeigt sich besonders daran, dass die Kindergartenlehrperson Erklärungen oder kleinschrittiges Unterstützen allmählich durch Hinweise ablöst oder wenn die Kindergartenlehrperson die zur Verfügung gestellten Hilfsmittel/Hilfestellungen schrittweise reduziert. |
| 2 | teilweise beobachtbar | Die Kindergartenlehrperson reduziert die Lernunterstützung zu schnell oder zu langsam während eines KL-K-Kontakts oder über mehrere Kontakte hinweg. |
| 1 | nicht beobachtbar | Eine Reduktion der Lernunterstützung findet nicht statt, obwohl sie angezeigt wäre. |
| 0 | nicht einschätzbar | Das Spiel wird während des KL-K-Kontakts beendet und eine Zurücknahme mit Übertragung ist deshalb nicht mehr möglich. |

Die vierte Dimension fokussiert das *Folgeverhalten*. Die theoretischen Grundlagen aus Kapitel 6.1.3 sowie die Sichtung der Daten bildeten den Ausgangspunkt zur Formulierung eines Items für dieses Rating. Dieses Item erfasst, inwiefern ein Kind im Nachgang zur individuell-adaptiven Lernunterstützung fähig ist, das neu Gelernte fortan selbstständig anzuwenden. Das heißt, dass eingeschätzt wird, ob im Anschluss an den oder die KL-K-Kontakt(e) eine beobachtbare Integration des während des Kontakts Thematisierten ins kindliche Verhalten beobachtet werden kann. Zur Einschätzung dieses Items wurde wiederum mit den Videodaten gearbeitet. Das Rating basierte auf den in Tabelle 17 aufgeführten Regeln.

Tabelle 17: Regeln zur Einschätzung des Items der Dimension „Folgeverhalten"

Dimension 4: Folgeverhalten

Item 1:
Mathematisches Folgeverhalten des Kindes im Nachgang zur Lernunterstützung

Analyseeinheit:
Spieleinheit nach dem Kindergartenlehrperson-Kind-Kontakt

| Rating | | Indikatoren |
|---|---|---|
| 3 | deutlich beobachtbar | Das Kind zeigt nach dem KL-K-Kontakt durchwegs diejenigen math. Äußerungen/Handlungen, welche von der Kindergartenlehrperson während des Kontakts angeregt wurden und welche vor dem Kontakt noch nicht oder nicht in derselben Deutlichkeit gezeigt wurden. Diese Veränderung zwischen vor und nach dem KL-K-Kontakt stellt einen Fortschritt in der math. Kompetenz des Kindes dar. (Fortschritt, Rating 3+) |
| | | Das Kind zeigt nach dem KL-K-Kontakt durchwegs diejenigen math. Äußerungen/Handlungen, welche von der Kindergartenlehrperson während des Kontakts angeregt wurden und welche vor dem Kontakt noch nicht oder nicht in derselben Deutlichkeit gezeigt wurden. Diese Veränderung zwischen vor und nach dem Kontakt stellt einen Rückschritt in der math. Kompetenz des Kindes dar. (Rückschritt, Rating 3-) |
| 2 | teilweise beobachtbar | Das Kind zeigt nach dem KL-K-Kontakt teilweise diejenigen math. Äußerungen/Handlungen, welche von der Kindergartenlehrperson während des Kontakts angeregt wurden und welche vor dem Kontakt noch nicht oder nicht in derselben Deutlichkeit gezeigt wurden. Diese Veränderung zwischen vor und nach dem Kontakt stellt einen Fortschritt in der math. Kompetenz des Kindes dar. (Fortschritt, Rating 2+) |
| | | Das Kind zeigt nach dem KL-K-Kontakt teilweise diejenigen math. Äußerungen/Handlungen, welche von der Kindergartenlehrperson während des Kontakts angeregt wurden und welche vor dem Kontakt noch nicht oder nicht in derselben Deutlichkeit gezeigt wurden. Diese Veränderung zwischen vor und nach dem Kontakt stellt einen Rückschritt in der math. Kompetenz des Kindes dar. (Rückschritt, Rating 2+) |
| 1 | nicht beobachtbar | Das während des KL-K-Kontakts von der Kindergartenlehrperson Angeregte hat keine Auswirkungen auf math. Äußerungen und Handlungen des Kindes nach dem KL-K-Kontakt. |
| 0 | nicht einschätzbar | Das Spiel wird während oder direkt nach dem KL-K-Kontakt beendet. |

Die fünfte Dimension richtete den Blick schließlich auf den *Gesamteindruck*: Basierend auf der Analyse der Dimensionen eins bis vier, anhand derer Ausprägungen von Aspekten der individuell-adaptiven Lernunterstützung eingeschätzt worden waren, wurde in der fünften Dimension die globale Qualität der Lernunterstützung eingeschätzt. Diese Dimension ist besonders für die Analysen statistischer Zusammenhänge von Bedeutung. Zur Einschätzung des betreffenden Items wurde mit den Videodaten gearbeitet. Das Rating dieser Dimension wurde unter Befolgung der in Tabelle 18 beschriebenen Regeln durchgeführt.

Tabelle 18: Regeln zur Einschätzung des Items der Dimension „Gesamteindruck"

| Dimension 5: Gesamteindruck | | |
|---|---|---|
| Item 1: Gesamteindruck der Qualität der individuell-adaptiven Lernunterstützung | | |
| Analyseeinheit: Spieleinheit mit Kindergartenlehrperson-Kind-Kontakten | | |
| Rating | | Indikatoren |
| 3 | deutlich beobachtbar | Gesamthaft hohe Qualität der individuell-adaptiven mathematischen Lernunterstützung durch die Kindergartenlehrperson. |
| 2 | teilweise beobachtbar | Gesamthaft teilweise hohe Qualität der individuell-adaptiven mathematischen Lernunterstützung durch die Kindergartenlehrperson. |
| 1 | nicht beobachtbar | Gesamthaft keine hohe Qualität der individuell-adaptiven mathematischen Lernunterstützung durch die Kindergartenlehrperson. |
| 0 | nicht einschätzbar | – |

Als Grundlage für zwei Items, welche zur Einschätzung der Adaptivität in Bezug auf vorausgehende Äußerungen und Handlungen des Kindes resp. in Bezug auf das mathematische Folgeverhalten des Kindes im Nachgang zur Lernunterstützung dienten, wurden die mathematischen Inhalte während der Spieleinheit und während des KL-K-Kontakts identifiziert. Dazu wurden die mathematischen Inhalte in den Handlungen und Äußerungen des Kindes vor dem KL-K-Kontakt, während des KL-K-Kontakts und nach dem KL-K-Kontakt festgehalten. Als Hilfe wurden Tabellen hinzugezogen. Diese waren auf der Basis der Spielanalyse (Kap. 5.2.4) und des eigens entwickelten progressiven Kompetenzmodells für Mengen-Zahlen-Kompetenzen im Kindergarten (Kap. 3.3.3) je nach Regelspiel und mathematischen Kompetenzen der spielenden Kinder erstellt worden. Ein Beispiel einer dieser Tabellen, die bei einer Spieleinheit des Spiels „Klipp-Klapp" verwendet wurde, ist in Tabelle 19 abgedruckt.

Nach der Erläuterung des Analyseinstruments wird nun als Nächstes das Vorgehen bei der Datenanalyse beschrieben.

Tabelle 19: Ratingunterstützende Tabelle

| ID Kindergarten: 302 | | Spiel: Klipp-Klapp | ID Kind: 30212 | |
|---|---|---|---|---|
| **Beobachtbare mathematische Kompetenzen ...** | | | | |
| | | ... vor dem KL-K-Kontakt | ... während des KL-K-Kontakts | ... nach dem KL-K-Kontakt |
| Anzahl-bestimmung | Abzählen der Würfelbilder | Würfelbilder 4, 5, 6 | Würfelbilder 4, 5, 6 | Würfelbilder 5, 6 |
| | Simultanerfassung der Würfelbilder | Würfelbilder 1, 2, 3 | Würfelbilder 1, 2, 3, Angeregt durch KL 4, 5, 6 | Würfelbilder 1, 2, 3, 4 |
| Zuordnung Anzahl-Zahldarstellung | Abzählen der Zifferntafeln | Zifferntafeln 3, 5, 6, 7, 8, 9 | Zifferntafeln 5, 6, 7, 8, 9 | Zifferntafeln 5, 6, 7, 8, 9 |
| | Direktes Herunterklappen der Zifferntafel | Ziffern 1, 2, 4 | Ziffern 1, 2, 3, 4 Angeregt durch KL 5, 6 | Ziffern 1, 2, 3, 4 |
| Zusammen-setzen von Mengen | Strategien beim Zusammensetzen der Würfelanzahlen | Strategie „Alles zählen" | Strategie „Alles zählen" | Strategie „Alles zählen" |
| Erstes Rechnen | | - | - | - |
| | Regelkenntnis | Ja: Summen und Teilmengen werden genutzt | Ja: Summen und Teilmengen werden genutzt | Ja: Summen und Teilmengen werden genutzt |

*Vorgehen bei der Datenanalyse*

Nachdem das Analyseinstrument an den Videodaten der Pilotierung erprobt und überarbeitet worden war, konnte mit der Schulung der zweiten Ratingperson, einer Masterstudentin am Institut für Erziehungswissenschaft der Universität Zürich, begonnen werden. Das Ziel dieser Schulung bestand darin, ein gemeinsames theoretisches Verständnis für die Dimensionen und die Items des Analyseinstruments aufzubauen, um im anschließenden Rating der Daten eine möglichst hohe intersubjektive Übereinstimmung zu erreichen (Rakoczy, 2007).

Die Schulung der zweiten Ratingperson fand im Rahmen mehrerer Treffen statt und war systematisch aufgebaut. In einem ersten Schritt lernte sie die Regelspiele sowie die damit angesprochenen mathematischen Kompetenzen kennen, während sie in einem zweiten Schritt Einblick in die Struktur der basiscodierten Videodaten erhielt. Danach stand das Analyseinstrument im Fokus. Jede Dimension wurde einzeln unter Bezugnahme auf die theoretischen Grundlagen und anhand von Ankerbeispielen aus den Videodaten besprochen. In einem nächsten Schritt wurde eine Kindunterstützung hinsichtlich aller Dimensionen der individuell-adaptiven Lernunterstützung gemeinsam geratet und diskutiert. Darauf folgten das selbstständige Rating einer Kindunterstützung und der anschließende Vergleich. Dieses selbstständige Rating zeigte, dass ein gemeinsames Verständnis für die Dimensionen und Items des Ratinginstrumentes aufgebaut worden war, sodass die Schulung abgeschlossen werden konnte.

Im Anschluss daran fand das eigentliche Rating statt, wobei insgesamt 20% der Videodaten parallel eingeschätzt wurden. In diesen 20% waren alle Kindergartenlehrpersonen und alle Regelspiele zu gleichen Anteilen vertreten. Da es bei hoch inferenten Ratings nicht möglich ist, die Reliabilität direkt nach der Schulung zu bestimmen und es zuerst der unabhängigen Einschätzung mehrerer Videos bedarf, wurden die Videodaten in drei gleiche Einheiten aufgeteilt, sodass die Interraterreliabilität nach jeder Einheit berechnet werden konnte. Dazu wurden die Werte beider Raterinnen zu Mittelwerten zusammengefasst und am Ende aller drei Einheiten insgesamt geprüft (Lipowsky & Faust, 2013). Wie diese Prüfung im Detail ablief, wird im nächsten Abschnitt dargestellt.

*Interraterreliabilität*

Zur Prüfung der Interraterreliabilität wird in neueren Forschungsarbeiten hauptsächlich der Generalisierbarkeitskoeffizient (G-Koeffizient) herangezogen (Pauli, 2014). Die Generalisierbarkeitstheorie wurde von Cronbach, Gleser, Nanda und Rajaratnam (1972) entwickelt und stellt eine Kombination mit wie auch eine Weiterentwicklung der klassischen Testtheorie dar (Praetorius, 2012). Die Generalisierbarkeitstheorie geht insofern über die klassische Testtheorie hinaus, als sie nicht von einer globalen Fehlerquelle ausgeht, sondern den Messfehler bei der Unterschiedlichkeit von Beobachtungen in mehrere Facetten aufschlüsselt (Shavelson & Webb, 1991).

In der vorliegenden Studie bergen die Videodaten (videografierte Spieleinheiten) selbst, die Beobachtenden, die Interaktion zwischen den Videos und den Beobachtenden sowie die unsystematische Fehlervarianz mögliche Fehlerquellen. Der G-Koeffizient zeigt auf, welche Varianzanteile aufgrund der Beobachtungssituationen (Spieleinheiten), der Beobachtenden resp. der Interaktion zwischen Beobachtungssituationen und Beobachtenden zustande kommen (Seidel & Prenzel, 2010). Im vorliegenden Fall handelte es sich um ein Zwei-Facetten-Design mit den Facetten „Video" (Spieleinheiten) und „Ratende" (Praetorius, 2014). Prinzipiell wäre es erstrebenswert, den Großteil der Varianz auf Unterschiede zwischen den Spieleinheiten zurückführen zu können (wahre Varianz) und nur einen kleinen Teil auf die Beurteilung der Ratenden (systematische Fehlervarianz) (Clausen et al., 2003).

In Tabelle 20 werden die G-Koeffizienten für das Rating der sieben Items aufgeführt. Dazu werden die folgenden Kennwerte angegeben:

- *Relativer G-Koeffizient:* Grundsätzlich wird zwischen dem absoluten und dem relativen G-Koeffizienten unterschieden. Ersterer wird dann verwendet, wenn bei Entscheidungen die absolute Höhe und nicht nur die Rangreihe von Relevanz ist. Letzterer wird demgegenüber bei Entscheidungen eingesetzt, bei denen die Rangreihe und nicht die absolute Höhe im Fokus steht (Clausen et al., 2003). In der vorliegenden Studie war die Rangreihe und nicht die absolute Höhe der Raterurteile von Interesse. Entsprechend wurde der relative G-Koeffizient als Indikator für die Interraterreliabilität herangezogen. Da der G-Koeffizient das Pendant zum Reliabilitätskoeffizienten der klassischen Testtheorie bildet (Clausen et al., 2003), gelten dieselben *Beurteilungsrichtlinien* wie für die Reliabilitätsmaße der klassischen Testtheorie (Wirtz & Caspar, 2002): Die Werte liegen zwischen 0 und 1; für eine ausreichende Reliabilität muss mindestens ein Wert von .7 erreicht werden (Praetorius, 2012).

- *Varianzkomponenten (VK):* Neben dem relativen G-Koeffizienten werden in Tabelle 20 auch die verschiedenen Varianzkomponenten aufgeführt. Die Werte in der Spalte „Video" geben an, welcher Anteil der Varianz auf Unterschiede zwischen den Spieleinheiten (Videos) zurückzuführen ist. Die Werte der Spalte „Rater" beziehen sich auf denjenigen Anteil der Varianz, welcher infolge von Unterschieden zwischen den Urteilen der Ratenden zustande kam. Die Spalte „VxR+*e*" schließlich gibt die Varianz an, die auf die Interaktion zwischen den Spieleinheiten (Videos) und den Ratenden sowie auf den unsystematischen Fehler zurückgeht.

Tabelle 20: Relative G-Koeffizienten und Varianzkomponenten für die Ratingitems der individuell-adaptiven Lernunterstützung

| Ratingitems | N | g_relativ | Varianzkomponenten (VK) | | |
|---|---|---|---|---|---|
| | | | Video | Rater | VxR+*e* |
| Lernstandsdiagnose Planung | 68 | 0.87 | 77.4% | 0.0% | 22.6% |
| Lernstandsdiagnose Spieleinheit | 79 | 0.86 | 75.0% | 0.0% | 25.0% |
| Adaptivität zum Vorausgehenden | 56 | 0.71 | 54.8% | 0.0% | 45.2% |
| Adaptivität während KL-K-Kontakt | 79 | 0.83 | 70.3% | 0.0% | 29.7% |
| Zurücknahme und Übertragung | 70 | 0.78 | 63.4% | 0.0% | 36.6% |
| Folgeverhalten | 43 | 0.74 | 58.6% | 0.0% | 41.4% |
| Globaleinschätzung | 79 | 0.80 | 66.7% | 0.0% | 33.3% |

Der G-Koeffizient wie auch die Varianzkomponenten wurden mit dem EduG-Programm für Generalisierbarkeitsstudien berechnet (Swiss Society for Research in Education Working Group, 2010). Mit Generalisierbarkeitskoeffizienten zwischen .71 und .87 für die einzelnen Items kann das eingesetzte Instrument als ausreichend reliabel angesehen werden. Wie Tabelle 20 ebenfalls entnommen werden kann, lagen die Varianzanteile für die Ratenden stets bei 0%. Dies bedeutet indes nicht, dass es keine Differenz zwischen den Ratenden gab, sondern lediglich, dass über alle Ratings hinweg keine systematische Höher- oder Tieferbewertung durch die Ratenden stattfand. Eine Abweichung in beide Richtungen manifestiert sich als Interaktionskomponente zwischen den Ratenden und der Situation.

Wie dieses Rating der Video- und Interviewdaten statistisch ausgewertet wurde, wird im nächsten Unterkapitel dargelegt.

### 9.4.4 Analyseschritt 3: Statistische Auswertungen

Die statistische Auswertung der Codierungen und Ratings verfolgte das übergeordnete Ziel, eine übersichtliche Darstellung zu generieren, um diese für die Aus- und Weiterbildung von Kindergartenlehrpersonen sowie für weitere Forschungsarbeiten oder die Theoriebildung nutzbar machen zu können. Das Vorgehen wird im Folgenden zuerst für die Codierung, danach für das Rating und schließlich für die Zusammenhangsanalysen beschrieben.

*Statistische Auswertung der Codierung*

Die Daten der *Basiscodierung* wurden ausschließlich einer Frequenzanalyse unterzogen. Zum Einsatz gelangte dabei die Statistik-Software SPSS Statistics. Die Frequenzanalysen wurden zuerst mit Blick auf die Kindergartenlehrpersonen durchgeführt, wobei die Häufigkeit und die Dauer der KL-K-Kontakte je Kindergartenlehrperson in den Spieleinheiten analysiert wurden. Im Anschluss daran standen die Regelspiele im Fokus. Diesbezüglich wurden die Häufigkeit und die Dauer der Spieleinheiten je Spiel, die Anzahl der Spieldurchgänge, die Häufigkeit und die Dauer der KL-K-Kontakte je Spiel sowie die Dauer der KL-K-Kontakte in Relation zur Dauer der Spieleinheiten je Spiel analysiert.

Auf der Grundlage der Daten der *kategorialen Codierung der Art der KL-K-Kontakte* wurden sowohl Frequenzanalysen als auch Unterschiedsanalysen durchgeführt. Mithilfe der Frequenzanalysen sollten die Häufigkeit und die Dauer der Art der KL-K-Kontakte gesamthaft, je Kindergartenlehrperson sowie je Regelspiel untersucht werden. Des Weiteren wurde analysiert, inwiefern sich die Kindergartenlehrpersonen resp. die Regelspiele bezogen auf die KL-K-Kontakte mit Mathematikbezug unterscheiden. Dazu wurde der Kruskal-Wallis-H-Test für ordinale Daten eingesetzt. Dieser Test kommt dann zur Anwendung, wenn es darum geht, zu erforschen, ob zwischen zwei oder mehr Gruppen (Kindergartenlehrpersonen resp. Regelspiele) statistisch signifikante Unterschiede bezüglich einer unabhängigen Variablen (mathematikbezogene KL-K-Kontakte) vorliegen (Lund & Lund, 2013). Zur Durchführung dieses Tests wurden die prozentualen zeitlichen Anteile der KL-K-Kontakte mit Mathematikbezug an der Dauer der jeweiligen Spieleinheit betrachtet. Diese Variable erwies sich als knapp normalverteilt; die optische Prüfung zeigte jedoch, dass eine Mischverteilung vorlag, die nicht korrigiert werden konnte. Das Problem stellte der Nullwert (keine mathematikbezogenen KL-K-Kontakte) dar, der sehr stark ausgeprägt war. Da der Nullwert aus inhaltlichen Gründen jedoch nicht ausgeschlossen werden konnte, wurde die metrische Variable in eine vierstufige ordinale Variable überführt, um danach mit dem nicht parametrischen Verfahren des Kruskal-Wallis-Tests arbeiten zu können.

Diese statistischen Auswertungen führten zu einer differenzierten Übersicht über das Vorkommen von KL-K-Kontakten resp. mathematikbezogenen KL-K-Kontakten während der Spieleinheiten. Sie sagten allerdings noch nichts darüber aus, was genau während dieser mathematikbezogenen KL-K-Kontakte geschehen war. Um Aussagen zur Gestaltung der mathematikbezogenen KL-K-Kontakte formulieren zu können, wurde das Rating ausgewertet.

*Statistische Auswertung des Ratings*

Die Auswertung der Daten des Ratings richtete sich auf zwei Schwerpunkte: die Kindergartenlehrpersonen sowie die Regelspiele, wobei der Fokus deutlich auf dem Unterstützungsverhalten der Kindergartenlehrpersonen lag. Diesbezüglich wurden *im ersten Analysestrang* die Kindunterstützungen über alle Kindergartenlehrpersonen und alle Regelspiele hinweg in den Blick genommen. Eine Frequenzanalyse ermöglichte es, die Häufigkeit der unterschiedlichen Ratings pro Item der individuell-adaptiven Lernunterstützung im Überblick darzustellen.

Daraufhin wurden die Ratings der einzelnen Kindergartenlehrpersonen mittels einer *Clusteranalyse* untersucht, um herauszufinden, inwiefern eine Typenbildung bezüglich des Unterstützungsverhaltens durch die Kindergartenlehrpersonen in Verbindung mit den Ratingausprägungen der Items der Lernunterstützung möglich ist. Zu diesem Zweck wurden Objekte (Kindergartenlehrpersonen) bezogen auf bestimmte Merkmale (Items der Lernunterstützung) in ähnliche Gruppen eingeteilt. Dabei galt es zu beachten, dass die unterschiedlichen Cluster intern möglichst homogen und extern möglichst heterogen sein sollten (Bortz & Schuster, 2010). In der vorliegenden Studie kam ein hierarchisches Verfahren zur Anwendung, in dessen Fortgang die Anzahl der Cluster schrittweise verringert wurde (agglomerative Clusteranalyse). Für den Zusammenschluss zweier Cluster (Fusion) wurde das Single-Linkage-Kriterium eingesetzt, welchem gemäß der jeweils nächste Nachbar (minimaler Abstand aller Merkmalspaare) ermittelt wird. Diese Clusteranalyse erfolgte nach der Ward-Methode und wurde mit der Statistik-Software SPSS Statistics durchgeführt (Bacher, Pöge & Wenzig, 2010; Bortz & Schuster, 2010). Um die Güte der Clusterlösung zu beurteilen, wurde anschließend eine Diskriminanzanalyse durchgeführt (Statistics Solutions, 2016).

In einem nächsten Schritt wurde das Verständnis der Daten weiter verbessert, indem das Unterstützungsverhalten der Kindergartenlehrpersonen einer *Faktorenanalyse und einer multidimensionalen Skalierung* unterzogen wurde. Damit wurde das Ziel verfolgt, die Komplexität der Daten zu reduzieren, um sie dadurch in einem tiefendimensionalen Raum grafisch abbilden zu können. Für dieses Vorhaben eignen sich beide Verfahren gleichermaßen (Bankhofer & Vogel, 2008). Sie unterscheiden sich dahingehend, dass die Faktorenanalyse mit Daten der subjektiven Beurteilung von Eigenschaften rechnet, während die Analyse bei der multidimensionalen Skalierung auf wahrgenommenen Ähnlichkeiten zwischen Objekten basiert (Backhaus, Erichson, Plinke & Weiber, 2003). Um das Unterstützungsverhalten der Kindergartenlehrpersonen grafisch darzustellen, wurden Ähnlichkeits- resp. Unähnlichkeitswerte für verschiedene Objekte (Kindergartenlehrpersonen) in Relation zueinander mit Distanzen von Punkten dargestellt. Nahe beieinanderliegende Punkte stehen dabei für ähnliche Objekte, während weit auseinanderliegende Punkte unähnliche Objekte repräsentieren (Backhaus et al., 2003; Borg & Staufenbiel, 2007; Kühn, 1976).

Mithilfe dieser drei statistischen Verfahren konnten die Kindergartenlehrpersonen anhand der unterschiedlich starken Ausprägungen der Items der Lernunterstützung strukturiert und in Typen eingeteilt werden. Diejenigen Kindergartenlehrpersonen, welche demjenigen Unterstützungstyp zugeordnet werden konnten, der die höchsten Itemausprägungen im Unterstützungsverhalten aufwies, wurden in einer nachgelagerten qualitativen Analyse genauer betrachtet (Kap. 9.4.5).

Der *zweite Analysestrang* nahm die Regelspiele in den Blick. Mit deren Ratings wurde ähnlich verfahren wie mit den Ratings des Unterstützungsverhaltens der Kindergartenlehrpersonen. Dementsprechend wurde in einem ersten Schritt eine Clusteranalyse durchgeführt, wonach in einem zweiten Schritt wiederum eine Faktorenanalyse und multidimensionale Skalierung erfolgten. Auf diese Weise wurde deutlich, inwiefern sich verschiedene Regelspiele hinsichtlich des damit einhergehenden Unterstützungsverhaltens der Kindergartenlehrpersonen ähnlich resp. unähnlich sind.

*Statistische Auswertung von Zusammenhängen*

Abgeschlossen wurde die statistische Auswertung durch eine Analyse, die untersuchen sollte, inwiefern verschiedene Kontextvariablen einerseits mit dem prozentualen zeitlichen Anteil der mathematikbezogenen KL-K-Kontakte der kategorialen Codierung und andererseits mit der globalen Qualität der individuell-adaptiven Lernunterstützung des Ratings (Item „Gesamteindruck") zusammenhängen.

Mit den *prozentualen zeitlichen Anteilen der mathematikbezogenen KL-K-Kontakte der kategorialen Codierung* wurden Unterschiedsanalysen durchgeführt. Dabei wurde der Frage nachgegangen, inwiefern sich die prozentualen zeitlichen Anteile der mathematikbezogenen KL-K-Kontakte im Hinblick auf Kontextvariablen des Fragebogens zu Personalien und zur beruflichen Tätigkeit (Berufserfahrung, Land, in welchem die Kindergartenlehrperson tätig war, besuchte mathematikbezogene Weiterbildungen) unterscheiden.

Mit dem *Item „Gesamteindruck" des Ratings*, mit welchem die globale Qualität der individuell-adaptiven Lernunterstützung eingeschätzt worden war, wurden Zusammenhangsanalysen durchgeführt. Dabei wurde der Frage nachgegangen, inwiefern das Item „Gesamteindruck" mit den folgenden Kontextvariablen zusammenhängt:

- Variable zum prozentualen zeitlichen Anteil der mathematikbezogenen KL-K-Kontakte der kategorialen Codierung;

- Variablen aus dem Fragebogen zu Personalien und zur beruflichen Tätigkeit (Berufserfahrung, Land, in dem die Kindergartenlehrperson tätig war, Besuch von mathematischen Weiterbildungen).

Festzuhalten gilt es an dieser Stelle abschließend, dass beide Zusammenhangsanalysen, sowohl diejenige der kategorialen Codierung als auch diejenige des Ratings, kritisch zu betrachten sind, weil die Stichprobe mit 28 Kindergartenlehrpersonen sehr klein ausfiel. Entsprechend konnten mittels dieser Analysen im vorliegenden Datensatz lediglich Tendenzen untersucht werden.

### 9.4.5 Analyseschritt 4: Qualitative Vertiefung

Die qualitative Vertiefung im vierten Analyseschritt verfolgte das Ziel, das Handeln derjenigen Kindergartenlehrpersonen noch differenzierter zu untersuchen, bei denen im Rahmen der statistischen Analyse ein stark ausgeprägtes Unterstützungsverhalten festgestellt worden war. Zu diesem Zweck wurde mit der qualitativen Inhaltsanalyse in Anlehnung an Mayring (2015) gearbeitet. Diese Methode stellt eines der Standardverfahren der sozialwissenschaftlichen Forschung dar und kommt dann zur Anwendung, wenn Kommunikation im Hinblick auf ihren Inhalt untersucht werden soll (Krippendorff, 2004).

Im vorliegenden Zusammenhang konkret eingesetzt wurde das Verfahren der zusammenfassenden Inhaltsanalyse (Mayring, 2015), bei dem die Daten schrittweise verallgemeinert werden, sodass sich eine immer abstrakter werdende Zusammenfassung ergibt. Um das Geschehen in den betreffenden Sequenzen transkribieren und paraphrasieren zu können, wurden die mathematischen KL-K-Kontakte der fünf Kindergartenlehrpersonen aus Cluster 1 (hoch diagnostisches und hoch adaptives Unterstützungsverhalten, Kap. 10.1.2) erneut gesichtet. Der Grund dafür, dass das Videomaterial zusätzlich zum Transkript auch noch paraphrasierend beschrieben wurde, besteht darin, dass in den Interaktionen zwischen den Kindergartenlehrpersonen und den Kindern vieles von dem, was für die spätere Kategorienbildung relevant war, nonverbal vor sich gegangen war. Formuliert wurden auf einer einheitlichen Sprachebene knappe, auf den Kern der Lernunterstützung fokussierte Beschreibungen, in denen alle nicht relevanten Detailinformationen vernachlässigt wurden. Von den fünf fokussierten Kindergartenlehrpersonen lagen gesamthaft 52 KL-K-Kontakte mit Mathematikbezug vor, die in die Analyse eingehen konnten.

Von den transkribierten und paraphrasierten Interaktionsprotokollen ausgehend wurden anschließend induktiv Kategorien gebildet, indem das Textmaterial zuerst einem Prozess der Generalisierung unterzogen wurde und daraufhin einer schrittweisen Reduktion. Bei der Generalisierung wurden die paraphrasierten Textstücke auf einer hohen Abstraktionsebene neu formuliert. Bei den darauffolgenden Reduktionen wurden diese generalisierten Textstücke ihrer Bedeutung nach geordnet, wobei bedeutungsgleiche Stücke jeweils gestrichen wurden. Danach wurden die Textstücke so weit wie möglich zusammengefasst, und zwar so lange, bis sich daraus zentrale und inhaltstragende Kategorien ergaben. Die im Entstehen begriffenen und schließlich entstandenen Kategorien wurden sowohl während des Analyseprozesses als auch im Anschluss daran stets theoretisch verortet. Dazu wurden bereits bestehende theoretische Annahmen anderer Forscherinnen und Forscher mit dem eigenen Material verglichen. Das auf diese Weise erstellte Kategoriensystem (Kap. 10.1.4, Tab. 24) bildet Merkmale einer qualitativ guten individuell-adaptiven mathematischen Lernunterstützung ab und ermöglicht somit einen noch weiter in die Tiefe gehenden Einblick in die Gestaltung des Unterstützungsverhaltens von Kindergartenlehrpersonen.

In diesem Hauptkapitel ging es darum, das in der vorliegenden Studie angewandte methodische Vorgehen detailliert aufzuzeigen. Diese Ausführungen dienen als Grundlage für die im nächsten Hauptkapitel berichteten Ergebnisse.

# 10 Ergebnisse

In diesem Kapitel werden die Ergebnisse der vorliegenden Studie in zwei Hauptteilen präsentiert: Im ersten Teil, auf dem das Hauptgewicht der Ausführungen liegt, stehen die Ergebnisse zum Unterstützungshandeln der Kindergartenlehrpersonen im Vordergrund (Kap. 10.1), während im zweiten Teil die regelspielbezogenen Ergebnisse berichtet werden (Kap. 10.2). Die Darstellung folgt in beiden Teilen jeweils den im vorangehenden Kapitel 9 beschriebenen Analyseschritten.

## 10.1 Ergebnisse zum Unterstützungshandeln der Kindergartenlehrpersonen

Mit Fokus auf das Unterstützungshandeln der Kindergartenlehrpersonen werden im Folgenden die Ergebnisse entlang der vier Analyseschritte „Kategoriale Codierung" (Kap. 10.1.1), „Rating" (Kap. 10.1.2), „Statistische Auswertung von Zusammenhängen" (Kap. 10.1.3) und „Qualitative Vertiefung" (Kap. 10.1.4) dargestellt.

### 10.1.1 Ergebnisse der Auswertung der Codierung

Nachfolgend werden zuerst die Ergebnisse der Auswertung der Basiscodierung und anschließend die Ergebnisse der Auswertung der kategorialen Codierung der Art der KL-K-Kontakte berichtet. Danach werden die Ergebnisse, die auf der Grundlage der kategorialen Codierung gewonnen wurden, mit Kontextvariablen der Kindergartenlehrpersonen in Beziehung gesetzt. Mit diesem ersten Analyseschritt wurden insbesondere zwei Ziele verfolgt: Es ging einerseits darum, die Videodaten mithilfe der Basiscodierung zu strukturieren, um auf diese Weise die KL-K-Kontakte identifizieren zu können, und andererseits darum, die KL-K-Kontakte hinsichtlich der Art des Kontakts zu codieren, um dadurch Kontakte mit mathematischem Bezug zu bestimmen (Kap. 9.4.2).

*Ergebnisse zur Basiscodierung*

Den Ausgangspunkt der Auswertungen bildete eine Übersicht über die Häufigkeit und die Dauer der Spieleinheiten und der KL-K-Kontakte, die aus der Basiscodierung entstand (Tab. 21).

Der Übersicht in Tabelle 21 lassen sich bereits erste aufschlussreiche Punkte entnehmen: Die Videodaten enthalten gesamthaft 356 Spieleinheiten, welche im Durchschnitt knapp 20 Minuten dauern. Während dieser Spieleinheiten finden insgesamt 980 KL-K-Kontakte statt, die im Durchschnitt etwas länger als zwei Minuten dauern. Die *Häufigkeit und die Dauer der Spieleinheiten* weichen jeweils nur geringfügig voneinander ab. Sie entsprechen relativ genau dem im Projekt vorgegebenen Rahmen von zwölf Spieleinheiten, die je während etwa 15 bis 20 Minuten gespielt werden sollten.

Tabelle 21: Übersicht über die Häufigkeit und die Dauer der Spieleinheiten bzw. der KL-K-Kontakte

| | Spieleinheiten (SE) | | | Kindergartenlehrperson-Kind-Kontakt (KL-K-K) | | | | | | | | | | Anteil KL-K-K an SE Dauer |
|---|---|---|---|---|---|---|---|---|---|---|---|---|---|---|
| | Häufigkeit | Dauer | | Häufigkeit | | | | | Dauer | | | | | |
| ID | ∑ | ∑ | x̄ | ∑ | x̄ (SE) | SD | Min. | Max. | ∑ | x̄ (KL-K-K) | SD | Min. | Max. | % |
| 101 | 12 | 03:07:51 | 00:15:39 | 36 | 3.00 | 1.35 | 1 | 6 | 01:01:19 | 00:01:42 | 00:01:31 | 00:00:05 | 00:06:19 | 32.6 |
| 102 | 12 | 02:45:08 | 00:13:45 | 25 | 2.08 | 0.90 | 1 | 3 | 00:56:20 | 00:02:15 | 00:01:35 | 00:00:11 | 00:05:45 | 34.1 |
| 103 | 11 | 02:37:38 | 00:15:45 | 32 | 2.91 | 1.14 | 1 | 5 | 01:06:15 | 00:02:08 | 00:02:25 | 00:00:05 | 00:11:38 | 42.0 |
| 104 | 12 | 02:55:25 | 00:14:37 | 46 | 3.83 | 1.27 | 2 | 6 | 00:54:19 | 00:01:10 | 00:00:54 | 00:00:10 | 00:03:59 | 31.0 |
| 105 | 11 | 03:23:22 | 00:18:29 | 15 | 1.36 | 0.81 | 0 | 3 | 00:56:10 | 00:03:44 | 00:03:54 | 00:00:34 | 00:13:02 | 27.6 |
| 107 | 12 | 02:57:00 | 00:14:45 | 51 | 4.25 | 1.49 | 2 | 7 | 00:57:27 | 00:01:07 | 00:00:52 | 00:00:08 | 00:03:23 | 32.5 |
| 108 | 12 | 03:34:41 | 00:17:53 | 33 | 2.75 | 1.36 | 1 | 5 | 01:11:55 | 00:02:10 | 00:01:22 | 00:00:10 | 00:05:31 | 33.5 |
| 109 | 12 | 03:36:39 | 00:18:03 | 42 | 3.50 | 1.45 | 1 | 7 | 01:05:13 | 00:01:33 | 00:00:56 | 00:00:05 | 00:03:21 | 30.1 |
| 110 | 15 | 02:54:39 | 00:11:38 | 25 | 1.67 | 1.68 | 0 | 6 | 01:04:40 | 00:02:35 | 00:03:21 | 00:00:06 | 00:12:42 | 37.0 |
| 201 | 12 | 03:57:08 | 00:19:45 | 92 | 7.67 | 2.23 | 4 | 11 | 01:10:41 | 00:00:46 | 00:00:34 | 00:00:03 | 00:02:56 | 29.8 |
| 202 | 12 | 03:14:59 | 00:16:14 | 24 | 2.00 | 1.21 | 0 | 4 | 00:53:04 | 00:02:12 | 00:01:33 | 00:00:04 | 00:05:50 | 27.2 |
| 203 | 13 | 03:36:14 | 00:16:38 | 44 | 3.38 | 1.04 | 2 | 5 | 01:08:59 | 00:01:34 | 00:01:48 | 00:00:07 | 00:09:43 | 31.9 |
| 204 | 12 | 02:50:12 | 00:14:11 | 66 | 5.50 | 1.78 | 3 | 8 | 00:56:16 | 00:00:51 | 00:00:38 | 00:00:02 | 00:02:55 | 33.1 |
| 205 | 14 | 03:16:56 | 00:14:04 | 13 | 0.93 | 0.83 | 0 | 2 | 00:38:20 | 00:02:56 | 00:01:46 | 00:00:29 | 00:05:50 | 19.5 |
| 206 | 12 | 03:28:35 | 00:17:22 | 28 | 2.33 | 0.99 | 1 | 4 | 01:16:19 | 00:02:43 | 00:02:15 | 00:00:10 | 00:11:05 | 36.6 |
| 207 | 12 | 02:17:21 | 00:11:26 | 24 | 2.00 | 1.41 | 0 | 5 | 00:54:48 | 00:02:17 | 00:03:12 | 00:00:10 | 00:14:38 | 39.9 |
| 208 | 12 | 03:21:05 | 00:16:45 | 24 | 2.00 | 0.74 | 1 | 3 | 01:13:16 | 00:03:03 | 00:02:03 | 00:00:13 | 00:09:21 | 36.4 |
| 209 | 12 | 03:00:06 | 00:15:00 | 30 | 2.50 | 1.24 | 0 | 4 | 01:00:06 | 00:02:00 | 00:01:32 | 00:00:16 | 00:06:48 | 33.4 |
| 210 | 11 | 02:47:18 | 00:15:12 | 35 | 3.18 | 1.99 | 0 | 6 | 00:48:44 | 00:01:23 | 00:01:00 | 00:00:11 | 00:04:45 | 29.1 |
| 301 | 13 | 03:35:19 | 00:16:33 | 33 | 2.54 | 1.81 | 1 | 7 | 01:09:36 | 00:02:06 | 00:02:05 | 00:00:09 | 00:07:25 | 32.3 |
| 302 | 16 | 04:09:42 | 00:15:36 | 54 | 3.38 | 2.83 | 0 | 10 | 01:21:51 | 00:01:30 | 00:01:41 | 00:00:08 | 00:05:55 | 32.8 |
| 303 | 15 | 03:39:25 | 00:14:37 | 36 | 2.40 | 1.60 | 0 | 7 | 01:06:31 | 00:01:50 | 00:01:41 | 00:00:10 | 00:08:46 | 30.3 |
| 304 | 12 | 03:43:28 | 00:18:37 | 24 | 2.00 | 1.04 | 1 | 4 | 01:08:38 | 00:02:51 | 00:02:36 | 00:00:14 | 00:10:07 | 30.7 |
| 305 | 16 | 03:23:42 | 00:12:43 | 23 | 1.44 | 1.15 | 0 | 4 | 00:59:54 | 00:02:36 | 00:02:20 | 00:00:09 | 00:09:00 | 29.4 |
| 306 | 12 | 03:09:23 | 00:15:46 | 28 | 2.33 | 1.16 | 1 | 5 | 01:04:02 | 00:02:17 | 00:01:44 | 00:00:10 | 00:07:38 | 33.8 |
| 308 | 16 | 03:21:37 | 00:12:36 | 30 | 1.88 | 1.09 | 0 | 4 | 00:55:59 | 00:01:51 | 00:01:36 | 00:00:13 | 00:07:53 | 27.8 |
| 309 | 13 | 04:14:50 | 00:19:36 | 19 | 1.46 | 1.05 | 0 | 4 | 01:39:38 | 00:05:14 | 00:04:35 | 00:00:10 | 00:13:33 | 39.1 |
| 310 | 12 | 02:51:55 | 00:14:19 | 48 | 4.00 | 1.21 | 2 | 6 | 01:08:04 | 00:01:25 | 00:01:05 | 00:00:17 | 00:06:07 | 39.6 |
| Total ∑ / x̄ | 356 | 19:51:38 | 00:15:38 | 980 | 2.80 | | | | 05:48:24 | 00:02:08 | | | | 32.6 |

Die *Häufigkeit und die Dauer der KL-K-Kontakte* variieren demgegenüber etwas stärker. Die Kindergartenlehrpersonen waren in der Gestaltung der Spieleinheiten weitgehend frei und erhielten lediglich die allgemein lautende Vorgabe, die Regelspiele zu begleiten. Es zeigt sich, dass einzelne Kindergartenlehrpersonen deutlich öfter und dafür kürzer (z.B. 201 und 204) oder deutlich seltener, dafür aber länger (z.B. 105 und 309) mit den Kindern interagieren als andere. Auffallend sind zudem einzelne hohe Maximalwerte der Dauer der KL-K-Kontakte (z.B. 103 oder 207). Diese kamen dadurch zustande, dass die betreffenden Kindergartenlehrpersonen in einer Kindergruppe mitspielten. Des Weiteren beträgt der prozentuale zeitliche Anteil der KL-K-Kontakte an den Spielsequenzen überall in etwa 30%. Auch dieser Prozentanteil lässt sich auf das Studiendesign zurückführen, weil die Kindergartenlehrpersonen jeweils drei Spieltische parallel begleiteten.

Die Daten der Basiscodierung bildeten die Grundlage für den nächsten Analyseschritt, in welchem die 980 identifizierten KL-K-Kontakte in Bezug auf ihre Art (mathematikbezogen, spielanleitend, spielorganisatorisch, sozial-emotional) codiert wurden.

*Auswertungsergebnisse der kategorialen Codierung der Art der KL-K-Kontakte*

Als Erstes wurden die Daten der kategorialen Codierung der Art der KL-K-Kontakte bezogen auf ihre Häufigkeit und ihre Dauer ausgewertet. Dabei wurde die Dauer der Kontakte zur besseren Vergleichbarkeit in prozentualen zeitlichen Anteilen angegeben (Abb. 23, 25, 24 und 26). Aus den beiden Abbildungen 23 und 24 wird deutlich, dass die beiden Codes „Anleitender KL-K-Kontakt" und „Mathematisch-anleitender KL-K-Kontakt" deutlich am häufigsten resp. am längsten beobachtet werden konnten. Demgegenüber kamen Codes, die für sozial-emotionale und sozial-emotional-gemischte KL-K-Kontakte vergeben wurden, eher selten vor. Bei Letzteren waren neben der sozial-emotionalen Komponente auch noch mathematische, anleitende und/oder organisatorische Komponenten auszumachen.

Werden die Codes für die in der vorliegenden Studie interessierenden KL-K-Kontakte mit Mathematikbezug zusammengefasst (Abb. 25, 26), so zeigt sich, dass anzahlmäßig nicht ganz die Hälfte aller KL-K-Kontakte als rein mathematisch oder gemischt-mathematisch codiert werden konnte. Diejenigen Codes, die sich auf gemischt-mathematische KL-K-Kontakte beziehen, umfassen neben einem Anteil Mathematikbezug auch noch einen Anteil Anleitung, Organisation und/oder Sozial-Emotionales. Betrachtet man die prozentualen zeitlichen Anteile, dann nehmen die mathematischen und die gemischt-mathematischen KL-K-Kontakte 67% der Zeit in Anspruch.

Aus diesen Ergebnissen geht zusammenfassend hervor, dass Kindergartenlehrpersonen nicht nur häufig, sondern auch während eines großen Anteils der Zeit, in welcher sie die Regelspiele begleiten, mit den Kindern mathematisch interagieren.

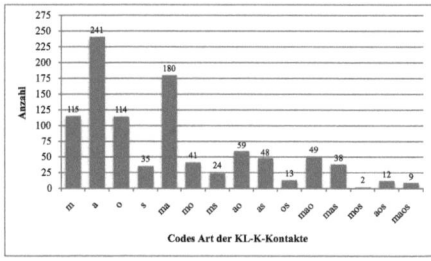

Abbildung 23: Häufigkeit der unterschiedlichen Arten der codierten KL-K-Kontakte ($N$ = 980; m = mathematisch, a = anleitend, o = organisatorisch, s = sozial-emotional).

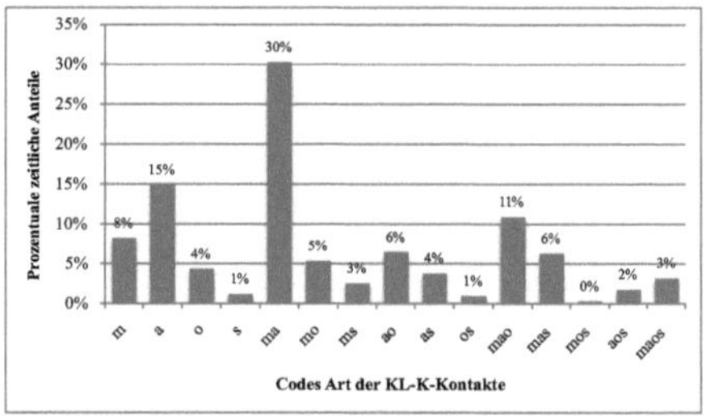

Abbildung 24: Prozentuale zeitliche Anteile der Dauer der unterschiedlichen Arten der codierten KL-K-Kontakte ($N_{100\%}$ = 980; m = mathematisch, a = anleitend, o = organisatorisch, s = sozial-emotional).

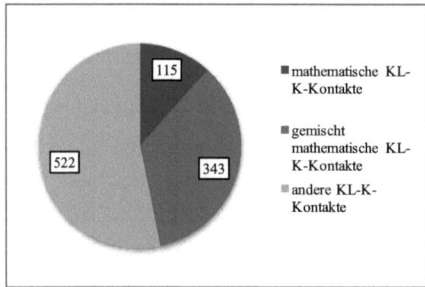
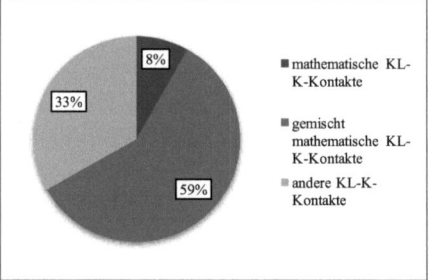

Abbildung 25: Häufigkeit der zusammengefassten Arten der codierten KL-K-Kontakte ($N$ =980).

Abbildung 26: Prozentuale zeitliche Anteile der Dauer der zusammengefassten Arten der codierten KL-K-Kontakte ($N_{100\%}$ = 980).

Im Anschluss daran interessierte, inwiefern die generelle Aussage, dass Kindergartenlehrpersonen mit den Kindern grundsätzlich oft und lange mathematisch interagieren, auf die je einzelnen Kindergartenlehrpersonen zutrifft. Damit die Werte der Kindergartenlehrpersonen miteinander verglichen werden konnten, wurde mit den prozentualen zeitlichen Anteilen gearbeitet. Zu diesem Zweck wurden die prozentualen zeitlichen Anteile der Codes der Art des KL-K-Kontakts für jede Kindergartenlehrperson einzeln berechnet und dargestellt (Abb. 27).

# 10 Ergebnisse

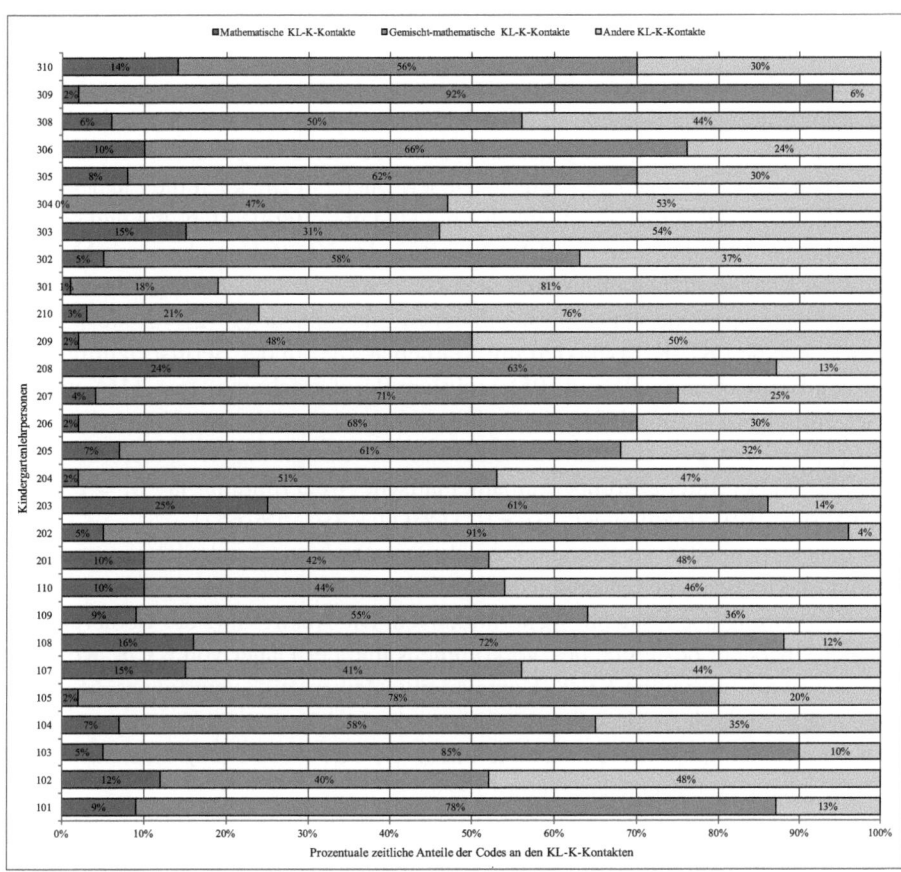

Abbildung 27: Prozentuale zeitliche Anteile der Dauer der zusammengefassten Arten der codierten KL-K-Kontakte pro Kindergartenlehrperson ($N = 28$).

Bereits von bloßem Auge ist erkennbar, dass sich die Kindergartenlehrpersonen in der Art ihrer KL-K-Kontakte stark voneinander unterscheiden. Die beiden Extreme bilden die Kindergartenlehrpersonen 202 und 301. Bei 202 konnte während 96% der Kontaktzeit ein Mathematikbezug festgestellt werden, bei 301 hingegen nur während 19%. Um herauszufinden, ob sich die Kindergartenlehrpersonen bezogen auf die Art ihrer Kontakte auch statistisch signifikant unterscheiden, wurde mit der Variable „KL-K-Kontakte mit Mathematikbezug" ein Kruskal-Wallis-H-Test durchgeführt. Diese Variable enthielt die beiden Codes „Mathematische KL-K-Kontakte" und „Gemischt-mathematische KL-K-Kontakte". Die Ergebnisse des Tests zeigen, dass sich die Kindergartenlehrpersonen bezogen auf die prozentualen zeitlichen Anteile der KL-K-Kontakte mit Mathematikbezug signifikant voneinander unterscheiden ($\chi^2(27) = 51.315$, $p = .003$).

Zusammenfassend geht aus den Ergebnissen des ersten Analyseschrittes zur Codierung hervor, dass die Kindergartenlehrpersonen mit den Kindern zwar grundsätzlich häufig und lange mathematisch interagieren, die Dauer der Kontakte mit Mathematikbezug unter den Kindergartenlehrpersonen jedoch unterschiedlich ausfällt.

*Ergebnisse der statistischen Auswertung von Zusammenhängen*

Die Variable „KL-K-Kontakt mit Mathematikbezug" wurde in einem nächsten Schritt in einen Zusammenhang mit Kontextvariablen der Kindergartenlehrpersonen gestellt. Mithilfe des Kruskal-Wallis-H-Tests wurde untersucht, ob sich Unterschiede nicht nur zwischen den Kindergartenlehrpersonen generell zeigen, sondern auch mit Blick auf die Länder, in welchen die Kindergartenlehrpersonen jeweils tätig sind, ihre Berufserfahrung und besuchte Weiterbildungen (Lund & Lund, 2013). Zwischen den KL-K-Kontakten mit Mathematikbezug der Ländergruppen Österreich ($n = 105$), Schweiz ($n = 117$) und Deutschland ($n = 105$) zeigten sich keine statistisch signifikanten Unterschiede ($\chi^2(2) = 2.062$, $p = .357$). Auch zwischen den KL-K-Kontakten mit Mathematikbezug der Berufserfahrungsgruppen „wenig Berufserfahrung" ($n = 105$), „mittlere Berufserfahrung" ($n = 116$) und „viel Berufserfahrung" ($n = 106$) ließen sich keine statistisch signifikanten Unterschiede feststellen ($\chi^2(2) = .284$, $p = .868$). Ebenfalls kein statistisch signifikanter Unterschied ergab sich für die Weiterbildungsgruppen „mathematische Weiterbildung ja" ($n = 233$) und „mathematische Weiterbildung nein" ($n = 94$) ($\chi^2(1) = .197$, $p = .657$).

Für den vorliegenden 28 Kindergartenlehrpersonen umfassenden Datensatz zeigen sich somit interindividuelle Unterschiede, aber keine Unterschiede bezogen auf das Land, die Berufserfahrung und besuchte Weiterbildungen. Die Auswertung der Codierung führte zu einer Übersicht bezüglich des Vorkommens und der Dauer von KL-K-Kontakten verschiedener Art, wobei die KL-K-Kontakte mit Mathematikbezug fokussiert wurden. Letztere wurden danach als Grundlage für den zweiten Analyseschritt, die Auswertung des Ratings, verwendet, um untersuchen zu können, wie deren Gestaltung hinsichtlich einer individuell-adaptiven Lernunterstützung aussah.

### 10.1.2 Ergebnisse der Auswertung des Ratings

In diesem Kapitel wird in einem ersten Abschnitt eine Übersicht über die Ergebnisse der Auswertung des Ratings gegeben. Darauf folgen die Resultate der Clusteranalyse, der Faktorenanalyse sowie der multidimensionalen Skalierung. Mit dem Rating des Unterstützungsverhaltens der Kindergartenlehrpersonen wurde das Ziel verfolgt, die mathematikbezogenen KL-K-Kontakte mit Blick auf die individuell-adaptive Lernunterstützung durch die Kindergartenlehrperson einzuschätzen. Zu diesem Zweck wurden aus den in der Basiscodierung ermittelten 980 KL-K-Kontakten die 115 mathematischen und 343 gemischt-mathematischen KL-K-Kontakte einbezogen, in denen sich insgesamt 230 Kindunterstützungen ereignet hatten (Kap. 9.4.3).

*Übersicht über die Auswertung des Ratings*

Die Basis für die Darstellung der Ergebnisse zum Rating der individuell-adaptiven Lernunterstützung bildete eine Übersicht über die Auswertung über alle Kindergartenlehrpersonen und alle Regelspiele hinweg. Die in Abbildung 28 aufgeführte Zusammenstellung wird nachstehend *beschrieben und interpretiert*.

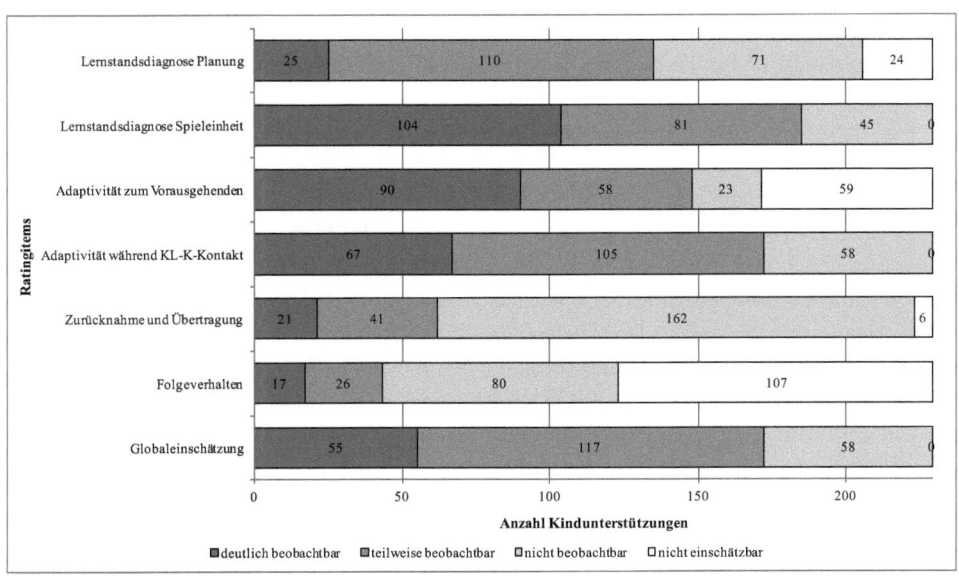

Abbildung 28: Auswertungsergebnisse des Ratings der individuell-adaptiven Lernunterstützung über alle Kindergartenlehrpersonen und alle Regelspiele ($N_{Kunt} = 230$).

Im Zusammenhang mit der *ersten Dimension, der formativen, prozessbegleitenden Lernstandsdiagnose*, beurteilten die Ratingpersonen zwei Items. Zur Einschätzung der „Verwendung der formativen Lernstandsdiagnose zur Planung der Spieleinheit" (Item 1) dienten die Daten der Interviews, die direkt nach der videografierten Spieleinheit durchgeführt worden waren. Die Ergebnisse zeigen, dass die Kindergartenlehrpersonen das Wissen zum Lernstand der Kinder lediglich bei 25 von gesamthaft 206 eingeschätzten Kindunterstützungen deutlich zur Planung eingesetzt hatten. Bei 110 Kindunterstützungen wurde der Lernstand nur teilweise, bei 71 gar nicht berücksichtigt. Während der Spieleinheit (Item 2) machten sich die Kindergartenlehrpersonen bei 104 von 230 Kindunterstützungen ein differenziertes Bild des Lernstandes, indem sie die Kinder beobachteten oder diagnostische Fragen und Aufforderungen formulierten. Bei den übrigen Kindern waren während des KL-K-Kontakts entweder nur Ansätze einer formativen Lernstandsdiagnose (81 Kindunterstützungen) oder eine direkte Intervention ohne Diagnose (45 Kindunterstützungen) erkennbar.

In der *zweiten Dimension, der Adaptivität auf der Mikroebene*, wurden ebenfalls zwei Items erhoben. „Adaptivität zu den vorausgehenden Äusserungen und Handlungen der Kinder" (Item 1) konnte gesamthaft bei 171 Kindunterstützungen beurteilt werden. Davon schätzten die Raterinnen 90 Kindunterstützungen als deutlich und 58 als teilweise passend zu den vorausgehenden Äusserungen und Handlungen der Kinder ein. Bei 23 Kindunterstützungen fehlte die Passung insofern, als der mathematische Gegenstand des KL-K-Kontaktes über (7 Kindunterstützungen) oder unter (16 Kindunterstützungen) der Kompetenz der Kinder lag. Bei „Adaptivität während KL-K-Kontakt" (Item 2) zeigte sich in 67 von 230 Kindunterstützungen eine deutliche Passung zwischen den mathematischen Äusserungen und Handlungen der Kindergartenlehrperson und denjenigen der Kinder. 105 Kindunterstützungen erwiesen sich als teilweise, 58 als nicht adaptiv. Von diesen 58 nicht adaptiven Kindunterstützungen erschwerte die Kindergartenlehrperson in 35 Kindunterstützungen den Lernprozess des Kindes beispielsweise durch vorschnelle Erklärungen oder Verwirrungen, in 17 Fällen lag eine Unterforderung und in sechs eine Überforderung der Kinder durch die Kindergartenlehrperson vor.

Die *dritte Dimension der Zurücknahme und Übertragung* wurde mit einem Item eingeschätzt. In 21 von insgesamt 224 einschätzbaren Kindunterstützungen konnte eine deutliche Reduktion der mathematischen Lernunterstützung mit gleichzeitiger Übertragung der Lernverantwortung auf das Kind während eines oder über mehrere KL-K-Kontakte hinweg beobachtet werden. In 41 Kindunterstützungen kam dies teilweise vor, in 162 konnte keine Zurücknahme mit Übertragung beobachtet werden.

In Bezug auf die *vierte Dimension, das Folgeverhalten*, wurde ebenfalls ein Item erhoben. Ein mathematisches Folgeverhalten des Kindes im Nachgang zur Lernunterstützung konnte in 17 von insgesamt 123 eingeschätzten Kindunterstützungen beobachtet werden. Die Kinder zeigten dabei durchweg diejenigen mathematischen Äußerungen und Handlungen, welche die Kindergartenlehrperson während des KL-K-Kontakts angeregt hatte und welche vor dem Kontakt noch nicht oder nicht in derselben Deutlichkeit gezeigt worden waren. Davon wurden 14 Kindunterstützungen als Fortschritt in der mathematischen Kompetenz des Kindes gewertet und drei als Rückschritt. In 26 Kindunterstützungen konnte ein Folgeverhalten teilweise beobachtet werden, wobei 22 als Fortschritt und vier als Rückschritt in der mathematischen Kompetenz des Kindes beurteilt wurden. Bei 80 Kindunterstützungen konnte im Anschluss an die Lernunterstützung kein Folgeverhalten beobachtet werden.

Die *fünfte Dimension der Gesamteinschätzung* beinhaltete ein Item, anhand dessen die Qualität der individuell-adaptiven Lernunterstützung insgesamt eingeschätzt wurde. In 55 Kindunterstützungen wurde die Lernunterstützung gesamthaft als qualitätsvoll, in 117 als mittelmäßig und in 58 als eher dürftig beurteilt.

Bei der *Interpretation der Ergebnisse der Ratingauswertung* wird grundsätzlich davon ausgegangen, dass die mit den Items erfassten Verhaltensweisen umso positiver beurteilt wurden, je deutlicher sie beobachtet werden konnten. Eine Ausnahme bildet diesbezüglich das Folgeverhalten in demjenigen Fall, in dem das Folgeverhalten als Rückschritt in der mathematischen Kompetenz des Kindes gewertet wurde. Aus der Übersicht über das Rating können folgende *Schlussfolgerungen* gezogen werden: Die Kindunterstützungen basieren in den wenigsten Fällen auf einer vorausgehenden Planung, in welcher die individuellen Lernstände der Kinder berücksichtigt werden. Im Gegensatz dazu wird jedoch während der Spieleinheit differenziert diagnostiziert. Dies spiegelt sich in der Adaptivität zum Vorausgehenden wider. Durch eine differenzierte, auf einer Diagnose basierende Situationsanalyse können die Kindergartenlehrpersonen entsprechend an den vorausgehenden Äußerungen und Handlungen der Kinder anknüpfen. Die grundsätzlich gute Situationserfassung über eine differenzierte Lernstandsdiagnose während der Spieleinheit und die damit einhergehende Adaptivität zum Vorausgehenden können von den Kindergartenlehrpersonen allerdings während des Kontakts mit den Kindern nicht in demselben Maße in eine adaptive Förderung überführt werden: Nur in relativ wenigen Kindunterstützungen nutzen die Kindergartenlehrpersonen das diagnostische Wissen für eine differenzierte adaptive Lernunterstützung in der Zone der nächsten Entwicklung des Kindes.

Des Weiteren konnte eine allmähliche Zurücknahme der Kindergartenlehrperson mit gleichzeitigem Übertragen der Lernverantwortung auf das Kind nur in den wenigsten Fällen beobachtet werden. Zwei Punkte müssen bei der Betrachtung dieses Befundes jedoch kritisch angemerkt werden: Erstens findet die allmähliche Zurücknahme nicht zwingend nur während einer Spieleinheit statt, sondern über einen längeren Zeitraum hinweg, und zweitens ist sie nicht in allen Situationen angebracht resp. notwendig. Dennoch zeigen die Befunde, dass diesem Aspekt in der Regel deutlich zu wenig Aufmerksamkeit geschenkt wird. Aus theoretischer Sicht wird Zurücknahme mit Übertragung insbesondere dann als notwendig erachtet, wenn die Kindergartenlehrperson während des Spielzugs eines Kindes interveniert und dabei beispielsweise auf eine Schwierigkeit eingeht oder einen neuen Sachverhalt, etwa eine bestimmte Vorgehensweise, zusammen mit den Kindern erarbeitet. Nur in wenigen Situationen begleitet die Kindergartenlehrperson das Kind auch bei den darauffolgenden Handlungen und stellt sicher, dass es mit der thematisierten Schwierigkeit umgehen oder die erarbeitete Vorgehensweise selbstständig durchführen kann.

Gesamthaft zeigt sich in den vorliegenden Ergebnissen eine Lücke zwischen der diagnostischen Situationserfassung (Lernstandsdiagnose während der Spieleinheit und Adaptivität zum Vorausgehenden) und der darauf aufbauenden adaptiven Unterstützung der Kinder (Adaptivität während des KL-K-Kontakts, Zurücknahme und Übertragung sowie Lernstandsdiagnose bei der Planung). Eine gute diagnostische Basis bedeutet demzufolge nicht, dass diese Basis in jedem Fall in eine adaptive Förderung überführt wird resp. werden kann, und auch nicht, dass dieses Wissen für die Planung der Spieleinheit verwendet wird.

*Ergebnisse der Clusteranalyse*

Im Anschluss an die Auswertung der Ratingdaten wurde eine Clusteranalyse durchgeführt, die das Ziel verfolgte, zu untersuchen, inwiefern sich die Kindergartenlehrpersonen aufgrund ihres Unterstützungsverhaltens, das heißt den Ratingausprägungen der Items entsprechend, in Gruppen ordnen lassen. In die Clusteranalyse konnten 23 der 28 Kindergartenlehrpersonen einbezogen werden. Drei mussten aufgrund von fehlenden Werten bei einzelnen Items ausgeschlossen werden. Zwei weitere Kindergartenlehrpersonen erwiesen sich im Verlauf der Analyse als Ausreißer in Bezug auf ihr Unterstützungsverhalten und mussten deshalb ebenfalls ausgeschlossen werden.

Auf der Grundlage eines Struktogramms, das den Anstieg des Heterogenitätsmaßes bei der Fusion von Clustern darstellt, wurde eine Vier-Cluster-Lösung gewählt. Denn wie aus Abbildung 29 ersichtlich wird, steigt das Heterogenitätsmaß bei der Reduktion von vier auf drei Cluster im Vergleich mit den vorangehenden Fusionen deutlich an.

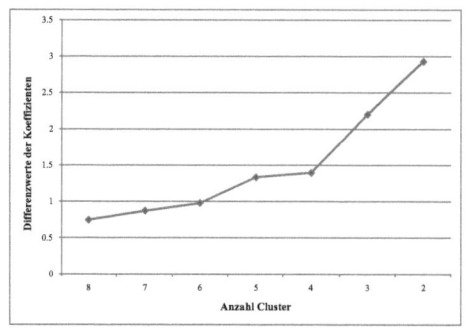

Abbildung 29: Struktogramm als Grundlage für die Wahl einer Vier-Cluster-Lösung.

Um die Güte der Clusterlösung zu beurteilen, wurde zusätzlich eine Diskriminanzanalyse durchgeführt. Die auf diese Weise vorgenommene Gruppenzuordnung entsprach in allen Fällen derjenigen der Clusteranalyse. Bei der Unterscheidung von vier Gruppen wurden über die Diskriminanzanalyse drei Diskriminanzfunktionen berechnet. Werden alle drei Funktionen berücksichtigt, ergibt sich für Wilks' Lambda ein Wert von 0.013. Dieser kleine Wert verweist darauf, dass sich die einzelnen Gruppen gut voneinander abgrenzen. Der für diesen Wert durchgeführte Signifikanztest gibt an, dass mit einer Irrtumswahrscheinlichkeit von 0% davon ausgegangen werden kann, dass sich die Mittelwerte der verschiedenen Gruppen auch in der Grundgesamtheit voneinander unterscheiden (Brosius, 2013). Tabelle 22 enthält die Ergebnisse der Diskriminanzanalyse bezogen auf die einzelnen Items. Daraus wird deutlich, dass die sechs Items die vier Gruppen (Cluster 1 bis 4) unterschiedlich stark trennen. Den kleinsten Wert für Wilks' Lambda weist das Item „Lernstandsdiagnose Planung" auf; es trennt die Gruppen entsprechend am stärksten. Den größten Wert weist demgegenüber das Item „Folgeverhalten" auf, das mit Wilks' Lambda von 0.81 sowie einem nicht signifikanten Signifikanzwert von 0.26 als einziges Item nicht zur Trennung der Gruppen beiträgt.

Tabelle 22: Diskriminanzanalyse zur Einschätzung der Güte der Clusterlösung

| Item | Cluster 1 (hoch diagnostisch – hoch adaptiv; $n = 5$) | | Cluster 2 (gute Situationsanalyse; $n = 8$) | | Cluster 3 (mittel diagnostisch – mittel adaptiv; $n = 6$) | | Cluster 4 (hoch adaptiv; $n = 4$) | | $F(3, 19)$ | $p$ | Wilks' $\lambda$ |
|---|---|---|---|---|---|---|---|---|---|---|---|
| | $M$ | $SD$ | $M$ | $SD$ | $M$ | $SD$ | $M$ | $SD$ | | | |
| Lernstandsdiagnose Planung | 2.57 | 0.30 | 1.26 | 0.14 | 2.00 | 0.00 | 1.53 | 0.47 | 32.62 | 0.00 | 0.16 |
| Lernstandsdiagnose Spieleinheit | 2.78 | 0.21 | 2.05 | 0.39 | 2.15 | 0.27 | 2.11 | 0.24 | 6.60 | 0.00 | 0.49 |
| Adaptivität zum Vorausgehenden | 2.76 | 0.20 | 2.18 | 0.38 | 2.24 | 0.39 | 2.71 | 0.23 | 4.76 | 0.01 | 0.57 |
| Adaptivität während KL-K-Kontakt | 2.66 | 0.27 | 1.65 | 0.32 | 1.71 | 0.30 | 2.31 | 0.34 | 14.42 | 0.00 | 0.31 |
| Zurücknahme und Übertragung | 1.62 | 0.23 | 1.10 | 0.14 | 1.14 | 0.23 | 1.55 | 0.11 | 12.01 | 0.00 | 0.35 |
| Folgeverhalten | 1.43 | 0.38 | 1.38 | 0.38 | 1.12 | 0.19 | 1.57 | 0.44 | 1.45 | 0.26 | 0.81 |

Abbildung 30 illustriert die mithilfe der Clusteranalyse ermittelte Gruppenbildung hinsichtlich der Items der individuell-adaptiven Lernunterstützung.

*10 Ergebnisse*

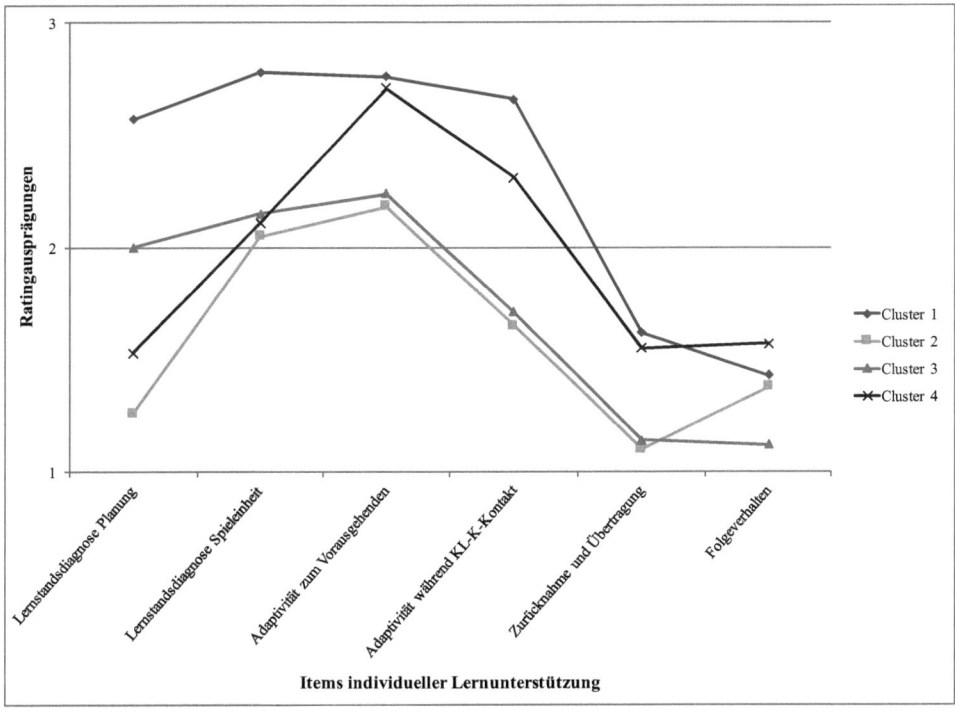

Abbildung 30: Gruppenbildung Unterstützungstypen mittels Clusteranalyse ($N_{KL} = 23$; Ausschlüsse: 3 Kindergartenlehrpersonen mit fehlenden Werten, 2 Ausreißer).

Die vier Cluster, welche Abbildung 30 zu entnehmen sind, werden im Folgenden zuerst im Vergleich miteinander dargestellt und anschließend einzeln beschrieben und an ausgewählten Fällen exemplifiziert.

Bei einem *Vergleich der vier Cluster* zeigt sich, dass die Kindergartenlehrpersonen aus Cluster 1 ($n = 5$) die höchsten Ausprägungen in fünf der sechs Items zur Lernunterstützung aufweisen. Bei drei Items, nämlich „Lernstandsdiagnose Planung", „Lernstandsdiagnose Spieleinheit" sowie „Adaptivität während KL-K-Kontakt", weisen sie deutlich höhere Werte auf als die anderen Gruppen. Bei dieser Gruppe scheint die in der Übersicht zur Auswertung des Ratings ersichtliche Kluft zwischen der diagnostischen Situationsanalyse und der darauf aufbauenden adaptiven Unterstützung (Kap. 10.1.2, *Übersicht*) entsprechend nicht oder nur gering zu bestehen. Ihr Unterstützungsverhalten wird deshalb als „hoch diagnostisch und hoch adaptiv" bezeichnet.

Das Unterstützungsverhalten der Kindergartenlehrpersonen aus Cluster 3 ($n = 6$) ist dem Unterstützungsverhalten der Gruppe aus Cluster 1 sehr ähnlich, liegt aber im mittleren und tiefen Ratingbereich. Weil diese Kindergartenlehrpersonen im Vergleich mit der ersten Gruppe bei der Adaptivität während des KL-K-Kontakts stärker abfallende Werte aufweisen, wird das Unterstützungsverhalten dieser Gruppe entsprechend als mittel diagnostisch und mittel adaptiv angesehen.

Cluster 2 stellt mit $n = 8$ zugehörigen Kindergartenlehrpersonen die größte Gruppe dar. Im Vergleich mit den anderen weist diese Gruppe in fünf der sechs Items die niedrigsten Ausprägungen auf. In ihrem Unterstützungsverhalten wird die in Kapitel 10.1.2 (*Übersicht*) beschriebene Kluft zwischen der diagnostischen Situationsanalyse und der darauf aufbauenden adaptiven Unterstützung deutlich sichtbar. Zwar ließ sich bei diesen Kindergartenlehrpersonen eine gute Situationsanalyse beobachten (Items „Lernstandsdiagnose Spieleinheit" und „Adaptivität zum Vorausgehenden" im mittleren Bereich), diejenigen Items, welche auf eine adaptive Förderung hinweisen („Lernstandsdiagnose Planung", „Adaptivität während KL-K-Kontakt" sowie „Zurücknahme und Übertragung") sind jedoch tief bis sehr tief ausgeprägt. Vor diesem Hintergrund wird das Unterstützungsverhalten dieser Gruppe als „gute Situationsanalyse" bezeichnet. Ihr Unterstützungsverhalten ist des Weiteren demjenigen der Gruppe in Cluster 3 bis auf das Item „Lernstandsdiagnose Planung" sehr ähnlich.

Am schwierigsten zu interpretieren ist das Unterstützungsverhalten der Gruppe aus Cluster 4, der die wenigsten Kindergartenlehrpersonen angehören ($n = 4$). Diese Kindergartenlehrpersonen beziehen die Lernstandsdiagnose der Kinder kaum in die Planung mit ein und diagnostizieren das kindliche Handeln während der Spieleinheit auch nur teilweise. Im Gegensatz dazu sind sie aber sehr gut dazu in der Lage, inhaltlich-adaptiv an das Vorangehende anzuschließen sowie den KL-K-Kontakt adaptiv zu gestalten. Wie dieses Verhalten zustande kommt, lässt sich an dieser Stelle nur mutmaßen. Es ist möglich, dass diese Kindergartenlehrpersonen den Lernstand ihrer Kinder derart differenziert kennen, dass sie ihn in der videografierten Spieleinheit nicht mehr diagnostizieren mussten. Denkbar ist aber auch, dass sie zwar über ein großes diagnostisches Wissen verfügen, dieses jedoch nicht explizit artikulieren können. Eine weitere Erklärung könnte darin bestehen, dass diese Kindergartenlehrpersonen die Regelspiele und die mit den Regelspielen verbundenen mathematischen Elemente eingehend durchdrungen haben. Es könnte sein, dass sie die mathematischen Anforderungen, die mit den Spielen verbunden sind, derart differenziert kennen, dass sie für ein adaptives Handeln in der Situation keine tief gehende Diagnose benötigen. Das Unterstützungsverhalten der Gruppe dieser Kindergartenlehrpersonen wird „hoch adaptiv" genannt.

Was sich bereits in der Übersicht über die Auswertung des Ratings erkennen ließ, (Kap. 10.1.2, *Übersicht*), wird auch in der Clusteranalyse ersichtlich, nämlich dass die beiden Items „Zurücknahme und Übertragung" und „Folgeverhalten" in allen Gruppen nur selten beobachtet werden konnten. Von dieser vergleichenden Charakterisierung ausgehend werden die vier Cluster im Folgenden nun einzeln genauer betrachtet, und zwar indem das jeweilige Unterstützungsverhalten anhand der Handlungen einer je ausgewählten Kindergartenlehrperson konkretisiert und illustriert wird.

*Cluster 1.* Wie bereits festgehalten, wurden Cluster 1 insgesamt fünf Kindergartenlehrpersonen zugeordnet, welche in den Dimensionen „Lernstandsdiagnose" und „Adaptivität" durchweg sehr hohe Werte aufwiesen. Ihr Unterstützungsverhalten wurde entsprechend als „hoch diagnostisch und hoch adaptiv" bezeichnet. Als *Fallbeispiel für Cluster 1* wird das Unterstützungsverhalten von Kindergartenlehrperson 202 beschrieben, deren individuell-adaptive Lernunterstützung auf der Grundlage von dreizehn Kindunterstützungen in fünf Spieleinheiten und siebzehn KL-K-Kontakten eingeschätzt wurde.

In Bezug auf die Lernstandsdiagnose zur Planung hält die Kindergartenlehrperson im Interview fest, dass sie die Regelspiele mit Blick auf die mathematischen Kompetenzen der Kinder bewusst zugeteilt habe. Diese Zuteilung berate sie jeweils mit der Teamteaching-Partnerin. Ihre Begründungen für die Spielzuteilung beziehen sich einerseits etwas allgemein auf stärkere und schwächere Kinder, welche ihren Fähigkeiten entsprechend anspruchsvollen und weniger anspruchsvollen Spielen zugeteilt werden. Andererseits begründet sie die Zuordnung differenziert mit Verweis auf einzelne Spiele und einzelne Kinder, welche sie unter Berücksichtigung der mathematischen Kompetenzen aufeinander abstimmt. Ein Kind beispielsweise beschäftigt sich zum Zeitpunkt des Interviews stark mit dem Erwerb der Zahlenkenntnis. 202 erläutert, bei welchem Spiel diese Kompetenz aufgebaut werden könne und dass sie das entsprechende Kind deshalb diesem Spiel zugeteilt habe. Die Zusammensetzung der Kindergruppen begründet sie einerseits mit sozialen und andererseits mit mathematischen Aspekten. Vom sozialen Aspekt her achtet sie darauf, dass die Spielgruppe so zusammengesetzt ist, dass das Spiel auch dann funktioniert, wenn sie selbst nicht dabei sein kann. Zum mathematischen Aspekt wiederum merkt sie beispielsweise an, dass sie bei einem Spiel bewusst ein stärkeres mit einem schwächeren Kind zusammengebracht habe, damit das stärkere das schwächere Kind unterstützen könne.

Die Begründung mathematischer Interaktionen auf der Grundlage ihres diagnostischen Wissens zu den Kindern kann als große Stärke dieser Kindergartenlehrperson angesehen werden. Sie plant den Ablauf der Spiele so, dass sie bei einzelnen Spielen länger verweilen kann, weil die betreffenden Kinder mehr Unterstützung brauchen. Zu den verschiedenen mathematischen Interaktionen mit den Kindern kann sie höchst differenziert sowohl über den Lernstand des Kindes als auch über ihre Unterstützung zur Förderung mathematischer Kompetenzen Auskunft geben. Während der Spieleinheiten ist zu beobachten, dass 202 den Lernstand der Kinder auf unterschiedliche Weise diagnostiziert. Sie beobachtet die Kinder, stellt Fragen, gibt Handlungsanweisungen oder fordert die Kinder auf, ihren Spielzug zu begründen. Dabei strahlt sie auffallend viel Ruhe und Geduld aus. Auch die Adaptivität zum Vorausgehenden ist mit Ausnahme eines Kontakts immer gegeben.

Die Äußerungen und Handlungen während des Kontakts stimmt 202 in den meisten Situationen sehr stark auf die Aussagen und Handlungen der Kinder ab. Kennzeichnend ist dabei, dass sie schwächere Kinder eher kleinschrittig über Fragen oder das Modellieren einzelner Lösungsschritte unterstützt, wohingegen sie sich bei stärkeren Kindern zurücknimmt und nur einzelne gezielte Hinweise gibt. Diese Hinweise führen das Kind weiter, ohne ihm den Lösungsschritt vorzugeben. Mehrmals ist des Weiteren zu beobachten, dass 202 den Kindern Strukturierungshilfen anbietet, um den Lösungsweg zu unterstützen, beispielsweise indem Karten, welche nicht eingesetzt werden können, zur Seite geschoben werden. Zudem stellt sie häufig Fragen, welche die Kinder zu einer Begründung entweder ihres Lösungsvorgehens oder einer Spielsituation anregen. Damit verbindet sie wiederholt das Verbalisieren des mathematischen Kerns des Spiels (z.B. „Die Sieben liegt näher bei der Sechs als die Zehn"). In einer Situation wurden Ansätze eines „Sustained Shared Thinking" beobachtet, da 202 mit zwei Kindern eine Diskussion darüber aufnimmt, welche Zahlenreihe beim Spiel „Verflixte 5" sinnvollerweise weggenommen werden solle. In neun Situationen wurde zudem eine Zurücknahme mit Übertragung beobachtet. Oftmals ist die Kindergartenlehrperson in der ersten Spielrunde resp. beim ersten Kontakt stark ins Spiel der Kinder involviert und nimmt sich dann bei der zweiten Runde oder beim zweiten Kontakt mit der Kindergruppe zurück.

*Cluster 2.* Bei den acht Kindergartenlehrpersonen, die diesem Cluster zugeordnet wurden, waren zwei Items etwas höher ausgeprägt als die anderen: Zum einen konnte während der Spieleinheit teilweise die Umsetzung einer Lernstandsdiagnose beobachtet werden und zum anderen war auch die Adaptivität zum Vorausgehenden zum Teil gegeben. Diese beiden Items deuten darauf hin, dass die Kindergartenlehrpersonen dieses Clusters die Spielsituationen während der Spieleinheit relativ gut erfassen, weshalb hier von einer guten Situationsanalyse gesprochen werden kann. Demgegenüber fallen die Ratingausprägungen in den drei Items „Lernstandsdiagnose Planung", „Adaptivität während KL-K-Kontakt" sowie „Zurücknahme und Übertragung" tief bis sehr tief aus. Dieses Ergebnis verweist darauf, dass diese Kindergartenlehrpersonen ihre relativ gute Situationsanalyse weder in der Planung noch mit Blick auf eine adaptive Lernunterstützung während des Kontakts mit Zurücknahme und Übertragung umsetzen resp. umsetzen können. Als *Fallbeispiel für Cluster 2* wird das Unterstützungsverhalten von Kindergartenlehrperson 102 beschrieben. Für die Einschätzung ihrer individuell-adaptiven Lernunterstützung konnten acht Kindunterstützungen in vier Spieleinheiten und elf Kontakten beigezogen werden.

Bei der Lernstandsdiagnose zur Planung stand die Präferenz der Kinder bei der Spiel- und Gruppenwahl im Vordergrund. Die Kinder durften am Vortag ihre Lieblingsspiele und die liebsten Gruppenmitglieder nennen und wurden entsprechend zugeteilt. Zu mathematischen Interaktionen während der Kontakte macht die Kindergartenlehrperson nur wenige Aussagen. Sie fokussiert vor allem die Spielregeln (z.B. „Beim Pinguinspiel braucht es mich oft, weil die Kinder nicht wissen, was geschieht, wenn ein Pinguin auf eine Scholle kommt, auf welcher bereits ein anderer steht"). Während der Spieleinheiten diagnostiziert sie den Lernstand der Kinder in sehr unterschiedlichem Ausmaß, was sich in Ratingwerten von 1 bis 3 spiegelt. Wenn sie diagnostiziert, dann geschieht dies meistens über die Beobachtung.

Die Adaptivität zum Vorausgehenden ist in allen Situationen teilweise oder ganz gegeben. Bei der Adaptivität während des Kontakts zeigt sich bei dieser Kindergartenlehrperson wiederholt dasselbe Muster: Sie sieht die Schwierigkeiten der Kinder in vielen Fällen, geht diese aber nicht mit dem Kind gemeinsam an, sondern übernimmt die Lösung direkt selbst. Die Kinder haben dadurch keine Möglichkeit, den Lösungsprozess selbst zu konstruieren und nachzuvollziehen, obwohl sie dazu aus Beobachtersicht durchaus in der Lage wären. Des Weiteren kann beobachtet werden, dass 102 wenig sensibel für Lerngelegenheiten zu sein scheint. Denn oftmals bieten sich aus der Perspektive der Beobachtenden vielversprechende Möglichkeiten, auf welche sie jedoch nicht eingeht. Zudem zeigt sich bei zweien der Spiele, dass die Kinder mit dem Spiel und der Spielvariante sichtlich unterfordert sind. Gleichwohl ändert die Kindergartenlehrperson nichts an dieser Situation.

*Cluster 3.* Dieses sechs Kindergartenlehrpersonen umfassende Cluster ist Cluster 1 sehr ähnlich, kommt bei den Ratingausprägungen aber nicht im hohen, sondern im mittleren Bereich zu liegen. Entsprechend kann das Unterstützungsverhalten dieser Kindergartenlehrpersonen als „mittel diagnostisch und mittel adaptiv" bezeichnet werden. Als *Fallbeispiel für Cluster 3* wird das Unterstützungsverhalten von Kindergartenlehrperson 207 beschrieben, wobei die Einschätzung ihrer individuell-adaptiven Lernunterstützung auf fünf Kindunterstützungen in drei Spieleinheiten und sechs KL-K-Kontakten beruht.

Mit Blick auf die Lernstandsdiagnose zur Planung wird deutlich, dass die Kindergartenlehrperson die Spielzuteilung unterschiedlich gestaltet. Die Kinder dürfen entweder wählen oder werden zugeteilt. Dabei liegt der Fokus einerseits auf den mathematischen Kompetenzen und andererseits darauf, ob ein Kind ein Spiel gern spielt. Bei der Gruppenzusammensetzung beachte sie insbesondere die Gruppendynamik. Zu den mathematischen Interaktionen macht sie je nach Spiel ganz unterschiedliche Angaben, die wie beim „Bohnenspiel" sehr detailliert ausfallen können oder wie bei „Steine sammeln" nur wenig genau sind. Genauso unterschiedlich gestaltet sich die Lernstandsdiagnose während der Spieleinheit, die bei den einzelnen Spielen von differenziert über wenig differenziert bis hin zu einem Ausbleiben alle Ausprägungen annehmen kann.

Das Item „Adaptivität zum Vorausgehenden" konnte nur in wenigen Situationen eingeschätzt werden und fiel stets nur teilweise adaptiv aus. Während der Kontakte zeigen sich wie bei der Lernstandsdiagnose auch bei der Adaptivität große Unterschiede. In adaptiven Situationen steht der produktive Einsatz von Hilfsmitteln und unterschiedlichen Repräsentationen von Zahlen und ihren Anzahlen im Zentrum. Als weniger adaptiv wurde demgegenüber beispielsweise die mangelnde Verbalisierung gewertet. 207 nennt die Zahlen selten beim Namen und fordert dies auch von den Kindern nicht ein. Stattdessen arbeitet sie mit Aussagen wie „Schau, so viele musst du nehmen" oder „Schau, das sind die Nachbarn" und zeigt darauf. Eine Zurücknahme mit Übertragung konnte in drei Kindunterstützungen ansatzweise beobachtet werden.

*Cluster 4.* Cluster 4 konnten vier Kindergartenlehrpersonen zugeordnet werden, bei denen die beiden Items der Adaptivität hoch bis sehr hoch ausgeprägt zu beobachten waren, weshalb ihr Unterstützungsverhalten als „hoch adaptiv" charakterisiert wurde. Im Gegensatz dazu waren die übrigen Items jedoch nur tief bis mittelstark ausgeprägt. Als *Fallbeispiel für Cluster 4* dient das Unterstützungsverhalten von Kindergartenlehrperson 306, deren individuell-adaptive Lernunterstützung auf der Grundlage von neun Kindunterstützungen in sechs Spieleinheiten und elf KL-K-Kontakten eingeschätzt wurde.

Bezüglich der Lernstandsdiagnose zur Planung wird im Interview deutlich, dass die Kinder sowohl die Spiele als auch die Gruppen selbstständig wählen durften. Dies begründet die Kindergartenlehrperson mit der Spiellust der Kinder, welche nur bei Selbstwahl gegeben sei. Sie gibt zu einzelnen mathematischen Interaktionen Auskunft, dies jedoch wenig differenziert. So habe sie sich beispielsweise darüber gewundert, dass die Kinder bei „Verflixte 5" das Spiel plötzlich rückwärts gespielt hätten, obwohl es bis zu diesem Zeitpunkt noch nie auf diese Weise gespielt worden sei. Während der Spieleinheit erlangt die Kindergartenlehrperson auf unterschiedliche Arten Einblick in den Lernstand der Kinder. Wenn sie dies tut, dann beobachtet sie das Spiel der Kinder relativ lange, bevor sie eingreift.

Die Adaptivität zum Vorausgehenden konnte in sieben Situationen beurteilt werden und war jedes Mal deutlich gegeben. Die Adaptivität während des KL-K-Kontakts wurde achtmal mit einer 3 und dreimal mit einer 2 beurteilt, wobei zwei Aspekte besonders erwähnenswert sind: Zum einen erhöht die Kindergartenlehrperson in mehreren Situationen nach dem ersten Spieldurchgang die mathematische Kompetenzstufe, indem sie den Kindern eine anspruchsvollere Spielvariante oder schwierigere Spielregeln vorschlägt. Danach bleibt sie bei der Spielgruppe und begleitet den Beginn der anspruchsvolleren Variante so lange, bis die Kinder diese sicher und selbstständig spielen können. Zum anderen konnte festgestellt werden, dass die Kindergartenlehrperson in vielen Situationen passende, jedoch über das Spiel hinausgehende kognitiv aktivierende mathematische Fragen stellt, beispielsweise „Wie viele brauchst du noch, bis du gleich viele hast wie das andere Kind?". In vier Situationen konnte eine Zurücknahme mit Übertragung deutlich oder teilweise beobachtet werden.

Zusammenfassend kann festgehalten werden, dass sich mittels der Clusteranalyse vier Unterstützungstypen unterscheiden ließen. Das Unterstützungsverhalten dieser Gruppen kann inhaltlich-beschreibend mit den Bezeichnungen „hoch diagnostisch und hoch adaptiv", „gute Situationsanalyse", „mittel diagnostisch und mittel adaptiv" resp. „hoch adaptiv" charakterisiert werden. Dem sich auf unterschiedliche Weise manifestierenden Unterstützungsverhalten der Kindergartenlehrpersonen wird im nächsten Abschnitt unter Beizug zusätzlicher statistischer Analysen weiter nachgegangen.

*Ergebnisse der Faktorenanalyse und der multidimensionalen Skalierung (MDS)*

Mit dem Ziel, das Verständnis der Ratingdaten weiter zu vertiefen, wurde das Unterstützungsverhalten der Kindergartenlehrpersonen mittels einer Faktorenanalyse und einer multidimensionalen Skalierung (MDS) weiter untersucht. Diese beiden Verfahren wurden gewählt, weil eine Komplexitätsreduktion zur besseren grafischen Repräsentation des Unterstützungsverhaltens der einzelnen Kindergartenlehrpersonen in einem tiefdimensionalen Raum im Zentrum stand, wofür sie sich gut eignen (Bankhofer & Vogel, 2008). Die nachfolgend dargelegten Ergebnisse zeigen, dass die beiden Verfahren insgesamt betrachtet zu denselben Befunden führten und nur im Detailbereich leicht voneinander abwichen.

Als Erstes wurde eine Faktorenanalyse mit Varimax-Rotation und Kaisernormalisierung durchgeführt (KMO = .682), wobei Koeffizienten kleiner als 0.30 unterdrückt wurden. Auf diese Weise ließen sich zwei Faktoren extrahieren, welche gesamthaft 65% der Varianz aufklären (Tab. 23).

Tabelle 23: Zusammenfassung der Items und Faktorenladungen der Ratingeinschätzungen zur individuell-adaptiven Lernunterstützung ($N_{KL}$ =25)

| Items | Faktorenladungen | | Kommunalitäten |
| --- | --- | --- | --- |
| | 1 | 2 | |
| Lernstandsdiagnose Planung | .86 | | .70 |
| Lernstandsdiagnose Spieleinheit | .83 | | .74 |
| Adaptivität zum Vorausgehenden | .71 | .48 | .54 |
| Adaptivität während KL-K-Kontakt | .63 | .38 | .74 |
| Zurücknahme und Übertragung | | .83 | .37 |
| Folgeverhalten | | .57 | .71 |

Auf den ersten Faktor laden die Items der Lernstandsdiagnose sowie der Adaptivität. Diese Dimensionenreduktion ergibt auch aus theoretischen Überlegungen heraus Sinn, da in der Literatur von einem ausgeprägten Zusammenspiel von Diagnose und Adaptivität ausgegangen wird (Kap. 6.1.2). Auf den zweiten Faktor laden die Items „Zurücknahme und Übertragung" sowie „Folgeverhalten". Auch diese Reduktion ist aus theoretischer Sicht nachvollziehbar: Nimmt sich eine Kindergartenlehrperson allmählich zurück und überträgt die Lernverantwortung auf das Kind, ist ein Folgeverhalten wahrscheinlicher, als wenn sie dies nicht tut. Dadurch, dass das Unterstützungsverhalten der Kindergartenlehrpersonen auf zwei Faktoren reduziert wurde, ließ es sich in einem tiefdimensionalen Raum grafisch gut darstellen, wie Abbildung 31 aufzeigt.

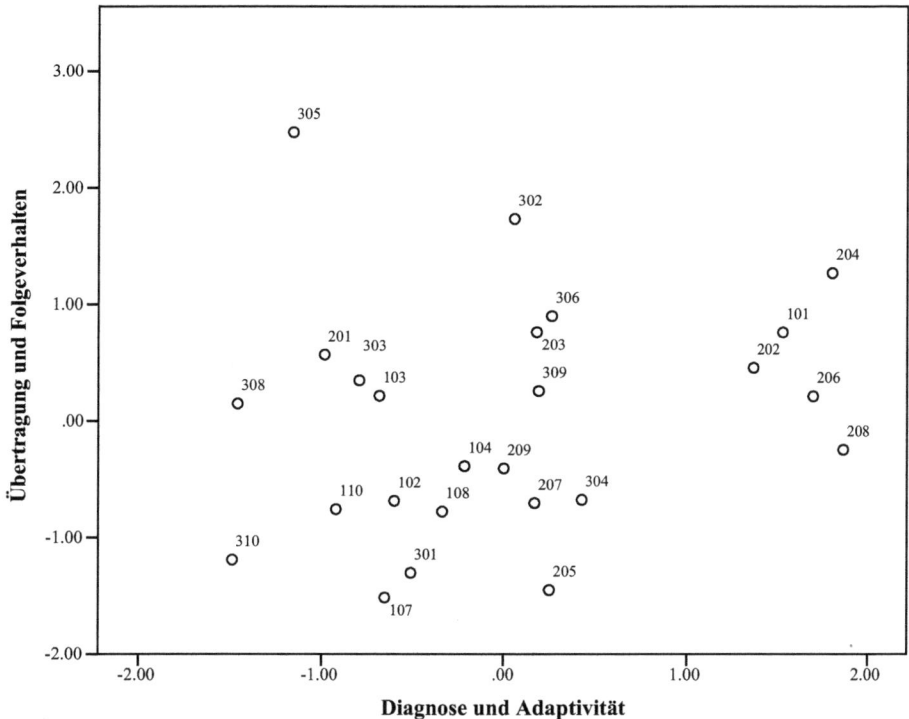

Abbildung 31: Räumliche Darstellung des Unterstützungsverhaltens der Kindergartenlehrpersonen mittels Faktorenanalyse ($N_{KL} = 25$).

Aus der Darstellung in Abbildung 31 geht hervor, dass sich das Unterstützungsverhalten einer Gruppe von Kindergartenlehrpersonen von demjenigen der anderen Gruppen insofern unterscheidet, als es im Bereich der Diagnose und der Adaptivität (x-Achse) ausgesprochen hohe Werte aufweist und sich dabei deutlich von den anderen abhebt. Alle anderen Kindergartenlehrpersonen finden sich bezogen auf die Diagnose und die Adaptivität im mittleren und tiefen Bereich. Die Items auf der y-Achse (Übertragung und Folgeverhalten) differenzieren im Gegensatz dazu weniger stark. Eine Kindergartenlehrperson (305) weist in dieser Dimension im Vergleich zu den anderen deutlich höhere Werte auf, weshalb sie bei der Clusteranalyse als Ausreißer identifiziert und aus den Analysen ausgeschlossen worden war. Die anderen Kindergartenlehrpersonen finden sich im mittleren und tiefen Bereich der y-Achse.

Zusätzlich zur Faktorenanalyse wurde wie bereits erwähnt eine multidimensionale Skalierung durchgeführt. Im Unterschied zur Faktorenanalyse arbeitet die MDS mit Ähnlichkeitsmaßen. Dazu wurden aus den Ratingdaten in der Statistik-Software SPSS Statistics Ähnlichkeitsmaße zwischen den Fällen (Kindergartenlehrpersonen) mit euklidischen Distanzen erstellt. Basierend auf diesen Daten wurde ein Modell mit ebenfalls zwei Dimensionen definiert (Meulman & Heiser, 2010), worin die Kindergartenlehrpersonen hinsichtlich ihres Unterstützungsverhaltens räumlich so angeordnet wurden, dass die Abstände untereinander möglichst exakt ihre Ähnlichkeit resp. Unähnlichkeit abzubilden vermochten. In diese Analyse wurden insgesamt 25 Kindergartenlehrpersonen einbezogen, da drei Kindergartenlehrpersonen aufgrund von fehlenden Werten bei einzelnen Items wiederum ausgeschlossen werden mussten. In Abbildung 32 wird das Unterstützungsverhalten der Kindergartenlehrpersonen in einem gemeinsamen Raum grafisch dargestellt.

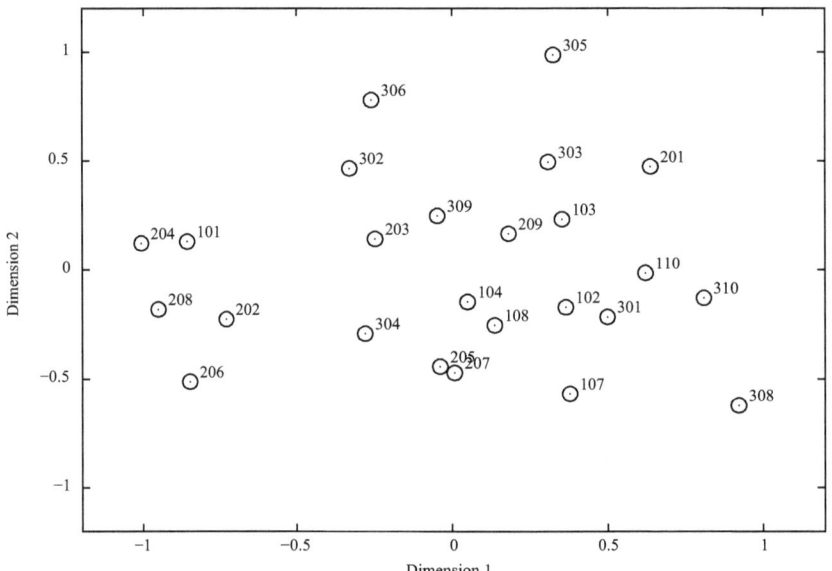

Abbildung 32: Räumliche Darstellung des Unterstützungsverhaltens der Kindergartenlehrpersonen mittels multidimensionaler Skalierung ($N_{KL} = 25$).

Das erstellte zweidimensionale Modell muss inhaltlich interpretiert werden, da die positiven resp. negativen Werte der beiden Achsen nichts über die tatsächlichen Itemausprägungen aussagen. Dies ist damit zu erklären, dass bei einer MDS die Werte so lange rotiert und/oder gespiegelt werden, bis eine optimale Distanzlösung gefunden wird. Entsprechend wird zur Interpretation einer MDS-Lösung inhaltliches Wissen auf die Anordnung projiziert (Borg & Staufenbiel, 2007). Aufgrund der vorgängig durchgeführten Faktorenanalyse kann im konkret vorliegenden Fall jedoch bereits auf Anhaltspunkte zur Interpretation der beiden Dimensionen zurückgegriffen werden. Im Vergleich mit dem mittels Faktorenanalyse generierten Modell zeigt sich, dass sich die beiden Modelle sehr ähnlich sind. Nach einer Spiegelung an der x-Achse lassen sich die beiden Modelle relativ genau ineinander überführen, weshalb Dimension 1 ebenfalls mit „Diagnose und Adaptivität" bezeichnet werden kann, allerdings mit den hohen Ausprägungen zur linken und mit den tiefen Ausprägungen zur rechten Seite des Modells hin. Auch bei Dimension 2 kann wie in der Faktorenanalyse die Bezeichnung „Übertragung und Folgeverhalten" mit denselben Ausprägungen gewählt werden.

Zur weiteren inhaltlichen Interpretation von Abbildung 32 werden nachfolgend die *Ergebnisse der MDS, der Faktorenanalyse und der Clusteranalyse gemeinsam betrachtet.* Zu diesem Zweck wurden die Dimensionen von der Darstellung der MDS ausgehend mittels der in der Faktorenanalyse ermittelten Faktoren beschrieben und die Kindergartenlehrpersonen gemäß der Clusteranalyse in Kreisen zusammengefasst (Abb. 33).

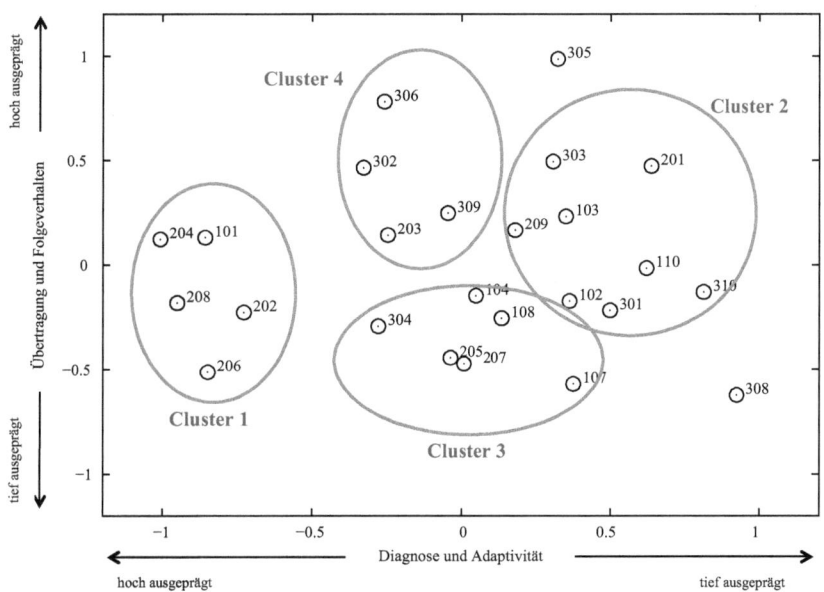

Abbildung 33: Räumliche Darstellung des Unterstützungsverhaltens der Kindergartenlehrpersonen mittels multidimensionaler Skalierung unter Beizug der Faktoren- und der Clusteranalyse ($N_{KL}$ = 25; Ausreißer 305 und 308).

Aus Abbildung 33 geht hervor, dass sich die Lösungen der MDS, der Faktorenanalyse und der Clusteranalyse entsprechen. Bezogen auf die erste Dimension „Diagnose und Adaptivität" zeigt sich dabei, dass sich die Kindergartenlehrpersonen aus Cluster 1, die ein hoch diagnostisches und hoch adaptives Unterstützungsverhalten aufweisen, in der MDS ganz deutlich von den anderen Kindergartenlehrpersonen unterscheiden, weil ihr Unterstützungsverhalten räumlich dargestellt eine klare Distanz zum Unterstützungsverhalten der anderen Kindergartenlehrpersonen erkennen lässt. Diese Distanz fällt im Vergleich mit den Kindergartenlehrpersonen aus Cluster 2, die im Raum klar am anderen Ende der Dimension angeordnet sind, besonders deutlich aus. Nimmt man die zweite Dimension „Zurücknahme und Folgeverhalten" in den Blick, so zeigen sich wie bereits in der Clusteranalyse keine entsprechenden deutlichen Unterschiede. Hier manifestiert sich der Hauptunterschied zwischen Cluster 4, das die höchsten Ausprägungen aufweist, und Cluster 3, das die tiefsten Ausprägungen aufweist.

Aus den Analysen der Faktorenanalyse und der multidimensionalen Skalierung geht zusammengefasst noch deutlicher hervor, dass es in der vorliegenden Stichprobe eine Gruppe von Kindergartenlehrpersonen gibt, deren Unterstützungsverhalten im Bereich der Diagnose und der Adaptivität deutlich höher und im Bereich der Zurücknahme und des Folgeverhaltens gleich oder etwas höher ausfällt, als dies bei den anderen Kindergartenlehrpersonen der Fall ist. Vor diesem Hintergrund erweist sich das Unterstützungsverhalten der betreffenden Kindergartenlehrpersonen als besonders interessant und wird daher später in einem weiteren Analyseschritt im Rahmen einer qualitativen Analyse noch genauer betrachtet (Kap. 10.1.4).

### 10.1.3 Ergebnisse der Zusammenhangsanalysen

Zur Analyse von Zusammenhängen wurde das Ratingitem „Gesamteindruck der Qualität der individuell-adaptiven Lernunterstützung" verwendet und in Beziehung zu Kontextvariablen der Kindergartenlehrpersonen gesetzt.

Zuerst wurde die Korrelation zwischen dem prozentualen zeitlichen Anteil der mathematikbezogenen KL-K-Kontakte der Basiscodierung und dem Gesamteindruck untersucht. Zur Analyse dieses Zusammenhangs wurde eine Spearman-Rangkorrelation berechnet, die einen starken positiven, statistisch signifikanten Zusammenhang ergab ($r_s(28) = .485$, $p = .009$): Je mehr Kontakte mit Mathematikbezug die Kindergartenlehrpersonen mit den Kindern hatten, desto höher war die Qualität der individuell-adaptiven Lernunterstützung.

In einem zweiten Schritt wurden sodann die Variablen zur beruflichen Tätigkeit mit dem Gesamteindruck der individuell-adaptiven Lernunterstützung korreliert. Zur Analyse mit ordinalskalierten Variablen wurde wiederum die Spearman-Rangkorrelation eingesetzt, während zur Analyse mit nominalskalierten Variablen der $\chi^2$-Test nach Pearson zur Anwendung gelangte. Dabei zeigten sich weder bei der Berufserfahrung der Kindergartenlehrperson ($r_s(28) = -.090$, $p = .763$) noch bezogen auf das Land, in dem die Kindergartenlehrperson arbeitet ($\chi^2(4) = 1.304$, $p = .861$), oder im Zusammenhang mit dem Besuch einer mathematikdidaktischen Weiterbildung ($\chi^2(2) = 3.268$, $p = .195$) statistisch signifikante Zusammengänge.

Zusammenfassend zeigt sich, dass bei den Kindergartenlehrpersonen der vorliegenden Studie ein positiver Zusammenhang zwischen der Qualität der individuell-adaptiven Lernunterstützung und der Zeit, in der sie mit den Kindern mathematisch interagieren, besteht. Demgegenüber hängt die Qualität der individuell-adaptiven Lernunterstützung weder mit der Berufserfahrung noch mit dem Land oder einer besuchten Weiterbildung zusammen.

### 10.1.4 Ergebnisse der qualitativen Vertiefung

Mit der qualitativen Vertiefung wurde das Ziel verfolgt, das Unterstützungsverhalten derjenigen Kindergartenlehrpersonen genauer zu untersuchen, welche im Vergleich mit den anderen Studienteilnehmenden ein stark ausgeprägtes diagnostisch-adaptives Unterstützungsverhalten aufgewiesen hatten. Aus den insgesamt 52 KL-K-Kontakten der fünf Kindergartenlehrpersonen aus Cluster 1 („hoch diagnostisch und hoch adaptiv") konnten mittels einer an Mayring (2015) angelehnten qualitativen Inhaltsanalyse und unter Rückgriff auf die vorliegende Clusteranalyse elf Kategorien einer hoch ausgeprägten individuell-adaptiven Lernunterstützung gewonnen werden (Kap. 9.4.5).

Im Anschluss an diese Kategorienbildung wurde für jeden der 52 einbezogenen KL-K-Kontakte festgestellt, welche der elf Kategorien vergeben werden konnten. Zu diesem Zweck wurden die Kategorien pro KL-K-Kontakt vergeben, wobei einem KL-K-Kontakt auch mehrere Kategorien zugeordnet werden konnten. Tabelle 24 stellt die elf Kategorien zur Charakterisierung eines hoch ausgeprägten individuell-adaptiven Unterstützungsverhaltens sowie deren Vorkommen in der Übersicht zusammen.

Tabelle 24: Vorkommen der Kategorien hoch ausgeprägter individuell-adaptiver Lernunterstützung ($N_{KL} = 5$, $N_{KL-K-K} = 52$)

| | Kategorien hoch diagnostisch-adaptiver Lernunterstützungen | Vorkommen | Theoriebezug |
|---|---|---|---|
| 1 | Die Pädagogin stellt gezielte, (kognitiv) aktivierende, den Lernprozess leitende Fragen resp. gibt entsprechende Hinweise. | 7/52 | Helmke (2009); Krammer (2009); Piaget (1936/1969) |
| 2 | Die Pädagogin strukturiert den Lösungsprozess. | 7/52 | Boekaerts (1999); Krammer (2009); Wood, Bruner & Ross (1976) |
| 3 | Die Pädagogin veranschaulicht mathematische Sachverhalte auf unterschiedlichen Repräsentationsebenen. | 27/52 | Bruner (1971) |
| 4 | Die Pädagogin verwendet eine mathematische Fachsprache und fordert diese auch von den Kindern. | 6/52 | Brunner (2014); Maier & Schweiger (1999) |
| 5 | Die Pädagogin fordert das Benennen und Begründen von mathematischen Handlungen. | 17/52 | Brunner (2014) |
| 6 | Die Pädagogin erkennt Schwierigkeiten resp. Fehler des Kindes und geht differenziert und produktiv darauf ein. | 12/52 | Alrø & Skovsmose (2002) |
| 7 | Die Pädagogin stellt dem Kind ausreichend Zeit zur Verfügung, um den Lösungsprozess selbstständig zu vollziehen. | 11/52 | |
| 8 | Die Pädagogin hält sich zurück, beobachtet und greift erst dann zielgerichtet in das Geschehen ein, wenn dies situationsangemessen angebracht ist. | 12/52 | Beck et al. (2008); Corno & Snow (1986) |
| 9 | Die Pädagogin bezieht andere Kinder konstruktiv in den Lösungsprozess mit ein. | 10/52 | |
| 10 | Die Pädagogin initiiert einen gemeinsam geteilten Denkprozess. | 6/52 | König (2009); Sylva et al. (2004) |
| 11 | Die Pädagogin erhöht situationsangemessen die Kompetenzstufe. | 13/52 | Lersch & Schreder (2013); Vygotsky (1978); Ziener (2008) |

Drei der elf Kategorien (Kategorien 3, 4 und 5) beziehen sich auf einen rein mathematikdidaktischen Aspekt, während die übrigen Kategorien allgemeindidaktische Elemente umfassen, die jedoch ebenfalls auf dem mathematischen Lerngegenstand beruhen. Wie Tabelle 24 entnommen werden kann, handelt es sich bei den beiden am häufigsten vorkommenden Kategorien – Kategorie 3 („Veranschaulichung von mathematischen Sachverhalten auf unterschiedlichen Repräsentationsebenen", 27/52) und Kategorie 5 („Fordern des Benennens und Begründens von mathematischen Handlungen", 17/52) – um solche mit einem rein mathematikdidaktischen Fokus.

Zur Illustration werden in den folgenden Abschnitten aus den 52 KL-K-Kontakten, welche mittels qualitativer Inhaltsanalyse untersucht wurden, drei Beispiele detailliert beschrieben, um auf diese Weise ausgewählte Kategorien exemplarisch erläutern und illustrieren zu können.

*Beispiel 1: KL-K-Kontakt im Regelspiel „Klipp-Klapp"*

Im Regelspiel „Klipp-Klapp" würfeln zwei Kinder abwechselnd mit zwei Würfeln und klappen in ihrer Spielbox entsprechend einer Würfelzahl oder der Würfelsumme Zahlentafeln herunter. Ziel ist es, alle eigenen Zahlentafeln schneller herunterzuklappen als das Partnerkind (Kap. 5.2.4).

„Klipp-Klapp" fördert insbesondere die Anzahlbestimmung, die Zahl-Menge-Zuordnung und das Teile-Ganzes-Konzept (Hauser et al., 2015). Kindergartenlehrperson 204 beobachtet die beiden Kinder 02 und 06, die sich mit „Klipp-Klapp" beschäftigen, bei ihrem ersten Spieldurchgang zweimal aus der Ferne. Nachdem die Kinder den Spieldurchgang beendet haben, kommt 204 zum Tisch und lobt die Kinder, indem sie sagt, dass sie beobachtet habe, dass die Kinder das Spiel mit den Augenwürfeln bereits sehr gut beherrschen würden. Nun schlägt sie den Kindern vor, den nächsten Spieldurchgang mit Zahlennwürfeln zu spielen.

Abbildung 34: Das Regelspiel „Klipp-Klapp" (Rechsteiner et al., 2014)

Kind 02 meistert diese neue Herausforderung problemlos. Zu seinem ersten Wurf meint es: „Das sind Fünf. Ich klapp die Zwei herunter." Die Kindergartenlehrperson bestätigt dies mit „Mmh, genau. Zwei und drei sind fünf". Kind 06 würfelt eine Fünf und eine Zwei. Es bildet die Summe mit den Fingern, indem es für beide Zahlen die Finger einzeln nacheinander ausstreckt und diese anschließend zusammenzählt. Die Kindergartenlehrperson wartet ab, bis das Kind fertig ist, und gibt ihm dann folgenden Hinweis: „Denk daran, fünf ist immer eine ganze Handvoll, schau fünf (öffnet aus ihrer Faust alle Finger gleichzeitig)." Kind 02 würfelt bei seinem nächsten Zug eine Drei und eine Eins. Nach kurzem Nachdenken sagt es: „Das sind vier." 204 bestätigt und verbalisiert die Addition: „Genau, drei und eins sind zusammen vier". Kind 02 nickt und klappt die Eins herunter. Kind 06 zählt die daraufhin gewürfelten Zahlen Vier und Eins auf dieselbe Art wie zuvor zusammen. Es ermittelt das Resultat sechs. Die Kindergartenlehrperson antwortet darauf: „Nein, nicht ganz", worauf das Kind erneut zu zählen beginnt. Es zählt die Vier beginnend beim Daumen ab und hat Mühe damit, den kleinen Finger als das „plus eins" des zweiten Würfels zu deuten. Mehrmals beginnt es den Zählvorgang von vorn, hält schließlich den kleinen Finger mit der anderen Hand und streckt ihn mehrmals aus. Nach längerem Ausprobieren ermittelt es das korrekte Resultat. 202 wartet während dieser Zeit ab, beobachtet den Denkprozess des Kindes und kommentiert schließlich: „Da ist dir der kleine Finger ein wenig im Weg gewesen, gell." Danach fährt sie wie folgt fort: „Jetzt haben wir vier und eins (verdeutlicht an ihrer Hand). Das macht wieder eine ganze Handvoll." Das Kind antwortet: „Fünf." Die Kindergartenlehrperson verlässt nun den Tisch. Im weiteren Spielverlauf würfelt Kind 06 eine Zwei und eine Drei. Es streckt zwei und drei Finger aus und sagt sofort „Fünf". Zur Sicherheit erkundigt es sich beim Partnerkind: „Zwei und drei sind fünf, gell?", was Letzteres bestätigt.

Während dieses KL-K-Kontakts lassen sich fünf Kategorien einer hoch ausgeprägten individuell-adaptiven Lernunterstützung beobachten: Beim Eingreifen erhöht die Kindergartenlehrperson situationsangemessen die Kompetenzstufe (Tausch der Würfel) (Kategorie 11). Durch ihren gezielten kognitiv aktivierenden Hinweis, dass fünf immer eine Handvoll Finger sei, fördert sie die Simultanerfassung (Kategorie 1). Auf den Fehler von Kind 06 geht 202 differenziert und produktiv ein. Sie gibt dem Kind ein Feedback, indem sie sagt, dass die Lösung nicht stimme („Nein, nicht ganz"), ohne jedoch die korrekte Lösung vorzugeben (Kategorie 6). Gleichwohl überlässt sie das Kind beim anschließenden Lösungsprozess nicht sich selbst, sondern gibt ihm viel Zeit, um den Lösungsweg „vier plus eins" selbstständig zu vollziehen (Kategorie 7). Des Weiteren verwendet 202 eine mathematische Fachsprache („Drei und eins sind zusammen vier"), welche von den Kindern im Nachgang zum KL-K-Kontakt übernommen wird (Kategorie 4).

*Beispiel 2: KL-K-Kontakt im „Früchtespiel"*

Beim „Früchtespiel" werden die eigenen Karten mit der Karte in der Mitte des Tisches verglichen. Besitzt ein Kind eine Karte, auf welcher von einer der Früchte genau eine Frucht mehr abgebildet ist, darf es die Karte anlegen, wobei die Fruchtsorte bei jedem Anlegen wechseln kann (Schütte, 2004). Das „Früchtespiel" fördert insbesondere den Mengenvergleich und das Eins-mehr-Prinzip.

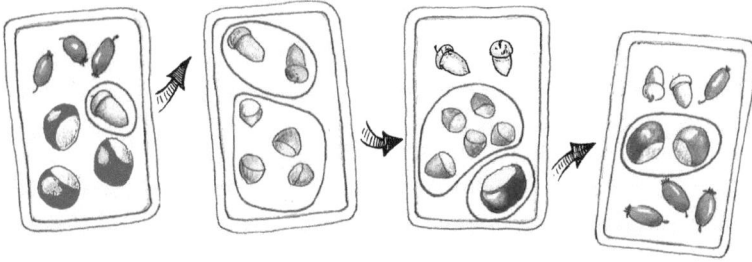

Abbildung 35: Spielanleitung „Früchtespiel" (Schütte, 2004, S. 17).

Kindergartenlehrperson 202 setzt sich zu den Kindern 02 und 05, welche das Früchtespiel spielen, und beobachtet das Spiel der Kinder. In der Mitte liegt eine Karte mit fünf Eicheln und zwei Walnüssen. Als Kind 05 bei seinem Zug sehr lange in die Karten schaut, fragt die Kindergartenlehrperson nach: „Worauf musst du nun achten?" Das Kind antwortet: „Ich schaue die Walnüsse an." 202 fragt zurück: „Warum schaust du die Walnüsse an?", worauf das Kind begründet: „Weil es dort weniger hat als bei den Eicheln." 202 entgegnet: „Du hast Recht, du musst bei den Walnüssen schauen, aber nicht, weil es dort weniger sind. Wie viele Eicheln siehst du auf der Karte?" – „Fünf" – „Genau. Und was wissen wir, wenn fünf Früchte liegen?" – „Es gibt nicht eins mehr zum Anlegen." Etwas später legt Kind 05 eine Karte ab, ohne dies zu kommentieren. Die Kindergartenlehrperson fragt nach: „Wieso kannst du diese Karte legen?" Kind 05 erklärt: „Weil es hier (auf die Karte in der Mitte zeigend) eine Kastanie hat, und hier (auf seine Karte zeigend) zwei. Das ist eins mehr."

In diesem kurzen Ausschnitt aus dem KL-K-Kontakt sind vor allem zwei Kategorien gut beobachtbar: Die Kindergartenlehrperson versteht es sehr gut, sich zurückzunehmen, zu beobachten und nur dann einzugreifen, wenn sich dazu eine passende Gelegenheit bietet (Kategorie 8). Des Weiteren fordert sie die Kinder zum Begründen ihrer mathematischen Handlungen auf („Wieso kannst du diese Karte legen?") (Kategorie 5).

*Beispiel 3: KL-K-Kontakt im Regelspiel „Mehr ist mehr"*

Abbildung 36: Das Regelspiel „Mehr ist mehr" (Rechsteiner et al., 2014)

Im Spiel „Mehr ist mehr" decken die Kinder gleichzeitig die oberste Karte ihres Stapels auf und vergleichen diese mit der in der Mitte liegenden Karte. Hat ein Zehnerfeld einer Farbe der eigenen Karte mehr Punkte als das Zehnerfeld der gleichen Farbe in der Mitte, darf die Karte in die Mitte gelegt werden. Ziel ist es, am schnellsten alle Karten abgelegt zu haben (Kap. 5.2.4). „Mehr ist mehr" fördert vor allem das Erfassen von Anzahlen in der Zehnerfelddarstellung sowie den Vergleich von Mengen (Hauser et al., 2015).

Kindergartenlehrperson 208 beobachtet das Spiel der drei Kinder 08, 20 und 21. Nach der Beendigung des Spieldurchgangs stellt sie fest: „Ihr seid ja sehr schnell im Zählen der Punkte. Wie macht ihr denn das so schnell?" Kind 08 nimmt zwei Karten zur Hand und erklärt: „Ich schaue die leeren Felder an. Bei dieser Karte sind ja nur noch zwei Felder frei und bei dieser Karte sechs, dann hat es hier (zeigt auf die Karte mit acht Punkten) mehr Punkte." Die Kindergartenlehrperson wiederholt das Vorgehen des Kindes: „Ach so, dann schaust du also immer auf die noch freien Plätze. Wie machst es denn du, Kind 20?" Kind 20 antwortet: „Ich mache das genauso. Schau hier (nimmt zwei Karten und deutet auf die eine), hier hat es noch ganz viele Plätze frei, viel mehr als bei meiner Karte. Dann sehe ich sofort, dass ich legen kann." 208 antwortet: „Ach so, du zählst also auch nicht die Punkte, sondern du schaust die freien Plätze an, wie Kind 08." Kind 20 bestätigt diese Zusammenfassung und die Kindergartenlehrperson bezieht das dritte Kind in die Diskussion mit ein, indem sie auch dessen Vorgehen erfragt. Kind 21 erklärt: „Ich zähle nicht. Ich schaue einfach die Punkte der beiden Karten an und dann sehe ich, welche mehr hat." Die Kindergartenlehrperson fragt nach: „Also dann zählst du die Punkte?" Kind 21 entgegnet: „Also ich zähle im Kopf, ich sehe direkt, wo es mehr hat", woraufhin die Kindergartenlehrperson verstehend resümiert: „Ach so, dann gehst du also anders vor als Kind 08 und Kind 20", was Kind 21 bestätigt: „Ja, genau umgekehrt".

Auch in dieser Situation wird deutlich, dass die Kindergartenlehrperson sich zurücknimmt, beobachtet und sich erst in einem passenden Moment einbringt (Kategorie 8). Des Weiteren handelt es sich bei diesem KL-K-Kontakt um einen gemeinsam geteilten Denkprozess (Kategorie 10). Die Kindergartenlehrperson thematisiert das Problem der Simultanerfassung und zeigt den Kindern im Gespräch geschickt auf, dass es in diesem Spiel zwei Möglichkeiten der Simultanerfassung gibt, indem sie die Erklärungen der

Kinder einander gegenüberstellt. Dadurch, dass sich die Kindergartenlehrperson auf die Denkebene der Kinder begibt, wird ein gemeinsamer Denkprozess möglich.

Nachdem die Analyseergebnisse zum Unterstützungsverhalten der Kindergartenlehrpersonen, welche das Hauptgewicht der vorliegenden Arbeit ausmachen, dargestellt und anhand von Einzelfällen exemplarisch illustriert worden sind, werden im nächsten Kapitel die Ergebnisse unter Bezugnahme auf die Regelspiele vorgestellt.

## 10.2 Ergebnisse zum Unterstützungsverhalten bei den Regelspielen

Mit Fokus auf die Regelspiele werden im Folgenden die Auswertungsergebnisse entlang der beiden Analyseschritte „Kategoriale Codierung" und „Rating" dargestellt.

### 10.2.1 Ergebnisse der Auswertung der Codierung

Die beiden Abschnitte dieses Teilkapitels stellen die Ergebnisse vor, die aus der regelspielbezogenen Auswertung der Basiscodierung und der Codierung der Art der KL-K-Kontakte gewonnen wurden.

*Ergebnisse zur Basiscodierung*

Als Grundlage für die nachfolgende Darlegung der Ergebnisse wird als Erstes eine Übersicht über die Häufigkeit und die Dauer der Spieleinheiten und der KL-K-Kontakte pro Regelspiel gegeben, die anhand der Basiscodierung erstellt wurde (Tab. 25).

Aus der Übersicht in Tabelle 25 gehen erste ebenso aufschlussreiche wie grundlegende Punkte hervor: Die *Häufigkeit und die Dauer der Spieleinheiten* weichen nur geringfügig voneinander ab, was wiederum auf das vom spimaf-Projekt vorgegebene Design zurückzuführen sein dürfte. Zwei Spiele weisen jedoch etwas abweichende Werte auf: „Verflixte 5" wird am wenigsten gespielt, was daran liegen dürfte, dass es für Kindergartenkinder noch eine große Herausforderung darstellt und daher nicht in allen Kindergärten gespielt wurde resp. werden konnte. Das Spiel „Quartett" wiederum dauert durchschnittlich deutlich am längsten, wird aber im Schnitt jeweils nicht ganz beendet. Dies dürfte in der Anlage des Spiels begründet liegen, da der Spielablauf für Kindergartenkinder noch sehr anspruchsvoll ist und es überdies ganz generell lange dauert, bis man zum Ende kommt.

Die *Häufigkeit und die Dauer der KL-K-Kontakte* variieren ein wenig stärker. Dabei zeigen sich folgende Besonderheiten: Sowohl häufig als auch im Durchschnitt eher lange verweilen die Kindergartenlehrpersonen beim „Früchtespiel" und beim „Pinguinspiel", während sie bei „Verflixte 5" zwar weniger häufig, aber im Durchschnitt dennoch lange präsent sind. Häufig, aber im Durchschnitt kurz sind die Kindergartenlehrpersonen beim Spiel „Steine sammeln" anwesend. Weniger häufig und im Durchschnitt auch nur kurz halten sie sich beim „Bohnenspiel" und bei „Halli Galli" auf.

Tabelle 25: Übersicht über die Häufigkeit und die Dauer der Spieleinheiten und der KL-K-Kontakte pro Regelspiel

| Regelspiel | Spieleinheiten (SE) Häufigkeit Σ | Dauer Σ | x̄ | Spieldurchgänge (x̄) vollendet | unvollendet | Kindergartenlehrperson-Kind-Kontakt (KL-K-K) Häufigkeit Σ | x̄ (SE) | SD | Min. | Max. | Dauer Σ | x̄ (KL-K-K) | SD | Min. | Max. | Anteil KL-K-K an SE Dauer % |
|---|---|---|---|---|---|---|---|---|---|---|---|---|---|---|---|---|
| 1 Bohnenspiel | 29 | 07:02:20 | 00:14:33 | 1.1 | 0.2 | 57 | 1.97 | 1.30 | 0 | 4 | 01:17:16 | 00:01:21 | 00:01:37 | 00:00:03 | 00:08:37 | 18.30 |
| 2 Dreh | 29 | 08:04:51 | 00:16:43 | 0.6 | 0.4 | 80 | 2.76 | 1.88 | 0 | 10 | 02:05:02 | 00:01:33 | 00:01:33 | 00:00:03 | 00:09:00 | 25.79 |
| 3 Früchtespiel | 30 | 07:53:24 | 00:15:46 | 0.7 | 0.5 | 95 | 3.17 | 2.07 | 0 | 10 | 03:13:12 | 00:02:02 | 00:02:06 | 00:00:07 | 00:12:14 | 40.81 |
| 4 Fünferraus | 33 | 08:03:08 | 00:14:38 | 1.3 | 0.1 | 91 | 2.76 | 2.03 | 0 | 10 | 03:34:51 | 00:02:21 | 00:02:50 | 00:00:06 | 00:14:38 | 44.47 |
| 5 Halli Galli | 30 | 07:09:45 | 00:14:19 | 0.9 | 0.4 | 67 | 2.23 | 1.79 | 0 | 7 | 01:35:42 | 00:01:25 | 00:01:55 | 00:00:07 | 00:13:33 | 22.27 |
| 6 Klipp-Klapp | 36 | 07:14:48 | 00:12:04 | 2.2 | 0.2 | 61 | 1.69 | 1.49 | 0 | 5 | 01:37:28 | 00:01:35 | 00:01:13 | 00:00:04 | 00:04:34 | 22.42 |
| 7 Mehr ist mehr | 27 | 07:44:21 | 00:17:11 | 1.7 | 0.2 | 76 | 2.81 | 2.11 | 0 | 9 | 02:02:51 | 00:01:36 | 00:02:03 | 00:00:07 | 00:12:59 | 26.46 |
| 8 Pinguinspiel | 29 | 08:35:34 | 00:17:46 | 0.7 | 0.7 | 97 | 3.34 | 1.78 | 1 | 8 | 03:12:11 | 00:02:00 | 00:01:52 | 00:00:05 | 00:11:05 | 37.28 |
| 9 Quartett | 27 | 09:33:20 | 00:21:14 | 0.7 | 0.3 | 102 | 3.78 | 2.14 | 0 | 9 | 03:16:51 | 00:01:55 | 00:01:40 | 00:00:08 | 00:08:46 | 34.33 |
| 10 Schüttelbecher | 28 | 07:13:27 | 00:15:28 | 0.8 | 0.5 | 85 | 3.04 | 1.93 | 0 | 8 | 02:18:46 | 00:01:37 | 00:01:41 | 00:00:07 | 00:09:46 | 32.01 |
| 11 Steine sammeln | 33 | 07:53:28 | 00:14:20 | 1.2 | 0.4 | 102 | 3.09 | 2.19 | 0 | 11 | 02:25:45 | 00:01:25 | 00:01:08 | 00:00:02 | 00:05:07 | 30.78 |
| 12 Verflixte 5 | 25 | 05:39:46 | 00:13:35 | 1.2 | 0.3 | 67 | 2.68 | 1.65 | 1 | 7 | 03:08:29 | 00:02:48 | 00:02:42 | 00:00:07 | 00:12:42 | 55.47 |
| Total Σ / x̄ | 356 | 20:08:12 | 00:15:38 | | | 980 | 2.78 | | | | 29:48:24 | 00:01:48 | | | | 32.53 |

Diese Unterschiede können vermutlich auf die Eigenschaften der Regelspiele und ihren mathematischen Schwierigkeitsgrad zurückgeführt werden. Bei Regelspielen, bei denen häufige und/oder lange KL-K-Kontakte vorkommen, lassen sich die Differenzen wie folgt erklären: Die Umsetzung von „Früchtespiel" und „Pinguinspiel" erwies sich in der Praxis von den Spieleigenschaften her gesehen als schwierig und es kam nur selten zu einem guten Spielfluss, was einen großen Anteil der Anwesenheit der Kindergartenlehrperson erforderte. Aus diesem Grund wurden diese beiden Spiele bei der Überarbeitung aus der spimaf-Spielesammlung ausgeschlossen. Im Gegensatz dazu dürfte die erhöhte Präsenz bei „Verflixte 5" auf dessen mathematischen Schwierigkeitsgrad zurückgehen. Bei Regelspielen wiederum, die mit weniger häufigen und/oder weniger langen KL-K-Kontakten einhergehen, lassen sich die Unterschiede folgendermaßen begründen: „Bohnenspiel" und „Steine sammeln" weisen einen geringen mathematischen Schwierigkeitsgrad auf. Die Kinder können die Spiele größtenteils selbstständig durchführen und brauchen dazu keine mathematische Unterstützung der Kindergartenlehrperson. „Halli Galli" ist demgegenüber mathematisch zwar etwas herausfordernder, aber der Spielfluss wird vom Spielcharakter her durch einen KL-K-Kontakt eher gestört.

Die prozentualen zeitlichen Anteile der KL-K-Kontakte an den Spielsequenzen pro Spiel entsprechen den eben beschriebenen Verhältnissen. Zusammenfassend zeigt sich somit, dass sich die Regelspiele bezogen auf die Häufigkeit und die Dauer der KL-K-Kontakte deutlich voneinander unterscheiden, sich diese Unterschiede durch den jeweiligen Spielcharakter sowie den mathematischen Schwierigkeitsgrad jedoch gut erklären lassen.

*Auswertungsergebnisse der kategorialen Codierung der Art der KL-K-Kontakte*

Im Anschluss an die Strukturierung der Daten in der Basiscodierung wurde die Codierung der Art der KL-K-Kontakte mit Blick auf die unterschiedlichen Regelspiele ausgewertet. Dazu wurde wiederum mit den zusammengefassten Codes gearbeitet: „Mathematische KL-K-Kontakte", „Gemischt-mathematische KL-K-Kontakte" und „Andere KL-K-Kontakte".

Abbildung 37 veranschaulicht die Ergebnisse dieser Analyse. Ihr lässt sich entnehmen, dass sich die Regelspiele in der Art der KL-K-Kontakte klar voneinander unterscheiden. Es liegt die Vermutung nahe, dass diese Unterschiede erneut auf den Charakter der Regelspiele sowie deren mathematischen Schwierigkeitsgrad zurückzuführen sein dürften. So zeigt sich zum Beispiel, dass das mathematisch anspruchsvollste Spiel „Verflixte 5" deutlich am meisten prozentuale zeitliche Anteile an mathematischen und gemischt-mathematischen KL-K-Kontakten aufweist, wohingegen das mathematisch am wenigsten herausfordernde „Bohnenspiel" deutlich die geringsten Anteile zeigt.

Zur Prüfung, ob diese Unterschiede auch statistisch signifikant sind, wurde ein Kruskal-Wallis-H-Test durchgeführt. Dazu wurde wiederum die Variable „KL-K-Kontakte mit Mathematikbezug" beigezogen, welche die beiden Codes „Mathematische KL-K-Kontakte" und „Gemischt-mathematische KL-K-Kontakte" integriert. Der Kruskal-Wallis-H-Test verweist darauf, dass sich die Regelspiele bezüglich der Variable „KL-K-Kontakt mit Mathematikbezug" hoch signifikant voneinander unterscheiden ($\chi^2(11) = 42.281$, $p < .001$).

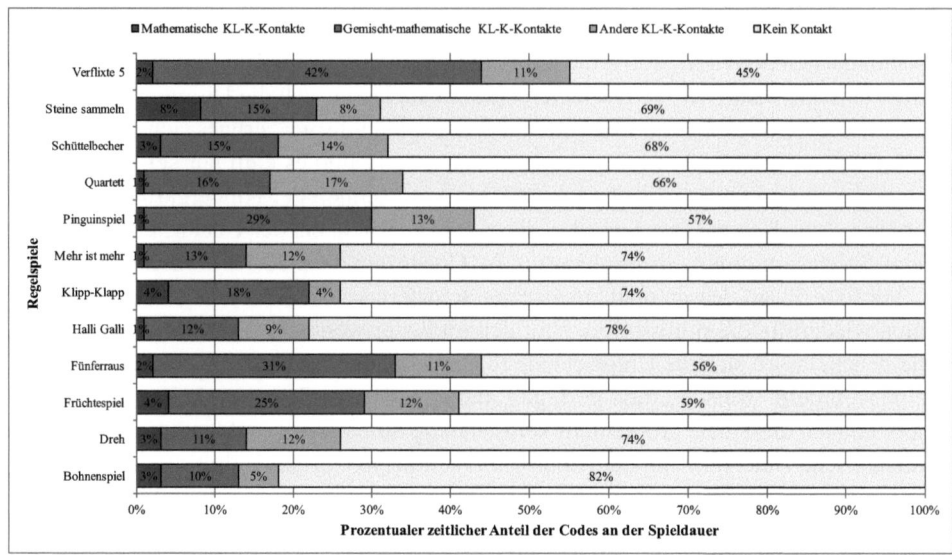

Abbildung 37: Prozentuale zeitliche Anteile der Dauer der zusammengefassten Arten der codierten KL-K-Kontakte pro Regelspiel ($N = 12$).

Aus den Ergebnissen der Analyse der Codierung geht gesamthaft hervor, dass die Regelspiele sich nicht nur hinsichtlich der Häufigkeit und der Dauer der KL-K-Kontakte unterscheiden, sondern auch bezogen auf die Art der KL-K-Kontakte. Was im Folgenden jedoch besonders von Interesse ist, ist nicht in erster Linie die Häufigkeit oder die Dauer der KL-K-Kontakte, sondern die Frage, wie die Kindergartenlehrpersonen die Kinder in den verschiedenen Spielen individuell-adaptiv unterstützen.

### 10.2.2 Ergebnisse der Auswertung des Ratings

Die Basis für die Auswertung des Ratings bildeten wie bei den in Kapitel 10.1 dargelegten Analysen zu den Unterstützungshandlungen der Kindergartenlehrpersonen die 230 ermittelten Kindunterstützungen. Ausgeschlossen wurden die beiden Regelspiele „Quartett" und „Schüttelbecher". Bei Ersterem war dies der Fall, weil in den Videos und anhand der Rückmeldungen der Kindergartenlehrpersonen festgestellt worden war, dass der Spielablauf die primäre Herausforderung darstellt und nicht wie beabsichtigt die damit eigentlich zu fördernden mathematischen Kompetenzen. Dies hatte zur Folge, dass Kinder, welche fähig waren, das Spiel durchzuführen, die damit angesprochenen mathematischen Kompetenzen bereits vertieft beherrschten. Das Spiel „Schüttelbecher" wiederum wurde deshalb ausgeschlossen, weil aus den Videos hervorgegangen war, dass damit nicht diejenigen mathematischen Kompetenzen gefördert wurden, die vom Forschungsteam beabsichtigt worden waren. Somit wurden schließlich zehn Regelspiele in die Ratinganalyse einbezogen. Im folgenden Abschnitt werden deren Ergebnisse zuerst im Zusammenhang mit einer Clusteranalyse präsentiert.

*Ergebnisse der Clusteranalyse*

Mittels einer Clusteranalyse wurde das Ziel verfolgt, zu untersuchen, inwiefern sich die zehn betrachteten Regelspiele hinsichtlich der individuell-adaptiven Lernunterstützung durch die Kindergartenlehrperson in Gruppen ordnen lassen.

Der in einem Struktogramm dargestellte Anstieg des Heterogenitätsmaßes bei der Fusion von Clustern legte eine Drei-Cluster-Lösung nahe. Denn wie aus dem betreffenden Struktogramm in Abbildung 38 ersichtlich wird, steigt das Heterogenitätsmaß bei der Reduktion von drei auf zwei Cluster im Vergleich mit den vorhergehenden Fusionen deutlich an.

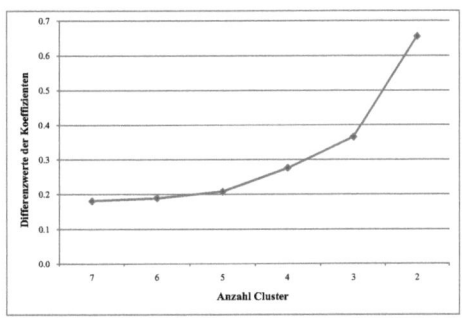

Abbildung 38: Struktogramm als Grundlage für die Wahl einer Drei-Cluster-Lösung.

Um die Güte der Clusterlösung zu beurteilen, wurde auch in diesem Fall eine Diskriminanzanalyse durchgeführt. Die auf diese Weise vorgenommene Gruppenzuordnung entsprach in allen Fällen derjenigen der Clusteranalyse. Bei der Unterscheidung von drei Gruppen werden über eine Diskriminanzanalyse zwei Diskriminanzfunktionen berechnet. Werden beide Funktionen berücksichtigt, dann ergibt sich für Wilks' Lambda ein Wert von 0.004. Dieser nahe bei null liegende Wert verweist darauf, dass sich die drei Gruppen gut voneinander abgrenzen. Der für diesen Wert durchgeführte Signifikanztest gibt zudem an, dass mit einer Irrtumswahrscheinlichkeit von 0.018 davon ausgegangen werden kann, dass sich die Mittelwerte der verschiedenen Gruppen auch in der Grundgesamtheit voneinander unterscheiden (Brosius, 2013). Tabelle 26 zeigt überdies die Ergebnisse der Diskriminanzanalyse bezogen auf die einzelnen Items. Daraus wird ersichtlich, dass die sechs Items die drei Gruppen (Cluster 1 bis 3) unterschiedlich stark trennen. Den geringsten Wert für Wilks' Lambda weist das Item „Adaptivität zum Vorausgehenden" auf; es trennt die Gruppen entsprechend am stärksten. Den höchsten Wert hat das Item „Lernstandsdiagnose Planung". Dieses Item sowie das Item „Adaptivität während KL-K-Kontakt" weisen nicht signifikante Werte auf und tragen entsprechend wenig zur Trennung der Gruppen bei.

Tabelle 26: Diskriminanzanalyse zur Einschätzung der Güte der Clusterlösung

| Item | Cluster 1 ($n = 5$) | | Cluster 2 ($n = 3$) | | Cluster 3 ($n = 2$) | | $F(2, 7)$ | $p$ | Wilks' $\lambda$ |
|---|---|---|---|---|---|---|---|---|---|
| | $M$ | $SD$ | $M$ | $SD$ | $M$ | $SD$ | | | |
| Lernstandsdiagnose Planung | 1.76 | 0.19 | 1.82 | 0.25 | 1.60 | 0.00 | 0.79 | 0.49 | 0.82 |
| Lernstandsdiagnose Spieleinheit | 2.05 | 0.22 | 2.61 | 0.08 | 2.14 | 0.06 | 9.74 | 0.01 | 0.26 |
| Adaptivität zum Vorausgehenden | 2.11 | 0.16 | 2.63 | 0.08 | 2.57 | 0.10 | 16.74 | 0.00 | 0.17 |
| Adaptivität während KL-K-Kontakt | 1.93 | 0.18 | 2.19 | 0.06 | 1.94 | 0.00 | 3.26 | 0.10 | 0.52 |
| Zurücknahme und Übertragung | 1.15 | 0.10 | 1.49 | 0.26 | 1.61 | 0.29 | 5.20 | 0.04 | 0.40 |
| Folgeverhalten | 1.25 | 0.24 | 1.84 | 0.29 | 1.18 | 0.08 | 6.97 | 0.02 | 0.33 |

Abbildung 39 veranschaulicht die mithilfe der Clusteranalyse ermittelten drei Gruppen von Regelspielen in Verbindung mit den Items der individuell-adaptiven Lernunterstützung.

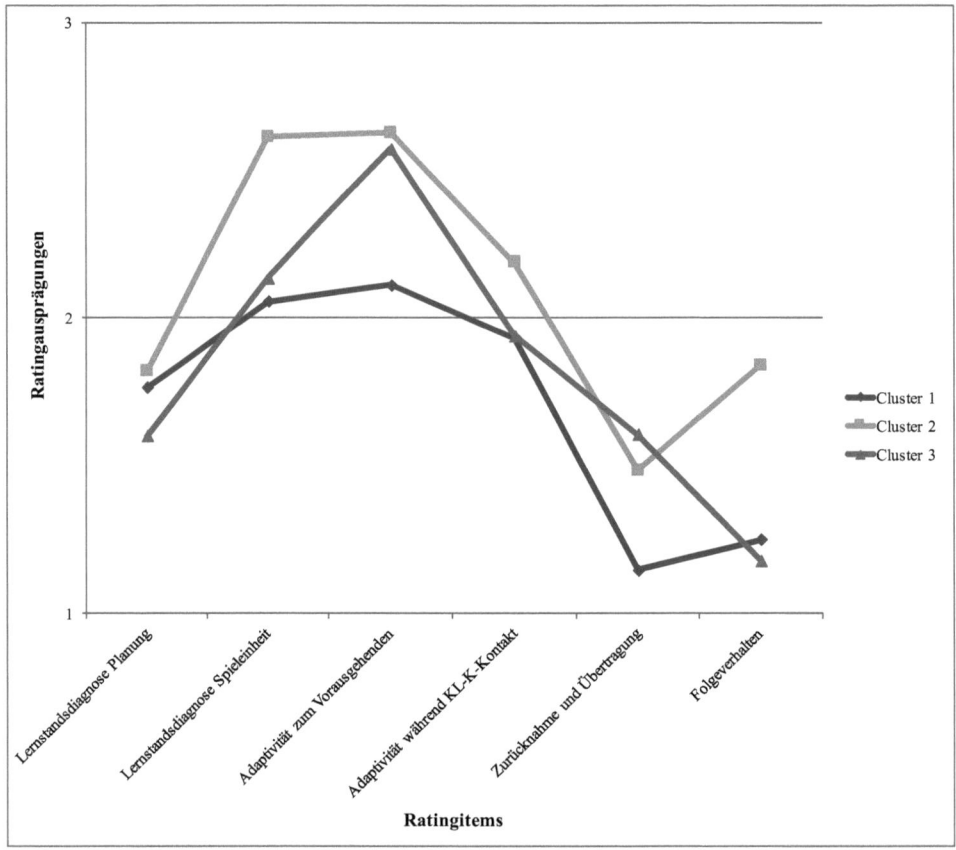

Abbildung 39: Gruppenbildung Unterstützungsverhalten bei Regelspielen mittels Clusteranalyse ($N_{Rs}$ = 10).

Bei einem *Vergleich der drei Cluster* wird deutlich, dass sich für die Spiele aus Cluster 2 ($n$ = 3) die höchsten Ausprägungen in fünf der sechs Items zur Lernunterstützung ergeben. Aufschlussreich ist diesbezüglich, dass diese Spiele auch eine deutlich höhere Ausprägung im Folgeverhalten aufweisen, als dies in den anderen Gruppen der Fall ist. Die Spiele dieses Clusters wurden mathematisch somit am differenziertesten unterstützt. Die Ausprägungen der Spiele aus Cluster 1 ($n$ = 5) kommen demgegenüber mehrheitlich im mittleren Bereich zu liegen. Entsprechend fiel die Qualität der Lernunterstützung bei diesen Spielen mittelmäßig aus. Für die Spiele aus Cluster 3 ($n$ = 2) schließlich ergaben sich große Unterschiede in der Ausprägung der verschiedenen Items. Eine allgemeine Qualitätstendenz kann hier deshalb nicht angegeben werden.

Beim Unterstützungsverhalten der Spiele aus Cluster 2 zeigt sich zudem – analog zu den Ergebnissen der Clusteranalyse zu den Kindergartenlehrpersonen aus Cluster 2 – eine Kluft zwischen der Situationserfassung, deren Items hoch ausgeprägt sind („Lernstandsdiagnose Spieleinheit" und „Adaptivität zum Vorausgehenden"), und der darauf aufbauenden adaptiven Förderung, deren Items („Lernstandsdiagnose Planung", „Adaptivität während KL-K-Kontakt" und „Zurücknahme mit Übertragung") deutlich tiefer ausgeprägt sind. Bei den anderen beiden Clustern scheint diese Kluft weniger groß zu sein. Wie ebenfalls bereits bei der Auswertung der Ergebnisse mit Fokus auf die Kindergartenlehrpersonen (Kap. 10.1.2) deutlich wurde, zeigt sich auch hier, dass die beiden Items „Zurücknahme und Übertragung" sowie „Folgeverhalten" bei allen Gruppen nur selten in differenzierter Ausprägung beobachtet werden konnten. Des Weiteren kann festgehalten werden, dass sich die drei Gruppen von Spielen im Hinblick auf den Einsatz einer formativen Lernstandsdiagnose zur Planung der Spieleinheiten kaum unterscheiden. Da dies in einem Gegensatz zur in Kapitel 10.1 präsentierten Clusteranalyse steht (Abb. 30), scheint die Planung je nach Kindergartenlehrperson zu variieren und nicht spielbezogen zu sein.

Ausgehend von diesen Befunden stellt sich die Frage, was die Regelspiele innerhalb der drei Cluster, das heißt diejenigen Regelspiele, mit denen ein vergleichbares Unterstützungsverhalten einhergeht, verbindet. Um innerhalb der drei Cluster Anhaltspunkte für ähnliches Unterstützungsverhalten zu finden, wurden die Regelspiele je Cluster bezogen auf vier Aspekte verglichen: Mengen-Zahlen-Kompetenzen, Schwierigkeitsgrad, Aspekte des Lernaufgabencharakters und schließlich Aspekte des Spielcharakters. Tabelle 27 stellt die Regelspiele je Cluster vergleichend dar.

Die Zuordnung der Regelspiele zu den Mengen-Zahlen-Kompetenzen sowie die Einschätzung des Schwierigkeitsgrades wurden von den Analysen aus dem spimaf-Projekt übernommen (Hauser et al., 2015). Die Merkmale des Lernaufgabencharakters wurden wie folgt beurteilt: Der Fokus auf den fachlichen Wissens- und Handlungskern wurde eingeschätzt, indem bestimmt wurde, wie stark die verschiedenen Spielzüge des jeweiligen Spiels die mit dem Spiel zu fördernden mathematischen Kompetenzen erfordern. Die unterschiedlichen Leistungsniveaus und die verschiedenen Zugänge, Denk- und Lernwege wurden mit Bezug zu den verschiedenen Spielvarianten und den damit verbundenen Kompetenzen beurteilt. Der Aspekt „Selbstständigkeit" bezog sich auf den Anteil der Zeit, während dessen die Kindergartenlehrpersonen bei einem Spiel verweilten. Das Ausmaß der Zusammenarbeit wurde im Zusammenhang mit den Spielregeln eingeschätzt, während die Merkmale des Spielcharakters folgendermaßen bestimmt wurden: Der Wiederholreiz wurde anhand des bei der Videobetrachtung gewonnenen Eindrucks beurteilt. Die Einschätzung der Wartezeiten basierte wiederum auf den Spielregeln und beim Aspekt des Zufalls wurden die in diesem Zusammenhang relevanten Elemente der Spiels berücksichtigt, beispielsweise das Würfel- oder Kartenglück resp. -pech.

Aus Tabelle 27 wird deutlich, dass die Regelspiele der drei Cluster sich weder intern stark gleichen noch zwischen den Clustern nennenswert unterscheiden. Es können lediglich einige Auffälligkeiten ausgemacht werden, die nachfolgend entlang der Cluster dargelegt werden.

*Cluster 1* gehören fünf Regelspiele an, nämlich „Bohnenspiel", „Dreh", „Halli Galli", „Steine sammeln" und „Verflixte 5". Die Hälfte aller zehn analysierten Spiele findet sich somit in dieser Gruppe. Bei diesen Spielen zeigten sich in der Clusteranalyse mittlere Ausprägungen sowohl bei den Items zur Lernstandsdiagnose als auch bei den Items zur Adaptivität. Tief ausgeprägt ist demgegenüber das Item „Zurücknahme mit Übertragung" und sogar sehr tief ausgeprägt das Item „Folgeverhalten".

Tabelle 27: Vergleich der Regelspiele je Cluster (• niedrig, •• mittel, ••• hoch)

| Cluster | Regelspiele | Mengen-Zahlen-Kompetenzen | | | | | | Schwierigkeitsgrad | Lernaufgabencharakter | | | Spielcharakter | | | | |
|---|---|---|---|---|---|---|---|---|---|---|---|---|---|---|---|---|
| | | Mengenvergleich | Aufbauen, Herstellen und Untersuchen der Zahlenreihenfolge (ordinaler Zahlaspekt) | Anzahlbestimmung (kardinaler Zahlaspekt) | Zuordnung von Anzahlen, Ziffern und Handlungen | Zerlegen und Zusammensetzen von Mengen (Teil-Ganzes-Beziehung) | Erstes Rechnen | Schwierigkeitsgrad | Fokus auf fachlichen Wissens- und Handlungskern | Unterschiedliche Leistungsniveaus | Verschiedene Zugänge, Denk- und Lernwege | Selbstständigkeit | Zusammenarbeit | Wiederholreiz | Wartezeiten | Zufall |
| 1 | Bohnenspiel | ■ | | | | | | •• | ••• | •• | •• | ••• | •• | ••• | ••• | ••• |
| 1 | Dreh | ■ | | | | | | • | •• | •• | •• | ••• | • | •• | •• | •• |
| 1 | Halli Galli | ■ | | | | | ▨ | •• | ••• | •• | •• | ••• | •• | ••• | ••• | ••• |
| 1 | Steine sammeln | ■ | | ■ | | | | •• | ••• | •• | •• | ••• | •• | ••• | ••• | ••• |
| 1 | Verflixte 5 | ■ | | | | | ■ | ••• | ••• | •• | •• | ••• | •• | •• | • | • |
| 2 | Fünferraus | ■ | ■ | ■ | | | | •• | ••• | •• | •• | ••• | •• | ••• | • | • |
| 2 | Klipp-Klapp | ■ | | ■ | | | ▨ | •• | ••• | •• | •• | ••• | •• | ••• | •• | •• |
| 2 | Mehr ist mehr | ■ | | ■ | | | | • | ••• | •• | •• | ••• | •• | ••• | •• | ••• |
| 3 | Früchtespiel | ■ | ■ | ■ | | ▨ | | • | •• | •• | • | •• | • | • | • | ••• |
| 3 | Pinguinspiel | ■ | ■ | ■ | | | | • | •• | •• | • | •• | • | • | • | ••• |

Aus Tabelle 27 geht hervor, dass es sich in diesem Cluster bezogen auf die verglichenen Aspekte um ganz unterschiedliche Regelspiele handelt. Es können keine klaren Hinweise auf spieleverbindende Merkmale gefunden werden, die das ähnliche Unterstützungsverhalten bei diesen Spielen erklären könnten. Die Spiele wurden diesem Cluster folglich aus unterschiedlichen Gründen zugeordnet. Dies wird nachstehend anhand von drei konkreten Beispielen illustriert.

Beim „Bohnenspiel" erhält jedes Kind einen Spielplan, Bohnen sowie einen Würfel. Die Kinder würfeln reihum und dürfen jeweils dasjenige Feld auf ihrem Spielplan mit Bohnen belegen, welches der Würfelzahl entspricht. Gewonnen hat, wer zuerst alle Felder seines Spielplans gefüllt hat (Hauser et al., 2015). Für dieses Spiel lässt sich festhalten, dass das mittel bis tief ausgeprägte Unterstützungsverhalten wahrscheinlich auf den geringen Schwierigkeitsgrad des Spiels in Kombination mit der hohen Selbstständigkeit bei dessen Durchführung zurückzuführen ist. Das Bohnenspiel stellt aus mathematischer Sicht trotz der Möglichkeiten zur Variation des Leistungsniveaus für die wenigsten Kinder eine Herausforderung dar. Es ist zudem in seiner Spielanlage so einfach konzipiert, dass es einmal erklärt ohne weitere Hilfe durchgeführt werden kann. Im Interview geben viele Kindergartenlehrpersonen an, dass sie das Spiel besonders deshalb eingesetzt hätten, weil es von den Kindern selbstständig gespielt werden könne und daher wenig Unterstützung verlange. Zudem ist in den Videos zu sehen, dass fast alle Kinder die mit dem Spiel angesprochenen mathematischen Kompetenzen bereits gut beherrschen. Begleiten Kindergartenlehrpersonen das Spiel, werden vorwiegend eher banale Fragen gestellt, so zum Beispiel „Wie viel hast du gewürfelt?" und „Ist diese Anzahl auf deinem Spielplan noch frei?". Nur sehr selten lässt sich bei diesem Spiel eine qualitativ gute individuell-adaptive Lernunterstützung beobachten, was der Fall wäre, wenn etwas Weiterführendes thematisiert wird: Eine Kindergartenlehrperson involvierte die Kinder beispielsweise in eine Diskussion über die Simultanerfassung der unstrukturierten Mengen auf dem Spielbrett.

Bei „Halli Galli", bei dem jeweils fünf Früchte derselben Sorte erkannt werden müssen (Kap. 7.2), lässt sich das mittel bis tief ausgeprägte Unterstützungsverhalten wahrscheinlich hauptsächlich auf den Spielcharakter und in zweiter Instanz auf die fehlenden Variationen des Leistungsniveaus zurückführen. Das Spiel hat einen hohen Wiederholreiz und bringt nur geringe Wartezeiten mit sich, sodass alle Kinder permanent und gleichzeitig in das schnelle Spiel involviert sind. Ein Eingreifen der Kindergartenlehrperson könnte den Spielfluss entsprechend erheblich stören. Hinzu kommt, dass „Halli Galli" kaum Möglichkeiten zur Variation des Leistungsniveaus bietet. Entsprechend ist es auch nur sehr begrenzt möglich, Kinder über eine Lernunterstützung in ihrer Zone der nächsten Entwicklung zu fördern. Begleitet die Kindergartenlehrperson das Spiel, beschränkt sich ihre Unterstützung in den meisten Fällen darauf, dass sie dasjenige Kind, das geklingelt hat, dazu auffordert, zu zeigen, wo die fünf gleichen Früchte zu sehen sind. In ganz wenigen Fällen regen die Kindergartenlehrpersonen zum Schluss des Spiels einen produktiven Mengenvergleich der gesammelten Karten an.

„Verflixte 5" (Kap. 5.2.4) als drittes Beispiel lässt sich Cluster 1 sehr wahrscheinlich aufgrund seines hohen Schwierigkeitsgrades, des damit einhergehenden komplexen Spielcharakters und der geringen Variationsmöglichkeiten zuordnen. Das Spiel erfordert insbesondere zu Beginn große Aufmerksamkeit der Kindergartenlehrperson. Die Erfassung seines mathematischen Kerns, das heißt die Bestimmung der kleinsten Differenz der eigenen Karte zu den auf dem Tisch liegenden Karten, wird von den Kindergartenlehrpersonen oftmals nicht ausreichend unterstützt. So wird die Lösung in vielen Fällen direkt vorgegeben. Allerdings wird das Bestimmen der kleinsten Differenz in wenigen anderen Fällen durchaus auch produktiv umgesetzt, zum Beispiel indem die Abstände zwischen den Zahlen mit passendem Material dargestellt werden, sodass die Kinder die kleinste Differenz einfach selbst bestimmen können.

*Cluster 2* wurden die drei Regelspiele „Fünferraus", „Klipp-Klapp" und „Mehr ist mehr" zugeordnet. Bei diesen Spielen zeigen sich im Vergleich mit den anderen Spielen in allen Items bis auf „Zurücknahme und Übertragung" die höchsten Werte. Besonders hoch ausgeprägt sind die beiden Items „Lernstandsdiagnose Spieleinheit" und „Adaptivität zum Vorausgehenden", was darauf hinweist, dass die Kindergartenlehrpersonen bei diesen Spielen die mathematische Spielsituation sehr gut zu erfassen vermögen. Im mittleren Bereich finden sich die Items „Lernstandsdiagnose Planung", „Adaptivität während KL-K-Kontakt" und „Folgeverhalten". Dies deutet darauf hin, dass die Kindergartenlehrpersonen die sehr gute mathematische Situationsanalyse bei der Planung sowie bei der adaptiven Lernunterstützung während des Kontakts nicht in gleichem Maße umsetzen können, dass es ihnen aber immerhin teilweise gelingt. Obwohl das Rating von „Zurücknahme und Übertragung" relativ tief ausfiel, ließ sich teilweise ein Folgeverhalten feststellen.

Aus Tabelle 27 geht hervor, dass die Regelspiele dieses Clusters allesamt einen mittleren Schwierigkeitsgrad und gleichzeitig einen starken Fokus auf den mit ihnen verbundenen Wissens- und Handlungskern aufweisen. Diese beiden Aspekte könnten somit Anhaltspunkte für das hoch ausgeprägte Unterstützungsverhalten in diesem Cluster sein. Bezogen auf die anderen Merkmale unterscheiden sich die Spiele allerdings teilweise deutlich. Diese Unterschiede werden nachfolgend je Spiel kurz ausgeführt: Das Regelspiel „Klipp-Klapp" (Kap. 5.2.4) befindet sich sehr wahrscheinlich in dieser Gruppe, weil mit ihm sehr viele verschiedene Spielvarianten möglich sind und diese ein breites Spektrum an Leistungsniveaus abdecken. Dies ermöglicht es der Kindergartenlehrperson, die Kinder über die Lernunterstützung in ihrer Zone der nächsten Entwicklung zu fördern. Bei „Fünferraus" (Kap. 5.2.4) bestehen weniger variantenreiche Spielmöglichkeiten. Es bietet sich jedoch an, um den mathematischen Kern des Spiels, das heißt den Aufbau der Zahlenreihenfolge, auf vielfältige Weise und mit unterschiedlichem Schwierigkeitsgrad zu fördern. Neben der Grundvariante, bei der Karten von der Fünf ausgehend auf- und absteigend angelegt werden, kann das Spiel in einer einfachen Variante bei der Eins beginnend aufsteigend oder, etwas anspruchsvoller, von der Zehn rückwärts gespielt werden. Eine weitere Möglichkeit besteht darin, den Zahlenraum bis zwanzig zu erweitern und von der Elf ausgehend zu spielen. Schwierig einzuordnen ist demgegenüber das Spiel „Mehr ist mehr" (Kap. 5.2.4), dies insbesondere deshalb, weil es dem Spiel „Halli Galli" in Bezug auf die analysierten Merkmale sehr ähnlich ist, aber hinsichtlich der Lernunterstützung dennoch einem anderen Cluster zugeordnet wurde. In *Cluster 3* finden sich die zwei Regelspiele „Früchtespiel" und „Pinguinspiel". Dieses Cluster weist große Unterschiede in der Ausprägung der verschiedenen Items auf. Am stärksten ausgeprägt ist das Item „Adaptivität zum Vorausgehenden". Im mittleren Bereich finden sich die beiden Items „Lernstandsdiagnose Spieleinheit" und „Adaptivität während KL-K-Kontakt". Eher tief ausgeprägt ist hingegen das Item „Lernstandsdiagnose zur Planung" und nur sehr selten konnten „Zurücknahme und Übertragung" sowie „Folgeverhalten" beobachtet werden.

Tabelle 27 kann entnommen werden, dass diese beiden Spiele viele ähnliche Merkmale aufweisen. Besonders zeigt sich, dass der Wiederholreiz in beiden Fällen niedrig ist, wobei es sich überdies um die einzigen Spiele handelt, die einen niedrigen Wiederholreiz aufweisen. Gleichzeitig sind die Wartezeiten bei beiden Spielen hoch. Diese Merkmale legen den Schluss nahe, dass die Spiele vom Spielcharakter her nicht ideal sind. Dieser wiederum ist eng mit den Merkmalen des Lerncharakters verbunden. Es erstaunt deshalb wenig, dass unter diesen Voraussetzungen auch die Selbstständigkeit niedrig eingeschätzt wurde. Ein Blick in die Videos zeigt, dass die Begleitung der Kindergartenlehrpersonen vor allem darauf ausgerichtet ist, die Motivation der Kinder für das Spiel aufrechtzuerhalten. Angesichts dieser Gegebenheiten wurden die beiden Spiele aus dem spimaf-Projekt ausgeschlossen. Dass die Einschätzung des Items „Adaptivität zum Vorausgehenden" sehr hoch ausfällt, dürfte damit zu erklären sein, dass die Kinder dann, wenn sie allein spielten, oftmals vom Spiel abwichen und sich mit anderen Dingen beschäftigten. Entsprechend bestand die Aufgabe der Kindergartenlehrperson beim Kontakt häufig darin, die Kinder wieder zum Spiel und zu den mathematischen Aktivitäten des Spiels zurückzubringen.

Zusammenfassend lässt sich festhalten, dass sich die zehn untersuchten Regelspiele mittels Clusteranalyse drei Unterstützungstypen zuordnen lassen. Die Suche nach Erklärungen dafür, was die Spiele in den drei Gruppen mit unterschiedlichem Unterstützungsverhalten verbindet, gelangte allerdings nicht zu ergiebigen Resultaten. Lediglich für die kleinste Gruppe (Cluster 2) konnten klare Anhaltspunkte gefunden werden.

*Ergebnisse der Faktorenanalyse und der multidimensionalen Skalierung*

Mit dem Ziel, noch weitere Erkenntnisse aus den Ratingdaten zu gewinnen, wurde das Unterstützungsverhalten der Kindergartenlehrpersonen bei den verschiedenen Regelspielen wie zuvor bereits bei der Analyse des Unterstützungsverhaltens bezogen auf die einzelnen Kindergartenlehrpersonen mittels einer Faktorenanalyse und einer multidimensionalen Skalierung (MDS) weiter untersucht. Angestrebt wurde in erster Linie eine Komplexitätsreduktion, um das Unterstützungsverhalten der Kindergartenlehrpersonen bei den einzelnen Spielen in einem tiefdimensionalen Raum grafisch besser repräsentieren zu können. Erneut entsprechen sich die Befunde der beiden Analysen weitgehend, wie nachfolgend aufgezeigt wird.

Als Erstes wurde eine Faktorenanalyse mit Varimax-Rotation und Kaisernormalisierung durchgeführt, wobei Koeffizienten kleiner als 0.30 unterdrückt wurden. Es stellte sich allerdings heraus, dass sich der spielbasierte Datensatz nur sehr knapp für eine Faktorenanalyse eignet (KMO = .504). Gleichwohl konnten wiederum zwei Faktoren extrahiert werden, welche die Varianz zu 69% aufklären (Tab. 28).

Auf den ersten Faktor laden die Items „Lernstandsdiagnose Planung", „Lernstandsdiagnose Spieleinheit", „Adaptivität während KL-K-Kontakt" sowie „Folgeverhalten". Weil das Item „Lernstandsdiagnose zur Planung" zu tiefe Werte aufweist, kann es jedoch nicht in die Interpretation einbezogen werden. Auf den zweiten Faktor laden die Items „Adaptivität zum Vorausgehenden" und „Zurücknahme und Übertragung". Die Items des ersten Faktors lassen sich mit theoretischen Überlegungen plausibilisieren: Bei den betreffenden Regelspielen diagnostiziert die Kindergartenlehrperson die mathematischen Kompetenzen während der Spieleinheit differenziert und kann dadurch adaptiv mit den Kindern interagie-

Tabelle 28: Zusammenfassung der Items und Faktorenladungen der Ratingeinschätzung zur individuell-adaptiven Lernunterstützung je Regelspiel ($N_{Sp} = 10$)

| Items | Faktorenladungen 1 | 2 | Kommunalitäten |
|---|---|---|---|
| Lernstandsdiagnose Planung | 0.40 |  | 0.20 |
| Lernstandsdiagnose Spieleinheit | 0.76 |  | 0.66 |
| Adaptivität zum Vorausgehenden | 0.31 | 0.87 | 0.85 |
| Adaptivität während KL-K-Kontakt | 0.79 | 0.32 | 0.73 |
| Zurücknahme und Übertragung |  | 0.89 | 0.80 |
| Folgeverhalten | 0.94 |  | 0.92 |

ren, sodass sich daraus schließlich ein Folgeverhalten ergibt. Die Interpretation des zweiten Faktors erweist sich demgegenüber als schwierig. „Zurücknahme mit Übertragung" lädt zusammen mit „Adaptivität zum Vorausgehenden" auf diesen Faktor. Inwiefern die beiden Items in einer engen Verbindung stehen, scheint unter Bezugnahme auf die Theorie nicht klar begründbar zu sein.

Nach der Reduktion des spielbezogenen Unterstützungsverhaltens auf zwei Faktoren ließ sich dieses wie intendiert in einem tiefdimensionalen Raum grafisch gut darstellen (Abb. 40).

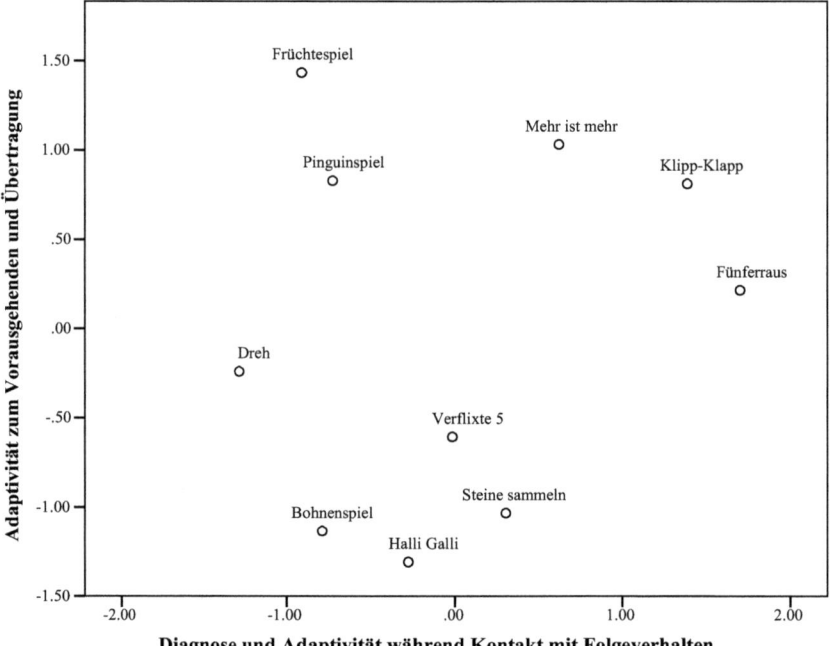

Abbildung 40: Räumliche Darstellung des Unterstützungsverhaltens der Kindergartenlehrpersonen nach Regelspiel ($N_{Sp} = 10$).

Aus der Darstellung in Abbildung 40 geht hervor, dass die drei Regelspiele im oberen rechten Viertel („Mehr ist mehr", „Klipp-Klapp" und „Fünferraus") in beiden Dimensionen hohe Ausprägungen aufweisen und entsprechend auf ein hoch ausgeprägtes individuelladaptives Unterstützungsverhalten der Kindergartenlehrpersonen hinweisen. Bei den beiden Spielen „Früchtespiel" und „Pinguinspiel" zeigen sich hohe Ausprägungen bei den Items der y-Achse, aber lediglich tiefe Ausprägungen bei den Items der x-Achse. Das Spiel „Dreh" steht ein wenig isoliert da, passt aber am ehesten zu den vier Spielen im unteren Bereich, welche in der Dimension „Adaptivität zum Vorausgehenden und Übertragung" tiefe Werte und in der Dimension „Diagnose und Adaptivität während Kontakt mit Folgeverhalten" mittlere Werte aufweisen.

Im Anschluss an diese Faktorenanalyse wurde als Ergänzung eine multidimensionale Skalierung durchgeführt. Aus den Ratingdaten wurden erneut Ähnlichkeitsmaße zwischen den Fällen (Regelspiele) mit euklidischen Distanzen erstellt. Davon ausgehend wurde ein Modell mit zwei Dimensionen erstellt, das die Regelspiele unter Berücksichtigung des damit einhergehenden Unterstützungsverhaltens der Kindergartenlehrpersonen so darstellt, dass ihre Abstände möglichst exakt ihre Ähnlichkeit resp. Unähnlichkeit wiedergeben. In die Analyse konnten alle zehn Regelspiele einbezogen werden. Abbildung 41 stellt das Unterstützungsverhalten, das mit den verschiedenen Regelspielen einhergeht, im gemeinsamen Raum dar.

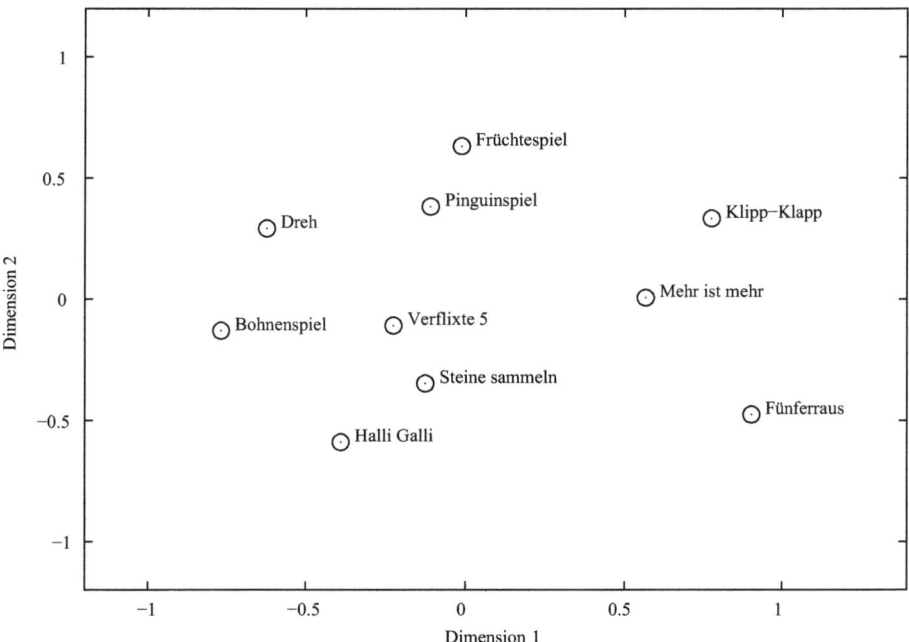

Abbildung 41: Räumliche Darstellung des Unterstützungsverhaltens der Kindergartenlehrpersonen bei den verschiedenen Spielen mittels multidimensionaler Skalierung ($N_{Sp}$ = 10).

Aus Abbildung 41 geht hervor, dass sich die Regelspiele hinsichtlich Dimension 1 stärker voneinander unterscheiden als in Bezug auf Dimension 2. Es wird sichtbar, dass sich besonders die drei Spiele „Klipp-Klapp", „Mehr ist mehr" und „Fünferraus" bezogen auf das Unterstützungsverhalten der Kindergartenlehrpersonen deutlich von den anderen Spielen unterscheiden. Allerdings ist auch in diesem MDS-Modell zu beachten, dass die beiden Dimensionen nicht den Ratingausprägungen entsprechen, sondern inhaltlich interpretiert werden müssen. Aus diesem Grund wurde es zuerst mit dem Modell der Faktorenanalyse in Beziehung gesetzt. Wie dieses Vorgehen zeigt, gleicht das MDS-Modell demjenigen der Faktorenanalyse sehr genau, wenn es um 30° im Gegenuhrzeigersinn um den Mittelpunkt gedreht wird. Somit kann davon ausgegangen werden, dass die Dimensionen bei der genannten Drehung den Faktoren der Faktorenanalyse entsprechen. In einem weiteren Schritt wurden die Ergebnisse der *Clusteranalyse, der Faktorenanalyse und der MDS gemeinsam betrachtet* (Abb. 42). Die daraus resultierenden Kernpunkte werden nachstehend interpretiert.

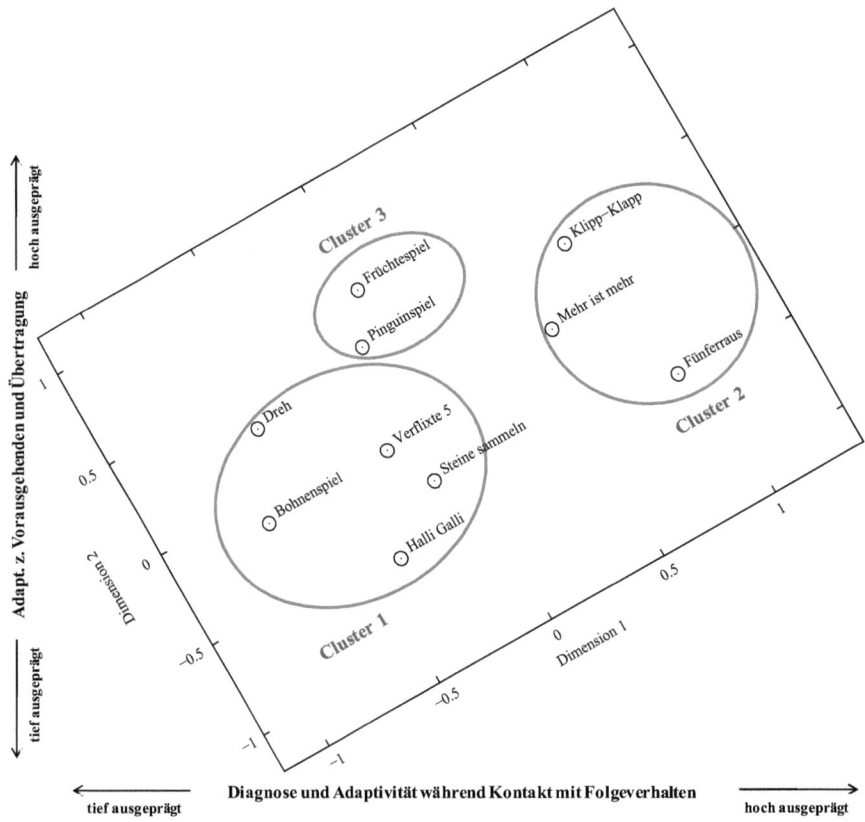

Abbildung 42: Räumliche Darstellung des Unterstützungsverhaltens der Kindergartenlehrpersonen in den verschiedenen Spielen mittels multidimensionaler Skalierung unter Beizug der Cluster- und der Faktorenanalyse ($N_{Sp} = 10$).

Die x-Achse wurde bei der Faktorenanalyse mit „Diagnose und Adaptivität während Kontakt mit Folgeverhalten" benannt. In der Faktorenanalyse wie auch in der MDS wurde deutlich, dass sich die Spiele „Klipp-Klapp", „Mehr ist mehr" und „Fünferraus", welche allesamt Cluster 2 angehören, hinsichtlich des dabei beobachtbaren Unterstützungsverhaltens räumlich klar von den anderen Spielen distanzieren lassen. In der Clusteranalyse zeichnet sich dieses Cluster durch die Bewertung der Items „Lernstandsdiagnose während Spieleinheit", „Adaptivität während KL-K-Kontakt" und „Folgeverhalten" aus, die deutlich höher ausgeprägt sind als bei den anderen Spielen. Cluster 1 und Cluster 3 hingegen liegen sich in diesen drei Items sehr nahe. Diese Nähe kommt auch in der Faktorenanalyse und in der MDS zum Ausdruck. Festgehalten werden kann somit, dass alle drei Analysen in der Interpretation dieser drei Items übereinstimmen. Deshalb wurde auch die erste Dimension der MDS mit „Diagnose und Adaptivität während Kontakt mit Folgeverhalten" bezeichnet.

Die Interpretation der y-Achse gestaltet sich demgegenüber weniger offensichtlich. Die drei Analysen wie auch ein Beizug theoretischer Annahmen liefern kaum Hinweise zur klaren Deutung der zweiten Dimension. Gemäß der Faktorenanalyse ist es zwar möglich, die Items „Adaptivität zum Vorausgehenden" sowie „Zurücknahme und Übereinstimmung" als einen Faktor zu betrachten. Die Darstellung der Regelspiele im tiefdimensionalen Raum der Faktorenanalyse (Abb. 40) stimmt bezüglich der Itemausprägungen in diesem Bereich auch mit der Clusteranalyse überein. Wie jedoch bereits bei der Faktorenanalyse, in welcher diese beiden Items gemeinsam auf den zweiten Faktor luden, kritisch festgehalten wurde, scheint eine theoretische Begründung für den Zusammenschluss dieser beiden Items nicht gegeben zu sein. In der tiefdimensionalen Anordnung der MDS (Abb. 41) variieren die Spiele auf der y-Achse wenig. Dies könnte ein Hinweis darauf sein, dass das Item „Lernstandsdiagnose Planung" in dieser Darstellung als zweite Dimension abgebildet wird. Denn bezogen auf dieses Item unterscheiden sich die Regelspiele kaum. In der Clusteranalyse liegen alle drei Clusterpunkte des Items nahe beieinander und in der Faktorenanalyse lädt es nur wenig deutlich auf einen Faktor.

Vor dem Hintergrund dieser Interpretationsversuche muss somit festgehalten werden, dass die Zusammenschau der drei Analysen nur für die x-Achse ein klares Ergebnis liefert, nicht jedoch für die y-Achse. Die Analysen zusammenfassend kann gleichwohl resümiert werden, dass sich die Regelspiele hinsichtlich dreier Items der individuell-adaptiven Lernunterstützung voneinander unterscheiden, wobei insbesondere drei Spiele deutlich höhere Ausprägungen aufweisen. Wie aber bereits im Zusammenhang mit der Clusteranalyse ausführlich erläutert wurde, bleibt bis auf wenige Anhaltspunkte unklar, welche Merkmale der betreffenden Spiele dazu führen könnten, dass mit ihnen ein deutlich höheres Unterstützungsverhalten einhergeht als mit den anderen Regelspielen.

# Teil VI
# Zusammenfassung und Diskussion

# 11 Zusammenfassung und Diskussion zentraler Befunde der Studie

Die vorliegende Studie entstand im Rahmen des Projektes spimaf („Spielintegrierte mathematische Frühförderung") und verfolgte das Ziel, die individuell-adaptive Lernunterstützung durch Kindergartenlehrpersonen bei der spielintegrierten Förderung von Mengen-Zahlen-Kompetenzen zu untersuchen.

Die Bedeutung einer frühen mathematischen Förderung konnte mit Längsschnittstudien bestätigt werden: Zum einen sind frühe Mengen-Zahlen-Kompetenzen wichtige Prädiktoren für die Mathematikleistungen in der Primarschule und zum anderen hat sich ihre gezielte Förderung empirisch erhärtet als wirksam erwiesen. Entsprechend findet mathematische Förderung im Kindergarten breite Akzeptanz. Kritisch und kontrovers diskutiert wird hingegen die konkrete Umsetzung dieser Förderung. Angesichts der individuellen Bedürfnisse in den stark heterogenen Kindergruppen im Kindergarten und mit Blick auf das Entwicklungsalter der Kinder bietet sich ein ins Spiel integrierter Erwerb von mathematischen Kompetenzen besonders gut an. Allerdings ist das Bereitstellen einer guten spielintegrierten Mathematikförderung allein noch kein Garant für erfolgreiches Lernen. Vielmehr stellt laut der EPPE-Studie (Sylva et al., 2010) eine auf die Zone der nächsten Entwicklung ausgerichtete Lernunterstützung durch die Kindergartenlehrperson eine Schlüsselvariable für wirksames Lernen im Kindergarten dar.

Bisherige Forschungsarbeiten, welche die Lernunterstützung von Lehrpersonen untersuchten, legten offen, dass in diesem Bereich noch großes Potenzial vorhanden ist. Untersuchungen, die spezifisch die mathematische Lernunterstützung im Kindergarten fokussierten, sind bislang jedoch noch rar und beschränkten sich auf einzelne Aspekte der Lernunterstützung. Um einen Beitrag zur Schließung dieser Lücke zu leisten, wurde die individuell-adaptive Lernunterstützung im mathematischen Kontext im Kindergarten in der vorliegenden Studie umfassender und mit Blick auf die Ausprägung verschiedener Aspekte erforscht. Dabei bildeten zwei Fragen den Kern des Forschungsinteresses: Wie unterstützen Kindergartenlehrpersonen Kinder beim Aufbau von Mengen-Zahlen-Kompetenzen in Regelspielsituationen? Und welche Empfehlungen für eine kompetenzorientierte mathematische Förderung im Kindergarten lassen sich aus den Befunden ableiten? Diese Hauptfragestellungen wurden in Unterfragen ausdifferenziert, die sich auf das Vorkommen und die Art von Kontakten zwischen Kindergartenlehrpersonen und Kindern während des Einsatzes des spimaf-Förderkonzeptes, auf die Einschätzung der damit einhergehenden individuell-adaptiven Lernunterstützung und auf Merkmale hoch ausgeprägten Unterstützungsverhaltens beziehen. Die Fragestellungen wurden hauptsächlich anhand von Videodaten und ergänzend unter Beizug von Interviewdaten von 28 Kindergartenlehrpersonen aus dem Schweizer Kanton St. Gallen, dem deutschen Bundesland Baden-Württemberg und dem österreichischen Bundesland Vorarlberg untersucht.

Nachfolgend werden die Ergebnisse der vorliegenden Studie zusammengefasst und im Hinblick auf Theorie, Empirie und Praxis diskutiert. Entlang der Kernfragestellungen der Arbeit wird zunächst auf das Unterstützungshandeln der Kindergartenlehrpersonen eingegangen (Kap. 11.1). An diese Diskussion anschließend wird danach die zweite Kernfrage zu den Empfehlungen für die Praxis ins Zentrum gerückt (Kap. 11.2).

## 11.1 Wie Kindergartenlehrpersonen Kinder in ihrem Lernen unterstützen

Um die erste Hauptfragestellung nach dem Wie der individuell-adaptiven Lernunterstützung zu beantworten, wurden im Kern zwei Aspekte untersucht: Erstens lag der Fokus auf den Kindergartenlehrpersonen und ihrem je individuellen Unterstützungsverhalten und zweitens interessierte, ob sich das Unterstützungsverhalten der Kindergartenlehrpersonen je nach Regelspiel unterscheidet. Diese beiden Aspekte werden nachfolgend gesondert betrachtet.

### 11.1.1 Das Unterstützungsverhalten der Kindergartenlehrpersonen

In einem ersten Schritt ging es in der vorliegenden Studie darum, das Vorkommen und die Art von Kindergartenlehrperson-Kind-Kontakten (KL-K-Kontakten) zu bestimmen. Das Augenmerk lag dabei besonders auf den Kontakten mit Mathematikbezug sowie darauf, ob sich die Kindergartenlehrpersonen hinsichtlich dieser Kontakte unterscheiden und, falls sie dies tun, worauf diese Unterschiede zurückzuführen sind.

Während der 356 videografierten Spieleinheiten konnten gesamthaft 980 KL-K-Kontakte beobachtet und mittels des kategorialen Codiersystems entsprechend codiert werden. Ein großer Anteil davon bestand aus KL-K-Kontakten mit Mathematikbezug (458). Betrachtet man die prozentualen zeitlichen Anteile der Dauer der KL-K-Kontakte mit Mathematikbezug, so wird ersichtlich, dass diese mit 67% einen sehr großen Anteil an der KL-K-Kontaktzeit ausmachen. Daraus geht hervor, dass die Kindergartenlehrpersonen mit den Kindern insgesamt betrachtet häufig und lange mathematisch interagierten. Gleichzeitig zeigen die Analysen aber auch, dass sich die Kindergartenlehrpersonen in der Dauer der mathematikbezogenen Kontakte stark voneinander unterscheiden. Auf der Grundlage der in der vorliegenden Studie untersuchten Zusammenhänge konnte dieser Unterschied allerdings nicht erklärt werden.

Was bedeuten diese Ergebnisse? Aus einer bildungspolitischen Sicht sind diese grundlegenden Befunde als gute Nachricht zu werten. In der Schweiz sieht der neu einzuführende Lehrplan 21 vor, dass der Kindergarten für das Erreichen der fachlich orientierten Bildungsstandards am Ende der zweiten Klasse mitverantwortlich ist. Gleichwohl soll er nicht schulisch gestaltet werden, sondern dem Entwicklungsalter der Kinder angepasst sein. Die vorliegenden Ergebnisse zeigen, dass während einer ins Spiel integrierten und so dem Entwicklungsalter gerecht werdenden Förderung grundsätzlich sehr viel mathematische Interaktion zwischen der Kindergartenlehrperson und den Kindern stattfindet. Wie bereits mehrfach festgehalten wurde, ist diese Art der Interaktion gerade für Kindergartenkinder sehr lernförderlich. Obwohl zwischen den Kindergartenlehrpersonen signifikante Unterschiede bestehen, ergab eine vergleichende Betrachtung, dass die meisten von ihnen in ihren Interaktionen mit den Kindern eine gute Balance zwischen Mathematischem und Spielbezogenem zu halten vermochten. Es findet demzufolge eine Verbindung von Spielen und Lernen statt. Bei zwei Kindergartenlehrpersonen nahmen jedoch nicht mathematische Interaktionsthemen deutlich überhand, während bei zehn Kindergartenlehrpersonen Interaktionen mit Mathematikbezug klar überwogen. Des Weiteren zeigten die Analysen, dass während der KL-K-Kontakte kaum sozial-emotionale Themen behandelt wurden: Nur sehr selten mussten zum Beispiel Streitereien geschlichtet oder Kinder zurechtgewiesen werden. Es scheint daher so zu sein, dass der motivierende Charakter des Spiels zum Tragen kommt und die Kinder sich intensiv damit auseinandersetzen.

Das rein quantitative Vorkommen und die inhaltliche Bestimmung der Art der KL-K-Kontakte allein sagen allerdings noch nichts über die Gestaltung und damit einhergehend über die Qualität dieser Kontakte aus. Aus diesem Grund wurde die mathematische Lernunterstützung durch die Kindergartenlehrpersonen in 230 mathematischen Unterstützungssituationen qualitativ eingeschätzt. Dabei wurde untersucht, wie stark die verschiedenen Elemente einer individuell-adaptiven Lernunterstützung über alle Kindergartenlehrpersonen und alle Regelspiele hinweg ausgeprägt sind. Des Weiteren interessierte, inwiefern sich die Kindergartenlehrpersonen bezogen auf ihr Unterstützungsverhalten in ähnliche Gruppen einteilen lassen und wie stark ähnlich resp. unähnlich diese Gruppen im Vergleich sind. Darüber hinaus wurde untersucht, ob Unterschiede in der Qualität der individuell-adaptiven Lernunterstützung mit den erhobenen Kontextvariablen erklärt werden können. Schließlich wurde der Frage nachgegangen, welche Merkmale ein hoch ausgeprägtes Unterstützungsverhalten ausmachen.

Die Ergebnisse, die sich aus der Auswertung der Ratings der Videoaufnahmen und der Interviews mit den Kindergartenlehrpersonen ergaben, werden nachfolgend entlang des für die vorliegende Studie entwickelten theoretischen Modells, das die einzelnen Schritte in einem möglichen Prozess der individuell-adaptiven Lernunterstützung schematisch darstellt (Abb. 43; Kap. 7.1), zusammengefasst.

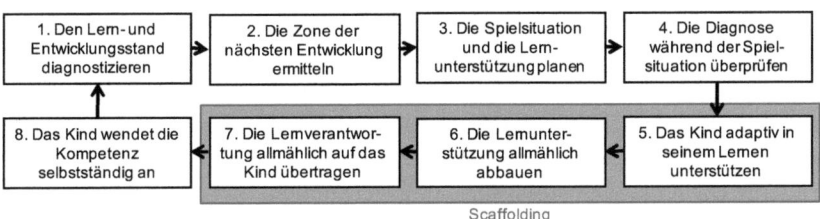

Abbildung 43: Modell individuell-adaptiver Lernunterstützung in Regelspielsituationen.

Über alle Kindergartenlehrpersonen und alle Regelspiele hinweg ließ sich feststellen, dass den Interviewaussagen zufolge nur wenige Kindergartenlehrpersonen eine differenzierte Lernstandsdiagnose, das heißt den jeweiligen Lernstand der Kinder, in die Planung der Spieleinheit miteinbezogen hatten (Felder 1 bis 3). Die Diagnose während der Spieleinheit (Feld 4) wurde im Gegensatz dazu im Sinne einer Situationsanalyse jedoch auf differenzierte Weise vorgenommen, wobei am mathematischen Inhalt, mit dem sich die Kinder zu diesem Zeitpunkt gerade beschäftigten, angeknüpft wurde. Die adaptive Förderung in den Interaktionen selbst war dann aber oft nicht optimal auf den diagnostizierten Lernstand abgestimmt, sodass das Scaffolding im Vergleich zur Diagnose nicht in demselben Maße beobachtet werden konnte. Wurden die Kinder in ihrem Lernen noch teilweise adaptiv unterstützt (Feld 5), so blieben der allmähliche Abbau der Lernunterstützung (Feld 6) und die allmähliche Übertragung der Lernverantwortung (Feld 7) weitgehend aus. Ebenfalls nur selten beobachtbar war ein Folgeverhalten in den mathematischen Handlungen und Äußerungen der Kinder nach dem KL-K-Kontakt (Feld 8).

Wie bereits bei der Rekapitulation der Befunde aus der Auswertung der Codierung festgehalten wurde, lassen sich auch mit Blick auf das Rating des Unterstützungshandelns deutliche Unterschiede zwischen den einzelnen Kindergartenlehrpersonen ausmachen. Worauf diese Unterschiede zurückzuführen sind, lässt sich mit den in der vorliegenden Studie untersuchten Zusammenhängen jedoch abermals nicht empirisch abgesichert erklären. Aus den Zusammenhangsanalysen wurde einzig deutlich, dass mehr KL-K-Kontakt mit Mathematikbezug bei den Kindergartenlehrpersonen dieser Studie mit einer höheren Qualität in der individuell-adaptiven Lernunterstützung einherging. Die Berufserfahrung, der Länderkontext wie auch der Besuch einer mathematikdidaktischen Weiterbildung zeigten hingegen keinen Einfluss auf das Unterstützungsverhalten. Diese Ergebnisse sind allerdings, insbesondere wegen der kleinen und nicht repräsentativen Stichprobe, sehr kritisch und mit Vorbehalt zu betrachten.

Die Kindergartenlehrpersonen ließen sich hinsichtlich ihres Unterstützungsverhaltens in vier Gruppen einteilen, deren Handeln inhaltlich übergreifend als „hoch diagnostisch und hoch adaptiv", „gute Situationsanalyse", „mittel diagnostisch und mittel adaptiv" resp. „hoch adaptiv" charakterisiert werden kann. Weiterführende Analysen zeigten, dass sich die Gruppe derjenigen Kindergartenlehrpersonen, welche ein hoch diagnostisches und hoch adaptives Unterstützungsverhalten aufwiesen, deutlich von den anderen Gruppen unterscheidet. Aus diesem Grund wurde ihr hoch ausgeprägtes Unterstützungsverhalten einer zusätzlichen vertiefenden Analyse unterzogen. Die individuell-adaptive Lernunterstützung der betreffenden Kindergartenlehrpersonen lässt sich anhand verschiedener sowohl mathematikdidaktischer als auch allgemeindidaktischer Merkmale beschreiben. Beispielsweise konnte in mehr als der Hälfte der hoch diagnostischen und hoch adaptiven KL-K-Kontakte beobachtet werden, dass die Kindergartenlehrpersonen mathematische Sachverhalte auf unterschiedlichen Repräsentationsebenen veranschaulichten. Ebenfalls häufig, ca. in einem Drittel aller KL-K-Kontakte, forderten sie von den Kindern das Benennen und Begründen von mathematikbezogenen Handlungen. In etwa einem Viertel der KL-K-Kontakte hielten sich die Kindergartenlehrpersonen hingegen zurück, beobachteten und griffen erst dann zielgerichtet in das Geschehen ein, als dies situativ angebracht war. Ebenso oft gingen sie produktiv mit Fehlern der Kinder um oder erhöhten situationsangemessen die mathematische Kompetenzstufe.

Was bedeuten diese Ergebnisse? Mittlerweile ist das Erfordernis einer fachlichen resp. mathematischen Förderung im Kindergarten erkannt, im Lehrplan verankert und in Praxis, Politik und Forschung breit anerkannt, weswegen der Kindergarten in der fachlichen resp. mathematischen Förderung eine aktive Rolle zu übernehmen hat. Die Gestaltung dieser Förderung wird allerdings – wie einleitend bereits erwähnt – nach wie vor kontrovers diskutiert, insbesondere deshalb, weil Befürchtungen bestehen, dass im Kindergarten eine schulnahe Instruktion umgesetzt werden könnte und die Kinder infolgedessen zu früh einem schulischen Leistungsdruck ausgesetzt seien. Auch diverse Forscherinnen und Forscher sind der Ansicht, dass ein stark instruktionales Vorgehen im Kindergarten nicht angemessen sei, und plädieren daher für eine spielerische Herangehensweise (Dollase, 2010; Hauser, 2005; Marcon, 2002). In der vorliegenden Studie wurde eine den verschiedenen Standpunkten Rechnung tragende mathematische Förderung theoretisch und empiriebasiert begründet sowie empirisch erforscht. Es wurde argumentiert, dass eine spielintegrierte Mathematikförderung, in welcher Kinder eine authentische Spielsituation erleben und sich gleichzeitig intensiv mit mathematischen Kompetenzen auseinandersetzen, verbunden mit einer zielgerichtet eingesetzten individuell-adaptiven Lernunterstützung, in welcher produktive Lerngelegenheiten in der Zone der nächsten Entwicklung gestaltet werden, eine ausgezeichnete Art darstellt, um Kinder im Kindergartenalter in ihrem mathematischen Lernen weiterzubringen.

Auf diesem Fundament hat die vorliegende Studie erforscht, wie die individuell-adaptive Lernunterstützung gegenwärtig in einem spielintegrierten Setting praktisch zur Anwendung gelangt. Die Ergebnisse zeigen differenziert auf, welche Elemente einer individuell-adaptiven Lernunterstützung bereits sehr gut umgesetzt werden und an welchen Stellen noch Handlungsbedarf besteht. Gesamthaft kann festgehalten werden, dass die *Qualität der Lernunterstützung* in der vorliegenden Studie grundsätzlich als gut eingeschätzt wurde, da die 230 untersuchten mathematischen Kindunterstützungen zu einem Viertel hohe, zur Hälfte mittlere und nur zu einem Viertel tiefe Qualität aufwiesen. Im Gegensatz dazu gelangten sowohl die Studie von König (2009) aus Deutschland als auch die Studie von Sylva et al. (2010) aus England, die alltägliche Interaktionen zwischen Kindergartenlehrpersonen und Kindern ohne spezifischen fachlichen Fokus untersucht hatten, zum Schluss, dass die analysierten Interaktionen mit Blick auf die kognitive Förderung der Kinder nur sehr selten eine hohe Qualität aufwiesen. Wie lässt sich dieser Unterschied erklären?

Von den Befunden der vorliegenden Studie ausgehend lässt sich diesbezüglich argumentieren, dass die Qualität der Lernunterstützung höher ausfällt, wenn sie in einem fachlichen Kontext stattfindet. Diese Hypothese kann durch weitere Forschungsarbeiten gestützt werden. So konnte beispielsweise auch in der PRIMEL-Studie (Kucharz et al., 2014) in mathematischen Bildungsangeboten ein deutlich stärkerer Fokus auf die Lernprozessgestaltung beobachtet werden als während des Freispiels der Kinder. Ebenfalls untermauert wird diese Argumentation mit Befunden aus dem naturwissenschaftlichen Bereich: Auch Hopf (2012) gelangte auf der Grundlage ihrer Analysen zum Schluss, dass das fachlich-didaktische Angebot für eine kognitive Anregung in der Kindergartenlehrperson-Kind-Interaktion entscheidend sein dürfte. Ihre Ergebnisse legen dementsprechend die Folgerung nahe, dass fachliche und kognitiv herausfordernde Lernumgebungen die Basis für kognitiv hochwertige Interaktionen darstellen. Vor diesem Hintergrund kann somit angenommen werden, dass eine fachorientierte und kognitiv herausfordernde Lernumgebung im Kindergarten mehr fördernde Interaktionen zwischen Kindergartenlehrperson und Kindern ermöglicht, als dies in alltäglichen Settings ohne fachorientierten Fokus der Fall ist.

Geht man einen Schritt weiter und richtet den Blick konkret auf die *Gestaltung der Lernunterstützung*, so wird aus den vorliegenden Ergebnissen über alle Kindergartenlehrpersonen und alle Regelspiele hinweg als Erstes deutlich, dass zwischen der diagnostischen Situationserfassung und der darauf aufbauenden adaptiven Unterstützung der Kinder eine Kluft zu bestehen scheint. Dieser Befund soll nachstehend unter Bezugnahme auf Kapitel 6.1, in dem das Zusammenwirken von Diagnostizieren und adaptiver Unterstützung eingehend thematisiert wurde, genauer betrachtet werden. Denn dieses Zusammenspiel ist besonders mit Blick auf eine individuelle Förderung im Rahmen eines sozialkonstruktivistischen Verständnisses von Lernen zentral: Mithilfe von diagnostischen Strategien wird die Zone der nächsten Entwicklung (Vygotsky, 1978) ermittelt, in welcher die Kinder mit passenden Unterstützungsstrategien adaptiv gefördert werden können. Entsprechend hatten bereits die in Kapitel 6.1.2 erwähnten Arbeiten von Ruiz-Primo und Furtak (2007) und Van de Pol et al. (2012) auf den engen Zusammenhang zwischen Diagnose und Adaptivität insbesondere im mikroadaptiven Bereich während der Lerneinheit hingewiesen.

In der vorliegenden Studie wurde diesbezüglich deutlich, dass die Kindergartenlehrpersonen im mikroadaptiven Bereich während der KL-K-Kontakte in den Spieleinheiten generell gut diagnostizierten, die Qualität der adaptiven Unterstützung danach aber deutlich geringer ausfiel. Zu diesem Befund waren zuvor bereits andere Studien gelangt, die sich allerdings mit dem Grundschulbereich und nicht mit dem Kindergartenbereich befasst hatten. Ruiz-Primo und Furtak (2007) stellten in ihrer im naturwissenschaftlichen Kontext angesiedelten Studie fest, dass Lehrpersonen in den meisten Fällen Informationen zum momentanen Verständnis der Schülerinnen und Schüler sammelten, diese Informationen dann aber nicht nutzten, um die Lernenden in ihrem Lernen zu unterstützen. Auch Karst, Schoreit und Lipowsky (2014), welche die Wirkung von diagnostischen Kompetenzen auf die Lernentwicklung von Grundschulkindern in Mathematik untersuchten, warteten mit ähnlichen Befunden auf: Eine Lehrperson, die über eine gute Diagnosekompetenz verfügte, setzte danach nicht notwendigerweise passende Methoden zur differenzierten Förderung der Schülerinnen und Schüler ein.

Im Einklang mit diesen Befunden konnte in der vorliegenden Studie aufgezeigt werden, dass auch bei Kindergartenlehrpersonen eine differenzierte Diagnose nicht zwingend mit der Fähigkeit zur adaptiven Lernunterstützung während der Interaktion einhergeht. Darüber hinaus konnte festgestellt werden, dass das von den Kindergartenlehrpersonen gesammelte diagnostische Wissen nur in den wenigsten Kindunterstützungen (25 von 230) zur differenzierten Planung der Spieleinheit verwendet worden war. *Fundiertes diagnostisches Wissen führt demzufolge weder direkt zu mikro- noch direkt zu makroadaptiven Maßnahmen.* Daraus wird deutlich, dass das theoretisch als zentral angesehene Zusammenspiel von Diagnostizieren und adaptiver Unterstützung in der Praxis sowohl im Kindergarten- als auch im Grundschulbereich nur eher selten vorzufinden zu sein scheint. Wie aber lässt sich dieses Ergebnis erklären?

Ein möglicher Erklärungsansatz könnte in der großen Herausforderung bestehen, welche das Diagnostizieren und die adäquate Reaktion darauf in der konkret gegebenen Situation darstellen. Lindmeier, Heinze und Reiss (2013) sprechen in diesem Zusammenhang von der aktionsbezogenen Kompetenz von Lehrkräften, worunter sie das spontane und fachlich angemessene Reagieren während einer Lernsituation unter einem gewissen Zeitdruck verstehen. Kindergartenlehrpersonen müssen demnach in einer Spielsituation nicht nur sofort erkennen, wo ein Kind steht, sondern auch in kürzester Zeit eine dazu passende Förderung anbieten können. Die vorliegende Studie wie auch die anderen genannten Untersuchungen verweisen darauf, dass besonders der zweite Teil, das Anwenden einer passenden Unterstützungsstrategie, eine besondere Herausforderung darstellt, wobei anzunehmen ist, dass dies unter Zeitdruck besonders schwierig sein dürfte. Anhand der in der vorliegenden Studie vorgenommenen Clusteranalyse lässt sich aufzeigen, dass die Bewältigung dieser anspruchsvollen Aufgabe den 28 untersuchten Kindergartenlehrpersonen in unterschiedlichem Ausmaß gelungen ist. Zwar konnte eine Gruppe von fünf Kindergartenlehrpersonen identifiziert werden, welche offensichtlich über eine sehr gute aktionsbezogene Kompetenz verfügen und die Kinder nicht nur diagnostisch gut einschätzen können, sondern diese darauf basierend auch adaptiv zu fördern vermögen. Bei der größten mittels Clusteranalyse ermittelten Gruppe (Cluster 3, $n = 8$) ist die benannte Kluft zwischen Diagnostizieren und adaptivem Unterstützen hingegen ganz deutlich erkennbar. Aufschlussreich ist in diesem Zusammenhang, dass sich diese beiden Gruppen hinsichtlich der Berücksichtigung von diagnostischem Wissen auch bei der Planung der Spieleinheit auf entsprechende Weise unterscheiden. Nach Lindmeier et al. (2013) handelt es sich hierbei um die reflexive Kompetenz, welche nicht unter demselben Zeitdruck zur Anwendung gelangt wie die aktionsbezogene Kompetenz. Angesichts dessen wäre denkbar gewesen, dass die Ergebnisse unter dieser Bedingung anders ausfallen.

Ein weiterer Aspekt der *Gestaltung der Lernunterstützung* bezieht sich auf die beiden Items der allmählichen Zurücknahme mit Übertragung und des Folgeverhaltens, die beide nur in ganz wenigen Kindunterstützungen deutlich beobachtet werden konnten. Aus einer theoretischen Perspektive kann vermutet werden, dass diese beiden Aspekte stark zusammenspielen: Unterstützt eine Kindergartenlehrperson ein Kind bezogen auf eine mathematische Kompetenz und stellt sie darauffolgend nicht sicher, dass das Kind die thematisierte Schwierigkeit oder die erarbeitete Vorgehensweise selbstständig anwenden kann, ist es naheliegend, dass ein Folgeverhalten des Kindes ausbleibt. Der Zurücknahme mit Übertragung kommt demzufolge eine große Bedeutung zu. Auf der Grundlage der vorliegenden Ergebnisse kann diese Argumentation allerdings nur in Form einer Hypothese formuliert werden. Entsprechend wäre es angezeigt, diesem Sachverhalt in weiteren Forschungsarbeiten genauer auf den Grund zu gehen.

Im Rahmen einer qualitativen Vertiefung wurde in der vorliegenden Studie das Unterstützungshandeln derjenigen Kindergartenlehrpersonen, die im Vergleich mit den anderen Kindergartenlehrpersonen ein deutlich *höher ausgeprägtes Unterstützungsverhalten* aufwiesen, einer eingehenderen Untersuchung unterzogen. Mit diesem Schritt sollten weiterführende Anhaltspunkte zur Beantwortung der Frage gefunden werden, wodurch sich das Unterstützungshandeln dieser Kindergartenlehrpersonen auszeichnet. Auf ausgewählte Merkmale eines solchen hoch ausgeprägten individuell-adaptiven Unterstützungsverhaltens wird nachfolgend eingegangen.

Besonders hervorzuheben gilt es in diesem Zusammenhang Kategorie 7 „Die Kindergartenlehrperson stellt dem Kind ausreichend Zeit zur Verfügung, um den Lösungsprozess selbstständig zu vollziehen", weil sie bisher in keiner der Autorin bekannten Forschungsarbeit differenziert im Fokus stand. In der vorliegenden Studie zeigte sich diesbezüglich, dass dieses Verhalten bei den fünf Kindergartenlehrpersonen mit hoch ausgeprägten Unterstützungskompetenzen sehr deutlich beobachtet werden konnte. Die betreffenden Kindergartenlehrpersonen verfügten über die notwendige Geduld, abzuwarten, wenn offensichtlich war, dass ein Kind damit beschäftigt war, sich zu einem Spielzug oder einem mathematischen Sachverhalt eingehend Gedanken zu machen. Dieses Abwarten stand in einem klaren Gegensatz zum Verhalten vieler anderer Kindergartenlehrpersonen der Studie, welche sehr oft zu schnell in den Lösungsprozess des Kindes eingriffen und ihm einen Lösungsweg (meist kleinschrittig) vorgaben. Dies bedeutet aber keineswegs, dass die fünf fokussierten Kindergartenlehrpersonen die Kinder „sich selbst überließen". Denn meist war Kategorie 7 mit Kategorie 8 „Die Kindergartenlehrperson hält sich zurück, beobachtet und greift erst dann zielgerichtet in das Geschehen ein, wenn dies situationsangemessen angebracht ist" verbunden. Diese beiden Merkmale weisen darauf hin, dass die Qualität der

Lernunterstützung nicht an der Quantität, das heißt an einem permanenten Eingreifen in das mathematische Spiel der Kinder, festgemacht werden sollte, sondern dass sich Qualität vielmehr im differenzierten Beobachten und im zielgerichteten, passgenauen Eingreifen manifestiert.

Aus den Befunden der qualitativen Vertiefung ließ sich überdies folgern, dass die ausgeprägte Lernunterstützungskompetenz der betreffenden Kindergartenlehrpersonen mit ihrem fachdidaktischen Wissen zusammenzuhängen scheint. So beziehen sich mehrere der induktiv aus dem vorliegenden Datenmaterial generierten Kategorien auf mathematikdidaktische Aspekte, was darauf hindeutet, dass die Kindergartenlehrpersonen für eine adaptive Förderung auf Veranschaulichungen, Strategien, Begriffe oder mögliche Fehlkonzeptionen im Fachbereich zurückgreifen können mussten.

### 11.1.2 Das Unterstützungsverhalten bei den Regelspielen

Als weiterer Aspekt der Untersuchung der individuell-adaptiven Lernunterstützung interessierte, ob sich die Lernunterstützung bezogen auf die verschiedenen Regelspiele unterscheidet. Zu Beginn lag der Fokus auch hier auf dem Vorkommen der KL-K-Kontakte sowie auf diesbezüglichen Unterschieden zwischen den Regelspielen. Wie die Auswertung der Codierung der untersuchten Regelspiele ergab, unterscheiden sie sich nicht nur in Bezug auf die Häufigkeit und die Dauer der KL-K-Kontakte deutlich voneinander, sondern auch hinsichtlich der prozentualen zeitlichen Anteile der KL-K-Kontakte mit Mathematikbezug an der Spieldauer.

Anschließend ging es darum, zu untersuchen, ob sich die Regelspiele mit Blick auf das Unterstützungsverhalten der Kindergartenlehrpersonen in ähnliche Gruppen einteilen lassen und wie stark ähnlich resp. unähnlich das Unterstützungsverhalten bei den Regelspielen in diesen Gruppen im Vergleich ausfällt. Die Analyseergebnisse zur individuell-adaptiven Lernunterstützung je Regelspiel ergaben drei Gruppen von Regelspielen, die mit einem je ähnlichen Unterstützungsverhalten durch die Kindergartenlehrpersonen verbunden waren. Die Auswertungen deuten darauf hin, dass besonders mit einer Gruppe von Regelspielen eine deutlich höher ausgeprägte individuell-adaptive Lernunterstützung einherging, als dies bei den anderen Regelspielen der Fall war. Im Speziellen ließen sich diesbezüglich ein hoch ausgeprägtes diagnostisches und adaptives Verhalten der Kindergartenlehrperson während des KL-K-Kontakts sowie ein Folgeverhalten in den Äußerungen und Handlungen der Kinder beobachten. Eine genauere Betrachtung der drei Gruppen mit Blick darauf, was die Regelspiele innerhalb der Gruppen verbindet, war allerdings wenig aufschlussreich, da nur wenige Anhaltspunkte ausgemacht werden konnten.

Dieses Ergebnis erstaunt insofern, als angenommen worden war, dass sich hinsichtlich der vier Aspekte „Mengen-Zahlen-Kompetenzen", „Schwierigkeitsgrad", „Lernaufgabencharakter" und „Spielcharakter" deutlichere Anhaltspunkte ergeben würden, insbesondere bei derjenigen Gruppe von Regelspielen, die im Vergleich zu den anderen ein deutlich höher ausgeprägtes Unterstützungsverhalten auszulösen scheinen. Angesichts der in der vorliegenden Arbeit vorgenommenen theoretischen Herleitungen wäre zu erwarten gewesen, dass sich besonders diejenigen Regelspiele produktiv unterstützen lassen, die einerseits Merkmale einer guten Lernaufgabe und andererseits Merkmale eines guten Regelspiels aufweisen, weil diese den heterogenen und entsprechend individuellen Bedürfnissen von

Kindergartenkindern besonders gut gerecht werden. Auf den ersten Blick scheint es mithin so zu sein, dass diese theoretische Herleitung nicht zutrifft. Auf den zweiten Blick zeigt sich allerdings, dass sie sich relativ gut mit der clustervergleichenden Analyse in Übereinstimmung bringen lässt: Mit den Regelspielen des spimaf-Projekts wurde das beschriebene Ziel der spielintegrativen Förderung verfolgt. Die Videoanalyse wie auch die Erfahrungsberichte der Kindergartenlehrpersonen ergaben, dass es nicht bei allen Regelspielen gelungen war, sie im Sinne einer guten Lernaufgabe zu gestalten und zugleich eine Verbindung mit einer authentischen Spielsituation zu erreichen. Bei einigen Regelspielen lag der Mangel eher in der fehlenden Ermöglichung einer Anpassung der Niveaus, der Zugänge oder der Denk- und Lernwege, während bei anderen Spielen der motivational-emotionale Charakter des Spiels anscheinend nicht genügend berücksichtigt worden war. In der Folge wurden diejenigen Regelspiele, mit welchen die angestrebte Zielsetzung nicht wie beabsichtigt erreicht werden konnte, überarbeitet oder ganz aus dem spimaf-Projekt ausgeschlossen. Die clustervergleichende Analyse wies diesbezüglich klar darauf hin, dass die Regelspielgruppe aus Cluster 3 die intendierten Zielsetzungen nicht erreichte. Die beiden Regelspiele „Früchtespiel" und „Pinguinspiel" wurden in der Folge ausgemustert. Gleichzeitig konnten bei den Regelspielen aus Cluster 1 und Cluster 2 mit Blick auf die vier betrachteten Aspekte keine ganz offensichtlichen, die Cluster verbindenden Eigenschaften gefunden werden. Dies deutet darauf hin, dass diese Spiele allesamt der angestrebten spielintegrativen Förderung gerecht werden und dass die betreffenden Regelspiele sehr wahrscheinlich aus anderen Gründen mit einem abweichenden Unterstützungsverhalten der Kindergartenlehrpersonen einhergingen.

Insgesamt vermögen die vorliegenden Ergebnisse somit aufzuzeigen, dass die Regelspiele von den Kindergartenlehrpersonen in unterschiedlicher Weise mathematisch unterstützt wurden und sich folglich nicht alle Regelspiele gleichermaßen als Rahmen für individuell-adaptive Lernunterstützung zu eignen scheinen.

Nachfolgend soll jedoch noch eine weitere Frage thematisiert werden, die im Zusammenhang mit einer spielintegrierten Förderung immer wieder diskutiert wird und für welche die vorliegende Studie einige Anhaltspunkte liefert: Ist beim Vorhandensein eines qualitativ guten Lerngegenstands wie den Regelspielen aus dem spimaf-Projekt eine individuell-adaptive Lernunterstützung überhaupt notwendig? Es gibt Autorinnen und Autoren, die argumentieren, dass möglichst nicht ins Spiel der Kinder eingegriffen werden solle, weil dies das für die Entwicklung maßgebende Potenzial des Spiels beeinträchtige (Kontos, 1999). In der Tat wurde in der in Kapitel 5.2.4 dargelegten Spielanalyse deutlich, dass die Regelspiele großes mathematisches Potenzial und darüber hinaus einen klaren Spielcharakter aufweisen, sodass theoretisch gefragt werden könnte, ob nicht ihr Einsatz allein schon zu einer mathematischen Kompetenzentwicklung führen könne. Dass die Regelspiele per se bereits eine mathematische Förderung zu initiieren vermögen, dürfte wohl außer Frage stehen. Nicht geklärt ist damit jedoch, ob sie auch bei einem Einsatz ohne jegliche begleitende Lernunterstützung das in der Spielanalyse herausgeschälte Potenzial gänzlich entfalten können. Von den Ergebnissen der vorliegenden Studie ausgehend kann diesbezüglich festgehalten werden, dass es beim Einsatz von Regelspielen zur mathematischen Förderung generell angezeigt zu sein scheint, deren Durchführung mit einer individuell-adaptiven Lernunterstützung zu begleiten. Denn beim spielbasierten Lernen verbleiben Kinder oftmals bei einfachen, bereits bekannten Spielhandlungen (Einsiedler,

1989), welche sie nur gemeinsam mit der Kindergartenlehrperson durch anspruchsvollere ersetzen.

In diesem Zusammenhang stehen stets zwei Elemente im Fokus: einerseits das Ziel, mit welchem die Regelspiele eingesetzt werden, und andererseits das Ausmaß der Lernunterstützung. Die Lernunterstützung bei mathematikhaltigen Regelspielen sollte je nach *Ziel*, aufgrund dessen ein spezifisches Regelspiel eingesetzt wird, gestaltet werden. Wird ein Regelspiel beispielsweise mit der Absicht eingesetzt, eine mathematische Kompetenz zu konsolidieren (Hoppe, 1983; Kluge, 1979; Piaget, 1969), bedarf es weniger Lernunterstützung, als dies beim Erwerb einer gänzlich neuen Kompetenz der Fall wäre. Entsprechend sollte zur Konsolidierung ein Spiel ausgewählt werden, bei welchem die Kinder eine zuvor erworbene mathematische Kompetenz möglichst oft und in verschiedenen Kontexten anwenden können, wobei sie nicht mehr allzu stark unterstützt werden müssen. Die Kindergartenlehrpersonen stehen in solchen Situationen gegebenenfalls noch mit Hinweisen oder Feedbacks zur Seite (Radford et al., 2014) und agieren als das Geschehen mitverfolgende Tutorinnen und Tutoren von außen (Wannack, Sörensen Criblez & Gilliéron Giroud, 2006) (Kap. 4.4.1). Wird ein Regelspiel demgegenüber mit dem Ziel eingesetzt, eine neue mathematische Kompetenz zu vermitteln, bedarf es deutlich mehr individuell-adaptiver Lernunterstützung, damit eine Spielsituation geschaffen werden kann, in der die Kinder in ihrer Zone der nächsten Entwicklung optimal gefördert werden können (Krappmann, 1999; Oerter, 1993; Vygotsky & Cole, 1978).

Aus diesen Überlegungen lässt sich resümierend schließen, dass es sich nicht grundsätzlich so verhält, dass ein großes *Ausmaß* an Lernunterstützung für den Lernprozess der Kinder prinzipiell besser ist. Vielmehr geht es darum, eine der Lernsituation angepasste Lernunterstützung anzubieten. Ihre Qualität zeigt sich somit nicht im Umfang, sondern in ihrer Passung zu den Fähigkeiten der Kinder und in ihrem zielgerichteten Einsatz. Dies erfordert von den Kindergartenlehrpersonen die Fähigkeit, sowohl bei der Planung als auch während der Spieleinheit unter Berücksichtigung des Lern- und Entwicklungsstandes der Kinder sowie der Eigenschaften des eingesetzten Spiels stets eine gute Balance zwischen einer (ins Spiel eingreifenden) Lernunterstützung und dem ungestörten Spielfluss zu finden.

## 11.2 Implikationen für die Aus- und Weiterbildung von Kindergartenlehrpersonen

Die zweite Hauptfragestellung dieser Arbeit bezog sich auf Empfehlungen, die aus den Befunden für eine kompetenzorientierte Förderung im Kindergarten abgeleitet werden können. Obwohl die vorliegenden Ergebnisse aufzeigen, dass die individuell-adaptive Lernunterstützung ganzheitlich betrachtet eine gute Qualität aufweist, wurde ebenfalls deutlich, dass das große Potenzial der individuell-adaptiven Lernunterstützung noch nicht vollumfänglich ausgeschöpft wird. Nachfolgend werden deshalb diejenigen Punkte benannt, bei denen noch Handlungsbedarf zu bestehen scheint und welche in der Aus- und Weiterbildung von Kindergartenlehrpersonen künftig noch stärker fokussiert werden könnten.

Grundsätzlich ließ sich feststellen, dass Kindergartenlehrpersonen differenziert diagnostizieren können und gut erfassen, womit sich die Kinder in der beobachteten Situation mathematisch beschäftigen. Über den Lernstand der Kinder in den von ihnen betreuten Gruppen wissen sie somit in der Regel detailliert Bescheid. Angesichts dessen könnte ein Fokus der Aus- und Weiterbildung noch stärker auf die mikro- und makroadaptive Weiterverwendung dieses diagnostischen Wissens gelegt werden – dies zum einen hinsichtlich der Planung von verschiedenen Aktivitäten und zum anderen mit Blick auf die adaptive Unterstützung während der KL-K-Kontakte. Konkret bedeutet dies, dass sich eine Kindergartenlehrperson als Basis ein differenziertes Bild von den fachlichen Kompetenzen, an welchen sie mit den Kindern arbeiten möchte, zu machen hat. Davon ausgehend sollte sie danach in der Lage sein, eine Spiel- oder Lernumgebung, in welcher alle Kinder eine ihrem Lernstand entsprechende Herausforderung finden, auszuwählen und umzusetzen.

Des Weiteren sollte sich eine Kindergartenlehrperson auch bewusst auf die Umsetzung einer individuell-adaptiven Lernunterstützung vorbereiten, und zwar indem sie sich bereits vor dem Einsatz der betreffenden Spiel- oder Lernumgebung mit möglichen Reaktionen der Kinder oder Verstehenshürden auseinandersetzt. Dabei geht es darum, sich in das Denken und das Handeln der Kinder hineinzuversetzen und didaktische Möglichkeiten, beispielsweise in Form von Unterstützungsstrategien (Kap. 6.1.4), die während der Arbeit mit den Kindern flexibel eingesetzt werden können, auszuloten. Erst vor dem Hintergrund einer solchen Vorbereitung ist es einer Kindergartenlehrperson möglich, die Kinder während der Spieleinheit wie geplant resp. situationsspezifisch-spontan adaptiv zu unterstützen.

Ein weiterer Aspekt, welchem in der Aus- und Weiterbildung künftig stärker Beachtung geschenkt werden könnte, betrifft die allmähliche Zurücknahme der Lernunterstützung und die damit verbundene Übertragung der Lernverantwortung auf das Kind. Die analysierten Videodaten weisen darauf hin, dass Kindergartenlehrpersonen die Kinder nur in wenigen Situationen auch bei den auf eine Intervention folgenden Handlungen unterstützen, um sicherzustellen, dass der thematisierte Sachverhalt verstanden wurde und das neue Wissen selbstständig angewandt werden kann. Gerade dies wäre jedoch wichtig, damit Kinder neue Kompetenzen erwerben oder Verständnisschwierigkeiten überwinden können.

Ein nächster Punkt, dem in der Aus- und Weiterbildung noch mehr Gewicht beigemessen werden könnte, bezieht sich auf die Lernumgebung selbst, da aufgezeigt werden konnte, dass eine kompetenzorientierte, substanzielle und dem Entwicklungsalter der Kinder angepasste Lernumgebung als Voraussetzung für eine qualitativ gute individuell-adaptive Lernunterstützung gelten kann. Dementsprechend wäre es wichtig, Kindergartenlehrpersonen im Rahmen von Bildungsveranstaltungen für diesen Aspekt zu sensibilisieren und sie dazu zu befähigen, derartige Lernumgebungen auch selbst zu entwickeln.

Eine Möglichkeit, die sich in der Aus- und Weiterbildung dazu anbieten würde, die genannten Punkte anzusprechen und für die Praxis nutzbar zu machen, besteht im Einsatz von Filmsequenzen (Krammer et al., 2016), wobei sich die Verbindung mit einer effektiven Lernumgebung und klaren Zielsetzungen empfiehlt (Seidel, Blomberg & Renkl, 2013). Das spimaf-Projekt eröffnet diesbezüglich eine geeignete Ausgangslage, da es zum einen eine effektive Lernumgebung zur Förderung von Mengen-Zahlen-Kompetenzen und zum anderen forschungsbasierte Erkenntnisse zur individuell-adaptiven Lernunterstützung durch die Kindergartenlehrperson in mathematischen Interaktionen mit Kindern (vorliegende Studie) zur Verfügung stellt. Des Weiteren ist im Gesamtzusammenhang des spimaf-Projekts ein durch die Internationale Bodensee-Hochschule finanziertes Teilprojekt im Gange, in dessen Rahmen Videovignetten für die Lehrerinnen- und Lehrerbildung zusammengestellt werden (Wullschleger & Stebler, 2017b), die sich sowohl auf mathematische Aktivitäten von Kindern als auch auf die Lernunterstützung durch die Kindergartenlehrperson beziehen.

# 12 Diskussion des methodischen Vorgehens

Nachdem die Befunde der vorliegenden Studie im vorangehenden Kapitel inhaltlich diskutiert worden sind, wird der Blick im Folgenden auf das methodische Vorgehen, das zu diesen Befunden geführt hat, gerichtet. Zu diesem Zweck werden im Rahmen dieses Kapitels zunächst die Datenerhebung (Kap. 12.1) und danach die Datenauswertung (Kap. 12.2) einer kritischen Betrachtung unterzogen.

## 12.1 Diskussion des Vorgehens bei der Datenerhebung

Bisherige Forschungsarbeiten, die sich mit der Lernunterstützung durch (Kindergarten-)Lehrpersonen befassten, nahmen oftmals ausschließlich die Interaktionen zwischen der Lehrperson und dem Kind resp. den Kindern in den Blick (Fliedner, 2004; Hopf, 2012; Hüttel & Rathgeb-Schnierer, 2014; Krammer, 2009; Leuchter & Saalbach, 2014; Ruiz-Primo & Furtak, 2007; Van de Pol et al., 2012, u.a.). In vielen dieser Arbeiten lag das Schwergewicht zudem vornehmlich auf der Codierung der Äußerungen der Lehrpersonen, während andere Aspekte wie beispielsweise die Adaptivität der Interaktion außer Acht gelassen wurden. Dieser Bereich der Mikroadaption, der die Gestaltung des Lernprozesses während der Interaktion fokussiert, stellt den theoretischen Grundlagen der vorliegenden Studie (Kap. 7.1) zufolge jedoch nur ein Element einer individuell-adaptiven Lernunterstützung dar. Zu einem umfassenden Verständnis individuell-adaptiver Lernunterstützung gehören darüber hinaus auch Aspekte, die sich auf die Zeit sowohl vor und nach der Interaktion mit dem Kind als auch vor und nach der Spieleinheit beziehen. Einige zentrale Punkte, welche nach dem Wissen der Autorin bisher noch nicht oder nur zu wenig differenziert in Arbeiten zur Lernunterstützung einbezogen worden waren und daher in der vorliegenden Studie bewusst berücksichtigt wurden, werden nachstehend aufgeführt.

Einen ersten wichtigen Punkt stellen makroadaptive Maßnahmen (Schrader, 2012) und damit einhergehend das „Planned-for-Interaction Formative Assessment" (Shavelson et al., 2008) dar (Kap. 6.1). Denn aus theoretischer Perspektive ist es für die Ausgestaltung der Lernunterstützung von zentraler Bedeutung, ob sich eine Lehrperson bereits vor der Lerneinheit Gedanken darüber macht, wie sie unter Einbezug bereits vorhandenen Diagnosewissens die Lerneinheit optimal planen und wie sie während der Spieleinheit einen vertieften Einblick in den Lernstand der Kinder erlangen könnte, oder ob sie dies nicht tut. Wie die Befunde der vorliegenden Studie aufzuzeigen vermochten, wird diesen Aspekten in der Praxis des Kindergartens noch wenig Rechnung getragen, was auf ein entsprechend großes, noch weitgehend ungenutztes Potenzial verweist (Kap. 11.2).

Des Weiteren geht die vorliegende Studie über bisherige Studien hinaus, indem sie die Äußerungen und Handlungen der Kinder vor und nach dem Kontakt mit der Kindergartenlehrperson berücksichtigt hat. Dies geschah vor dem Hintergrund der Überlegung, dass eine isolierte Betrachtung der Lehrperson-Kind-Interaktion keinen Rückschluss darauf zulässt, womit die Lernenden im Vorfeld des Kontakts beschäftigt waren und ob sie das in der Interaktion mit der Lehrperson Thematisierte resp. was davon sie danach selbstständig, das heißt ohne Beisein der Lehrperson, umsetzen. Das sich zuvor und, im Speziellen, im Nachgang der Interaktion Abspielende miteinzubeziehen, ist besonders deshalb wichtig, weil das zentrale Ziel einer individuell-adaptiven Lernunterstützung darin besteht, dass

Kinder neue Kompetenzaspekte mit der Zeit selbstständig anwenden können (Krammer, 2009).

Aus methodischer Sicht war diese Perspektivenerweiterung allerdings nicht leicht umzusetzen. Denn dazu bedurfte es Videoaufnahmen, welche die Gesamtheit der individuell-adaptiven Lernunterstützung abzubilden vermochten. Im Rahmen der vorliegenden Studie wurde zu diesem Zweck ein geeignetes *Kamerasetting* entwickelt, das es dank der synchronisierten Ansicht von Tischkameras, Kopfkamera und Verfolgerkamera ermöglichte, einen ganzheitlichen Blick auf die Lernunterstützung während der Spieleinheit einzunehmen, und das in dieser Weise dem Kenntnisstand der Autorin zufolge erstmals zur Untersuchung der Lernunterstützung eingesetzt wurde. Dieses Kamerasetting erwies sich bei der Datenauswertung als äußerst ertragreich. Anhand der Aufnahmen der *Verfolgerkamera* war es möglich, die Unterstützungssituation als Ganzes wahrzunehmen und dabei insbesondere auch die Gestik und die Mimik der Kindergartenlehrpersonen zu beobachten. Die Aufnahmen der *Kopfkamera* wiederum hielten nicht nur fest, worauf die Aufmerksam der jeweiligen Kindergartenlehrperson gerichtet war, sondern vermochten auch die Reaktionen des angesprochenen Kindes auf die Äußerungen und Handlungen der Kindergartenlehrperson im Detail zu dokumentieren. Die *Tischkameras* schließlich erwiesen sich als ausgesprochen hilfreich, um auch diejenigen Sequenzen der Spieleinheit, die vor und nach dem Kontakt mit der Kindergartenlehrperson stattgefunden hatten, dauerhaft festzuhalten. Konkret war die Tischkamera so aufgestellt worden, dass sie nicht nur das Spielgeschehen auf dem Tisch, sondern auch die Kinder selbst abbildete. Bei Kartenspielen, an denen drei oder vier Kinder beteiligt waren, kamen jeweils zwei Tischkameras zum Einsatz. Diese wurden einander gegenüber platziert, sodass die beobachtende Person sowohl die Karten der einzelnen Kinder als auch deren Gesichter betrachten konnte. Da sich diese Konstellation als sehr aufschlussreich erwiesen hat, würde es sich gegebenenfalls lohnen, bei Spielen, die eher kleines Material wie beispielsweise Augenwürfel enthalten, ebenfalls eine zweite Tischkamera zu installieren. Diese könnte das Spiel auf dem Tisch in einer Nahaufnahme fokussieren, wodurch die gewürfelten Zahlen oder andere auf das Material zurückgehende Details ebenfalls stets klar zu erkennen wären.

## 12.2  Diskussion des Vorgehens bei der Datenauswertung

Bei der Datenauswertung gelangte im Sinne einer Methodentriangulation (Mayring, 2012) eine Kombination aus qualitativen und quantitativen Verfahren zur Anwendung – ein Vorgehen, das im Zusammenhang mit einer Videoanalyse empfohlen wird (Kap. 9.1.1). Auch in der vorliegenden Studie erwies sich diese Kombination als sehr gewinnbringend, weil dadurch ein breiterer und tieferer Blick in die Daten möglich wurde, als wenn nur eine Auswertungsart eingesetzt worden wäre. Allerdings stößt dieses kombinierte Vorgehen in einer Studie im kleinen Rahmen schnell an seine Grenzen. Dies ist zwar insbesondere dann der Fall, wenn rein quantitative Methoden eingesetzt werden, doch auch die vorliegende Studie unterlag mit einer Stichprobe von 28 Kindergartenlehrpersonen großen Einschränkungen und konnte daher lediglich Tendenzen nachweisen.

Die Auswertung des Datenmaterials erfolgte mithilfe einer Codierung, eines Ratings sowie einer qualitativen Inhaltsanalyse. Dieses schrittweise aufgebaute Vorgehen hat sich zur Erreichung der gesteckten Studienziele bewährt, sodass die im Fokus des Forschungsinteresses stehenden Fragestellungen detailliert beantwortet werden konnten. Bei der Präsentation der Ergebnisse an verschiedenen Kongressen wie auch bei deren Diskussion mit mehreren Fachpersonen stand vor allem das *Ratinginstrument* (Kap. 9.4.3) im Zentrum. Auf die damit verbundenen Herausforderungen und Kritikpunkte wird nachstehend eingegangen.

Einen ersten zu diskutierenden Punkt stellt das Item „Formative Lernstandsdiagnose während Spieleinheit" dar. In Kapitel 6.1 wurde aufgezeigt, dass das Diagnostizieren und das adaptive Unterstützen eng zusammenspielen. Das heißt in anderen Worten, dass diagnostische Prozesse in der Regel auch während der adaptiven Förderung stattfinden, was eine analytische Trennung entsprechend schwierig macht. Um diesem Punkt Rechnung zu tragen, wurden die drei Indikatoren „Beobachtung", „Diagnostische Frage" und „Diagnostische Aufforderung" präzisiert und es wurde versucht, sie so gut wie möglich von der adaptiven Unterstützung zu unterscheiden. Die daraus entstandene Form des Ratings erwies sich ex post als gute Lösung, da dieses Item von allen eingeschätzten Items mit .86 den höchsten relativen G-Koeffizienten aufwies. Aus diesem Grund kann davon ausgegangen werden, dass es die Indikatoren und deren Präzisierung ermöglichten, die Lernstandsdiagnose während der Spieleinheit adäquat einzuschätzen.

Ein zweiter kritisch aufgeworfener Punkt bezieht sich auf das Item „Zurücknahme und Übertragung". Diesbezüglich stellte sich die Frage, inwiefern es möglich sei, dieses Item in den relativ kurzen Spieleinheiten überhaupt zu beobachten. Bereits an anderer Stelle (Kap. 10.1.2) wurde darauf hingewiesen, dass sich eine allmähliche Zurücknahme mit Übertragung auch über einen längeren Zeitraum, das heißt über mehrere Spieleinheiten, erstrecken könne und dass dies zudem nicht in allen Unterstützungssituationen umgesetzt werden könne oder gar umgesetzt werden müsse. Allgemein kann in Bezug auf das Rating jedoch festgehalten werden, dass mit dem gewählten Setting mit ca. 20 Minuten dauernden Spieleinheiten, in denen die Kindergartenlehrpersonen im Durchschnitt 2.6-mal Kontakt mit den Spielgruppen aufnahmen, wobei diese Kontakte im Durchschnitt ca. zwei Minuten dauerten, eine solide Grundlage für die Einschätzung dieses Items vorlag. Dies ist insbesondere auch deshalb der Fall, weil das Item nicht nur bezogen auf einen Kontakt eingeschätzt wurde, sondern auch über mehrere Kontakte hinweg. Der zweite Punkt hingegen, der besagt, dass Zurücknahme mit Übertragung nicht notwendigerweise in allen Situationen angezeigt ist, könnte in weiterführenden Forschungsarbeiten bei der Analyse in der Tat noch differenzierter berücksichtig werden. In diesem Zusammenhang wäre es beispielsweise sinnvoll, das Rating des Items mit einer Codierung zu kombinieren. Mithilfe der Codierung könnte zuerst erhoben werden, ob eine Zurücknahme mit Übertragung in der beobachteten Situation überhaupt notwendig ist, worauf in einem zweiten Schritt – falls bei der Codierung eine solche Notwendigkeit vermerkt wurde – mit einem Rating eingeschätzt werden könnte, in welchem Ausmaß das Item beobachtbar ist.

Ein dritter Diskussionspunkt betrifft das Item „Folgeverhalten". Bei diesem Item stellte sich die schwierig zu beantwortende Frage, inwiefern es ein Indiz für den Erfolg resp. die Wirkung der individuell-adaptiven Lernunterstützung durch die Kindergartenlehrperson darstelle. Mehrfach wurde diesbezüglich nachgefragt, warum kein Pre- und Posttest-Design gewählt worden sei, um die Lernergebnisse der Kinder mit der individuell-adaptiven Lernunterstützung in Verbindung bringen zu können. Zu diesem Einwand lässt sich festhalten, dass sich dies sehr schwierig gestaltet hätte, weil im vorliegenden Setting sehr viele Variablen auf einen möglichen Lernfortschritt einwirken (z.B. das Spielen des Regelspiels, die Interaktion mit Peers, entwicklungsbedingte Lernfortschritte) und daher einzubeziehen gewesen wären. Angesichts der Komplexität der Zusammenhänge fiel die Entscheidung schließlich gegen den Einsatz eines Pre- und Posttest-Designs. Es wurde jedoch versucht, mithilfe des Items „Folgeverhalten" in den Äußerungen und Handlungen der Kinder Hinweise darauf zu finden, die anzeigten, ob eine direkt auf den KL-K-Kontakt zurückgehende Veränderung stattgefunden hatte. Selbstverständlich kann dieses Vorgehen ein Folgeverhalten nur an beobachtbaren Indikatoren festmachen und erlaubt keine Antwort auf die Frage, ob sich auch in der Denkweise der Kinder etwas verändert habe.

## 12.3 Übertragbarkeit des methodischen Vorgehens auf andere Themen und Fachbereiche

Eine ganzheitliche Analyse der individuell-adaptiven Lernunterstützung, welche auch die Äußerungen und Handlungen der Kindergartenlehrpersonen und der Kinder vor und nach dem KL-K-Kontakt miteinbezieht, ist nach Ansicht der Autorin bei jedem mathematischen Thema wie auch in jedem Fachbereich nicht nur grundsätzlich möglich, sondern sie ist sogar ganz entscheidend auf eine fachliche Anbindung angewiesen. Denn durch den Fachbezug ist das Ziel der individuell-adaptiven Lernunterstützung klar gegeben und wird daher auch einschätzbar, weil klar festgelegt werden kann, welcher fachliche Kern, welches Wissen, welche Fähigkeiten und welche Fertigkeiten mit der zu untersuchenden individuell-adaptiven Lernunterstützung angesprochen werden müssen.

Zudem wurden bei der Einschätzung der individuell-adaptiven Lernunterstützung *allgemeindidaktische Aspekte mit fachdidaktischen verbunden* und gemeinsam beurteilt. Dies wurde in der vorliegenden Studie besonders im letzten Analyseschritt, der qualitativen Vertiefung, deutlich, da die dabei erarbeiteten Merkmale einer hoch ausgeprägten individuell-adaptiven Lernunterstützung sowohl fachdidaktische als auch allgemeindidaktische Aspekte aufwiesen. Entscheidend ist demnach nicht, in welchem fachlichen Kontext die individuell-adaptive Lernunterstützung untersucht wird, sondern vielmehr, dass die von den Kindern zu erwerbenden Kompetenzen im Vorfeld der Datenerhebung einer differenzierten Analyse unterzogen werden, wie dies in Teil I der vorliegenden Arbeit geleistet wurde. Vor dem Hintergrund dieser Überlegungen sollte es der Autorin zufolge möglich sein, das gewählte Forschungsdesign grundsätzlich auf jedes Thema in jedem Fachbereich zu übertragen.

## 12.4 Grenzen der vorliegenden Studie

Trotz der vielfältigen Erkenntnisse, die auf diese Weise gewonnen werden konnten, sind mit dem in der vorliegenden Studie umgesetzten methodischen Vorgehen auch Einschränkungen verbunden. Eine klare Grenze wurde beispielsweise durch die Fallzahl gesetzt, da die Durchführung von statistischen Analysen mit der vorliegenden Stichprobe von 28 Kindergartenlehrpersonen nur in eingeschränktem Maße möglich war. Aus diesem Grund erwies es sich als schwierig, das Unterstützungsverhalten einzelner Kindergartenlehrpersonen in Zusammenhang mit anderen Variablen zu bringen.

Eine weitere Grenze der Studie betrifft die Verbindung zwischen dem eingeschätzten Unterstützungsverhalten der Kindergartenlehrpersonen und der mathematischen Entwicklung der einzelnen Kinder. Da hauptsächlich die Angebotsseite (Reusser & Pauli, 2010) untersucht wurde, ließen sich Aussagen zur Nutzungsseite, und damit unter anderem zur tatsächlichen Wirkung des Unterstützungsverhaltens der Kindergartenlehrpersonen, nur sehr eingeschränkt ableiten. Hierzu wären differenzierte einzelkindspezifische Lernstandsdiagnosen, mehr Videomaterial zu einzelnen Kindern sowie eine erweiterte Codierung des Verhaltens der Kinder notwendig gewesen. Diese Erweiterung hätte jedoch einen Aufwand dargestellt, welcher im Rahmen der vorliegenden Studie nicht geleistet werden konnte.

Auch in Bezug auf das Rating, das zur Einschätzung des Unterstützungshandelns der Kindergartenlehrpersonen eingesetzt worden war und das Aussagen zur Ausprägung der beobachteten Merkmale erlaubte (Pauli, 2012a, 2014), wären Erweiterungen denkbar gewesen. So hätte es mit einer Codierung ergänzt werden können, anhand deren ersichtlich geworden wäre, welche Handlungen die Kindergartenlehrpersonen während der Lernunterstützung tatsächlich vorgenommen hatten (Rakoczy, 2007). Davon ausgehend hätte die Einschätzung des Ratings mit den codierten Handlungen verbunden werden können. Allerdings hätte eine zusätzliche Codierung wiederum einen enorm großen Zusatzaufwand nach sich gezogen, welcher die Möglichkeiten der vorliegenden Studie überstiegen hätte. Gleichwohl wurde mit der qualitativen Vertiefung, bei der Kategorien zu einem als hoch ausgeprägt eingeschätzten Unterstützungsverhalten gebildet wurden, zumindest ein Schritt in diese Richtung unternommen. Zweifelsohne wäre es aufschlussreich gewesen, diese Kategorien auch noch mit Kategorien eines Unterstützungsverhaltens zu kontrastieren, welches tief eingeschätzt worden war. Doch auch eine derartig ausgerichtete weitergehende qualitative Analyse war zum Zeitpunkt der Studiendurchführung nicht leistbar. Diese wie auch die zuvor benannten Grenzen der Studie eröffnen zugleich aber auch neue Möglichkeiten und verweisen auf weiterführende, erkenntniserweiternde Fragestellungen, welchen im nachfolgenden Kapitel zum Abschluss nachgegangen wird.

## 12.5 Weiterführende Forschungsfragen

Den Diskussionsteil abschließend werden zunächst weiterführende Forschungsmöglichkeiten und Ideen aufgeführt, die eng mit der in der vorliegenden Studie behandelten Kernfrage zur Gestaltung der individuell-adaptiven Lernunterstützung zusammenhängen. Im Anschluss daran wird der Blick auf allgemeinere Forschungsfragen gerichtet, die ganz generell in Verbindung mit der Lernunterstützung stehen.

In der vorliegenden Studie wurde die individuell-adaptive Lernunterstützung in mathematischen Spielsituationen untersucht. Dabei lag der Fokus klar auf der Tätigkeit der Lernunterstützung der Kindergartenlehrperson, die auf die Förderung fachlicher und dabei ganz konkret mathematischer Kompetenzen abzielte. Dieser Fokus könnte durch zwei Elemente erweitert werden:

1. Die individuell-adaptive Lernunterstützung könnte noch stärker systematisch mit den Mengen-Zahlen-Kompetenzen verbunden werden. Es wäre aufschlussreich, herauszufinden, ob Quantität (Codierung) und Qualität (Rating) der Unterstützung mit dem mathematischen Gegenstand variieren, das heißt ob die individuell-adaptive Lernunterstützung häufiger oder anders erfolgt, wenn die Kindergartenlehrpersonen

die Kinder zum Beispiel bei der Anzahlbestimmung unterstützen, als wenn sie dies beim Mengenvergleich tun. Mittels der clustervergleichenden Analyse der Regelspiele (Kap. 10.2.2) wurden Anhaltspunkte gesucht, die in diese Richtung weisen. Dieser Aspekt könnte jedoch noch viel differenzierter untersucht werden. Ebenfalls im Zusammenhang mit den Mengen-Zahlen-Kompetenzen könnte zudem der Frage nachgegangen werden, ob die individuell-adaptive Lernunterstützung in Relation zu unterschiedlich ausgeprägten mathematischen Kompetenzen der Kinder variiert: Unterstützt eine Kindergartenlehrperson ein mathematisch starkes Kind anders als ein mathematisch schwaches? Sollte dies der Fall sein, dann könnte in einem nächsten Schritt genauer analysiert werden, inwiefern und auf welche Weise sich diese Variation genau manifestiert.

2. Der Fokus der Lernunterstützung lag in der vorliegenden Studie stark auf den kognitiven Prozessen, also auf der direkten Förderung der mathematischen Kompetenzen. Weiterführende Forschungsarbeiten könnten die individuell-adaptive Lernunterstützung zusätzlich mit einem stärkeren Fokus auf die Spielhandlungen (z.B. positive Emotionen, intrinsische Motivation, Kooperation) und damit auf die emotional-motivationalen Prozesse hin untersuchen, da diese laut Einsiedler (1989) über Lernbegleitprozesse ebenfalls auf die Lernleistung der Kinder wirken.

Die vorliegende Studie stellt einen ersten Beitrag dazu dar, die individuell-adaptive Lernunterstützung in ihrer Ganzheit, das heißt mit Blick auf mehrere Dimensionen und Aspekte, zu untersuchen (Kap. 12.1). Der Ansicht der Autorin nach würde es sich lohnen, diese ganzheitliche Forschungsperspektive weiterzuverfolgen und sie dabei noch zu verfeinern, beispielsweise durch den Einbezug weiterer Elemente. So könnten etwa die mathematischen Kompetenzen der Kinder im Vorfeld der Videografierung über eine differenzierte Lernstandsdiagnose erhoben und danach in Beziehung zur Adaptivität der Lernunterstützung durch die Kindergartenlehrperson gesetzt werden, wie dies auch Bruns (2014) tat. Überdies denkbar wäre, das Rating mit einer Codierung der Handlungen der Kindergartenlehrpersonen zu ergänzen, um sie danach mit den Beobachtereinschätzungen in Verbindung zu bringen.

Darüber hinaus dürfte es sich als gewinnbringend erweisen, die diagnostischen Kompetenzen der Kindergartenlehrpersonen gesondert und differenzierter zu erheben, als dies in der vorliegenden Studie der Fall war. Entsprechende Daten könnten sodann sowohl mit der globalen Einschätzung der Qualität der Lernunterstützung als auch mit einzelnen Items des Unterstützungsverhaltens in Beziehung gesetzt werden. Ebenfalls miteinbezogen werden könnten zudem die Überzeugungen der Kindergartenlehrpersonen, um die Zusammenhänge mit der globalen Qualitätseinschätzung der Lernunterstützung einerseits und mit einzelnen Items, beispielsweise mit der Planung der Spieleinheit, andererseits einer Analyse zu unterziehen. Von Interesse wäre diesbezüglich, wie Kindergartenlehrpersonen den Stellenwert fachlicher Förderung im Kindergarten beurteilen, wie ihre Einstellung zum Fach aussieht oder welche Auffassung sie von der Gestaltung der fachlichen Förderung haben. Diese Einstellungen wurden im Rahmen der vorliegenden Studie zwar ebenfalls erhoben, konnten jedoch aufgrund der kleinen und nicht repräsentativen Stichprobe nicht in Beziehung zur individuell-adaptiven Lernunterstützung gesetzt werden.

Eine derart erweiterte Erforschung des Unterstützungsverhaltens in seiner Ganzheit wäre insbesondere deshalb von Bedeutung, weil die Umsetzung einer individuell-adaptiven Lernunterstützung in der Praxis nicht lediglich auf Einzelaspekten beruht. Aus diesem Grund wäre es gerade auch für die Aus- und Weiterbildung von Kindergartenlehrpersonen von Vorteil, eine solide empirische Grundlage zur Verfügung zu haben, um das Unterstützen des kindlichen Lernens ganzheitlich betrachten und vermitteln zu können.

Des Weiteren dürfte es aufschlussreich sein, diese vertiefte methodische Vorgehensweise zur Erforschung der individuell-adaptiven Lernunterstützung in verschiedenen Fachbereichen zu nutzen, um auf diese Weise herausfinden zu können, ob sich die individuell-adaptive Lernunterstützung in unterschiedlichen fachlichen Kontexten unterscheidet. Eine andere Möglichkeit bestünde darin, nicht den fachlichen Kontext zu variieren, sondern den Lernkontext. Eine diesbezüglich vielversprechende Frage könnte lauten, ob sich die Lernunterstützung im Spiel von der Lernunterstützung in einem schulnahen Setting unterscheidet.

Eine weitere Möglichkeit, die vorliegenden Befunde zu ergänzen, bestünde darin, genauer zu untersuchen, worauf die festgestellten Unterschiede in der individuell-adaptiven Lernunterstützung bei den verschiedenen Kindergartenlehrpersonen zurückzuführen sind. Diese Frage stand in der vorliegenden Studie nicht im Zentrum und wurde nur in Bezug auf wenige Kontextvariablen untersucht – dies nicht zuletzt deshalb, weil die Stichprobe mit 28 Kindergartenlehrpersonen nicht als repräsentativ gelten kann und zu klein ist, um der Frage differenziert nachgehen zu können. Als zusätzliche Kontextvariablen könnten unter anderem die professionellen, beispielsweise die fachlichen und fachdidaktischen Kompetenzen der Kindergartenlehrpersonen (Kap. 4.4.2), erhoben und danach mit der Qualität der individuell-adaptiven Lernunterstützung in Verbindung gebracht werden. Denn wie in Kapitel 11.1 bereits ausgeführt wurde, beruht die Umsetzung einer qualitativ guten individuell-adaptiven Lernunterstützung auch auf fachdidaktischem Know-how.

Da anhand der Daten der vorliegenden Studie nur in begrenztem Maße Aussagen zur Wirkung der Lernunterstützung formuliert werden können, wäre es angezeigt, auch diesem Aspekt in weiterführenden Forschungsarbeiten vertiefter nachzugehen. Denkbar wäre in diesem Zusammenhang gegebenenfalls eine Interventionsstudie mit Prä- und Posttests zur Erhebung der mathematischen Kompetenzen der Kinder sowie drei Gruppen – einer Gruppe, der ausschließlich die Spiele zur Verfügung gestellt würden, einer zweiten Gruppe, die neben den Spielen auch eine differenzierte Lernunterstützung erhielte, und einer dritten Gruppe, die als Kontrollgruppe dienen würde –, was es ermöglichen würde, Gruppenvergleiche anzustellen. Allerdings dürfte es mit diesem Design schwierig sein, die unterschiedlichen Testleistungen eindeutig auf die Lernunterstützung zurückzuführen, da gerade im Alter zwischen vier und sechs Jahren sehr viele unterschiedliche Faktoren Einfluss auf die mathematische Kompetenzentwicklung der Kinder ausüben. Ein alternativer resp. ergänzender Weg, die Wirkung der Lernunterstützung zu untersuchen, bestünde deshalb darin, in einer Videostudie das mathematische Verhalten der Kinder erweitert zu codieren, um auf diese Weise einen Einblick in deren Kompetenzzuwachs in Abhängigkeit von der Lernunterstützung zu erhalten. Zu diesem Zweck müsste das von den Kindergartenlehrpersonen unterstütze mathematische Spiel einzelner Kinder jedoch während eines längeren Zeitraums videografiert und analysiert werden.

Würde die Wirkung der Lernunterstützung auf die vorgeschlagene Weise erhoben, könnte sie in einem weiteren Schritt mit der Qualität des Unterstützungsverhaltens der Kindergartenlehrpersonen resp. mit den verschiedenen Dimensionen dieses Verhaltens in Verbindung gebracht werden. Die Ergebnisse der vorliegenden Studie deuten darauf hin, dass Kindergartenlehrpersonen zwar grundsätzlich gut diagnostizieren können und an das Geschehen vor dem Kontakt mit den Kindern anknüpfen, dass aber ein beobachtbares Folgeverhalten der Kinder nach dem Kontakt infolge eines weniger gut ausgeprägten adaptiven Förderverhaltens während des Kontakts und insbesondere infolge der meist ausbleibenden Zurücknahme mit Übertragung in den meisten Fällen ausbleibt. Da es sich hierbei vorerst um eine Vermutung handelt, würde es sich lohnen, diesen Sachverhalt im Rahmen einer Erweiterungsstudie zu den Wirkungen der Lernunterstützung zu vertiefen.

# Literatur

Adamina, M. (2013). Mit Lernaufgaben grundlegende Kompetenzen fördern. In P. Labbude (Hrsg.), *Fachdidaktik Naturwissenschaft 1.–9. Schuljahr* (S. 117–132). Bern: Haupt.

Aebli, H. (2011). *Zwölf Grundformen des Lehrens. Eine Allgemeine Didaktik auf psychologischer Grundlage. Medien und Inhalte didaktischer Kommunikation, der Lernzyklus* (14. Aufl.). Stuttgart: Klett-Cotta.

Alrø, H. & Skovsmose, O. (2002). *Dialogue and learning in mathematics education: Intention, reflection, critique.* Dordrecht: Kluwer.

Anders, Y. (2012). *Modelle professioneller Kompetenzen für frühpädagogische Fachkräfte. Aktueller Stand und ihr Bezug zur Professionalisierung.* München: vbw.

Antell, S. E. & Keating, D. P. (1983). Perception of Numerical Invariance in Neonates. *Child Development, 54*(3), 695–701.

Atteslander, P. (2006). *Methoden der empirischen Sozialforschung* (11., neu bearbeitete und erweiterte Aufl.). Berlin: Erich Schmidt.

Aunio, P. & Niemivirta, M. (2010). Predicting children's mathematical performance in grade one by early numeracy. *Learning and Individual Differences, 20*(5), 427–435.

Aunola, K., Leskinen, E., Lerkkanen, M.-K. & Nurmi, J.-E. (2004). Developmental Dynamics of Math Performance From Preschool to Grade 2. *Journal of Educational Psychology, 96*(4), 699–713.

Bacher, J., Pöge, A. & Wenzig, K. (2010). *Clusteranalyse. Anwendungsorientierte Einführung in Klassifikationsverfahren* (3., ergänzte, vollständig überarbeitete und neu gestaltete Aufl.). München: Oldenbourg.

Bäck, G., Hajszan, M. & Bayer-Chisté, N. (2011). *Praktisch didaktisch. Grundlagen der Kindergartendidaktik.* Wien: G&G.

Backhaus, K., Erichson, B., Plinke, W. & Weiber, R. (2003). *Multivariate Analysemethoden. Eine anwendungsorientierte Einführung* (10., neu bearbeitete und erweiterte Aufl.). Berlin: Springer.

Bankhofer, U. & Vogel, J. (2008). *Datenanalyse und Statistik. Eine Einführung für Ökonomen im Bachelor.* Wiesbaden: Gabler.

Baroody, A. J., Lai, M.-l. & Mix, K. S. (2006). The development of young children's early number and operation sense and its implications for early childhood education. In B. Spodek & O. N. Saracho (Hrsg.), *Handbook of research on the education of young children* (2nd ed.) (S. 187–221). Mahwah: Erlbaum.

Baumert, J. & Kunter, M. (2006). Stichwort: Professionelle Kompetenz von Lehrkräften. *Zeitschrift für Erziehungswissenschaft, 9*(4), 496–520.

Beck, E., Baer, M., Guldimann, T., Bischoff, S., Brühwiler, C., Müller, P. et al. (2008). *Adaptive Lehrkompetenz. Analyse und Struktur, Veränderbarkeit und Wirkung handlungssteuernden Lehrerwissens.* Münster: Waxmann.

Becker, R. (2010). Bildungseffekte vorschulischer Erziehung und Elementarbildung – bessere Bildungschancen für Arbeiter- und Migrantenkinder? In R. Becker (Hrsg.), *Bildung als Privileg. Erklärungen und Befunde zu den Ursachen der Bildungsungleichheit* (S. 129–160). Wiesbaden: VS Verlag für Sozialwissenschaften.

Beer, R. & Benischek, I. (2011). Aspekte kompetenzorientierten Lernens und Lehrens. In Bundesinstitut für Bildungsforschung, Innovation & Entwicklung (Hrsg.), *Kompetenzorientierter Unterricht in Theorie und Praxis* (S. 5–28). Wien: Zentrum für Innovation & Qualitätsentwicklung.

Berk, L. E. & Winsler, A. (1995). *Scaffolding Children's Learning: Vygotsky and Early Childhood Education.* Washington, DC: National Association for the Education of Young Children.

Biber, T. (2010). Schweiz – PISA als Wegbereiter von Reformen. In P. Knodel, K. Martens, D. de Olano & M. Popp (Hrsg.), *Das PISA-Echo. Internationale Reaktionen auf die Bildungsstudie* (S. 91–114). Frankfurt a.M.: Campus.

Blank-Mathieu, M. (2007). *Kinderspielformen und ihre Begleitung für Bildungsprozesse.* Online verfügbar unter: `http://www.kindergartenpaedagogik.de/1610.html` [12.06.2016].

Blömeke, S. (2010). *TEDS-M 2008. Professionelle Kompetenz und Lerngelegenheiten angehender Mathematiklehrkräfte für die Sekundarstufe I im internationalen Vergleich.* Münster: Waxmann.

Bloom, B. S. (1976). *Taxonomie von Lernzielen im kognitiven Bereich* (5. Aufl.). Weinheim: Beltz.

Blum, W., Drüke-Noe, C., Hartung, R. & Köller, O. (2006). *Bildungsstandards Mathematik: konkret. Sekundarstufe I: Aufgabenbeispiele, Unterrichtsanregungen, Fortbildungsideen.* Berlin: Cornelsen Scriptor.

BMBF. (2003). *Lehrplan der Volksschule, Sechster Teil, Bildungs- und Lehraufgaben, Lehrstoff und didaktische Grundsätze der verbindlichen Übungen der Vorschulstufe, Mathematische Früherziehung.* Online verfügbar unter: `https://www.bmbf.gv.at/schulen/unterricht/lp/VS6T_Mathe_3930.pdf?4dzgm2` [21.12.2015].

Boekaerts, M. (1999). Self-regulated learning: where we are today. *International Journal of Educational Research, 31*(6), 445–457.

Bohl, T., Batzel, A. & Richey, P. (2011). Öffnung – Differenzierung – Individualisierung – Adaptivität. Charakteristika, didaktische Implikationen und Forschungsbefunde verwandter Unterrichtskonzepte zum Umgang mit Heterogenität. *Schulpädagogik heute, 2*(4), 1–23.

Bohl, T. & Kleinknecht, M. (2009). Aufgabenkultur. In S. Blömeke, T. Bohl, L. Haag, G. Lang-Wojtasik & W. Sacher (Hrsg.), *Handbuch Schule. Theorie – Organisation – Entwicklung* (S. 331–333). Bad Heilbrunn: Klinkhardt.

Boonen, A. J., Kolkman, M. E. & Kroesbergen, E. H. (2011). The relation between teachers' math talk and the acquisition of number sense within kindergarten classrooms. *Journal of School Psychology, 49*(3), 281–299.

Borg, I. & Staufenbiel, T. (2007). *Lehrbuch Theorien und Methoden der Skalierung. Eine Einführung* (4., vollständig überarbeitete und erweiterte Aufl.). Bern: Hans Huber.

Bortz, J. & Schuster, C. (2010). *Statistik für Human- und Sozialwissenschaftler* (7., vollständig überarbeitete und erweiterte Aufl.). Berlin: Springer.

Böttcher, W. (2002). Schule und soziale Ungleichheit: Perspektiven pädagogischer und bildungspolitischer Interventionen. In J. Mägdefrau & E. Schumacher (Hrsg.), *Pädagogik und soziale Ungleichheit. Aktuelle Beiträge – neue Herausforderungen* (S. 35–58). Bad Heilbrunn: Klinkhardt.

Boudon, R. (1974). *Education, Opportunity, and Social Inequality. Changing Prospects in Western Society*. New York: Wiley.

Brosius, F. (2013). *SPSS 21*. Heidelberg: Mitp.

Bruner, J. S. (1971). Über kognitive Entwicklung. In J. S. Bruner, R. R. Olver & P. M. Greenfield (Hrsg.), *Studien zur kognitiven Entwicklung* (S. 21–53). Stuttgart: Klett.

Bruner, J. S. (1972). *Der Prozess der Erziehung*. Berlin: Berlin Verlag.

Brunner, E. (2014). *Mathematisches Argumentieren, Begründen und Beweisen. Grundlagen, Befunde und Konzepte*. Berlin: Springer Spektrum.

Bruns, J. (2014). *Adaptive Förderung in der elementarpädagogischen Praxis. Eine empirische Studie zum didaktischen Handeln von Erzieherinnen und Erziehern im Bereich Mathematik*. Münster: Waxmann.

Buggle, F. (1997). *Die Entwicklungspsychologie Jean Piagets* (3. Aufl.). Stuttgart: Kohlhammer.

Bundesinstitut für Bildungsforschung, Innovation & Entwicklung. (2011). *Bildungsstandards für „Mathematik" 4. Schuljahr*. Online verfügbar unter: https://www.bifie.at/system/files/dl/bist_m_vs_kompetenzbereiche_m4_2011-08-19.pdf [21.12.2015].

Bundesrat. (2006). *Volksabstimmung vom 21. Mai 2006. Erläuterungen des Bundesrates. Neuordnung der Verfassungsbestimmungen zur Bildung*. Bern: Bundeskanzlei.

Burow, O.-A. (2015). Pädagogik 3.0: Lernen durch Flipped Classrooms and Gamification. In H.-G. Rolff (Hrsg.), *Handbuch Unterrichtsentwicklung* (S. 342–361). Weinheim: Beltz.

Calliess, E. (1972). Spielen und Lernen. In G. Hundertmarck & H. Ulshoefer (Hrsg.), *Kleinkinderziehung* (S. 168–191). München: Kösel.

Carey, S. (2000). Science Education as Conceptual Change. *Journal of Applied Developmental Psychology, 21*(1), 13–19.

Chomsky, N. (1968). *Language and Mind.* New York: Harcourt Brace Jovanovich.

Clarke, B., Clarke, D., Grüßing, M. & Peter-Koop, A. (2008). Mathematische Kompetenzen von Vorschulkindern: Ergebnisse eines Ländervergleichs zwischen Australien und Deutschland. *Journal für Mathematik-Didaktik, 29*(3), 259–286.

Clausen, M., Reusser, K. & Klieme, E. (2003). Unterrichtsqualität auf der Basis hochinferenter Unterrichtsbeurteilungen. Ein Vergleich zwischen Deutschland und der deutschsprachigen Schweiz. *Unterrichtswissenschaft, 31*(2), 122–141.

Clements, D. H. (1984). Training effects on the development and generalization of Piagetian logical operations and knowledge of number. *Journal of Educational Psychology, 76*(5), 766–776.

Clements, D. H. (1999). Subitizing: What is it? Why teach it? *Teaching Children Mathematics, 5*(7), 400–405.

Clements, D. H. & Sarama, J. (2007). Early Childhood Mathematics Learning. In F. K. Lester (Hrsg.), *Second Handbook of Research on Mathematics Teaching and Learning. A Project of the National Council of Teachers of Mathematics* (S. 461–555). Charlotte, NC: Information Age.

Collins, A., Brown, J. S. & Newman, S. E. (1989). Cognitive apprenticeship: Teaching the crafts of reading, writing, and mathematics. In L. B. Resnick (Hrsg.), *Knowing, learning, and instruction: Essays in honour of Robert Glaser* (S. 453–494). Hillsdale: Erlbaum.

Corno, L. & Snow, R. E. (1986). Adapting teaching to individual differences among learners. In M. C. Wittrock (Hrsg.), *Handbook of research on teaching* (S. 605–629). New York: Macmillan.

Criblez, L., Oelkers, J., Reusser, K., Berner, E., Halbheer, U. & Huber, C. (2009). *Bildungsstandards*. Zug: Klett und Balmer.

Cronbach, L. J., Gleser, G. C., Nanda, H. & Rajaratnam, N. (1972). *The Dependability of Behavioral Measurements: Theory of Generalizability for Scores and Profiles.* New York: Wiley.

Crowther, I. (2005). *Im Kindergarten kreativ und effektiv lernen – auf die Umgebung kommt es an.* Weinheim: Beltz.

Csikszentmihalyi, M. (1985). *Das Flow-Erlebnis. Jenseits von Angst und Langeweile: Im Tun aufgehen.* Stuttgart: Klett-Cotta.

Deci, E. L. & Ryan, R. M. (1985). *Intrinsic motivation and self-determination in human behavior.* New York: Pleum Press.

Deci, E. L. & Ryan, R. M. (1993). Die Selbstbestimmungstheorie der Motivation und ihre Bedeutung für die Pädagogik. *Zeitschrift für Pädagogik, 39*(2), 223–238.

D-EDK. (2016). *Lehrplan 21 – von der D-EDK Plenarversammlung am 31.10.2014 zur Einführung in den Kantonen freigegebene Vorlage. Bereinigte Fassung vom 29. Februar 2016.* Online verfügbar unter: http://www.lehrplan.ch [24.04.2017].

Dehaene, S. (1999). *Der Zahlensinn oder Warum wir rechnen können.* Basel: Birkhäuser.

Deutscher, T. & Selter, C. (2013). Frühe mathematische Bildung – Forschungsbefunde und Förderkonzepte. In M. Stamm & D. Edelmann (Hrsg.), *Handbuch frühkindliche Bildungsforschung* (S. 543–556). Wiesbaden: Springer Fachmedien.

Dienes, Z. P. (1966). *Logische Blöcke. Ein mathematisches Arbeitsmittel.* Freiburg: Herder.

Dinkelaker, J. & Herrle, M. (2009). *Erziehungswissenschaftliche Videographie. Eine Einführung.* Wiesbaden: VS Verlag für Sozialwissenschaften.

Dollase, R. (2010). Verschulung oder Kuschelpädagogik: Wann ist Vorschulerziehung effektiv? In D. H. Rost (Hrsg.), *Intelligenz, Hochbegabung, Vorschulerziehung, Bildungsbenachteiligung* (S. 125–164). Münster: Waxmann.

Döring, K. W. (1969). *Lehr- und Lernmittel. Zur Geschichte und Theorie unter besonderer Berücksichtigung der Arbeitsmittel.* Weinheim: Beltz.

Dornheim, D. (2008). *Prädiktion von Rechenleistung und Rechenschwäche. Der Beitrag von Zahlen-Vorwissen und allgemein-kognitiven Fähigkeiten.* Berlin: Logos.

Drieschner, E. (2009). *Bildungsstandards praktisch. Perspektiven kompetenzorientierten Lehrens und Lernens.* Wiesbaden: VS Verlag für Sozialwissenschaften.

Duncan, G. J., Dowsett, C. J., Claessens, A., Magnuson, K., Huston, A. C., Klebanov, P. et al. (2007). School readiness and later achievement. *Developmental Psychology, 43*(6), 1428–1446.

EDK. (2007). *Harmos-Konkordat. Interkantonale Vereinbarung über die Harmonisierung der obligatorischen Schule (HarmoS-Konkordat) vom 14. Juni 2007.* Online verfügbar unter: http://edudoc.ch/record/24711/files/HarmoS_d.pdf [02.11.2015].

EDK. (2010). *Faktenblatt. Kindergarten-Obligatorium.* Online verfügbar unter: http://www.edudoc.ch/static/web/arbeiten/harmos/fktbl_einschulung_d.pdf [02.11.2015].

EDK. (2015). *Faktenblatt. Nationale Bildungsziele für die obligatorische Schule: in vier Fächern zu erreichende Grundkompetenzen.* Online verfügbar unter: http://www.edudoc.ch/static/web/arbeiten/harmos/grundkomp_faktenblatt_d.pdf [02.11.2015].

EDK-Ost 4bis8. (2010). *Projektschlussbericht. Erziehung und Bildung in Kindergarten und Unterstufe im Rahmen der EDK-Ost und Partnerkantone.* Bern: Schulverlag plus AG.

Einsiedler, W. (1989). Zum Verhältnis von Lernen im Spiel und intentionalen Lehr-Lern-Prozessen. *Unterrichtswissenschaft, 17*(4), 291–308.

Einsiedler, W. (1991). *Das Spiel der Kinder. Zur Pädagogik und Psychologie des Kinderspiels.* Bad Heilbrunn: Klinkhardt.

Einsiedler, W. (1999). Spielförderung in der Schule. Einige Befunde aus der empirischen Forschung. In H. Petillon (Hrsg.), *Spielen in der Grundschule. Grundlagen – Anregungen – Beispiele* (S. 67–73). Frankfurt a.M.: Arbeitskreis Grundschule.

Einsiedler, W. & Hardy, I. (2010). Kognitive Strukturierung im Unterricht: Einführung und Begriffsklärungen. *Unterrichtswissenschaft, 38*(3), 194–208.

Ertmer, P. & Newby, T. (1996). The expert learner: Strategic, self-regulated, and reflectiv. *Instructional Science, 24*(1), 1–24.

Eshach, H., Dor-Ziderman, Y. & Arbel, Y. (2011). Scaffolding the „Scaffolding" Metaphor: From Inspiration to a Practical Tool for Kindergarten Teachers. *Journal of Science Education and Technology, 20*(5), 550–565.

Faßnacht, G. (1995). *Systematische Verhaltensbeobachtung: eine Einführung in die Methodologie und Praxis* (2., vollständig neu bearbeitete Aufl.). München: Reinhardt.

Fisher, K., Hirsh-Pasek, K., Golinkoff, R. M., Singer, D. G. & Berk, L. (2011). Playing Around in School: Implications for Learning and Educational Policy. In A. D. Pellegrini (Hrsg.), *The Oxford Handbook of the Development of Play* (S. 341–360). Oxford: Oxford University Press.

Flick, U. (2007). *Qualitative Sozialforschung. Eine Einführung* (vollständig überarbeitete und erweiterte Aufl.). Reinbek bei Hamburg: Rowohlt-Taschenbuch-Verlag.

Fliedner, R. (2004). *Erwachsenen-Kind-Interaktionen in Familien und Kindergärten: Eine Methode zur Feststellung unterschiedlicher Qualitätsniveaus kognitiver Förderung.* Frankfurt a.M.: Lang.

Florez, I. R. (2011). Developing Young Children's Self-Regulation through Everyday Experiences. *Young Children, 66*(4), 46–51.

Friedrich, G., Galagóczy, V. & Schindelhauer, B. (2011). *Komm mit ins Zahlenland: Eine Entdeckungsreise in die Welt der Mathematik.* Freiburg: Herder.

Friedrich, G. & Munz, H. (2003). Zum Projekt „Komm mit ins Zahlenland". Online verfügbar unter: http://www.kindergartenpaedagogik.de/1063.html [08.04.2016].

Friedrich, G. & Munz, H. (2006). Förderung schulischer Vorläuferfähigkeiten durch das didaktische Konzept „Komm mit ins Zahlenland". *Psychologie in Erziehung und Unterricht, 53*(2), 134–146.

Fröhlich-Gildhoff, K., Nentwig-Gesemann, I. & Pietsch, S. (2011). *Kompetenzorientierung in der Qualifizierung frühpädagogischer Fachkräfte.* München: WiFF.

Fröhlich-Gildhoff, K., Nentwig-Gesemann, I., Pietsch, S., Köhler, L. & Koch, M. (2014). *Kompetenzentwicklung und Kompetenzerfassung in der Frühpädagogik, Konzepte und Methoden.* Freiburg: FEL Verlag Forschung Entwicklung Lehre.

Fthenakis, W. E., Schmitt, A., Daut, M., Eitel, A. & Wendell, A. (2009). *Frühe mathematische Bildung. Natur-Wissen schaffen* (Bd. 2). Troisdorf: Bildungsverlag EINS.

Fuson, K. (1988). *Children's Counting and Concept of Number.* New York: Springer.

Gasteiger, H. (2010). *Elementare mathematische Bildung im Alltag der Kindertagesstätte. Grundlegung und Evaluation eines kompetenzorientierten Förderansatzes.* Münster: Waxmann.

Gasteiger, H. (2014). Mathematische Lerngelegenheiten bei Würfelspielen – Eine Videoanalyse im Rahmen der Interventionsstudie MaBiiS. In J. Roth & J. Ames (Hrsg.), *Beiträge zum Mathemtikunterricht 2014* (S. 399–402). Münster: WTM.

Gasteiger, H. & Benz, C. (2016). *Mathematikdidaktische Kompetenz von Fachkräften im Elementarbereich – ein theoriebasiertes Kompetenzmodell.* Online verfügbar unter: http://dx.doi.org/10.1007/s13138-015-0083-z [01.04.2016].

Gelman, R. & Gallistel, C. (1978). *The child's understanding of number.* Cambridge: Harvard University Press.

Ginsburg, H. P. & Ertle, B. (2008). Knowing the Mathematics in Early Childhood Mathematics. In O. N. Saracho & B. Spodek (Hrsg.), *Contemporary Perspectives on Mathematics in Early Childhood Education* (S. 45–66). Charlotte, NC: Information Age Publishing.

Ginsburg, H. P. & Opper, S. (1998). *Piagets Theorie der geistigen Entwicklung* (8., völlig überarbeitete und ergänzte Aufl.). Stuttgart: Klett-Cotta.

Grube, D. & Krajewski, K. (2007). *Vorläuferkompetenzen von mathematischem Denken. Wissen & Wachsen, Schwerpunktthema Mathematik & mathematische Förderung, Wissen.* Online verfügbar unter: http://www.wl-lang.de/Lernbereich%20Mathematik/Lernbereich%20Ma%20Vorlaeuferfaehigkeiten%20Mathe.pdf [13.06.2016].

Grüßing, M. & Peter-Koop, A. (2008). Effekte vorschulischer mathematischer Förderung am Ende des ersten Schuljahrs: Erste Befunde einer Längsschnittstudie. *Zeitschrift für Grundschulforschung, 1*(1), 65–82.

Hansel, T. (1983). Die Tätigkeit des Kindes in der Spannung zwischen Spielen und Lernen. Zur pädagogischen Ambivalenz des Einsatzes von Lernspielen. In K. J. Kreuzer (Hrsg.), *Handbuch der Spielpädagogik (Bd. 2). Spiel im frühpädagogischen und schulischen Bereich* (S. 77–98). Düsseldorf: Schwann.

Hardy, I. (2012). Kognitive Strukturierung – Empirische Zugänge zu einem heterogenen Konstrukt der Unterrichtsforschung. In F. Hellmich, S. Förster & F. Hoya (Hrsg.), *Bedingungen des Lehrens und Lernens in der Grundschule* (S. 51–62). Wiesbaden: Springer VS.

Hartig, J. & Klieme, E. (2006). Kompetenz und Kompetenzdiagnostik. In K. Schweizer (Hrsg.), *Leistung und Leistungsdiagnostik* (S. 127–143). Heidelberg: Springer.

Hartmann, W. (1998). Die Bedeutung des Spiels für die Entwicklung des Kindes. *Methoden des Kindergartens Band 1. Sonderdruck der Fachzeitschrift Unsere Kinder*, 110–116.

Häsel-Weide, U., Nührenbörger, M., Moser Opitz, E. & Wittich, C. (2014). *Ablösung vom zählenden Rechnen. Fördereinheiten für heterogene Lerngruppen* (2. Aufl.). Seelze: Klett–Kallmeyer.

Hasemann, K. & Gasteiger, H. (2014). *Anfangsunterricht Mathematik* (3. Aufl.). Berlin: Springer Spektrum.

Hasselhorn, M. (2005). Lernen im Altersbereich zwischen 4 und 8 Jahren: Individuelle Voraussetzungen, Entwicklung, Diagnostik und Förderung. In T. Guldimann & B. Hauser (Hrsg.), *Bildung 4- bis 8-jähriger Kinder* (S. 77–88). Münster: Waxmann.

Hasselhorn, M. (2011). Lernen im Vorschul- und frühen Schulalter. In F. Vogt, M. Leuchter, A. Tettenborn, U. Hottinger, M. Jäger & E. Wannack (Hrsg.), *Entwicklung und Lernen junger Kinder* (S. 11–21). Münster: Waxmann.

Hauser, B. (2005). Das Spiel als Lernmodus: Unter Druck von Verschulung – im Lichte neuerer Forschung. In T. Guldimann & B. Hauser (Hrsg.), *Bildung 4- bis 8-jähriger Kinder* (S. 143–168). Münster: Waxmann.

Hauser, B. (2006). *Positionspapier Spiel. Spielen und Lernen der 4- bis 8-jährigen Kinder. Das Spiel als Lernmodus*. Rorschach: Pädagogische Hochschule St. Gallen.

Hauser, B., Rathgeb-Schnierer, E., Stebler, R. & Vogt, F. (2015). *Mehr ist mehr. Mathematische Frühförderung mit Regelspielen*. Seelze: Klett.

Hauser, B. & Rechsteiner, K. (2011). Frühe Mathematik: Geführtes Spiel oder Training? *4 bis 8*, *100*(5), 28–30.

Hauser, B., Vogt, F., Stebler, R. & Rechsteiner, K. (2014). Förderung früher mathematischer Kompetenzen. Spielintegriert oder trainingsbasiert. *Frühe Bildung*, *3*(3), 139–145.

Heimlich, U. (2015). *Einführung in die Spielpädagogik* (3., aktualisierte und erweiterte Aufl.). Bad Heilbrunn: Klinkhardt.

Helfferich, C. (2014). Leitfaden- und Experteninterviews. In N. Baur & J. Blasius (Hrsg.), *Handbuch Methoden der empirischen Sozialforschung* (S. 559–574). Wiesbaden: Springer VS.

Helmke, A. (2009). *Unterrichtsqualität und Lehrerprofessionalität. Diagnose, Evaluation und Verbesserung des Unterrichts,* (2. aktualisierte Aufl.). Seelze: Klett-Kallmeyer.

Hengartner, E. & Röthlisberger, H. (1995). Rechenfähigkeit von Schulanfängern. In H. Brügelmann, H. Balhorn & I. Füssenich (Hrsg.), *Am Rande der Schrift. Zwischen Sprachenvielfalt und Analphabetismus* (S. 66–86). Lengwil am Bodensee: Libelle Verlag.

Herger, K. (2013). Spiel- und Lernbegleitung in Kindergarten und Unterstufe während offener Unterrichtssequenzen. In E. Wannack, S. Bosshart, A. Eichenberger, M. Fuchs, E. Hardegger & S. Marti (Hrsg.), *4- bis 12-Jährige. Ihre schulischen und außerschulischen Lern- und Lebenswelten* (S. 172–180). Münster: Waxmann.

Hess, K. (2012). *Kinder brauchen Strategien. Eine frühe Sicht auf mathematisches Verstehen.* Seelze: Kallmeyer.

Hirsh-Pasek, K., Michnick Golinkoff, R., Berk, L. B. & Singer, D. G. (2009). *A Mandate for Playful Learning in Preschool. Presenting the Evidence.* Oxford: Oxford University Press.

Hofer, M. & Haimerl, C. (2008). Lehrer-Schüler-Interaktion. In W. Schneider & M. Hasselhorn (Hrsg.), *Handbuch der Pädagogischen Psychologie* (S. 223–232). Göttingen: Hogrefe.

Hogan, K. & Pressley, M. (1997). *Scaffolding Student Learning. Instructional Approaches and Issues.* Cambridge: Brookline Books.

Hopf, M. (2012). *Sustained Shared Thinking im frühen naturwissenschaftlich-technischen Lernen.* Münster: Waxmann.

Hoppe, H. (1983). Pädagogische Funktionen und Implikationen des Kinderspiels. In K. J. Kreuzer (Hrsg.), *Handbuch der Spielpädagogik (Bd. 1). Pädagogische, psychologische und vergleichende Aspekte* (S. 159–179). Düsseldorf: Schwann.

Hugener, I. (2006). Überblick über die Beobachtungsinstrumente. In E. Klieme, C. Pauli & K. Reusser (Hrsg.), *Dokumentation der Erhebungs- und Auswertungsinstrumente zur schweizerisch-deutschen Videostudie „Unterrichtsqualität, Lernverhalten und mathematisches Verständnis", Teil 3: I. Hugener, C. Pauli & K. Reusser (Hrsg.): Videoanalysen* (S. 45–54). Frankfurt a.M.: GFPF & DIPF.

Hugener, I., Pauli, C. & Reusser, K. (2006). Teil 3: Videoanalysen. In E. Klieme, C. Pauli & K. Reusser (Hrsg.), *Dokumentation der Erhebungs- und Auswertungsinstrumente zur schweizerisch-deutschen Videostudie „Unterrichtsqualität, Lernverhalten und mathematisches Verständnis".* Frankfurt a.M.: GFPF & DIPF.

Hugener, I., Rakoczy, K., Pauli, C. & Reusser, K. (2006). Videobasierte Unterrichtsforschung: Integration verschiedener Methoden der Videoanalyse für eine differenzierte Sicht auf Lehr-Lernprozesse. In S. Rahm, I. Mammes & M. Schratz (Hrsg.), *Schulpädagogische Forschung (Bd. 1). Unterrichtsforschung – Perspektiven innovativer Ansätze* (S. 41–53). Innsbruck: Studienverlag.

Hughes, F. P. (1995). *Children, Play, and Development* (2$^{nd}$ ed.). Boston: Allyn and Bacon.

Hüttel, C. & Rathgeb-Schnierer, E. (2014). Lernprozessgestaltung in mathematischen Bildungsangeboten. In D. Kucharz, K. Mackowiak, S. Ziroli, A. Kauertz, E. Rathgeb-Schnierer & M. Dieck (Hrsg.), *Professionelles Handeln im Elementarbereich (PRIMEL). Eine deutsch-schweizerische Videostudie* (S. 145 –166). Münster: Waxmann.

Ingenkamp, K. & Lissmann, U. (2008). *Lehrbuch der pädagogischen Diagnostik* (6., neu ausgestattete Aufl.). Weinheim: Beltz.

Isler, D., Künzli, S. & Wiesner, E. (2014). Alltagsgespräche im Kindergarten – Gelegenheitsstrukturen für den Erwerb bildungssprachlicher Fähigkeiten. *Schweizerische Zeitschrift für Bildungswissenschaften, 36*(3), 459–479.

Jordan, N. C. & Kaplan, D. (2009). Early Math Matters: Kindergarten Number Competence and Later Mathematics Outcomes. *Developmental Psychology, 45*(3), 850–867.

Karst, K. (2012). *Kompetenzmodellierung des diagnostischen Urteils von Grundschullehrern*. Münster: Waxmann.

Karst, K., Schoreit, E. & Lipowsky, F. (2014). Diagnostische Kompetenzen von Mathematiklehrern und ihr Vorhersagewert für die Lernentwicklung von Grundschulkindern. *Zeitschrift für Pädagogische Psychologie, 28*(4), 237–248.

Kaufmann, S. (2003). *Früherkennung von Rechenstörungen in der Eingangsklasse der Grundschule und darauf abgestimmte remediale Maßnahmen*. Frankfurt a.M.: Peter Lang.

Kaufmann, S. (2010). *Handbuch für die frühe mathematische Bildung*. Braunschweig: Schroedel.

Keller, U. D., Walter, C. & Fasseing, K. (2002). Vierter Unterrichtsbaustein: Die spielerische Förderung. In C. Walter & K. Fasseing (Hrsg.), *Kindergarten. Grundlagen aktueller Kindergartendidaktik* (S. 235–248). Winterthur: ProKiga-Lehrmittelverlag.

Klibanoff, R. S., Levine, S. C., Huttenlocher, J., Vasilyeva, M. & Hedges, L. V. (2006). Preschool Children's Mathematical Knowledge: The Effect of Teacher „Math Talk". *Developmental Psychology, 42*(1), 59–69.

Klieme, E., Avenarius, H., Blum, W., Döbrich, P., Grube, D., Prenzel, M. et al. (2003). *Zur Entwicklung nationaler Bildungsstandards. Eine Expertise*. Frankfurt a.M.: DIPF.

Klieme, E. & Hartig, J. (2008). Kompetenzkonzepte in den Sozialwissenschaften und im erziehungswissenschaftlichen Diskurs. In M. Prenzel, I. Gogolin & H.-H. Krüger (Hrsg.), *Kompetenzdiagnostik* (S. 11–29). Wiesbaden: VS Verlag für Sozialwissenschaften.

Kluge, N. (1979). Lernspiel: Spiel- oder Arbeitsmittel? In N. Kluge (Hrsg.), *Spielpädagogik. Neuere Beiträge zur Spielforschung und Spielerziehung* (S. 77–83). Bad Heilbrunn: Klinkhardt.

Kluge, N. (1981). *Spielen und Erfahren. Der Zusammenhang von Spielerlebnis und Lernprozess.* Bad Heilbrunn: Klinkhardt.

Knoblauch, H., Tuma, R. & Schnetter, B. (2010). Interpretative Videoanalyse in der Sozialforschung. In S. Maschke & L. Stecher (Hrsg.), *Enzyklopädie Erziehungswissenschaft Online.* Weinheim: Juventa.

König, A. (2009). *Interaktionsprozesse zwischen ErzieherInnen und Kindern. Eine Videostudie aus dem Kindergartenalltag.* Wiesbaden: VS Verlag für Sozialwissenschaften.

König, A. (2013). Videographie. In M. Stamm & D. Edelmann (Hrsg.), *Handbuch frühkindliche Bildungsforschung* (S. 817–829). Wiesbaden: Springer Fachmedien.

Konrad, F.-M. (2004). *Der Kindergarten. Seine Geschichte von den Anfängen bis in die Gegenwart.* Freiburg im Breisgau: Lambertus.

Kontos, S. (1999). Preschool Teachers' Talk, Roles, and Activity Settings During Free Play. *Early Childhood Research Quarterly, 14*(3), 363–382.

Košinár, J. & Carle, U. (2012). *Aufgabenqualität in Kindergarten und Grundschule. Grundlagen und Praxisbeispiele.* Baltmannsweiler: Schneider Verlag Hohengehren.

Krajewski, K., Grüßing, M. & Peter-Koop, A. (2009). Die Entwicklung mathematischer Kompetenzen bis zum Beginn der Grundschulzeit. In A. Heinze & M. Grüßing (Hrsg.), *Mathematiklernen vom Kindergarten bis zum Studium* (S. 17–34). Münster: Waxmann.

Krajewski, K., Nieding, G. & Schneider, W. (2007). *Mengen, zählen, Zahlen. Die Welt der Mathematik verstehen. Die große Förderbox.* Berlin: Cornelsen.

Krajewski, K., Nieding, G. & Schneider, W. (2008). Kurz- und langfristige Effekte mathematischer Frühförderung im Kindergarten durch das Programm „Mengen, zählen, Zahlen". *Zeitschrift für Entwicklungspsychologie und Pädagogische Psychologie, 40*(3), 135–146.

Krajewski, K., Renner, A., Nieding, G. & Schneider, W. (2008). Frühe Förderung von mathematischen Kompetenzen im Vorschulalter. *Zeitschrift für Erziehungswissenschaft, 10*(Sonderheft 11), 91–103.

Krajewski, K. & Schneider, W. (2006). Mathematische Vorläuferfertigkeiten im Vorschulalter und ihre Vorhersagekraft für die Mathematikleistungen bis zum Ende der Grundschulzeit. *Psychologie in Erziehung und Unterricht, 53*(4), 246–262.

Kramer, W. (2006). *Wie entwickelt man gute Spiele? Erfahrungen, Analysen und Empfehlungen von Wolfgang Kramer.* Online verfügbar unter: http://www.kramer-spiele.de/vortraege/vortrag8.htm [18.11.2016].

Krammer, K. (2009). *Individuelle Lernunterstützung in Schülerarbeitsphasen. Eine videobasierte Analyse des Unterstützungsverhaltens von Lehrpersonen im Mathematikunterricht.* Münster: Waxmann.

Krammer, K., Hugener, I., Biaggi, S., Frommelt, M., Fürrer Auf der Maur, G. & Stürmer, K. (2016). Videos in der Ausbildung von Lehrkräften: Förderung der professionellen Unterrichtswahrnehmung durch die Analyse von eigenen bzw. fremden Videos. *Unterrichtswissenschaft, 44*(4), 357–372.

Krappmann, L. (1999). Spielen, Lernen und Bildung. In H. Petillon & R. Valtin (Hrsg.), *Spielen in der Grundschule. Grundlagen – Anregungen – Beispiele* (S. 54–66). Frankfurt a.M.: Arbeitskreis Grundschule.

Krings, H. (1976). Lernendes Spielen – Spielendes Lernen. In H. Frommberger, U. Freyhoff & W. Spies (Hrsg.), *Lernendes Spielen – Spielendes Lernen* (S. 9–20). Hannover: Schroedel.

Krippendorff, K. (2004). *Content analysis. An introduction to its methodology* (2$^{nd}$ ed.). Thousand Oaks: Sage.

Kucharz, D., Mackowiak, K., Ziroli, S., Kauertz, A., Rathgeb-Schnierer, E. & Dieck, M. (2014). *Profesionelles Handeln im Elementarbereich (PRIMEL). Eine deutsch-schweizerische Videostudie.* Münster: Waxmann.

Kühn, W. (1976). *Einführung in die multidimensionale Skalierung.* München: Reinhardt.

Kulturministerkonferenz. (2005). *Beschlüsse der Kulturministerkonferenz. Bildungsstandards im Fach Mathematik für den Primarbereich. Beschluss vom 15.10.2004.* Online verfügbar unter: http://www.kmk.org/fileadmin/veroeffentlichungen_beschluesse/2004/2004_10_15-Bildungsstandards-Mathe-Primar.pdf [21.12.2015].

Kunter, M., Baumert, J., Blum, W., Klusmann, U., Krauss, S. & Neubrand, M. (2011). *Professionelle Kompetenz von Lehrkräften. Ergebnisse des Forschungsprogramms COACTIV.* Münster: Waxmann.

Langer, I. & Schulz von Thun, F. (2007). *Messung komplexer Merkmale in Psychologie und Pädagogik. Ratingverfahren.* Münster: Waxmann.

Leiss, D. (2010). Adaptive Lehrerinterventionen beim mathematischen Modellieren – empirische Befunde einer vergleichenden Labor- und Unterrichtsstudie. *Journal für Mathematik-Didaktik, 31*(2), 197–226.

Lepper, M. R., Drake, M. F. & O'Donnell-Johnson, T. (1997). Scaffolding Techniques of Expert Human Tutors. In K. Hogan & M. Pressley (Hrsg.), *Scaffolding Student Learning. Instructional Approaches and Issues* (S. 108–144). Cambridge: Brookline Books.

Lersch, R. & Schreder, G. (2013). *Grundlagen kompetenzorientierten Unterrichtens. Von den Bildungsstandards zum Schulcurriculum.* Opladen: Barbara Budrich.

Leuchter, M. (2013). Die Bedeutung des Spiels in Kindergarten und Schuleingangsphase. *Zeitschrift für Pädagogik, 59*(4), 575–592.

Leuchter, M. & Saalbach, H. (2014). Verbale Unterstützungsmaßnahmen im Rahmen eines naturwissenschaftlichen Lernangebots in Kindergarten und Grundschule. *Unterrichtswissenschaft, 42*(2), 117–131.

Leuders, T. & Holzäpfel, L. (2011). Kognitive Aktivierung im Mathematikunterricht. *Unterrichtswissenschaft, 39*(3), 213–230.

Lindmeier, A., Heinze, A. & Reiss, K. (2013). Eine Machbarkeitsstudie zur Operationalisierung aktionsbezogener Kompetenz von Mathematiklehrkräften mit videobasierten Maßen. *Journal für Mathematik-Didaktik, 34*(1), 99–119.

Lipowsky, F. (2009). Unterricht. In E. Wild & J. Möller (Hrsg.), *Pädagogische Psychologie* (S. 73–101). Heidelberg: Springer.

Lipowsky, F. & Faust, G. (2013). Dokumentation der Erhebungsinstrumente des Projekts „Persönlichkeits- und Lernentwicklung von Grundschulkindern" (PERLE) – Teil 3. In M. Lotz, F. Lipowsky & G. Faust (Hrsg.), *Technischer Bericht zu den PERLE-Videostudien.* Frankfurt a.M.: GFPF & DIPF.

Lipowsky, F. & Lotz, M. (2015). Ist Individualisierung der Königsweg zum Lernen? Eine Auseinandersetzung mit Theorien, Konzepten und empirischen Befunden. In G. Mehlhorn, F. Schulz & K. Schöppe (Hrsg.), *Begabungen entwickeln & Kreativität fördern* (S. 155–219). München: kopaed.

Lorenz, C. & Artelt, C. (2009). Fachspezifität und Stabilität diagnostischer Kompetenz von Grundschullehrkräften in den Fächern Deutsch und Mathematik. *Zeitschrift für Pädagogische Psychologie, 23*(3–4), 211–222.

Lund, A. & Lund, M. (2013). *Laerd Statistics. The ultimate IBM SPSS Statistics GUIDE.* Online verfügbar unter: https://statistics.laerd.com [02.12.2015].

Maag Merki, K. (2010). Theoretische und empirische Analysen der Effektivität von Bildungsstandards, standardbezogenen Lernstandserhebungen und zentralen Abschlussprüfungen. In H. Altrichter (Hrsg.), *Handbuch neue Steuerung im Schulsystem* (S. 145–169). Wiesbaden: VS Verlag für Sozialwissenschaften.

Maier, H. & Schweiger, F. (1999). *Mathematik und Sprache. Zum Verstehen und Verwenden von Fachsprache im Mathematikunterricht.* Wien: öbv.

Mandl, H. (2004). Gestaltung problemorientierter Lernumgebungen. *Journal für Lehrerinnen- und Lehrerbildung, 4*(3), 47–51.

Marcon, R. A. (2002). *Moving up the Grades: Relationship between Preschool Model and Later School Success.* Online verfügbar unter: http://ecrp.uiuc.edu/v4n1/marcon.html [08.07.2017].

Martschinke, S. (2015). Facetten adaptive Unterrichts aus der Sicht der Unterrichtsforschung. In K. Liebers, B. Landwehr, A. Marquardt & K. Schlotter (Hrsg.), *Lernprozessbegleitung und adaptives Lernen in der Grundschule. Forschungsbezogene Beiträge* (S. 15–32). Wiesbaden: Springer Fachmedien.

Mayring, P. (2012). Mixed Methods – ein Plädoyer für gemeinsame Forschungsstandards qualitativer und quantitativer Methoden. In M. Gläser-Zikuda, T. Seidel, C. Rohlfs, A. Gröschner & S. Ziegelbauer (Hrsg.), *Mixed Methods in der empirischen Bildungsforschung* (S. 287–300). Münster: Waxmann.

Mayring, P. (2015). *Qualitative Inhaltsanalyse. Grundlagen und Techniken* (11., aktualisierte und überarbeitete Aufl.). Weinheim: Beltz.

McCelland, D. C. (1973). Testing for competence rather than for „intelligence". *American Psychologist, 28*(1), 1–14.

Medienwerkstatt der Pädagogischen Hochschule St. Gallen. (2013). *Filmmaterial komprimieren mit „HandBrake"*. Online verfügbar unter: http://www.medienverbun d-phsg.ch/medienwerkstattwiki/index.php?title=Filmmaterial_kom primieren_mit_%22HandBrake%22 [10.12.2015].

Meulman, J. J. & Heiser, W. J. (2010). *IBM SPSS Categories 21*. Online verfügbar unter: chrome://fireftp/content/fireftp.xul#account=public.dhe.ibm.c om [10.05.2017].

Ministerium für Kultus, Jugend und Sport. (2011). *Orientierungsplan für Bildung und Erziehung in baden-württembergischen Kindergärten und weiteren Kindertageseinrichtungen*. Online verfügbar unter: http://www.kultusportal-bw.de/site /pbs-bw-new/get/documents/KULTUS.Dachmandant/KULTUS/Projekte/k indergaerten-bw/Oplan/Material/KM-KIGA_Orientierungsplan_2011. pdf [21.12.2015].

Montada, L. (2002). Die geistige Entwicklung aus der Sicht Jean Piagets. In R. Oerter & L. Montada (Hrsg.), *Entwicklungspsychologie* (5., vollst. überarb. Aufl., S. 418–442). Weinheim: Beltz.

Moser, U., Stamm, M. & Hollenweger, J. (2005). *Für die Schule bereit? Lesen, Wortschatz, Mathematik und soziale Kompetenzen beim Schuleintritt*. Oberentfelden: Sauerländer.

Moser Opitz, E. (2008). *Zählen – Zahlbegriff – Rechnen. Theoretische Grundlagen und eine empirische Untersuchung zum mathematischen Erstunterricht in Sonderklassen* (3. Aufl.). Bern: Haupt.

Moser Opitz, E. (2010). Mathematik – (k)ein Inhalt für 4- bis 6-jährige Kinder?! In M. Leuchter (Hrsg.), *Didaktik für die ersten Bildungsjahre. Unterricht mit 4- bis 8-jährigen Kindern* (S. 147–162). Seelze: Klett-Kallmeyer.

Müller, R. G. (1971). *Vorschulerziehung. Begabung fördern – Leistung fordern?* München: Ehrenwirth.

OECD. (2004). *Internationale Schulleistungsstudie PISA. Lernen für die Welt von morgen. Erste Ergebnisse von PISA 2003.* Online verfügbar unter: `http://www.oecd.org/edu/school/programmeforinternationalstudentassessmentpisa/34474315.pdf` [11.12.2015].

OECD. (2010). *PISA 2009 Results: What Makes a School Successful? – Resources, Policies and Practices (Volume IV).* Online verfügbar unter: `http://www.oecd.org/pisa/pisaproducts/48852721.pdf` [11.12.2014].

OECD. (2013). *PISA 2012 Results: What Makes School Successful? Resources, Policies and Practices (Volume IV).* Online verfügbar unter: `http://www.oecd.org/pisa/keyfindings/pisa-2012-results-volume-IV.pdf` [11.12.2014].

Oelkers, J. (2010). *Vorlesung Geschichte und Theorie der Erziehung. Vorlesungsskript KM4.* Zürich: Universität Zürich.

Oelkers, J. & Reusser, K. (2008). *Expertise: Qualität entwickeln, Standards sichern, mit Differenz umgehen.* Bonn: BMBF.

Oerter, R. (1993). *Psychologie des Spiels. Ein handlungstheoretischer Ansatz.* München: Quintessenz.

Oerter, R. (2008). Kindheit. In R. Oerter & L. Montada (Hrsg.), *Entwicklungspsychologie* (6., vollständig überarbeitete Aufl., S. 209–257). Weinheim: Beltz PVU.

Osana, H. P. & Rayner, V. (2010). Developing Numeracy: Promoting a Rich Learning Environment for Young Children. In S.-L. Skwarchuk (Hrsg.), *Encyclopedia of Language and Literacy Development* (S. 1–12). London: Canadian Language and Literacy Network.

Oser, F., Hascher, T. & Spychiger, M. (1999). Lernen aus Fehlern. Zur Psychologie des „negativen" Wissens. In W. Althof (Hrsg.), *Fehlerwelten. Vom Fehlermachen und Lernen aus Fehlern* (S. 11–41). Opladen: Leske + Budrich.

Parten, M. B. (1932). Social particpation among pre-school children. *The Journal of Abnormal and Social Psychology, 27*(3), 243–269.

Passolunghi, M. C., Vercelloni, B. & Schadee, H. (2007). The precursors of mathematics learning: Working memory, phonological ability and numerical competence. *Cognitive Development, 22*(2), 165–184.

Pauli, C. (2006). Aufbereitung der Videodaten. In E. Klieme, C. Pauli & K. Reusser (Hrsg.), *Dokumentation der Erhebungs- und Auswertungsinstrumente zur schweizerisch-deutschen Videostudie „Unterrichtsqualität, Lernverhalten und mathematisches Verständnis", Teil 3: I. Hugener, C. Pauli & K. Reusser (Hrsg.): Videoanalysen* (S. 38–44). Frankfurt a.M.: GFPF & DIPF.

Pauli, C. (2012a). Kodierende Beobachtung. In H. de Boer & S. Reh (Hrsg.), *Beobachtung in der Schule – Beobachten lernen* (S. 45–63). Wiesbaden: Springer VS.

Pauli, C. (2012b). *Modul: Methoden der Videoanalyse. Skript.* Zürich: Universität Zürich.

Pauli, C. (2014). Ratingverfahren. *Journal für Lehrerinnen- und Lehrerbildung, 14*(1), 56–59.

Pea, R. D. (2004). The Social and Technological Dimensions of Scaffolding and Related Theoretical Concepts for Learning, Education, and Human activity. *The Journal of the Learning Sciences, 13*(3), 423–451.

Pekrun, R. (1992). The impact of emotions on learning and achievement: Towards a theory of cognitive/motivational mediators. *Applied Psychology, 41*(1), 359–376.

Pekrun, R. (2006). The control-value theory of achievement emotions: Assumptions, corollaries, and implications for educational research and practice. *Educational Psychology Review, 18*(1), 315–341.

Petillon, H. (1999). Spielen in der Grundschule. Versuch einer Gegenstands- und Ortsbestimmung. In H. Petillon & R. Valtin (Hrsg.), *Spielen in der Grundschule. Grundlagen – Anregungen – Beispiele* (S. 14–42). Frankfurt a.M.: Arbeitskreis Grundschule.

Petillon, H. (2001). Lernen durch Spielen. *Sache, Wort, Zahl, 29*(37), 4–10.

Petko, D. (2006). Kameraskript. In E. Klieme, C. Pauli & K. Reusser (Hrsg.), *Dokumentation der Erhebungs- und Auswertungsinstrumente zur schweizerisch-deutschen Videostudie „Unterrichtsqualität, Lernverhalten und mathematisches Verständnis", Teil 3: I. Hugener, C. Pauli & K. Reusser (Hrsg.): Videoanalysen* (S. 15–37). Frankfurt a.M.: GFPF & DIPF.

Petko, D., Waldis, M., Pauli, C. & Reusser, K. (2003). Methodologische Überlegungen zur videogestützten Forschung in der Mathematikdidaktik. Ansätze der TIMSS 1999 Video Studie und ihrer schweizerischen Erweiterung. *Zentralblatt für Didaktik der Mathematik, 35*(6), 265–280.

Piaget, J. (1936/1969). *Das Erwachen der Intelligenz beim Kinde.* Stuttgart: Klett.

Piaget, J. (1969). *Nachahmung, Spiel und Traum. Die Entwicklung der Symbolfunktion beim Kinde.* Stuttgart: Klett.

Piaget, J. (1991). *Meine Theorie der geistigen Entwicklung.* Frankfurt a.M.: Fischer Taschenbuch Verlag.

Piaget, J. & Szeminska, A. (1972). *Die Entwicklung des Zahlbegriffs beim Kinde* (3. Aufl.). Stuttgart: Klett.

Praetorius, A.-K. (2012, November). *Einführung in die Analyse von Ratingdaten mithilfe der Generalisierbarkeitstheorie.* Workshop im Rahmen des Moduls Methoden der Videoanalyse, Universität Zürich.

Praetorius, A.-K. (2014). *Messung von Unterrichtsqualität durch Ratings.* Münster: Waxmann.

Radford, J., Bosanquet, P., Webster, R., Blatchford, P. & Rubie-Davies, C. (2014). Fostering learner independence through heuristic scaffolding: A valuable role for teaching assistants. *International Journal of Educational Research, 63*, 116–126.

Rakoczy, K. (2007, August). *Videoanalysen in der Unterrichtsforschung*. Präsentation an der DGFE Summerschool, Ludwigsfelde.

Rathgeb-Schnierer, E. (2012). Mathematische Bildung. In D. Kucharz (Hrsg.), *Elementarbildung. Bachelor / Master* (S. 50–85). Weinheim: Beltz.

Rechsteiner, K. & Hauser, B. (2012). Geführtes Spiel oder Training? Förderung mathematischer Vorläuferfertigkeiten. *Die Grundschulzeitschrift, 26*(258/259), 8–10.

Rechsteiner, K., Vogt, F., Mock, S., Schwitter, M., Stemmer, J., Bussmann, D. et al. (2014). *Spielintegrierte mathematische Frühförderung: Anleitung für die spimaf Spiele. Überarbeitete Fassung September 2014*. St. Gallen: Pädagogische Hochschule St. Gallen.

Reinmann, G. & Mandl, H. (2006). Unterrichten und Lernumgebungen gestalten. In A. Krapp & B. Weidenmann (Hrsg.), *Pädagogische Psychologie. Ein Lehrbuch* (5., vollständig überarbeitete Aufl., S. 613–658). Weinheim: Beltz.

Resnick, L. B. (1983). A developmental theory of number understanding. In H. P. Ginsburg (Hrsg.), *The development of mathematical thinking* (S. 109–151). New York: Academic Press.

Resnick, L. B. (1989). Developing mathematical knowledge. *American Psychologist, 44*(2), 162–169.

Retter, H. (1983). Spielmittel als Lernmittel – Lernmittel als Spielmittel. In K. J. Kreuzer (Hrsg.), *Handbuch der Spielpädagogik (Bd. 2). Spiel im frühpädagogischen und schulischen Bereich* (S. 377–393). Düsseldorf: Schwann.

Reusser, K. (1994). Die Rolle von Lehrerinnen und Lehrern neu denken. Kognitionspädagogische Anmerkungen zur „neuen Lernkultur". *Beiträge zur Lehrerinnen- und Lehrerbildung, 12*(1), 19–37.

Reusser, K. (2001a). Co-constructivism in educational theory and practice. In N. J. Smelser, P. B. Baltes & F. E. Weinert (Hrsg.), *International encyclopedia of the social and behavioral sciences* (S. 2058–2062). Oxford: Elsevier Science.

Reusser, K. (2001b). Denkstrukturen und Wissenserwerb in der Ontogenese. In F. Klix & H. Spada (Hrsg.), *Enzyklopädie der Psychologie: Themenbereich C, Serie II, Bd. 6 (Wissen)* (S. 115–166). Göttingen: Hogrefe.

Reusser, K. (2001c). Unterricht zwischen Wissensvermittlung und Lernen lenen. Alte Sackgassen und neue Wege in der Bearbeitung eines pädagogischen Jahrhundertproblems. In C. Finkbeiner & G. W. Schnaitmann (Hrsg.), *Lehren und Lernen im Kontext empirischer Forschung und Fachdidaktik* (S. 106–140). Donauwörth: Auer.

Reusser, K. (2006). Konstruktivismus – vom epistemologischen Leitbegriff zur Erneuerung der didaktischen Kultur. In M. Baer, M. Fuchs, P. Füglister, K. Reusser & H. Wyss (Hrsg.), *Didaktik auf psychologischer Grundlage. Von Hans Aeblis kognitionspsychologischer Didaktik zur modernen Lehr- und Lernforschung* (S. 151–168). Bern: hep.

Reusser, K. (2008). Empirisch fundierte Didaktik – didaktisch fundierte Unterrichtsforschung. Eine Perspektive zur Neuorientierung der Allgemeinen Didaktik. In M. A. Meyer, M. Prenzel & S. Hellekamps (Hrsg.), *Perspektiven der Didaktik* (S. 219–237). Wiesbaden: VS Verlag für Sozialwissenschaften.

Reusser, K. (2013). Aufgaben – das Substrat der Lerngelegenheiten im Unterricht. *profil*, *10*(3), 4–6.

Reusser, K. (2014). Kompetenzorientierung als Leitbegriff der Didaktik. *Beiträge zur Lehrerinnen- und Lehrerbildung*, *32*(3), 325–339.

Reusser, K. (2014, August). *Kompetenzorientiertes Lernen und Lehren als (fach-)didaktische Herausforderung im Kontext des Lehrplans 21*. Referat und Diskussion im Rahmen des Arbeitstages der Dozierenden der Pädagogischen Hochschule St. Gallen.

Reusser, K. & Pauli, C. (2010). Unterrichtsgestaltung und Unterrichtsqualität – Ergebnisse einer internationalen und schweizerischen Videostudie zum Mathematikunterricht: Einleitung und Überblick. In K. Reusser, C. Pauli & M. Waldis (Hrsg.), *Unterrichtsgestaltung und Unterrichtsqualität* (S. 9–32). Münster: Waxmann.

Reusser, K. & Petko, D. (2002). *Kameraskript der schweizerisch-deutschen Unterrichtsstudie „Pythagoras"*. Unveröffentlichtes Skript. Zürich: Pädagogisches Institut der Universität Zürich.

Reusser, K., Stebler, R., Mandel, D. & Eckstein, B. (2013). *Erfolgreicher Unterricht in heterogenen Lerngruppen auf der Volksschulstufe des Kantons Zürich. Wissenschaftlicher Bericht zu Handen der Bildungsdirektion des Kantons Zürich*. Zürich: Universität Zürich, Institut für Erziehungswissenschaft.

Rheinberg, F. (2008). *Motivation* (7., aktualisierte Aufl.). Stuttgart: Kohlhammer.

Roth, H. (1971). *Pädagogische Anthropologie. Bd. II: Entwicklung und Erziehung. Grundlagen einer Erziehungspädagogik*. Hannover: Schroedel.

Ruiz-Primo, M. A. & Furtak, E. M. (2007). Exploring Teachers' Informal Formative Assessment Practices and Students' Understanding in the Context of Scientific Inquiry. *Journal of Research in Science Teaching*, *44*(1), 57–84.

Schäfer, G. E. (2007). *Bildung beginnt mit der Geburt. Ein offener Bildungsplan für Kindertageseinrichtungen in Nordrein-Westfalen* (2. Aufl.). Berlin: Scriptor.

Scherer, P. & Moser Opitz, E. (2010). *Fördern im Mathematikunterricht der Primarstufe*. Heidelberg: Spektrum.

Scheuerl, H. (1975). *Theorien des Spiels* (10. Aufl.). Weinheim: Beltz.

Scheuerl, H. (1978). Alte und neue Spieltheorien. Wandlungen ihrer pädagogischen Interessen und Perspektiven. In A. Flitner (Hrsg.), *Das Kinderspiel* (4., völlig neu bearbeitete Aufl., S. 32–55). München: R. Piper & Co.

Scheuerl, H. (1990). *Das Spiel. Untersuchungen über sein Wesen, seine pädagogischen Möglichkeiten und Grenzen* (11., überarbeitete Aufl.). Weinheim: Beltz.

Schiefele, U. (2009). Motivation. In E. Wild & J. Möller (Hrsg.), *Pädagogische Psychologie* (S. 151–177). Heidelberg: Springer.

Schiefele, U. & Köller, O. (2010). Intrinsische und extrinsische Motivation. In D. H. Rost (Hrsg.), *Handwörterbuch Pädagogische Psychologie* (S. 303–310). Weinheim: Beltz.

Schiefele, U. & Schreyer, I. (1994). Intrinsische Lernmotivation und Lernen: ein Überblick zu Ergebnissen der Forschung. *Zeitschrift für Pädagogische Psychologie, 8*(1), 1–13.

Schindelhauer, B. (2013). *Komm mit ins Zahlenland.* Online verfügbar unter: `http://www.ifvl.de/zahlenland/index.html` [08.04.2016].

Schneider, W. (2008). *Entwicklung von der Kindheit bis zum Erwachsenenalter. Befunde der Münchner Längsschnittstudie LOGIK.* Weinheim: Beltz.

Schnelle, R. (2011). *Die Bedeutung der Fachkraft im frühkindlichen Bildungsprozess. Didaktik im Elementarbereich.* München: Deutsches Jugendinstitut e.V.

Schrader, F.-W. (2012). Was wissen wir über Diagnostizieren und Fördern durch Lehrer? *Pädagogik, 64*(6), 42–45.

Schuler, S. (2013). *Mathematische Bildung im Kindergarten in formal offenen Situationen. Eine Untersuchung am Beispiel von Spielen zum Erwerb des Zahlbegriffs.* Münster: Waxmann.

Schuster, C. (2010). Beurteilerübereinstimmung. In H. Holling & B. Schmitz (Hrsg.), *Handbuch Statistik, Methoden und Evaluation* (S. 700–707). Göttingen: Hogrefe.

Schütte, S. (2004). *Die Matheprofis 1.* München: Oldenbourg.

Schutz, P. & Pekrun, R. (2007). *Emotions in education.* San Diego: Elsevier.

Schwarzer, R. & Steinhagen, K. (1975). *Adaptiver Unterricht. Zur Wechselwirkung von Schülermerkmalen und Unterrichtsmethoden.* München: Kösel.

Seidel, T., Blomberg, G. & Renkl, A. (2013). Instructional strategies for using video in teacher education. *Teaching and Teacher Education, 34,* 56–65.

Seidel, T. & Prenzel, M. (2010). Beobachtungsverfahren: Vom Datenmaterial zur Datenanalyse. In H. Holling & B. Schmitz (Hrsg.), *Handbuch Statistik, Methoden und Evaluation* (S. 139–152). Göttingen: Hogrefe.

Shavelson, R. J. & Webb, N. (1991). *Generalizability theory: A primer.* Thousand Oaks, CA: Sage.

Shavelson, R. J., Young, D. B., Ayala, C. C., Brandon, P. R., Furtak, E., Ruiz-Primo, M. A. et al. (2008). On the Impact of Curriculum-Embedded Formative Assessment on Learning: A collaboration between Curriculum and Assessment Developers. *Applied Measurement in Education, 21*(4), 295–314.

Shepard, L. A. (2005). Linking Formative Assessment to Scaffolding. *Educational Leadership, 63*(3), 66–70.

Shulman, L. S. (1987). Knowledge and teaching: Foundations of the new reform. *Harvard Educational Review, 57*(1), 1–22.

Siraj-Blatchford, I. & Manni, L. (2008). ‚Would you like to tidy up now?' An analysis of adult questioning in the English Foundation Stage. *Early Years, 28*(1), 5–22.

Siraj-Blatchford, I., Sylva, K., Muttock, S., Gilden, R. & Bell, D. (2002). *Researching Effective Pedagogy in the Early Years.* Research Report No 356. London: Department for Education and Skills (DfES).

Sodian, B. (2012). Denken. In W. Schneider & U. Lindenberger (Hrsg.), *Entwicklungspsychologie* (7., vollständig überarbeitete Aufl., S. 385–393). Weinheim: Beltz.

Spies, W. (1976). Perversion des Spiels. In H. Frommberger, U. Freyhoff & W. Spies (Hrsg.), *Lernendes Spielen – Spielendes Lernen* (S. 35–38). Hannover: Schroedel.

Stamm, M. (2004). *Lernen und Leisten in der Vorschule. Eine empirische Studie zur Bildungsförderung im Vorschulalter.* Aarau: Institut für Bildungs- und Forschungsfragen.

Stamm, M. (2009). *Frühkindliche Bildung in der Schweiz. Eine Grundlagenstudie im Auftrag der UNESCO-Kommission Schweiz.* Fribourg: Universität Fribourg.

Starkey, P. & Cooper, R. G. (1980). Perception of Numbers by Human Infants. *Science, 210*(4473), 1033–1035.

Starkey, P., Spelke, E. S. & Gelman, R. (1990). Numerical abstraction by human infants. *Cognition, 36*(2), 97–127.

Statistics Solutions. (2016). *Conduct and Interpret a Cluster Analysis.* Online verfügbar unter: http://www.statisticssolutions.com/cluster-analysis-2/ [11.06.2016].

Stebler, R., Vogt, F., Wolf, I., Hauser, B. & Rechsteiner, K. (2013). Play-Based Mathematics in Kindergarten. A Video Analysis of Children's Mathematical Behaviour While Playing a Board Game in Small Groups. *Journal für Mathematik-Didaktik, 34*(2), 149–175.

Steiner, G. (2006). Lernen und Wissenserwerb. In A. Krapp & B. Weidenmann (Hrsg.), *Pädagogische Psychologie. Ein Lehrbuch* (5., vollständig überarbeitete Aufl., S. 137–202). Weinheim: Beltz.

Stemmer, J., Wullschleger, A., Vogt, F., Rechsteiner, K., Schwitter, M. & Mock-Tributsch, S. (2015). Praxiserfahrungen ausgewählter Spiele. In B. Hauser, E. Rathgeb-Schnierer, R. Stebler & F. Vogt (Hrsg.), *Mehr ist mehr. Mathematische Frühförderung mit Regelspielen* (S. 65–123). Seelze: Klett-Kallmeyer.

Stern, E. (1998). *Die Entwicklung des mathematischen Verständnisses im Kindesalter.* Lengerich: Pabst Science Publishers.

Stern, E. (2003). Lernen ist der mächtigste Mechanismus der kognitiven Enwicklung: Der Erwerb mathematischer Kompetenzen. In W. Schneider & M. Knopf (Hrsg.), *Entwicklung, Lehren und Lernen – zum Gedenken an Franz Emanuel Weinert* (S. 207–217). Göttingen: Hogrefe.

Straka, G. A. (2006). Lernstrategien in Modellen selbst gesteuerten Lernens. In H. Mandl & H. F. Friedrich (Hrsg.), *Handbuch Lernstrategien* (S. 390–404). Göttingen: Hogrefe.

Swiss Society for Research in Education Working Group. (2010). *Edumetrics – Quality of measurement in education. EDUG USER GUIDE.* Online verfügbar unter: `https://www.irdp.ch/data/secure/1968/document/EduGUserGuide.pdf` [10.05.2017].

Sylva, K., Melhiush, E., Sammons, P., Siraj-Blatchford, I. & Taggart, B. (2004). *The Effective Provision of Pre-School Education [EPPE] Project. Technical Paper 12. The Final Report: Effective Pre-School Education.* London: Institute of Education, University of London.

Sylva, K., Melhiush, E., Sammons, P., Siraj-Blatchford, I. & Taggart, B. (2010). *Early Childhood Matters. Evidence from the Effective Pre-school and Primary Education project.* London: Routledge.

Sylva, K., Melhiush, E., Sammons, P., Siraj-Blatchford, I., Taggart, B. & Elliot, K. (2003). *The effective Provision of Pre-school Education (EPPE) Project: Findings from the Pre-school Period.* Online verfügbar unter: `http://eppe.ioe.ac.uk/eppe/eppepdfs/eppe_brief2503.pdf` [14.06.2016].

Sylva, K., Melhiush, E., Sammons, P., Siraj-Blatchford, I., Taggart, B. & Elliot, K. (2004). The Effective Provisions of pre-school education Project – Zu den Auswirkungen vorschulischer Einrichtungen in England. In G. Faus, M. Gört, H. Hacker & H. Roßbach (Hrsg.), *Anschlussfähige Bildungsprozesse im Elementar- und Primarbereich* (S. 154–167). Bad Heilbrunn: Klinkhardt.

Tenorth, H.-E. (2000). *Geschichte der Erziehung. Einführung in die Grundzüge ihrer neuzeitlichen Entwicklung* (3., völlig überarbeitete und erweiterte Aufl.). Weinheim: Juventa.

Tharp, R. G. & Gallimore, R. (1988). *Teaching, learning, and schooling in social context.* Cambridge: Cambridge University Press.

Thesing, T. (2014). *Leitideen und Konzepte bedeutender Pädagogen. Ein Arbeitsbuch für den Pädagogikunterricht* (4. Aufl.). Freiburg im Breisgau: Lambertus.

Tournier, M., Wadepohl, H. & Kucharz, D. (2014). Analyse des pädagogischen Handelns in der Freispielbegleitung. In D. Kucharz, K. Mackowiak, S. Ziroli, A. Kauertz, E. Rathgeb-Schnierer & M. Dieck (Hrsg.), *Professionelles Handeln im Elementarbereich (PRIMEL). Eine deutsch-schweizerische Videostudie* (S. 99–122). Münster: Waxmann.

Treinies, G. & Einsiedler, W. (1989). Direkte und indirekte Wirkungen des Spielens im Kindergarten auf Lernbegleitprozesse/Lernleistungen im 1. Schuljahr. *Unterrichtswissenschaft, 17*(4), 309–326.

Van de Pol, J., Volman, M. & Beishuizen, J. (2010). Scaffolding in Teacher-Student Interaction: A Decade of Research. *Educational Psychology Review, 22*(3), 271–297.

Van de Pol, J., Volman, M. & Beishuizen, J. (2011). Patterns of contingent teaching in teacher-student interaction. *Learning and Instruction, 22*(3), 46–57.

Van de Pol, J., Volman, M., Elbers, E. & Beishuizen, J. (2012). Measuring scaffolding in teacher – small-group interaction. In R. Gillies (Hrsg.), *Pedagogy: New Developments in the Learning Sciences* (S. 82–119). Hauppauge: Nova Science Publishers.

VanLehn, K., Siler, S. & Murray, C. (2003). Why Do Only Some Events Cause Learning During Human Tutoring? *Cognition and Instruction, 21*(3), 209–249.

Vincent, C., Brunner-Müller, H., Büchel, P., Christen, M., Chatelanat, G., Gagnebin, P.-D. et al. (1997). *Bildung und Erziehung der vier- bis achtjährigen Kinder in der Schweiz. Eine Prospektive.* Online verfügbar unter: http://www.edk.ch/dyn/bin/145 41-14546-1-d48a.pdf [02.11.2014].

Vogt, F. & Rechsteiner, K. (2015). Regelspiele entwickeln. In B. Hauser, E. Rathgeb-Schnierer, R. Stebler & F. Vogt (Hrsg.), *Mehr ist mehr. Mathematische Frühförderung mit Regelspielen* (S. 46–55). Seelze: Klett-Kallmeyer.

Vygotsky, L. S. (1978). Interaction between learning and developement. In L. S. Vygotsky (Hrsg.), *Mind and Society* (S. 79–91). Cambridge: Harvard University Press.

Vygotsky, L. S. & Cole, M. (1978). *Mind in society. The development of higher psychological processes.* Cambridge: Harvard University Press.

Walter, C. & Fasseing, K. (2002). *Kindergarten. Grundlagen aktueller Kindergartendidaktik.* Winterthur: ProKiga-Lehrmittelverlag.

Walther, G., van den Heuvel-Panhuizen, M., Granzer, D. & Köller, O. (2008). *Bildungsstandards für die Grundschule: Mathematik konkret.* Berlin: Cornelsen Scriptor.

Wang, M. C. (1980). Adaptive Instruction: Building on Diversity. *Theory Into Practice*, *19*(2), 122–128.

Wannack, E. (2010). Bildung von 4- bis 8-jährigen Kindern: Grundlagen und Konzepte im Wandel. In M. Leuchter (Hrsg.), *Didaktik für die ersten Bildungsjahre. Unterricht mit 4- bis 8-jährigen Kindern* (S. 18–35). Zug: Klett und Balmer.

Wannack, E., Arnaldi, U. & Schütz, A. (2009). Reflexionen zur Didaktik des Kindergartens. *4bis8. Fachzeitschrift für Kindergarten und Unterstufe*, *99*(12), 26–27.

Wannack, E., Schütz, A. & Arnaldi, U. (2009). Die Spiel- und Lernbegleitung im Kindergarten. *4bis8. Fachzeitschrift für Kindergarten und Unterstufe*, *99*(12), 13–25.

Wannack, E., Sörensen Criblez, B. & Gilliéron Giroud, P. (2006). *Frühe Einschulung in der Schweiz. Ausgangslage und Konsequenzen*. Bern: Schweizerische Konferenz der kantonalen Erziehungsdirektoren.

Weinert, F. E. (2001a). Concept of Competence: A Conceptual Clarification. In D. S. Rychen & L. Hersh Salganik (Hrsg.), *Defining and Selecting Key Competencies* (S. 45–65). Seattle: Hogrefe & Huber Publishers.

Weinert, F. E. (2001b). Vergleichende Leistungsmessung in Schulen – eine umstrittene Selbstverständlichkeit. In F. E. Weinert (Hrsg.), *Leistungsmessungen in Schulen* (S. 17–31). Weinheim: Beltz.

Weinert, F. E. & Helmke, A. (1997). *Entwicklung im Grundschulalter*. Weinheim: Psychologie Verlags Union.

Weinhold Zulauf, M., Schweiter, M. & von Aster, M. (2003). Das Kindergartenalter: Sensitive Periode für die Entwicklung numerischer Fertigkeiten. *Kindheit und Entwicklung*, *12*(4), 222–230.

Weißhaupt, S., Peucker, S. & Wirtz, M. (2006). Diagnose mathematischen Vorwissens im Vorschulalter und Vorhersage von Rechenleistungen und Rechenschwierigkeiten in der Grundschule. *Psychologie in Erziehung und Unterricht*, *53*(4), 236–245.

White, R. W. (1959). Motivation reconsidered: The concept of competence. *Psychological Review*, *66*(5), 297–333.

Whitebread, D. (2010). Play, Metacognition & Self-Regulation. In P. Broadhead, J. Howard & E. Wood (Hrsg.), *Play and Learning in Early Years Settings: from research to practice* (S. 161–176). London: Sage.

Whitebread, D., Coltman, P., Jameson, H. & Lander, R. (2009). Play, Cognition and Self-Regulation: What exactly are children learning when they learn through play? *Educational & Child Psychology*, *26*(2), 40–52.

Wirtz, M. & Caspar, F. (2002). *Beurteilerübereinstimmung und Beurteilerreliabilität. Methoden zur Bestimmung und Verbesserung der Zuverlässigkeit von Einschätzungen mittels Kategoriensystemen und Ratingskalen*. Göttingen: Hogrefe.

Wittmann, E. C. (2003). Was ist Mathematik und welche pädagogische Bedeutung hat das wohlverstandene Fach für den Mathematikunterricht auch in der Grundschule? In M. Baum & H. Wielpütz (Hrsg.), *Mathematik in der Grundschule. Ein Arbeitsbuch* (S. 18–46). Seelze: Kallmeyer.

Wittmann, E. C. (2006). Der konstruktive Ansatz von „mathe 2000" zur mathematischen Frühförderung. In R. Hinz & T. Pütz (Hrsg.), *Professionelles Handeln in der Grundschule. Entwicklungslinien und Forschungsbefunde* (S. 177–182). Baltmannsweiler: Schneider Verlag Hohengehren.

Wittmann, E. C. (2010). Grundsätzliche Überlegungen zur frühkindlichen Bildung in der Mathematik. In M. Stamm & D. Edelmann (Hrsg.), *Frühkindliche Bildung, Betreuung und Eriehung. Was kann die Schweiz lernen?* (S. 177–195). Zürich: Rüegger.

Wittmann, E. C. & Müller, G. N. (2012). *Das Zahlenbuch. Begleitband zur Frühförderung*. Zug: Klett und Balmer.

Wittmann, E. C. & Müller, G. N. (2015). *Das Projekt Mathe 2000+. Wissenschaft für die Praxis*. Online verfügbar unter: http://www.mathe2000.de/Projektbeschreibung [08.04.2016].

Wittwer, J. & Renkl, A. (2008). Why Instructional Explanations Often Do Not Work: A Framework for Understanding the Effectiveness of Instructional Explanations. *Educational Psychologist, 41*(1), 49–64.

Witzig, H. (2013). Geschichte des Kindergartens. In C. Walter & K. Fasseing (Hrsg.), *Kindergarten. Grundlagen aktueller Kindergartendidaktik* (3. Aufl.). Winterthur: ProKiga-Lehrmittelverlag.

Wood, D., Bruner, J. S. & Ross, G. (1976). The role of tutoring in problem solving. *Journal of Child Psychology and Psychiatry, 17*(2), 89–100.

Wullschleger, A. & Birri, T. (2014). Kompetenzorientierten Unterricht planen – Diskussionsvorschlag zu einem theoriegestützten fachübergreifenden Rahmenmodell. *Beiträge zur Lehrerinnen- und Lehrerbildung, 32*(3), 399–413.

Wullschleger, A. & Stebler, R. (2017a). Individuelle mathematikbezogene Lernunterstützung bei Regelspielen zur Förderung früher Mengen-Zahlen-Kompetenzen im Kindergarten. In S. Schuler, C. Streit & G. Wittmann (Hrsg.), *Perspektiven mathematischer Bildung im Übergang vom Kindergarten zur Grundschule (S. 171–186)*. Berlin: Springer Spektrum.

Wullschleger, A. & Stebler, R. (2017b). *Videovignetten für die Lehrerinnen- und Lehrerbildung. Erträge aus dem spimaf-Projekt*. Zürich: Universität Zürich, Institut für Erziehungswissenschaft.

Wynn, K. (1990). Children's understanding of counting. *Cognition, 36*(2), 155–193.

Wynn, K. (1992). Addition and subtraction by human infants. *Nature, 358*(6389), 749–750.

Ziegler, E., Stern, E. & Neubauer, A. (2012). Kompetenzen aus der Perspektive der Kognitionswissenschaften und der Lehr-Lern-Forschung. In M. Paechter, M. Stock, S. Schmölzer-Eibinger, P. Slepcevic-Zach & W. Weirer (Hrsg.), *Handbuch Kompetenzorientierter Unterricht* (S. 14–26). Weinheim: Beltz.

Ziener, G. (2008). *Bildungsstandards in der Praxis. Kompetenzorientiert unterrichten* (2. Aufl.). Seelze: Klett-Kallmeyer.

# Abbildungsverzeichnis

| | | |
|---|---|---|
| 1 | Grundstruktur der didaktischen Lernsituation, dargestellt im didaktischen Dreieck (Reusser, 2008). | 17 |
| 2 | Entwicklungsmodell früher Mengen-Zahlen-Kompetenzen (Krajewski et al., 2008, S. 93). | 51 |
| 3 | Fachdidaktisches Kompetenzmodell für Mengen-Zahlen-Kompetenzen im Kindergarten. | 55 |
| 4 | Progressives Kompetenzmodell für Mengen-Zahlen-Kompetenzen im Kindergarten. | 60 |
| 5 | Modell indirekter und direkter Wirkungen von Spielen auf Lernen (Einsiedler, 1989, S. 304). | 76 |
| 6 | Allgemeines Kompetenzmodell für Kindergartenlehrpersonen (Fröhlich-Gildhoff et al., 2014, S. 10). | 82 |
| 7 | Modell der mathematikdidaktischen Kompetenz von Kindergartenlehrpersonen (Gasteiger & Benz, 2016, S. 280). | 83 |
| 8 | Das Regelspiel „Steine sammeln" (Rechsteiner et al., 2014) | 101 |
| 9 | Das Regelspiel „Mehr ist mehr" (Rechsteiner et al., 2014) | 104 |
| 10 | Das Regelspiel „Klipp-Klapp" (Rechsteiner et al., 2014) | 106 |
| 11 | Das Regelspiel „Fünferraus" (Rechsteiner et al., 2014) | 108 |
| 12 | Das Regelspiel „Verflixte 5" (Rechsteiner et al., 2014) | 110 |
| 13 | Modell der Verbindung von Diagnose und Adaptivität (Van de Pol et al., 2012, S. 85). | 120 |
| 14 | Scaffolding-Modell (Van de Pol et al., 2010, S. 274, übers. v. Verf.). | 123 |
| 15 | Modell individuell-adaptiver Lernunterstützung in Regelspielsituationen. | 141 |
| 16 | Diagnostizieren des Lernstandes und Ermitteln der Zone der nächsten Entwicklung. | 146 |
| 17 | Die Kamerasituation. | 161 |
| 18 | Synchronisierte Kameraperspektiven (Gesichter unkenntlich gemacht). | 164 |
| 19 | Beziehung zwischen Messobjekt, ratender Person und Merkmal im Ratingprozess (Langer & Schulz von Thun, 2007, S. 15). | 166 |
| 20 | Modell des Vorgehens bei der kategorialen Codierung der Art der KL-K-Kontakte (angelehnt an Hugener, 2006; Krammer, 2009; Lipowsky & Faust, 2013; Seidel & Prenzel, 2010). | 172 |
| 21 | Modell des Vorgehens beim Rating (angelehnt an Hugener, 2006; Krammer, 2009; Lipowsky & Faust, 2013; Seidel & Prenzel, 2010). | 174 |
| 22 | Beispiel Analyseeinheiten. | 175 |
| 23 | Häufigkeit der unterschiedlichen Arten der codierten KL-K-Kontakte ($N = 980$; m = mathematisch, a = anleitend, o = organisatorisch, s = sozial-emotional). | 194 |
| 24 | Prozentuale zeitliche Anteile der Dauer der unterschiedlichen Arten der codierten KL-K-Kontakte ($N_{100\%} = 980$; m = mathematisch, a = anleitend, o = organisatorisch, s = sozial-emotional). | 194 |
| 25 | Häufigkeit der zusammengefassten Arten der codierten KL-K-Kontakte ($N = 980$). | 194 |

| | | |
|---|---|---|
| 26 | Prozentuale zeitliche Anteile der Dauer der zusammengefassten Arten der codierten KL-K-Kontakte ($N_{100\%}$ = 980). | 194 |
| 27 | Prozentuale zeitliche Anteile der Dauer der zusammengefassten Arten der codierten KL-K-Kontakte pro Kindergartenlehrperson ($N$ = 28). | 195 |
| 28 | Auswertungsergebnisse des Ratings der individuell-adaptiven Lernunterstützung über alle Kindergartenlehrpersonen und alle Regelspiele ($N_{Kunt}$ = 230). | 197 |
| 29 | Struktogramm als Grundlage für die Wahl einer Vier-Cluster-Lösung. | 200 |
| 30 | Gruppenbildung Unterstützungstypen mittels Clusteranalyse ($N_{KL}$ = 23; Ausschlüsse: 3 Kindergartenlehrpersonen mit fehlenden Werten, 2 Ausreißer). | 201 |
| 31 | Räumliche Darstellung des Unterstützungsverhaltens der Kindergartenlehrpersonen mittels Faktorenanalyse ($N_{KL}$ = 25). | 207 |
| 32 | Räumliche Darstellung des Unterstützungsverhaltens der Kindergartenlehrpersonen mittels multidimensionaler Skalierung ($N_{KL}$ = 25). | 208 |
| 33 | Räumliche Darstellung des Unterstützungsverhaltens der Kindergartenlehrpersonen mittels multidimensionaler Skalierung unter Beizug der Faktoren- und der Clusteranalyse ($N_{KL}$ = 25; Ausreißer 305 und 308). | 209 |
| 34 | Das Regelspiel „Klipp-Klapp" (Rechsteiner et al., 2014) | 212 |
| 35 | Spielanleitung „Früchtespiel" (Schütte, 2004, S. 17). | 213 |
| 36 | Das Regelspiel „Mehr ist mehr" (Rechsteiner et al., 2014) | 214 |
| 37 | Prozentuale zeitliche Anteile der Dauer der zusammengefassten Arten der codierten KL-K-Kontakte pro Regelspiel ($N$ = 12). | 218 |
| 38 | Struktogramm als Grundlage für die Wahl einer Drei-Cluster-Lösung. | 219 |
| 39 | Gruppenbildung Unterstützungsverhalten bei Regelspielen mittels Clusteranalyse ($N_{Rs}$ = 10). | 220 |
| 40 | Räumliche Darstellung des Unterstützungsverhaltens der Kindergartenlehrpersonen nach Regelspiel ($N_{Sp}$ = 10). | 226 |
| 41 | Räumliche Darstellung des Unterstützungsverhaltens der Kindergartenlehrpersonen bei den verschiedenen Spielen mittels multidimensionaler Skalierung ($N_{Sp}$ = 10). | 227 |
| 42 | Räumliche Darstellung des Unterstützungsverhaltens der Kindergartenlehrpersonen in den verschiedenen Spielen mittels multidimensionaler Skalierung unter Beizug der Cluster- und der Faktorenanalyse ($N_{Sp}$ = 10). | 228 |
| 43 | Modell individuell-adaptiver Lernunterstützung in Regelspielsituationen. | 235 |

# Tabellenverzeichnis

| | | |
|---|---|---|
| 1 | Gegenüberstellung der Merkmale guter Lernaufgaben und guter Regelspiele | 97 |
| 2 | Übersicht über die Regelspiele des spimaf-Projekts (Hauser et al., 2015, S. 64) | 100 |
| 3 | Angesprochene Mengen-Zahlen-Kompetenzen beim Regelspiel „Steine sammeln" | 102 |
| 4 | Angesprochene Mengen-Zahlen-Kompetenzen beim Regelspiel „Mehr ist mehr" | 105 |
| 5 | Angesprochene Mengen-Zahlen-Kompetenzen beim Regelspiel „Klipp-Klapp" | 107 |
| 6 | Angesprochene Mengen-Zahlen-Kompetenzen beim Regelspiel „Fünferraus" | 109 |
| 7 | Angesprochene Mengen-Zahlen-Kompetenzen beim Regelspiel „Verflixte 5" | 111 |
| 8 | Organisation der Aufnahmen | 159 |
| 9 | Kriterien zur Durchführung der Basiscodierung | 170 |
| 10 | Kategoriensystem zur kategorialen Codierung der Art der Kindergartenlehrperson-Kind-Kontakte | 173 |
| 11 | Übersicht über das Ratinginstrument zur Einschätzung der individuell-adaptiven Lernunterstützung | 176 |
| 12 | Regeln zur Einschätzung des ersten Items der Dimension „Lernstandsdiagnose" | 177 |
| 13 | Regeln zur Einschätzung des zweiten Items der Dimension „Lernstandsdiagnose" | 178 |
| 14 | Regeln zur Einschätzung des ersten Items der Dimension „Adaptivität" | 179 |
| 15 | Regeln zur Einschätzung des zweiten Items der Dimension „Adaptivität" | 180 |
| 16 | Regeln zur Einschätzung des Items der Dimension „Zurücknahme und Übertragung" | 181 |
| 17 | Regeln zur Einschätzung des Items der Dimension „Folgeverhalten" | 182 |
| 18 | Regeln zur Einschätzung des Items der Dimension „Gesamteindruck" | 183 |
| 19 | Ratingunterstützende Tabelle | 184 |
| 20 | Relative G-Koeffizienten und Varianzkomponenten für die Ratingitems der individuell-adaptiven Lernunterstützung | 186 |
| 21 | Übersicht über die Häufigkeit und die Dauer der Spieleinheiten bzw. der KL-K-Kontakte | 192 |
| 22 | Diskriminanzanalyse zur Einschätzung der Güte der Clusterlösung | 200 |
| 23 | Zusammenfassung der Items und Faktorenladungen der Ratingeinschätzungen zur individuell-adaptiven Lernunterstützung ($N_{KL}=25$) | 206 |
| 24 | Vorkommen der Kategorien hoch ausgeprägter individuell-adaptiver Lernunterstützung ($N_{KL} = 5$, $N_{KL-K-K} = 52$) | 211 |
| 25 | Übersicht über die Häufigkeit und die Dauer der Spieleinheiten und der KL-K-Kontakte pro Regelspiel | 216 |
| 26 | Diskriminanzanalyse zur Einschätzung der Güte der Clusterlösung | 219 |

| | | |
|---|---|---|
| 27 | Vergleich der Regelspiele je Cluster (• niedrig, •• mittel, ••• hoch) | 222 |
| 28 | Zusammenfassung der Items und Faktorenladungen der Ratingeinschätzung zur individuell-adaptiven Lernunterstützung je Regelspiel ($N_{Sp}$ = 10) | 226 |